서울지방변호사회
법제연구원 연구총서 **11**

대체복무 제도의
모델에 관한 연구

서울지방변호사회
집필 이광수

박영사

발간사

　최근 남북관계가 화해하고 소통하는 분위기로 변하고 있습니다. 과거의 경험에 비추어 냉정히 판단해 보면 아직 섣부른 김칫국을 마실 때는 아닙니다. "끝날 때까지는 끝난 것이 아니다"라는 말처럼 남북관계에 있어서는 통일의 그날까지 결코 긴장의 끈을 놓을 수 없습니다. 국제관계의 변동에 따라 언제든지 전쟁의 위험 하에 놓여 있는 상황입니다.

　자유민주적 기본질서를 이념으로 하여 건국된 대한민국이라는 공동체를 유지하기 위하여 우리는 많은 개인적 희생을 감수하여 왔습니다. 국민의 복지증진에 사용되어야 할 방대한 국가예산이 국방비로 투입되었습니다. 많은 젊은이들이 국방의 의무를 이행하느라 인생의 중요한 시점에서 경력단절을 경험하고 있습니다. 이처럼 공동체를 유지하기 위한 개개인의 희생은 모든 국민에게 공평하게 적용되어야 합니다. 원칙을 정하지 않고 예외를 인정하게 되면 공동체의 붕괴를 초래할 수도 있습니다.

　유력한 대통령 후보가 아들들의 병역 문제로 인하여 대통령선거에서 연거푸 낙선의 고배를 마셨습니다. 대중의 인기를 한 몸에 받던 유명 연예인이 추방되어 국내 출입마저 금지되기도 하였습니다. 그만큼 대한민국에서 병역의무는 평등이라는 헌법정신의 틀 안에서 우리

공동체를 유지하는 가장 중요한 가치에 해당한다고 할 것입니다.

한편, 세상에는 보이지 않지만 보이는 것보다 더 분명하게 느낄 수 있는 것이 있습니다. 양심이란 개념은 결코 보이지 않지만, 반드시 보호받아야 할 대상이 분명합니다. 이러한 양심이 내적인 단계에서 형성되는 것과 달리 외부로 표현되는 경우에는 복잡한 문제가 발생합니다. 바로 양심적 병역거부와 같은 문제를 만나게 되면 우리는 깊은 갈등을 하게 됩니다. 왜냐하면 우리 공동체를 유지하는 평등이라는 원칙과 양심의 자유라는 헌법적 가치 간의 충돌이 발생하기 때문입니다.

양심적 병역거부와 관련하여 그동안 우리는 평등이라는 가치에 더 비중을 두어 왔습니다. 언제 전쟁이 일어날지 모르는 남북분단이라는 특수한 상황에서 공동체를 수호하고 유지하기 위한 선택이라고 할 것입니다. 그러나 문민독재와 군부독재를 경험하면서 다소 후퇴한 적도 있지만 긴 역사의 관점에서 보면 대한민국에서 국민의 기본권은 보호받고 확장되어 왔습니다. 양심적 병역거부자들에 대한 형사처벌이 헌법이 규정하고 있는 양심의 자유를 침해하는 것이 아니냐는 의문이 끊임없이 제기되었습니다.

서울지방변호사회는 지난 2016년 소속 회원들을 대상으로 설문조사를 하였는데, 응답한 변호사 중 74%가 양심적 병역거부가 우리 헌법이 인정하고 있는 양심의 자유에 해당한다고 답변했고, 80%가 대체복무제 도입에 찬성한 바 있습니다. 또한 병역법 위반으로 징역 1년 6월의 실형을 선고받고 변호사등록이 취소된 백종건 변호사의 재등록 신청과 관련하여 대한변호사협회에 적격의견을 전달하였으며, 국회의원 박주민과 양심적 병역거부 및 대체복무제를 주제로 하는 라운드테이블을 공동주최한 것을 비롯하여 각종 심포지엄과 세미나 개최, 헌법재판소에 의견서 제출, 대만에서 양심적 병역거부를 도입하는 데 결정적인 역할을 한 진신민(陳新民) 대만 전 대법관 초청강연회 등을 통하여 우리 사회의 양심적 병역거부에 대한 오해를 시정하고자 적극적으로 노력하여 왔습니다.

　이러한 가운데 병역법에 대한 지난 2018년 6월 28일 헌법재판소의 헌법불합치 결정과 11월 1일 대법원의 무죄 판결은 그동안 우리 사회의 다양한 논의를 정리하고 양심적 병역거부에 대한 새로운 시대의 문을 열었습니다. 법률과 판례는 시대의 정신에 따라 변경될 수 있고 변경되어야 마땅합니다. 그동안 우리는 대체복무제 마련을 위한 국가적 노력은 소홀히 한 채, 양심에 따라 병역을 거부하는 젊은이들을 형사처벌하여 전과자로 만드는 잘못을 반복해 왔습니다. 양심적 병역거부에 대한 헌법재판소의 헌법불합치 결정과 대법원의 무죄 판결은 양심의 자유를 보호함에 있어서 간과하였던 국가의 잘못을 정리하면서 우리 사회가 다양성을 인정하며 공존하는 사회로 발전하는 데 큰 전환점이 되었다고 평가됩니다.

　그러나 "악마는 디테일에 있다"고 합니다. 이번 결정으로 우리는 양심적 병역거부 인정이라는 새로운 문을 열었습니다. 하지만 양심적 병역거부와 병역기피를 구별할 기준, 이러한 판단을 담당할 기관, 현역복무와 비교하여 대체복무의 기간과 난이도, 근무장소를 어떻게 정할 것인지 등 합리적인 대체복무 제도 마련을 위해 멀고도 험난한 길이 남아 있습니다.

　법률전문가 단체인 서울지방변호사회는 국민적 공감대를 형성할 수 있는 국회의 대체복무제 입법이 절실함을 인식하고 입법에 도움이 되고자 그동안의 연구성과를 모아 '대체복무 제도의 모델에 관한 연구'를 발간하게 되었습니다. 이번에 발간되는 서울지방변호사회 법제연구원 연구총서는 양심적 병역거부를 넘어 합리적 대체복무제의 마련에 많은 도움이 되리라 믿습니다.

　바쁘신 중에도 이번 법제연구원 연구총서의 발간에 힘써 주신 이광수 법제연구원장님과 본회 법제팀을 비롯한 많은 분들께 진심으로 감사드립니다. 또한 본서의 출간을 위해 협조와 노고를 아끼지 않으신 박영사 안종만 회장님과 편집부 관계자 여러분의 노고에 깊이 감사드립니다. 앞으로도 서울지방변호사회는 우리 사회의 인권옹호와 사회정의 실현을 위하여 연구하고 행동하는, 국민과 함께하는 변호사회가 되도록 최선을 다하겠습니다.

2018년 11월
서울지방변호사회 회장
이 찬 희

서 문

연구자와 함께 서울지방변호사회 회원이면서 대한변협에서 인권위원으로 함께 활동했던 백종건 변호사가 양심적 병역거부를 이유로 형을 복역하게 되어 변호사의 자격을 박탈당한 지 2년의 시간이 지났다. 아쉽게도 대한변협 등록심사위원회의 거듭된 등록거부 결정으로 백종건 변호사가 동료로 돌아오기에는 시간이 더 필요하게 되었다.

2017년 백종건 변호사가 변호사법에 정한 바에 따라 변호사재등록을 신청하였을 때 서울지방변호사회 이찬희 회장님은 적격의견을 붙여 백종건 변호사의 재등록신청서를 대한변협으로 송부하면서, 서울지방변호사회 법제연구원에 양심적 병역거부와 대체복무에 관한 연구를 진행해 줄 것을 요청하였다.

사실 연구자는 과거 관련 심포지엄에 관여한 정도였을 뿐 이 주제에 관한 글 한 편 써 본 일이 없었다. 그런데 이 분야에 관하여 외부적으로 알려진 몇몇 변호사들은 당시의 개인적인 일정으로 인해 즉각 연구에 참여할 수 없는 사정이 있었다. 한편 양심적 병역거부에 관해서는 많은 선행연구가 축적되어 있었지만, 정작 대체복무 제도를 어떻게 설계할 것인지에 대해서는 별반 연구 성과가 축적되어 있지 못한 실정이기도 했다.

이에 따라 양심적 병역거부 부분은 대체복무 제도의 도입이 당위

성을 갖는다는 논지를 뒷받침하기 위한 논거 정도로 살펴보면서 양심
적 병역거부 부분보다는 대체복무 제도의 설계에 초점을 맞추어 연구
를 진행하게 되었다. 양심적 병역거부를 받아들이지 않더라도 대체복
무 제도의 도입은 반대하지 않는 입장이 종래 헌법재판소 합헌 결정의
다수인 것으로 파악되었기 때문에 이제는 양심적 병역거부의 허용 여부
보다는 양심적 병역거부가 더 이상 생겨나지 않도록 하는 대체복무 제
도의 도입을 본격적으로 논의할 시점이 되었다고 보았기 때문이었다.

　애초의 계획은 2017년 말까지 연구서의 출판을 완료하는 것이었
지만 중간에 몇 가지 사정으로 인하여 상당 기간 연구가 지연되었다.
그러다 보니 병역법 조항에 관한 헌법재판소의 위헌 여부 판단이 2018
년 6월 28일로 예정되게 되었다. 예상보다 빨리 헌법재판소의 결정이
예정되면서 헌법재판소의 결정 이전에 결정의 토대가 될 수 있는 자료
를 제시한다는 계획을 바꾸어 헌법재판소의 결정 결과까지 반영해서
연구를 마무리하는 것으로 변경하였다.

　이러저러한 사정으로 많이 늦어지고 부족한 부분이 많이 눈에 띄
는 연구이기는 하지만 정작 연구 결과를 제출할 즈음이 되고 보니 국
방부에서 진행하고 있는 대체복무 제도의 모델이 이 연구에서 생각했
던 모델과 대체로 비슷한 내용으로 구상되고 있는 것으로 알려져서 이
연구가 그 방향을 크게 그르친 것은 아니라는 안도를 갖게 한다.

　이찬희 회장님을 비롯한 서울지방변호사회 제94대 집행부는 법제
연구원 연구총서가 계속 발간될 수 있도록 물심양면의 지원을 아끼지
않았고, 법제팀의 박중진 팀장 이하 팀원들은 늦어진 연구 성과가 예
정된 시간 내에 출판될 수 있도록 헌신적인 노력을 기울여 주었다. 참
으로 고마운 일이다. 아울러 외국 대체복무 제도에 관하여 해당 법률
의 영문본과 한국어 번역본까지 무상으로 제공해 준 여호와의 증인 한
국지부 관계자에게도 이 자리를 빌려 감사를 표한다. 이외에도 연구자

의 부족한 능력을 보완해 주기 위해서 많은 분들이 도움을 주었지만 사
정상 여기에 일일이 그 이름을 밝혀 감사를 표할 수 없음에 양해를 구
한다.

    때마침 2018년 11월 1일 드디어 대법원에서 양심적 병역거부는
병역거부의 정당한 사유에 해당한다는 새로운 전원합의체 판결이 선
고되었다. 견해를 달리하는 분들께는 미안하지만, 당연한 이 결론을
이끌어내기 위해 너무 먼 길을 돌아온 것은 아닌지 모르겠다. 뒤늦은
판결이나마 그동안 그 어떤 불이익 앞에서도 양심의 요구에 따랐던 많
은 이들의 눈물을 닦아줄 수 있는 한 장의 손수건이 되었으면 하는 바
람을 가지면서, 모쪼록 합리적이고 적정한 대체복무 제도가 도입됨으
로써 다시는 불필요한 전과자만 양산하는 불행한 상황이 재연되지 않
기를 기대한다.

2018년 11월
서울지방변호사회 법제연구원
책임연구위원   이 광 수

차 례

제1장 양심적 병역거부

제 3 장 한국의 대체복무 제도의 도입 논의

양심적 병역거부

제1절 양심적 병역거부의 의의(意義)

1. 양심적 병역거부의 개념

'양심적 병역거부'란 일반적으로 평화주의나 비폭력주의를 표방하는 종교적 교리 또는 개인적 신념에 따라 집총(執銃), 전투업무나 병역(兵役), 전쟁 참여를 거부하는 행위라고 설명된다. '양심적 집총거부(執銃拒否)' 또는 '양심적 반전(反戰)'[1]이라는 표현도 사용되나, 대체로 양심적 병역거부라는 표현을 사용하는 경우가 일반적이라고 할 수 있다. '양심적 병역거부'라는 용어는 국내의 헌법학 교과서를 비롯하여 헌법재판소 등 헌법 기관에서도 일반적으로 사용되고 있는 용어로서 미국의 'conscientious objection to military service'라는 표현을 우리 말로 그대로 직역한 표현이라고 할 수 있다. 진지한 양심상의 고려에 따라 국가의 법질서가 부과하는 의무를 거부하는 양태는 '병역거부' 외에도

---

1 김문현, "양심의 자유", 「고시연구」(2000. 10), 고시연구사, 21면.

여러 가지 유형이 존재한다. 증인선서 의무의 거부, 취학 의무의 거부, 납세 의무의 거부 등이 그 예이다. 그러나 연혁적으로 1846년 영국 민병대의 단기적인 강제 징병 기간 중 '양심적 병역거부자들의 보호'를 표방한 전국반민병대연합이 조직되면서 '양심적 거부'가 처음으로 '병역의무'와 관련하여 사용되었고, 1890년대와 제1차 세계대전을 거치면서 이와 같은 거부 양태가 보편화되는 등,[2] '양심적 거부'의 최초 형태가 병역의무의 거부와 관련하여 나타났고, '양심적 거부'의 대표적인 유형이 바로 '병역거부'이므로 오늘날에는 일반적으로 'conscientious objection'이라고 하면 'conscientious objection to military service'를 의미하는 것으로 통용된다.[3]

견해에 따라서는 양심적 병역거부의 연원을 초기 기독교 시대까지 거슬러 올리기도 한다. 즉, 김두식은 서기 295년 기독교인으로서 병역을 거부하였다가 처형당한 막시밀리안이라는 사람이 최초의 양심적 병역거부자라고 하기도 하고,[4] 특정교단 — 여호와의 증인 — 에서는 그보다도 시기를 더 끌어올려서 예수의 제자들에게서 양심적 병역거부의 기원을 찾을 수 있다고 표명하기도 한다.[5] 이후 17세기 영국에

---

2 김선택, 「한국내 양심적 병역거부자에 대한 대체복무 인정여부에 관한 이론적·실증적 연구」(2002), 국가인권위원회, 5면.

3 신규하, "헌법상 양심적 병역거부권 논의", 「법학연구」 제24권 제3호(2016. 7), 경상대학교 법학연구소, 118면.

4 김두식, "기독교도 양심적 병역 거부했다", 「한겨레21」 369호(2001. 8. 2), 한겨레신문사. http://h21.hani.co.kr/arti/society/society_general/3042.html (2017. 12. 1. 최종방문).

5 여호와의 증인 홈페이지 중 '자주묻는질문' 항목에 이와 같은 내용이 게재되어 있다. "「종교와 전쟁 백과사전」(Encyclopedia of Religion and War)에서는 '예수의 초기 제자들이 전쟁과 군 복무를 거부'했으며 그러한 행위들을 '예수께서 나타내신 사랑이라는 원칙과 적들을 사랑하라는 명령에 어긋나는 것'으로 간주했다고 기술합니다. 예수의 그 초기 제자들에 관해 독일의 신학자 페터 마인홀트는 이렇게 말했습니다. '그리스도인이 군인이 된다는 것은 도저히 있을 수 없는 일로 여겨졌다.'"(https://www.jw.org/ko/jehovahs−witness

서는 청교도혁명 시기에 수평파를 중심으로 직접민주주의와 보통선거제 및 강제적으로 부과하는 군 복무를 거부하는 내용의 인민협약 (1647)을 시행하려는 시도가 있었다.[6] 그러나 '양심적 병역거부'라는 양태가 본격적인 법률 문제로 등장하게 된 계기는 미국에서 시작된 것으로 보는 것이 일반적이다. 앞에서도 기술한 것처럼 '양심적 병역거부'란 영어권의 'conscientious objection to military service'라는 용어를 그대로 번역한 것인데, 미국에서 'conscientious objection to military service'의 연혁을 살펴보면 독립전쟁 당시로 거슬러 올라간다. 이후 남북전쟁과 두 차례의 세계대전을 거치면서 퀘이커[7] 교도, 아미시파, 두흐보르파, 메노나이트파,[8] 여호와의 증인 교도 등 주로 종교적 집단에서 평화주의와 비폭력주의의 이념에 따라 집총을 거부하거나 병역을 거부하는 움직임이 나타나게 된 데에서부터 '양심적 병역거부'라는 양상(樣相)이 본격적으로 주목을 받기 시작하게 된 것이다.[9] 이와 같이 초기의 'conscientious objection to military service'는 주로 '종교적 신념에 따른 병역거부(objection to military service by religious belief)'의 양

---

es/faq/why‒dont‒you‒go‒to‒war/#?insight[search_id]=3348215a‒b
3d9‒4c1f‒89b1‒388bac10f427&insight[search_result_index]=20) (2018. 3. 1. 최종 방문).
6 이재승, "양심적 병역거부권과 대체복무제", 「민주사회와 정책연구」 통권 7호 (2005. 7), 민주사회정책연구원, 267면.
7 1647년 영국인 G. 폭스가 창시한 기독교의 분파로 미국으로 건너가 1650년대 이후 적극적으로 포교가 이루어졌고, 1650년 미국의 치안판사 베네트가 이 파의 창시자 G. 폭스가 신의 말씀을 듣고 떨었다는 것에 착안하여 붙인 별명이 교파의 이름이 되었다는 설도 있으나, 퀘이커 교도들이 집회에서 영적 경험을 했을 때 몸이 떨리는 현상이 종종 나타나기 때문에 퀘이커라는 이름으로 불리게 되었다는 설이 있다.
8 메노나이트는 메노파라고도 하는데, 종교 개혁 시기에 등장한 개신교 교단으로 유아세례를 인정하지 않는 재세례파의 일파이다.
9 신운환, "양심적 병역거부라는 용어의 적정성 여부 검토와 대체 용어의 모색에 관한 소고", 행정법연구 제46호(2016), 394면.

상을 띠고 있었다. 1661년 메사추세츠 주(州)와 1673년 로드아일랜드 주(州)에서 퀘이커 교도들에 대해서 무기를 들지 않는 대체복무 제도를 허용하였고, 펜실베니아 주(州)는 1757년 퀘이커(Quakers) 교도와 메노나이트 교도에 대해서 군 복무를 대체할 수 있는 복무 제도를 시행하였으며,[10] 1776년 주(州) 헌법에 집총거부를 기본적 권리로 명시한 최초의 주(州)가 되었다. 미국 연방대법원은 1965년 Seeger사건에서 병역거부가 그 신념 소유자의 삶에 자리잡고 있는 "진지하고 의미 있는(sincere and meaningful)" 신념에 의해서 이루어진 경우에는, 즉 비록 종교적인 신념이 아니더라도 (양심의 진지한 고뇌와 여과과정을 거쳐서 형성·결정된) 다른 이유의 개인적인 신념에 따라 병역을 거부하는 자도 동등하게 함께 보호하여야 한다고 판시하였다.[11] 이 Seeger 판례로부터 종래의 '종교적 신념에 따른 병역거부(objection to military service by religious belief)'는 종교성을 탈피한 채 '양심적 이유에 따른 병역거부(conscientious objection to military service)'라는 표현으로 대체되기 시작하였다고 할 수 있다.[12]

　　아래에서 살펴보는 바와 같이 양심적 병역거부의 개념과 관련하여 단순히 전투행위만을 거부하는 것인지 아니면 병역 전반을 통틀어 거부하는 것인지 여부에 관하여 개념상 차이가 있을 수 있다. 이에 대해서는 여러 가지 논의가 있을 수 있겠으나, 이 연구의 중심주제는 '양심적 병역거부'를 전제로 하는 '대체복무 제도의 모델'에 관한 것이므로 그에 따라 양심적 병역거부의 개념을 정리하고자 한다. 즉 '양심상의 이유에 따라 현행 병역의무 중 전투적인 요소 — 주로 집총에 해당하는 — 를 포함하는 일부 의무를 포함하여 전쟁 전반에 걸친 병역의

10 이재승, 전게, 268면.
11 U.S. *v.* Seeger, 380 U.S 163 (1965), 85 S.Ct. 850, 13 L. Ed.2d 733.
12 신운환, 전게, 396면.

의무를 거부하는 것'이 이 연구에서 기본 개념으로 설정하는 '양심적 병역거부'의 의미라고 할 것이다. 병역의 의무를 거부하기는 하지만 국방의 의무까지 거부하는 것은 아니라는 점에서 전반적인 국가부정의 관점과는 입장을 달리한다고 할 수 있다. 그러나 '대체복무'라는 연구의 주제에 집중하기 위하여, 전쟁 전반에 대한 거부에 포섭될 수 있는 '병역거부 이상의 거부' 부분은 이 연구의 '양심적 병역거부'에는 포섭시키지 아니한다.

2. '양심적' 병역거부 용어의 논란

'양심적' 병역거부라는 용어는 그 '양심(良心)'이라는 표지(標識) 때문에 종종 오해에 부딪히곤 한다. 즉, 사회 일반인들은 '양심적' 병역거부라는 용어를 접하면서 "만약 병역거부가 '양심적'이라면, 병역의무를 이행하는 것은 '비양심적'인가?", "군대에 가지 않겠다는 행동이 어떻게 양심적일 수 있는가?" 또는 "양심적인 병역거부가 있다면 비양심적 병역거부도 있는가?"라는 의문을 제기하게 되는 것이다.[13] 사회 일반인들이 '양심적 병역거부'라는 용어를 접하면서 제기하는 이러한 의문은 우리 사회에서 인식하는 '양심(良心)'이라는 용어의 의미와 법률용어로서 '양심(良心)'이라는 용어의 의미가 서로 다르기 때문에 비롯되는 것이다. 일반적으로 '양심'이라고 할 때에는 '도덕적' 또는 '윤리적'이라는 긍정적인 가치판단을 포함하는 표지로 사용된다. 가치판단이 포함된 표지로서의 '양심'에는 '비양심(非良心)'이라는, 양심과 대척점에 서는 반가치(反價値)판단 표지가 자리한다. 그러나 '법률용어로서의 양심'은

---

13 이와 같은 질문은 사회 일반인이 법적 지식이 부족하기 때문에 제기하는 질문은 아닌 것으로 보인다. 양심적 병역거부를 이유로 병역법 위반죄로 실형을 복역한 백종건 전(前) 변호사가 변호사법 제8조에 따라 대한변호사협회에 변호사 자격등록을 신청하자 대한변호사협회의 SNS 계정에 다른 변호사가 올린 댓글이기도 하다.

그와 같은 가치판단이 배제된 중립적 표지로 사용된다. 헌법재판소에 따르면 '양심'이란 '옳고 그른 것에 대한 판단을 추구하는 가치적·도덕적 마음가짐으로, 개인의 소신에 따른 다양성이 보장되어야 하고 그 형성과 변경에 외부적 개입과 억압에 의한 강요가 있어서는 아니 되는 인간의 윤리적 내심영역'이라는 것이다.[14] 이와 같이 가치중립적 표지로서의 양심에 따라 병역을 거부하는 것이 정당화될 수 있다면, 마찬가지로 양심에 따라 병역을 이행하는 것도 당연히 정당화될 수 있어야 한다. 따라서 '병역거부＝양심적', '병역이행＝비양심적'이라는 등식은 성립하지 않는 것이다. 헌법학자들이 미국의 'conscientious objection'을 우리말로 번역하면서 법률용어로서의 양심이라는 표지와 일반에서 받아들이는 양심이라는 표지의 차이를 고려하지 않고 단순하게 직역하여 '양심적'이라는 표지를 사용함으로써 위와 같은 혼란을 초래하게 된 원인을 제공하게 되었다고 할 수 있다. 법률적 관점에서는 '양심적 병역거부'란 병역거부를 옳다고 믿고 선택하는 행위를 가리키는 반면, 양심의 일반적 용례를 좇는 사회 일반의 관점에서 양심적 병역거부란 병역을 거부하는 행위가 도덕적·윤리적이라는 잘못된 의미로 받아들여지게 되는 것이다. 일반적인 관점에서 '병역거부'는 부정적인 가치판단의 대상이 된다. 그와 같이 부정적 가치판단의 대상인 '병역거부'가 긍정적 가치판단의 대상인 '양심적'이라는 표지와 결합하여 사용됨에 따라 이러한 용어를 접하는 일반 사회인의 입장에서는 혼란을 겪는 것이 당연하다고 볼 수도 있다.

　　견해에 따라서는 '양심적 병역거부'라는 용어의 이와 같은 부적절한 결합을 지적하면서, '신념에 따른 병역거부'라는 용어로 대체하여야 한다는 입장을 제시하기도 한다.[15] 그에 따르면 사람은 가정교육, 학교

14 헌재 2002. 1. 31. 2001헌바43.
15 신운환, 전게, 398면.

교육, 직장생활, 신앙생활 등 다양한 경로를 통하여 얻게 된 지식과 정보와 경험들을 자신의 마음속에 잠재해 있는 양심(良心)을 토대로 거르고 판단하여 구체적인 자신의 특정한 '신념(信念)'을 형성하게 되고, 이러한 '신념'에 따라 행동을 하게 된다. 사람이 어떤 행위를 함에 있어서 그 기초가 되는 것은 그의 '양심'이 아니라 '신념'인 것이다. 그러므로 양심의 진지한 숙고와 판단과정을 거쳐 병역을 거부하는 행위에 나아가는 것은 '신념에 따른 병역거부'이지 '양심에 따른 병역거부'가 아닌 것이 된다.

　　그러나 헌법학 교과서는 물론 대법원이나 헌법재판소를 비롯한 우리 사회 전반에서 이미 '양심적 병역거부'라는 용어가 일반화되어 통용되고 있는 이상, 구태여 이를 바꾸어야 할 절실한 필요성이 있는 것은 아니라고 할 것이다. 설사 일반인의 관점에서 '양심'이라는 표지가 포섭하고 있는 가치판단적 요소로 인하여 '양심적 병역거부'가 그 본래의 취지와 다른 오해를 불러일으키는 경우가 있다고는 하더라도, '양심적 병역거부'에 대한 반대 진영 중에서 그와 같은 의미상의 오해로 인한 반대 세력은 그다지 많은 비중을 차지하고 있다고 보기 어렵다. 그러므로 이 연구에서는 구태여 '양심적 병역거부'라는 용어 자체를 변경하여 사용하지는 않을 것이다. 다만 '양심적 병역거부'라고 할 때의 '양심'은 일반적으로 이해하는 가치판단이 이루어진 이후의 개념이 아니라 가치중립적 개념이라는 점만을 명확하게 해 두고자 할 뿐이다.

3. 양심적 병역거부와 징병제의 관계

　　일반적으로 병역의 의무를 이행하기 위해 병력을 충원하는 제도에는 징병제(徵兵制)와 모병제(募兵制) 두 가지 형태가 존재한다. 모병제는 당사자의 지원에 의해 병력을 충원하는 제도로서 당사자의 지원은 자유로운 의사에 기초한 행위일 것을 요구하므로, 모병제 하에서는 양심적 병역거부가 문제되지 않는 것이 일반적이다. 그러나 양심적 병역거부를 양심적 반전(反戰)의 범주까지 확대해서 생각한다면, 모병제 하에서도 양심적 반전의 문제가 제기될 가능성이 존재하게 된다. 이에 따라 양심적 병역거부를 정의하는 태도에 있어서도 징병제와의 관련성 하에서 정의하려는 입장이 나타나기도 한다. 국내 문헌에서 이러한 경우를 찾아보면 다음과 같이 기술되어 있다. '자기의 신앙, 도덕률, 철학적, 정치적 이유 등에 따른 양심상의 결정으로 무기를 휴대하는 병역을 거부하거나 전쟁에 직접, 간접으로 참가하는 것을 거부하는 행위',[16] '징병제를 채택하여 일반적인 병역의무가 인정되고 있는 국가에서 자기의 양심상의 판단을 근거로 하여 병역수행을 거부하는 행위',[17] '단순히 고생과 병역의 위험성을 피하기 위하여 군 복무를 거부하는 경우가 아니라 무력사용을 하는 군 복무에 참여를 거부하는 행위',[18] '양심적 이유로 징집 등 병역의무를 거부하거나 전쟁 또는 무장충돌에의 직·간접적 참여를 거부하는 행위',[19] '일반적으로 병역의무가 인정되고 있는 국가에서 종교적·윤리적·철학적 또는 이와 유사한 동기로부터 형성된 양심상의 결정으로 병역의무의 전부 또는 일부를 거절하는 행위',[20] '일반적으로 병역의무가 인정되고 있는 국가에서 자기의 신앙이나 도덕률 및 철학적·정치적 이유에 따른 양심상의 결정으로

---

16 나달숙, "양심적 병역거부와 대체복무—헌법재판소 2004. 8. 26. 2002헌가1 결정을 중심으로—", 「인권과 정의」 제359호(2006. 7), 대한변호사협회, 138면.
17 윤영철, "양심적 병역거부에 대한 형사처벌의 형법적 문제점", 「형사정책」 제16권 제2호(2004. 12), 한국형사정책학회, 99면.
18 장복희, "양심적 병역거부자의 인권 보호", 「공법연구」 제35집 제2호(2006. 12), 한국공법학회, 239면.
19 조국, "양심적 집총거부권—병역기피의 빌미인가 양심의 자유의 구성요소인가?—", 「민주법학」 제20호(2001), 민주주의법학연구회, 131면.
20 헌재 2011. 8. 30. 2008헌가22, 2009헌가7·24, 2010헌가16·37, 2008헌바103, 2009헌바3, 2011헌바16(병합) 중 재판관 이강국, 재판관 송두환의 한정위헌 의견.

전쟁에 참가하여 인명을 살상하는 병역의무의 일부 또는 전부를 거부하는 행위'[21] 등이 그와 같은 예이다.

　이와 같이 양심적 병역거부의 개념 정의는 양심적 병역거부의 범주를 어떻게 설정하느냐에 따라서 달라지게 될 수 있다. 이 연구에서는 이미 양심적 병역거부의 범주에 관하여 나름의 기준을 설정하였으나, 일반론의 관점에서 양심적 병역거부의 범주에 관해서 살펴보는 것은 이 연구에서 제시한 기준의 적정성을 검증하기 위해서 필요한 과정이라고 생각한다. 또 양심적 병역거부의 여러 범주 속에는 단순히 전쟁 자체의 반대 여부 문제만 포섭되는 것이 아니므로, 이 연구에서 대상으로 삼는 양심적 병역거부의 범주가 내포하게 되는 중층적 양태를 충분히 파악하기 위해서는 양심적 병역거부의 범주에 관한 일반론을 살펴보는 것이 적절할 것이다. 이에 관해서는 항을 바꾸어 살펴보도록 한다.

4. 양심적 병역거부의 범주

가. 전쟁 일반에 대한 거부와 특정한 전쟁에 대한 거부

　연혁적으로 양심적 병역거부는 평화주의적 신념에 따라 전쟁 일반에 대하여 거부하는 태도를 의미하였다. 그런데 월남전 발발 이후 반전운동이 확대되면서 참전 거부자들이 늘어나게 되자 미국연방대법원은 양심적 병역거부의 범주를 축소하는 판결을 내놓게 된다. 즉, Gillette *v.* United States 사건에서 미국연방대법원은 특정한 전쟁 ─ 월남전 ─ 만을 거부하는 병역거부는 양심적 병역거부의 범주에 포함되지 아니한다는 판단을 내린 것이다.[22] 전쟁 일반에 대한 거부를 보편적 병역거부, 특정한 전쟁에 대한 거부를 선택적 병역거부라고 부르

---

21 "양심적 병역거부 관련 결정문"(2006. 2), 국가인권위원회 인권정책본부 정책총괄팀, 10면. 김선택, 전게 보고서 각주 19)에서 재인용.
22 Gillette *v.* United States, 401 U.S. 437 (1971), 91 S.Ct. 828, 28 L.Ed.2d 168.

기도 한다.[23] 선택적 병역거부자의 관점에서는 일반적인 전쟁 자체를 거부하는 것은 아니지만, 전쟁의 성격이나 대상, 수단을 고려하여 특정한 전쟁에 대해서 병역을 거부한다. 전쟁을 거부함에 있어서 그 전쟁이 정당한 전쟁인지 여부가 거부의 판단 기준으로 작용하게 되는 경우이다. 양심적 병역거부를 인정할 것인지 여부를 논의하는 단계에서는 아직 선택적 병역거부의 허용 여부까지 함께 논의하지는 않는 것이 일반적이다. 즉, 보편적 병역거부가 허용되어 있는 국가에서 그 다음 단계로 선택적 병역거부를 논하게 되는 것이 일반적이라고 할 수 있다.[24] 이 연구는 양심적 병역거부의 초기 단계 논의를 전제로 하고 있으므로 이 연구에서도 선택적 병역거부는 논의의 전제에서 제외하도록 한다.

　　나. 종교적 신념에 따른 병역거부와 일반적 신념에 따른 병역거부

　　종교적 신념에 따른 병역거부와 일반적 신념에 따른 병역거부는 병역을 거부하는 동기를 기준으로 하는 분류이다. 내심의 동기에서 출발점을 달리할 뿐, 병역을 거부한다는 결과에 있어서는 아무런 차이가 없는 이 두 가지 양태를 구별하는 이유는 양심적 병역거부를 인정해 온 연혁적 추세에 기인한다. 즉, 양심적 병역거부를 인정하기 위한 요건으로 초기에는 특정한 교파의 구성원일 것을 요구하거나 종교적인 신념을 요구하는 경향을 보이다가 점차적으로 특정한 교파에 구애되지 아니하고 일반적으로 종교를 신봉하는 신자나, 반드시 종교인이 아니더라도 윤리적·사상적·정치적 견해에 근거하여 병역을 거부하는 경우에도 양심적 병역거부의 범주에 포섭하는 경향으로 확대되어 온 것이 양심적 병역거부의 연혁적 추세라고 할 수 있는데, 이와 같은 연혁 하에서 양심적 병역거부 허용의 초기 단계에서는 종교적 신념을 이

---

23 나달숙, "양심적 병역거부 해결방향", 「법학연구」 제24집(2006. 11), 한국법학회, 4면; 김선택, 전게 보고서, 7면.
24 김선택, 전게 보고서, 7면.

유로 하는 병역거부와 윤리적·사상적·정치적 견해를 이유로 하는 병
역거부를 구별할 필요성이 있었던 것이다.

　국내에서도 양심상의 이유로 병역을 거부하는 이들 중 거의 대부
분은 여호와의 증인 교파에 속하는 이들이지만, 다른 종교를 이유로
하거나 또는 종교와 무관한 개인의 신념에 입각해서 병역을 거부하는
이들도 생겨나고 있는 실정이다. 이와 같은 국내 양심적 병역거부의
양태를 고려한다면 종교적 신념에 따른 병역거부와 일반적 신념에 따
른 병역거부를 구태여 구별할 실익은 거의 없다고 할 수 있다. 다만
특정 교단에서는 비록 비전투적 민간대체복무라고 하더라도 병무청이
관여하는 일체의 복무형태는 모두 거부한다는 입장을 취하는 반면, 해
당 교단에 속하지 아니한 입장에서는 병무청의 관여 자체를 배제하는
입장은 그다지 눈에 띄지 않는다는 점에서 양자 사이에 전혀 차이가
없는 것은 아니라고 할 수 있을 것이다.

　양심적 병역거부자들을 대상으로 대체복무 제도를 도입한다고 가
정할 경우 필수적으로 뒤따르게 되는 양심적 병역거부 여부의 심사에
있어서도 특정한 종교적 신념에 따른 경우가 그렇지 아니한 경우와 비
교하여 훨씬 명확한 기준으로 심사를 할 수 있게 될 것이다. 이에 관
한 상세는 이 연구의 마지막 부분인 대체복무 제도의 모델 설계 부분
에서 다시 살펴보게 될 것이다.

다. 집총거부와 병역거부

　이 분류는 '양심적 집총(執銃)거부'라는 용어의 사용과 관련한 문제
이다. '양심적 집총거부'는 대체로 '양심적 병역거부'와 같은 의미로 사
용되고 있지만, 견해에 따라서는 양자를 구별하기도 한다. 즉, '양심적
집총거부'라는 용어는 병역의무의 일부인 집총만을 거부하는 것으로서
비(非)전투적 복무, 즉 병역 자체를 거부하는 것은 아닌 반면, 양심적
병역거부라고 할 경우에는 전투행위만이 아닌 병역 자체의 거부를 의

미한다는 점에서 구별된다는 것이다.[25]

　　독일 기본법은 제4조 제3항에서 '무기를 휴대하는 병역(Kriegsdienst mit der Waffe)'을 거부의 대상으로 규정하고 있는데, 여기에서 '집총거부'라는 용어가 유래한 것으로 보인다. 국내에서 집총거부라는 용어가 일반적으로 퍼지게 된 데에는 1970년대 유신체제 하에서 양심적 병역거부자들을 체포하여 재판절차를 거치지 않고 바로 강제입영을 시켰던 상황이 크게 작용하였다고 할 수 있다. 당시 이와 같이 병역을 거부하다가 강제로 입영당한 이들은 달리 방법이 없어 결국 집총을 거부하고 항명죄로 군사재판을 받는 길을 택할 수밖에 없었다. 여기서 병역거부는 곧 집총거부로 이해되어 온 것이 지금까지의 일반적인 실정이라고 할 수 있다. 국내 문헌 중 집총거부라는 표현을 사용하고 있는 경우로는 권영성,[26] 계희열,[27] 김철수,[28] 조국,[29] 홍성방[30] 등을 들 수 있고, '양심적 병역거부'라는 표현을 사용하고 있는 경우로는 김효전,[31] 김두식,[32] 양건,[33] 최용기,[34] 허영,[35] 한인섭[36] 등을 들 수 있다.

25 김선택, 전게 보고서, 5면 및 신규하, 전게 논문, 119면.
26 권영성, 『헌법학원론』, 2002, 박영사, 455면.
27 계희열, 『헌법학(중)』, 2000, 박영사, 295면.
28 김철수, 『헌법학개론』, 2002, 박영사, 564면.
29 조국, "양심적 집총거부권: 병역기피의 빌미인가 양심의 자유의 구성요소인가?", 「양심적 병역거부」(2002), 사람생각, 50면. 조국 전게와 동일한 제목이나 동일한 논문인지 아니면 전게 논문을 수정하여 게재한 것인지는 확인되지 않았다.
30 홍성방, 『헌법학』, 2002, 현암사, 462면.
31 김효전, "양심의 자유와 병역의 거부", 「고시계」(1975. 2), 고시계사, 87면.
32 김두식, "칼을 쳐서 보습을 — 양심에 따른 병역거부와 평화주의", 뉴스앤조이, 2002, 40면.
33 양건, "국가와 종교의 관계에 대한 법적 고찰", 「현대공법학의 제문제: 윤세창 박사정년기념논문집」(1983), 박영사, 601~603면.
34 최용기, "양심의 자유와 병역거부", 「고시연구」(1990. 10), 고시연구사, 36면 이하.
35 허영, 『한국헌법론』, 2002, 박영사, 384면.
36 한인섭, "양심적 병역거부: 헌법적·형사법적 검토", 전게 「양심적 병역거부」(2002), 사람생각, 15면 이하.

뒤에서 자세히 살펴보게 되겠지만, 단순히 집총거부만을 양심적 병역거부의 표지로 포섭하는 경우에는 집총 이외의 전투적 성격을 가진 복무 일체를 거부하는 대다수의 양심적 병역거부자들을 제대로 포섭하지 못하는 문제에 봉착하게 된다. 양심적 집총거부만을 허용하는 제도 하에서는 양심적 병역거부자들이 여전히 대체복무를 거부하고 투옥을 감수하고 있는 실정이다. 결국 집총거부만을 양심적 병역거부의 범주로 포섭하는 태도는 양심적 병역거부를 온전하게 담아내지 못한다는 한계를 드러내게 되는 것이다. 이 연구의 범주 내에서는 양심적 집총거부와 양심적 병역거부를 구태여 구별하지 않고 양심적 병역거부의 범주에 포섭시키고자 한다.

라. 평시 병역거부와 전시 병역거부, 복무 전 병역거부와 복무 중 병역거부

병역거부의 시기를 기준으로 평시인지 전시인지에 따라 '평시 병역거부'와 '전시 병역거부'로 나누는 입장도 있다. 또 병역 자체를 전부 거부하면서 징병검사나 입영 자체를 거부하는 경우를 '복무 전 병역거부'라고 하고 군에 입대하여 군인 신분을 취득한 자가 군사훈련이나 집총을 거부하는 경우를 '복무 중 병역거부'라고 분류하기도 한다.[37] 2016년에 영화로도 제작되어 널리 알려진 미국 육군 데스먼드 도스가 바로 복무 중 병역거부의 전형적인 경우라고 할 수 있다. 그는 양심적 병역거부자였음에도 불구하고 미국 최고의 무공훈장인 의회명예훈장을 수여받은 최초의 인물이 되었다. 전시 병역거부나 복무 중 병역거부가 국가안보에 더 부담을 준다고 설명한다. 복무 전 병역거부의 경우에는 병역법 제88조의 병역기피죄에, 복무 중 병역거부의 경우에는 군형법 제44조의 항명죄에 해당하게 될 것이다.

전시 병역거부의 경우에는 병역거부의 동기가 진지한 고려에 따

---

37 김선택, 전게 보고서, 7면.

른 양심상의 결정이 아니라 생명과 신체가 중대한 위험에 노출된 상황에서 그러한 위험으로부터 자신을 방위하기 위한 동기에서 비롯된 것일 가능성을 배제할 수 없다. 다른 관점에서 전시 병역거부는 앞에서 살펴본 전쟁 일반에 대한 거부가 아닌 특정한 전쟁만을 거부하는 태도와도 일맥상통한다고 볼 수 있다. 이 연구에서 특정한 전쟁만을 거부하는 태도를 포섭하지 않기로 한 입장에 따른다면 전시 병역만을 거부하는 태도도 이 연구의 대상에는 포섭시키지 않는 것이 일관성 있는 태도라고 할 것이다.

한편 '복무 전 병역거부'와 '복무 중 병역거부'를 구별하는 것은 병역거부자의 관점보다는 병역거부에 따른 대체복무 신청적격을 어디까지 허용할 것인지 여부라는 입법정책의 문제와 관련성을 갖는다. 즉 현역병 입영 결정을 받고 아직 입영하지 않은 단계에서만 대체복무 신청 적격을 인정하는 입장에서는 '복무 중 병역거부'는 병역거부의 범주에 포섭하지 않는 입장이 되는 것이다. 물론 복무 중인 자에게 대체복무 신청적격을 인정하지 않는 입법태도가 반드시 '복무 중 병역거부'를 병역거부의 한 양태로 포섭하지 않으려는 정책적 관점의 결정이라기보다는 대체복무 심사의 번거로움과 비교하여 잔여 복무 기간이 얼마 남지 않았다는 사정이나 이미 현역 복무를 결정하고 소집에 응하기로 양심상 결정을 내린 경우라는 사정을 고려한 태도라고 볼 수도 있을 것이다.

그러나 이와 같은 현실적 필요성에 따라 '복무 중 병역거부'를 양심적 병역거부에 포섭하지 않는 것인지 아니면 양자가 논리적으로 구별되는 태도라는 입장에 따라 그와 같은 정책을 실시하는 것인지 여부는 명확하지 않으므로 양자를 구별하는 것이 불가능한 실정이다. 해외 사례를 보더라도 현역으로 복무 중인 경우에도 대체복무 신청을 허용하는 입법례가 있는가 하면, 복무 전인 경우에만 대체복무 신청을 허용하고 복무 중인 경우에는 대체복무 신청을 허용하지 않는 입법례도 존재한다. 이 부분에 관해서는 뒤에서 다시 살펴보게 될 것이고, 대체복무 제도의 모델을 구체적으로 검토하는 단계에서 이 연구의 입장을 제시하도록 할 것이다.

마. 절대적 병역거부와 대체복무적 병역거부 및 비전투복무적 병역거부

'절대적 병역거부'와 '대체복무적 병역거부' 및 '비전투복무적 병역거부'는 병역거부의 정도에 따른 분류로서 위에서 살펴본 '집총거부'와 '병역거부'를 구분하는 것과 유사한 기준에 따른 분류라고 할 수 있다. 즉, 대체복무를 포함하여 일체의 병역을 전부 거부하는 유형을 '절대적 병역거부', 병역 자체는 일체 거부하지만 대체복무는 수용하는 유형을 '대체복무적 병역거부', 군대 내에서의 복무까지도 수용하지만 집총만을 거부하는 유형을 '비전투복무적 병역거부'라고 분류하는 것이다. '절대적 병역거부'와 '대체복무적 병역거부'를 구분함에 있어서도 거부하는 대체복무의 범주에 따라 다양한 스펙트럼이 존재할 수 있다. 즉 군이 관리하는 대체복무나 군사적 요소가 포함된 대체복무를 거부하는 태도로부터 현역 복무가 아니기만 하면 어떤 형태의 대체복무이든 이를 수용하는 태도까지 그리고 그 사이에서 거부하는 대체복무의 성격에 따른 여러 가지 다른 태도의 양태가 존재할 수 있는 것이다. 대체복무 제도를 처음으로 도입하는 입장에서 이와 같이 다양한 스펙트럼이 존재하는 태도를 대상으로 대체복무의 모델을 설계하는 것은 매우 어려운 작업이 될 것이며, 바람직하지도 않다고 할 것이다. 이 연구에서는 이와 같은 분류기준은 고려하지 않는 것이 적절하다.

바. 소 결

양심적 병역거부의 연혁과 각국의 입법례를 살펴보면, 양심적 병역거부의 범주 속에는 전쟁 일반을 거부하는 경우, 특정한 전쟁에 대해서만 거부하는 경우, 민간대체복무는 수용하되 비전투복무는 거부하는 경우, 비전투복무까지도 수용하되 전투복무만을 거부하는 경우 등 매우 다양한 형태가 존재하고 있으며, 이 중 어느 범주까지의 양심적 병역거부를 용인하느냐는 각 나라의 입법정책이나 시기에 따라 서로 다른 입장이 전개되어 왔음을 알 수 있다. 집총거부와 병역거부를 구별하여야 한다는 입장은 양심적 병역거부의 이와 같은 연혁적 분화 과정과 관련하여 중요한 함의(含意)를 갖는다고 할 수 있다. 그러나 이 연구에서 대체복무 제도의 전제로 삼는 '양심적 병역거부'의 개념을 정리함에 있어서는 선택적 병역거부의 입장은 포섭하지 않는 것으로 정리하였다. 선택적 병역거부가 부당하기 때문이 아니라, 대체복무의 초기 논의 단계에서 지나치게 다양한 병역거부 형태를 논하는 것은 논의의 초점을 흐리게 할 우려가 있기 때문이다. 선택적 병역거부를 포섭하지 않는 것과 마찬가지 이유에서 민간대체복무까지 배제하는 극단적인 형태의 병역거부 양태도 이 연구에서는 포섭하지 않고자 한다. 아울러 대체복무의 한 유형으로 논의되고 있기는 하지만, 병역에 복무하되 전투행위만을 배제시키는 비전투적 대체복무 역시 배제한다. 그 이유는 이와 같은 비전투적 대체복무를 도입하였던 외국의 운용사례를 참고할 때 비전투적 대체복무가 대체복무 제도로서 의미를 갖지 못한다고 판단하기 때문이다. 그에 관해서는 해당 부분에서 자세하게 살펴보게 될 것이다.

　　결국 이 연구의 '양심적 병역거부'에서는 병역 전반에 대한 거부—대체복무까지도 거부하는 병역거부—와 선택적 병역거부 또는 비전투적 병역거부는 포섭하지 않는다. 참고로 우리 헌법재판소는 병역법 제88조에서 말하는 '병역의무를 거부한다'는 것은 명확성의 원칙상 병역법상의 병역의무, 즉 현역, 예비역, 보충역, 제1국민역, 제2국민역 등 일체의 병역의무를 거부하는 것을 의미할 뿐이고, 이 중 일부의 병역의무만을 거부하는 경우도 포함하는 것이라고 확대 해석할 수는 없다

고 선언한 바 있다.[38]

　　정리하자면, 이 연구에서 대체복무 제도의 전제로 설정하는 '양심적 병역거부'의 범주에서는 전쟁 일반에 대한 거부만을 포함시킬 것인지 아니면 특정한 전쟁에 대한 거부까지 포함시킬 것인지 여부는 중요하지 않다. 특정한 전쟁을 전제로 하는 것이 아니므로 전자에 더 가깝다고 할 수 있겠으나, 후자의 경우를 반드시 배제시켜야 할 합리적인 이유는 없기 때문이다. 집총과 병역 일반에 대한 전반적인 거부 중에서는 집총 부분에 국한하여 거부하는 것을 대상으로 설정하여야 한다는 점도 이미 살펴보았다. 그러나 집총거부를 좀 더 세분하여 대체복무적 병역거부와 비전투복무적 병역거부를 나누는 관점에 있어서는 양자를 구태여 분류할 필요는 없다고 할 것이다. 다만 현실적으로 우리 군대 체제 내에서 비전투복무적 병역복무가 허용될 수 있는 것인지는 검토가 필요하다. 대체복무 제도의 모델을 연구하는 것을 주된 목적으로 하는 이 연구에 있어서도 주된 병역거부의 양태는 대체복무적 병역거부라고 할 것이다. 전투적 병역을 거부하는 동기는 반드시 종교적인 신념에 기반을 두는 경우로 제한할 이유가 없다. 그러므로 종교적인 신념에 따른 병역거부는 물론, 일반적인 신념이나 사상, 개인의 윤리적 판단에 따른 병역거부 역시 이 연구에서는 양심적 병역거부의 범주에 포함되는 것으로 정리할 수 있다.

---

38 헌재 2013. 2. 28. 2012헌마143.

제 2 절   양심적 병역거부의 연혁과 현황

1. 양심적 병역거부의 연혁

가. 20세기 이전의 양심적 병역거부

양심적 병역거부의 개념 부분에서 살펴본 바와 같이 양심적 병역
거부는 기독교적 전통에서 그 연원을 찾는다. 교리적 접근방법을 논외
로 하더라도 기독교의 평화주의적 사상이 적을 죽여야 하는 군인의 의
무와 조화를 이룰 수 없었기에 로마에서 징병제가 시행되기 시작한 2
세기 말부터 기독교인들의 병역거부가 로마제국과 충돌하는 상황이
초래되기 시작한 데에서 양심적 병역거부의 기원을 찾는 것이 일반적
이다.[39] 313년 콘스탄티누스 대제의 기독교 국교화(國敎化) 조치 이후
기독교의 평화주의적 입장이 약화되면서 병역을 거부하는 기독교인들
과 로마제국의 충돌 양상 역시 약화 추세로 전환되었다. 이러한 추세
의 전환에 큰 역할을 한 사상이 아우구스티누스로부터 비롯되어 토마
스 아퀴나스에 의해 집대성되고 마르틴 루터까지 이어지는 이른바 '정
당한 전쟁'의 이론이다. '정당한 전쟁' 이론에 따르면, 국가와 국가 사
이 또는 국가를 구성하는 내부 집단 사이에서 벌어지는 전쟁은 불가피
한 것이라고 전제한다. 이와 같이 불가피한 전쟁 속에서 무고한 사람
을 보호하려면 불의한 폭력에 대항하는 대항적 폭력이 허용되어야 한
다는 것이 '정당한 전쟁' 이론의 요지(要旨)이다. 물론 '정당한 전쟁'의
목적은 전쟁 그 자체에 있는 것이 아니라 무고한 사람들을 보호하기

---

39 기독교의 병역거부 배경에 대해서는 평화주의적 사상에서 기원을 찾는 입장
   이 있는 반면에 로마 군대 내에 횡행하였던 우상숭배의 풍조 때문이라는 입
   장도 있다. 이에 관한 상세한 논의는 오만규, 『초기 기독교와 로마군대』
   (1999), 한국신학연구소, 39면 이하 참조.

위한 것에 있으므로, 정당한 전쟁으로 인정되기 위해서는 정당한 이
유, 상응한 정의, 적법한 권위, 좋은 의도, 성공의 가능성, 인명 손실의
비례 우위성, 최후의 수단으로서 폭력의 사용 등과 같은 요건이 충족
되어야 한다. 마르틴 루터를 비롯한 교회개혁[40] 지도자들에게도 이러
한 '정당한 전쟁'의 이론은 별다른 비판 없이 수용되었다. 그러나 급진
적 교회개혁을 주창하였던 재세례파는 어떠한 종류의 폭력도 거부하
는 기독교 초기의 평화주의적 전통을 계승하였고, 유럽의 각 국가들은
비공식적으로 이들의 병역거부를 용인하는 입장을 취했다.[41] 이들과
함께 퀘이커 교도 등이 병역을 거부하는 입장을 취했고, 신앙의 자유
를 찾아 신대륙으로 이주한 이들에 대해 미국은 병역거부를 인정하는
입장을 취했다. 즉, 미국에서는 1661년 메사추세츠 주(州)와 1673년 로
드아일랜드 주(州)에서 퀘이커 교도들에 대해서 무기를 휴대하지 않는
대체복무 제도를 허용하였고, 펜실베니아 주(州)에서는 1757년 퀘이커
교도와 메노나이트 교도에 대해서 군 복무를 대체할 수 있는 복무 제
도를 시행하였으며, 1776년 주(州) 최초로 양심적 집총거부를 헌법상
의 권리로 선언하기에 이르렀다. 영국에서도 1757년 퀘이커 교도에게
병역의무 이행비용을 대납하는 조건으로 병역을 면제하는 법을 시행
하였고, 독일에서도 1780년 프리드리히 대제가 메노나이트 교도에 대
하여 대체복무를 허용하였다.[42] 이와 같이 근대 이후 병역거부는 원칙
적으로 특정한 종교집단에 대해 인정되었고 개인에 대해서는 원칙적
으로 병역거부가 허용되지 않았다.[43]

---

40 일반적으로는 '종교개혁'이라는 용어를 사용하는 것이 보편화되어 있지만, 개
　혁의 대상이 종교 일반이 아닌 카톨릭교회라는 점에서 '종교개혁'이라는 용어
　는 적절한 용어라고 보기 어렵다. 이와 같은 관점에 따라 이 연구에서는 '종
　교개혁'이라는 용어 대신에 '교회개혁'이라는 용어를 사용하기로 한다.
41 김선택, 전게 보고서, 9면.
42 이재승, 전게, 268면.
43 김선택, 전게 보고서, 10면.

나. 20세기 이후의 양심적 병역거부

20세기 이후 양심적 병역거부의 양상을 살펴보는 데에 있어서 가장 중요한 역사적 사건은 바로 두 차례의 세계대전이다. 세계대전은 불가피하게 징병제도의 도입을 가져오게 하였고, 이에 따라 양심적 병역거부의 법제화에 있어서 제1차 세계대전 무렵까지는 유럽이 미국에 비해 상대적으로 뒤처지는 양상을 보였다. 제2차 세계대전 이후 양심적 병역거부의 추세는 종래의 전반적 병역거부로부터 선택적 병역거부로 논의가 확대되었으며, 평화주의 신념을 고수하는 특정한 종교집단에 대해서만 제한적으로 허용되던 대체복무 제도는 비종교적 양심을 이유로 하는 병역거부에 대해서도 허용되기 시작하였다.

(1) 미국의 양심적 병역거부

위에서 살펴본 바와 마찬가지로 미국은 제1차 세계대전 무렵까지 평화주의적 신념을 가진 특정 종파들에 대해 비전투적 복무를 허용하는 법제를 실시하였다. 비전투적 복무란 위에서 설명한 것처럼 대체복무 형태가 아니라 병역에 복무하되, 집총은 하지 않는 형태의 대체복무를 의미한다. 가장 좁은 형태의 대체복무 제도라고 할 수 있다. 비록 법제상으로는 비전투적 복무만을 허용하였으나, 실제로는 병역복무 전반을 거부하는 이들에 대해서는 의회의 승인 하에 노동력이 부족한 지역에 투입한 반면, 비전투적 대체복무에 지원한 이들은 부대 내의 가혹한 처분과 상관들의 회유를 견디지 못하고 대부분 평화주의의 신념을 거부하였다고 한다. 결국 법제상으로는 비전투적 대체복무가 허용되었으나 실제에 있어서는 그와 같은 취지가 제대로 구현되지 못했던 반면, 대체복무 제도는 허용되지 않았으나 실제로는 대체복무가 허용되었던 것이 이 당시 미국의 양상이라고 할 수 있다. 대체복무 전반을 거부한 이들은 군사재판에 회부되어 유죄 판결을 선고받았다.[44]

| 44 J. W. Chambers II, "Conscientious Objectors and the American State from

미국에서는 초기에 특정한 종파를 대상으로 양심적 병역거부를
인정하던 태도에서 제1차 세계대전을 지나면서 점차 개인에 대해서도
양심적 병역거부를 용인하는 추세로 변화가 이루어졌다. 이러한 추세
는 제2차 세계대전을 거치면서 전반적 병역거부 허용 태도에서 선택적
병역거부 허용 여부에 대한 논의로 발전되었다. 그러한 계기가 된 것
은 베트남 전쟁이었다. 즉, 미국 내 흑인들을 중심으로 베트남 전쟁과
징병 제도를 인종차별적인 정책으로 보는 관점이 확산되었고, 베트남
전쟁이 부당하다는 인식이 확산되면서 특정한 전쟁에 대하여 병역을
거부하는 선택적 병역거부 양상이 확산된 것이다.

(2) 유럽의 양심적 병역거부

제1차 세계대전 이전에 양심적 병역거부를 허용한 유럽국가로는
스웨덴(1902년), 노르웨이(1902년), 네덜란드(1912년) 정도를 들 수 있다.
덴마크(1917년)가 제1차 세계대전 도중에 양심적 병역거부를 제도화하
였으나, 핀란드(1939년)를 제외한 다른 유럽 국가들은 거의 대부분 제2
차 세계대전 이후에 비로소 양심적 병역거부를 허용하게 되었다. 특히
프랑스는 20세기 중반까지 병역거부에 대하여 매우 엄격한 형벌을 부
과하는 태도를 유지하였다. 즉 프랑스에서는 최초의 병역거부에 대하여
1년의 징역형을 부과하고, 이후 징병 통지를 거부할 때마다 2년씩의 징
역형을 부과하였다. 이와 같은 반복적 처벌은 병역거부자의 연령이 50
세가 될 때까지 계속되었다. 프랑스에서 양심적 병역거부가 허용된 것
은 1963년부터이다.[45] 독일 역시 나치의 집권으로 제2차 세계대전 이후

Colonial Times to the Present", in Charles C. Moskos & John W.
Chambers Ⅱ eds., The New Conscientious Objection: From Sacred to
Secular Resistance, Oxford University Press (1993), p.31 참조 (김선택, 전
게 보고서 12면 각주 15)에서 재인용).

45 M. L. Martin, "France: A Statute but No Objection", The New Conscientious
Objection: From Sacred to Secular Resistance, Oxford University Press
(1993), pp.82~87 (김선택, 전게 보고서 11면 각주 12)에서 재인용).

까지 병역거부에 대해서는 엄격한 불허 방침을 유지하였다. 나치 치하에서 독일의 양심적 병역거부자들은 대부분 강제수용소에서 처형되거나 수용소의 가혹행위 및 기아로 사망하였다고 한다.[46] 종전 이후 독일은 과거에 대한 철저한 반성의 의미로 다른 국가들보다 훨씬 관대한 입장에서 양심적 병역거부를 허용하는 태도를 취하게 되었다고 평가된다.

이에 비하여 같은 유럽 국가이면서도 영국은 비교적 일찍부터 양심적 병역거부를 제도화하였다. 즉, 1916년의 병역법에서 이미 지방특별법원의 결정에 따라 양심적 병역거부 여부를 판단하는 제도를 시행하였다. 지방특별법원은 병역의 면제, 대체복무, 비전투복무, 병역거부 불허 중에서 결정을 내릴 수 있으며 병역거부가 불허되었음에도 병역을 거부하는 태도를 고수하는 경우에는 군사재판에 회부하였다.[47] 이러한 태도는 제2차 세계대전 시기에도 마찬가지로 유지되었다.

(3) 한국의 양심적 병역거부

우리나라에 근대 사법제도가 도입된 이후 병역거부로 인하여 처벌을 받은 최초의 사례는 1939년으로 알려져 있다.[48] 일본과 조선, 대만, 중국 등지의 여호와의 증인 신도들을 구속시킨 이른바 등대사(燈臺社) 사건이 그것이다. 당시는 중일전쟁이 본격화되던 시기로서 병력 충원이 필요했던 일제는 징병제를 전면적으로 확대하였다. 이에 저항하여 천황에 대한 충성서약을 거부하고 총기 수령을 거부한 2명의 조선

---

46 J. N. Pellechia & J. Chu, "From Marginalization to Martyrdom: The Nazi Persecution of Jehovah's Witnesses", in J.−K. Roth & E. Maxwell eds., Remembering for the Future: The Holocaust in an Age of Genocide Volume 1 History, Antony Rowe Ltd. (2001), p.503 (김선택, 전게 보고서, 11면 각주 13)에서 재인용).

47 G. Harries−Jenkins, "Britain: From Individual Conscience to Social Movement", The New Conscientious Objection: From Sacred to Secular Resistance, Oxford University Press (1993), p.69 (김선택, 전게 보고서, 11면 각주 17)에서 재인용).

48 이재승, 전게 논문, 269면.

인 여호와의 증인 신도를 구속한 것을 계기로 전국적으로 여호와의 증인 신도들에 대한 검거 열풍이 불면서 1939년 6월 신사참배와 동방요배를 거부한다는 이유로 33명의 여호와의 증인 신도를 구속시키게 되었다. 이 사건은 표면적으로는 신사참배에 대한 거부행위를 단속한 사건이지만, 당시 구속된 이 중 한 사람인 문태순은 "우리는 전쟁에 반대한다. 만약 우리가 전쟁에 나가서 상관으로부터 적병을 사살하라는 명령을 받았다 할지라도 이것은 여호와의 증인으로서는 못할 일이다. 원수라도 인간인 이상 죽이면 안 된다"라고 하며 자신의 병역거부 의지를 명확하게 드러내었다.[49]

일제강점기 종식 이후 6·25 전쟁이 발발하기까지 사이의 기간에는 새로운 병역제도를 둘러싼 논란과 미군정의 국군정원 제한조치로 인하여 징병제가 본격적으로 실시되지 못하고 있다가 6·25 전쟁이 발발하면서 가두징집을 비롯한 강제징집이 시행되었다. 이 시기 집총거부로 처벌을 받은 최초의 기록은 1952년 4월의 재림교 신도였던 박재식이다. 6월에는 같은 교도인 김인용이 집총거부로 역시 심한 구타를 당하였다. 1953년 박종일이 병역거부로 군사법정에서 3년 형을 선고받은 기록이 있기도 하다.[50] 오히려 북한군의 경우에는 집총거부자에 대해서 일단 위협을 가해보고 그래도 따르지 않는 경우에는 비전투분야에 편입을 시키거나, 심지어 총살 대상을 방면한 사례도 있다고 한다.[51]

양심적 집총거부자 사건은 1958년부터 병역법 위반 형사사건으로 군법회의에서 처리되었다. 한편 입영 자체를 거부한 경우에는 민간법정에서 실형을 선고받게 되었다. 여호와의 증인과 재림교 신도 외에 장로교 신도였던 문기병, 함석헌 계열의 홍명순 등도 병역거부로 복역

---

49 임재성, "징병제 형성 과정을 통해서 본 양심적 병역거부의 역사", 「사회와 역사」(구 한국사회사학회논문집), 88권(2010. 12), 한국사회사학회, 393면.
50 임재성, 전게, 398면.
51 임재성, 전게면.

한 기록이 나온다고 한다.[52] 만일 이 기록이 공인된다면 한국의 비종교적[53] 양심적 병역거부는 오태양 사건으로부터 수십 년을 거슬러 올라가게 된다. 당시의 형량은 6개월~1년 사이였다. 이후 들어선 군사정권 특히 유신정권 하의 형량과 비교하면 대단히 관대한 처분이었다는 평가가 있다.[54] 1960년 입영대상자 중 병역기피자[55] 비율은 35%에 달하였으나, 5·16 쿠데타 이후 지속적인 검거정책의 시행으로 1968년에는 13%, 1971년에는 7.85%, 1972년에는 4.4%까지 떨어졌고 유신 이후인 1974년부터는 병역기피율이 0.1%를 넘지 않아 사실상 입영률 100%가 달성되었다. 입영률의 제고를 위하여 병역거부에 대한 형사처벌은 더욱 엄격해지게 되었다. 1962년 군형법 시행 이후 집총거부에 대해서는 항명죄를 적용하여 2년 형을 선고받고 출소하면 다시 훈련소로 보내 항명죄를 적용한 처벌을 반복시키는 악순환이 되풀이되었다. 재림교 신도였던 최방원은 이 시기에 1963년부터 네 차례의 항명죄 반복처벌로 인하여 1970년 12월까지 무려 7년 6개월의 투옥 생활을 감수해야 했다. 이러한 상황에 이르자 더 이상 견디지 못한 재림교는 1970년대 중반 교단 차원의 교리 수정을 통하여 집총거부 입장을 철회하기에 이른다.[56] 재림교와 달리 계속해서 병역거부 입장을 유지하고 있던 여호와의 증인 신도들에 대해서는 병무청 직원이 여호와의 증인 집회장소를 급습하여 징집대상자를 군부대로 연행한 후 입영 영장을 발부하거나, 직접 가가호호 방문을 통하여 입영 영장도 없는 불법 연행을 자행하였다. 1975년 3월 9일 부산지방병무청에서 부산시에서만

---

52 임재성, 전게, 399면.
53 해당 교파의 교리상 전쟁을 거부한다고 명시적으로 선언한 경우만을 종교적 병역거부라고 전제할 경우라는 취지이다.
54 임재성, 전게, 401면.
55 이 시기에는 병역거부를 별도로 통계에 넣지 않았기 때문에 병역기피자 중에는 양심적 병역거부자와 병역기피자가 혼재되어 있었다.
56 임재성, 전게, 404면.

63명의 병역 연령의 여호와의 증인 신도 남자들을 체포하여 훈련소에 강제로 입영시킨 것을 시작으로, 병무청 직원들이 영장 없이 병역거부자를 불법 체포하여 강제로 훈련소로 입영시키게 되었고, 그에 따라 병역거부의 양상은 입영거부보다는 강제입영을 당한 후 총기 수여식을 거부하는 집총거부 양태로 변화되었다. 당시 훈련소 장교들은 집총거부 행위에 대하여 혹독한 고문과 박해를 가하였고, 그러던 중 일제강점기에 독립투사를 고문하던 벽관이라는 고문도구를 독거특창[57]이라는 이름으로 부활시켜 병역거부자들을 고문하기도 하였다.[58] 군의문사진상규명위원회의 진상조사와 확정된 결정에 따르면 최소한 5명의 병역거부자가 박정희 군사정권 당시 구타와 고문으로 인해 목숨을 잃었고[59] 그 당시 구타로 인해 현재까지도 상당수의 집총거부자들이 신체적·정신적 장애로 후유증을 앓고 있는 것으로 알려지고 있다.

　　김영삼 정부가 들어선 이후에는 병역거부자들에게 적용하던 항명죄의 법정형 상한 2년이 지나치게 가볍다는 여론이 비등하면서 정부 발의로 항명죄의 최고형을 2년에서 3년으로 상향 조정하는 내용의 '군형법 개정안'이 국회에 제출되었고 국회의 의결을 거쳐 시행되기에 이르렀다. 이후 군법회의에서는 집총거부자에게 일률적으로 3년 형을 선고하였다. 2000년대 초반 언론의 집중적인 보도와 '민주사회를위한변호사모임'의 적극적인 노력으로 법적 근거 없는 강제입영 정책은 중단되었다. 이에 따라 병역거부의 양상은, 집총거부에서 다시금 입영거부

---

57 '독거특창'은 앞뒤 60cm, 폭 60cm, 높이 1m 70cm의 감옥으로, 집총을 거부한 사람을 손은 뒤로 묶은 채 그 감옥에 가두었고, 헌병이 벨을 누르면 즉시 벨을 눌러서 답해야 하였는데, 손이 결박되어 있어 벨도 입으로 눌러야 하였고, 즉시 벨을 누르지 않으면 단체로 매질을 당하였다고 한다. 한겨레21 제351호, "독거특창, 그 몸서리치는 기억" (2001. 3. 20.)(http://h21.hani.co.kr/arti/special/special_general/19297.html)(2018. 3. 1. 최종방문).
58 군의문사진상규명위원회, 「3년 활동보고서」(2009), 763~764면.
59 전게 한겨레21 기사.

로 변모하였고, 양심적 병역거부자에 대한 형사처벌 관할권 역시 군법회의가 이난 일반 민간법원에서 담당하게 되었다. 양심적 병역거부자에 대한 형사처벌권을 넘겨받은 일반 민간법원은 병역법상 수형으로 인한 복무면제의 최저한도인 1년 6월 형을 선고하였다. 이른바 '정찰제 양형'의 시작이다.[60][61]

한편 양심적 병역거부 양태에 있어서도 획기적이라고 할 수 있는 사건이 일어났는데 그것은 바로 2001년 12월의 오태양 병역거부사건이다. 오태양 이전까지 한국의 양심적 병역거부 운동은 대체로 여호와의 증인을 비롯하여 재림교 등 특정한 종교를 신봉하는 이들의 교리적 이유가 주된 원인이 되었다. 이러한 특정종교 치중 양상은 양심적 병역거부와 대체복무 제도의 도입을 주장하는 입장을 법리적·정치적 관점에서 접근하지 못하게 하는 커다란 원인이 되었다. 위와 같은 종교는 한국의 개신교단에서 이른바 '이단(異端)'으로 취급되던 종파였기 때문이다. 그러나 오태양의 양심적 병역거부를 계기로 한국에서도 위와 같이 특정한 종교적 신념과 관련 없이 평화주의적 가치관에 바탕을 둔 양심적 병역거부 운동이 출현하는 계기가 되었고, 이로써 양심적 병역거부와 대체복무 제도의 도입 논의가 더 이상 종교적 관점이 아닌 정치사회적·법리적 문제로 성격의 전환을 맞이하게 된 것이다.

---

60 광주지방법원 2016. 10. 18. 선고 2015노1181 판결.
61 제주지방법원 2017. 8. 11. 선고 2017고단55 판결 중 '라) 1년 6개월의 실형을 선고하는 형의 양정의 법적 문제점', 29~32면. 이 판결에서는 양심적 병역거부자들에게 1년 6개월의 획일적인 실형이 선고되는 것이 "책임주의라는 양형에 관한 헌법적·법률적 한계 내에 있다고 보기 어렵고, 결국 이는 법관이 법률이 아니라 병역법시행령이라는 대통령령에 구속된 결과"라고 판시하였다.

2. 양심적 병역거부의 국제적 현황[62]

가. 콜롬비아 헌법재판소의 양심적 병역거부권 인정

한국과 헌법 구조가 유사한 남미 콜롬비아에서 헌법재판소가 병역거부권을 인정하였다. 그간 콜롬비아에서 병역거부자들은 헌법상 양심의 자유를 양심적 병역거부권의 근거로 주장하였지만 처벌을 면하지 못해왔으나, 2009. 10. 14. 콜롬비아 헌법재판소는 개별적인 심사를 거쳐 병역거부자의 결정이 깊고, 확고하고, 진실한 것으로 확인된 때에는, 병역거부자는 군 복무 면제를 요청할 권리가 있다고 판결하였다.[63] 그 판시 내용은 이와 같다. "본 재판소의 견해로는 헌법 제18조(양심의 자유)와 제19조(종교의 자유)에 의거하여 양심적 병역거부권이 도출된다고 결론내리는 것이 가능하다. 위와 같은 견해는 양심의 자유가 모든 사람에게 '자신의 양심에 반하는 행위를 하도록 강요받지 않을' 권리를 명시적으로 보장한다는 사실로 뒷받침된다. 따라서 누군가가 양심적인 이유로 진지하게 거부권을 행사할 경우, 그의 양심에 정면으로 위배되어 스스로에게 심각한 영향을 끼칠 행위를 할 의무가 강제로 부여된다면, 그것은 그의 권리를 침해하는 행위가 될 것이다. (중략) 본 재판소는 이전에 양심적 병역거부에 관해 가졌던 견해를 철회한다(Ⅵ.5.2.5).

나. 유럽인권재판소의 아르메니아 양심적 병역거부 처벌 불허 판결

프랑스 소재 유럽인권재판소(European Court of Human Rights)가 이전 판례를 변경하였다. 2011. 7. 7. 대재판부(the Grand Chamber)는 양심적 병역거부자를 형사처벌한 아르메니아에 대한 사건에서 16대 1

---

62 이 부분은 연구자가 2018. 7. 기초하여 대한변협이 대법원에 제출한 양심적 병역거부사건에 대한 의견서의 내용을 중심으로 정리한 것이다.

63 Court: Conscientious objection is constitutional(https://colombiareports.com/court-conscientious-objection-military-service) (2018. 9. 25. 최종방문).

평결로 양심적 병역거부 행위가 양심 및 종교의 자유를 보장하는 유럽
인권협약(the European Convention on Human Rights) 제9조로부터 보호
된다고 판시하였다.[64] 그 요지는 이와 같다. "이 점과 관련하여 본 재
판소는 제9조에 양심적 병역거부권이 명시적으로 언급되어 있지 않다
는 것을 인정한다. 그러나 병역 의무를 거부하는 것은, 군 복무라는 의
무와 양심 또는 당사자의 내면 깊숙이 자리잡은 종교적 또는 그 밖의
신념이 심각한 충돌을 일으켜 더 이상 감당할 수 없는 상황에서 비롯
될 경우, 제9조에 보장된 권리를 고려하기에 충분한 타당성, 심각성,
밀접성, 중요성을 가지는 확신 또는 신념이라 볼 수 있다(제110항)."

다. 유럽인권재판소의 터키 양심적 병역거부자 처벌 불허 판결

양심적 병역거부자를 형사처벌한 터키에 대한 유럽인권재판소의
2011. 11. 22.자 판결 역시 같은 취지이며, 거부자들에 대한 배상명령
을 포함하고 있다.

라. 국가별 정례 인권검토의 양심적 병역거부자 석방 등 조치 촉구 권고

2012년 대한민국에 대한 2차 '국가별 정례 인권검토'(universal periodic
review, UPR)에서는 미국, 독일, 폴란드, 호주, 슬로바키아, 스페인, 프
랑스 등 7개국이, 2017년 11월 9일 3차 국가별 정례 인권검토에서는
미국, 독일, 캐나다, 호주, 크로아티아, 프랑스, 멕시코, 스위스, 아르헨
티나, 파나마, 포르투갈, 코스타리카 등 12개국이 대한민국에 대하여
"수감 중인 양심적 병역거부자들을 즉시 석방하고, 전과기록을 말소하
며, 민간 성격의 대체복무를 도입할 것"을 권고하였다. 특히 미국 정부
는 양심적 병역거부자들이 출소 후에도 많은 차별을 겪는다고 우려를 표
명하였으며, 크로아티아 정부는 양심적 병역거부자들이 출소 후에도 사

---

64 유럽인권재판소, 2011. 7. 7. 선고, 대재판부 23459/03호(CASE OF BAYATYAN
   v. ARMENIA).

회적 낙인과 셀 수 없는 불이익에 직면하여 비유적으로 'Life Sentence(종신형)'를 사는 상황과도 같다며 즉시 병역거부 문제를 해결할 것을 대한민국 정부에 권고하였다.

한편 비교적 최근의 상황으로는 2017년 11월 9일 국제연합 유럽본부에서 열린 국가별 정례 인권검토(UPR) 본회의에서 미국, 독일, 크로아티아 등 12개국은 대한민국 정부에 대하여 수감 중인 병역거부자를 석방하고, 그들의 전과 기록을 말소하며, 국제인권기준에 부합하는 대체복무를 도입하라고 대한민국에 권고하였다. 이 국가별 정례 인권검토(UPR) 본회의에 대한민국 대표단을 이끌고 참석한 박상기 법무부장관은 기조연설을 통해 "대한민국은 대체복무 도입을 실질적으로 검토하겠다"며 국제사회 앞에서 변화를 약속하였다.[65]

마. 국제연합 자유권규약위원회의 규약위배 판정[66]

국제연합 자유권규약위원회는 1993년에 살상용 무기를 사용해야 할 의무는 양심의 자유와 종교나 신앙을 공표할 권리와 심각한 충돌을 일으킬 수 있으므로, 그러한 권리가 시민적·정치적 권리에 관한 국제규약 제18조에서 파생될 수 있다고 논평하였으며,[67] 이후에도 다수의 개인청원에 대한 의견을 채택하면서 양심적 병역거부권을 인정하여 오고 있다. 즉, 대한민국의 양심적 병역거부자들이 자유권규약 위반을 이유로 자유권규약 선택의정서에 따라 제기한 다수의 개인청원에 대해 4차례에 걸쳐 자유권규약 제18조에 규정된 사상, 양심 및 종교의 자유 침해로 판정하는 결정을 내린 것이다.[68]

---

65 YTN, "박상기 법무 대체복무제 실질적 논의 진행", 2017. 11. 10.
66 이 항목의 내용은 위 의견서 외에 www.withoutwar.org/?p＝13678&download＝13679(2018. 9. 25. 최종방문)의 내용을 참조하여 정리한 것이다.
67 국제연합 자유권규약위원회, "사상, 양심 및 종교의 자유에 관한 일반논평 제22호", 1993, 제11항.
68 국제연합 자유권규약위원회 2010. 3. 23. 결정, 2011. 3. 24. 결정, 2012. 10. 25. 결정, 2014. 10. 15. 결정.

이후에도 김종남 등 338인 대 대한민국 사건에서 자유권규약위원회
는 양심적 병역거부권이 사상, 양심, 종교의 자유에 내재되어 있으며, 누
구든지 군 복무가 개인의 종교나 신념에 맞지 않을 경우에는 병역의무
에서 면제받을 권리가 있다는 점을 재차 강조하면서, 이러한 권리는 강
압에 의해 침해되어서는 아니 되며, 위원회의 대다수는 양심이나 종교
때문에 무기를 사용할 수 없기에 입영을 거부하는 사람을 강제로 입영
시키는 행위는 규약 제18조 제1항에서 절대적으로 보호하고 있는 종교
또는 신앙을 가질 권리(forum internum)와 조화되지 않는다고 보았다.[69]

2013년과 2014년에 채택한 위원회의 견해에서는 위 규약 제18조
가 비종교인의 양심의 자유도 보호한다는 점을 지적하면서, 국내법으
로 위 규약 제18조와 제26조에 일치하는 방식으로 양심적 병역거부를
인정할 것을 반복적으로 요청했다.[70] 위원회는 또한 대체복무 마련이
병역거부를 정당화하는 신앙의 특성에 관계없이(양심에 근거한 신앙이
종교적인 것이든 비종교적인 것이든 관계없이) 모든 양심적 병역거부자들에
게 차별 없이 제공되어야 한다고 강조했다.[71] 위 규약 제18조는 유신
론, 비신론, 무신론적 믿음뿐만 아니라 종교나 신앙을 밝히지 않을 권
리를 보호하며, 제18조의 적용은 전통적인 종교들, 또는 전통적인 종
교와 유사한 제도적인 성격이나 관행을 가진 종교와 신앙에 제한되어
적용되는 것이 아니므로, '종교'와 '신앙'은 넓은 의미로 해석되어야 하
고,[72] 따라서 당사국이 교리상 무기 사용을 금하는 등록된 종교단체에
소속된 사람에게만 양심적 병역거부권을 인정한다면, 규약 제18조의
위반으로 간주된다는 것이다.[73]

---

69 개인청원 제1786/2008호, 2012. 10. 25.에 채택한 견해, 제74항 및 제75항.
70 CCPR/C/KGZ/CO/2, 제23항.
71 CCPR/C/UKR/CO/7, 제19항.
72 일반논평, 제22호 제2항.
73 CCPR/C/KGZ/CO/2, 제23항.

다시 2014년에 김영관 등 50인 대 대한민국 사건에서 자유권규약 위원회는 규약 제18조 제1항의 위반을 선언했으며, 병역을 거부한 것에 대한 처벌로서 50명의 여호와의 증인을 수감시킨 것은 제9조의 자의적 구금에 해당한다고 결정했다. 위원회는 이 결정문의 제7.5항에서 위 규약 제19조에 보장된 표현의 자유를 합법적으로 행사한 것을 구금으로 처벌하는 것이 자의적 구금에 해당하는 것처럼, 규약 제18조에 보장된 종교와 양심의 자유를 합법적으로 행사한 것을 처벌하려는 구금도 자의적인 처사로 보았다.

2015년과 2016년에도 양심적 병역거부자의 개인청원 10건에 대하여 위 규약 제10조의 인간의 고유한 존엄성에 대한 존중, 인간적인 처우를 받을 권리 및 청원인들의 사상, 양심 및 종교의 자유에 대한 위반이 있었다고 결정하면서 위 규약 제18조 제1항에 규정된 자유의 기본적 특성이 같은 규약 제4조 제2항에 언급된 바와 같이 국가적 긴급상황에서도 이 조항을 위반해서는 안 된다는 사실이 반영되어 있음을 지적했다.[74]

바. 국제연합 인권이사회의 결의

국제연합 인권이사회(구 인권위원회 포함)는 군 복무 중인 사람들도 양심적 병역거부 의사를 발전시킬 수 있다는 점을 거듭 지적하였으며, 군 복무의 영향을 받는 모든 사람에게 양심적 병역거부권과 양심적 병역거부자 지위를 얻는 방법에 대한 정보를 제공하는 것이 중요함을 확인했다.[75] 특히 제24/17호 결의에서는 징집병뿐만 아니라 자원병의 양

---

74 Abdullayev v. Turkmenistan, Mahmud Hudaybergenov v. Turkmenistan, Ahmet Hudaybergenov v. Turkmenistan, Japparow v. Turkmenistan, Nasyrlayev v. Turkmenistan, Aminov v. Turkmenistan, Matyakubov v. Turkmenistan, Nurjanov v. Turkmenistan, Uchetov v. Turkmenistan, 개인청원 제2227/2012호, Yegendurdyyew v. Turkmenistan, 2016. 7. 14.에 채택한 견해.
75 인권이사회 결의 제24/17호, 인권위원회 결의 제1998/77호, 제1995/83호, 제1993/84호.

심적 병역거부도 인정하는 국가들이 늘어나는 추세임을 지적하면서 각 당사국에게 군 복무 전후 또는 군 복무 중에 양심적 병역거부 신청을 허용하고 예비군에 대해서도 동일하게 마련할 것을 촉구했다.

이사회(구 위원회 포함)는 다수의 결의를 통해 조사 없이 양심적 병역거부 신청을 승인하지 않는 당사국에게 독립적이고 공평한 의사결정기관을 마련하여 각 신청자의 양심적 병역거부 의사가 진지한 것인지 판단하도록 요청하기도 하였다.[76]

한편 이사회는 2017년 9월 대한민국의 양심적 병역거부 문제에 관하여 새로운 결의안을 발표[77]하며 대한민국 정부를 압박하였다.

사. 국제연합고등난민판무관의 부분적·선택적 병역거부에 대한 입장 표명

부분적 병역거부자 또는 선택적 병역거부자는 일부 상황에서는 무력 사용이 정당화되지만 그 밖의 경우에는 무력 사용을 정당화할 수 없으므로 후자의 경우에는 무력 사용을 거부해야 한다고 생각하는 이들인바, 2013년 12월에 발표된 국제 보호에 대한 가이드라인 제10호에서 국제연합 난민고등판무관은 양심적 병역거부권이 부분적 병역거부자 또는 선택적 병역거부자에게도 적용된다는 점을 강조했다.[78]

아. 국제연합 총회의 부분적·선택적 병역거부에 대한 입장 표명

국제연합 총회는 제33/165호 결의에서 선택적 거부의 한 가지 형태를 암묵적으로 인정했으며, 군 복무나 경찰 복무의 형태로 인종차별 정책의 이행을 지원하는 것을 양심적으로 거부했다는 이유만으로 국적국에서 떠날 것을 강요당한 사람들에게 망명을 허가하거나 제3국으로 안전하게 이동할 수 있도록 도와줄 것을 당사국들에게 요청했다.

---

76 인권위원회 결의 제1998/77호; 인권이사회 결의 제24/17호. 자유권규약위원회 일반논평 제22호, 제11항.
77 UN. A/HRC/36/L.20. 2017. 9. 25.자 결의.
78 가이드라인의 제3항과 제11항 참조.

3. 한국의 양심적 병역거부 현황

가. 개　관

한국에서 1년에 발생하는 병역거부자의 수는 대략 500명 정도에 이른다. 1990년대까지만 하더라도 연간 수감자 수가 1,000명에 이르는 경우도 있었지만, 2001년 이후의 연 평균 수감자 수는 600여 명 정도에 이르는 것으로 나타난다.[79] 근래에는 하급심의 무죄판결 급증과 심리지연의 결과로 2017년 10월 기준으로 현재 수감자 수는 323명에 불과하다고 한다. 1950년대부터 2008년경까지의 양심적 병역거부로 인한 구속자 수와 평균 형량을 도표로 정리하면 대체로 다음과 같다.[80]

[표 1] 병역거부 구속자 시기별 통계

시기(년)	병역거부 구속자수(명)	평균 형량 (개월)	시기별 주요 특징
1950~1953	3	36	한국전쟁
1954~1972	708	10	민간재판
1973~1993	4,311	24	강제입영 시작 / 군사재판 / 반복처벌
1994~2000	4,058	34	법정최고형 3년 선고 / 군사재판
2001~2008. 8	4,768	18	강제입영 종결 / 민간재판 1년 6월 선고 / 사회운동 등장
미상	47	7	
합계	13,895	약 24개월	

---

79 연합뉴스, 2017. 10. 7.자 기사, "'양심적 병역거부' 처벌 매년 600명…대체복무제 논의는?".
80 전게 "징병제 형성 과정을 통해서 본 양심적 병역거부의 역사", 401면.

나. 병역법 제88조 제1항에 관한 대법원 2004도2965 전원합의체 판결 이후 국내외 환경의 변화

(1) 대법원 2004. 7. 15. 선고 2004도2965 전원합의체 판결의 의의

대법원 2004. 7. 15. 선고 2004도2965 전원합의체 판결에서 다수 의견은 병역법 제88조가 규정한 정당한 사유란 구체적 병역의무의 이행을 거부하는 사유가 헌법에 의하여 보장되고 나아가 병역법 제88조의 입법목적을 능가하는 우월한 헌법적 가치를 가지고 있다고 인정되는 경우라고 전제하면서 헌법상 양심의 자유에는 국가에 대하여, 개인의 양심의 형성 및 실현 과정에 대하여 부당한 법적 강제를 하지 말 것을 요구하는, 소극적인 방어권으로서의 성격이 포함되어 있으나, 그 제한을 정당화할 헌법적 법익이 존재하는 경우에는 헌법 제37조 제2항에 따라 법률에 의하여 제한될 수 있는 상대적 자유라고 보면서, 병역법 제88조는 국방의 의무를 구체화하기 위한 규정으로서 병역의무는 궁극적으로 국민 전체의 인간으로서의 존엄과 가치를 보장하기 위한 것이라 할 것이고, 양심적 병역거부자의 양심의 자유가 위와 같은 헌법적 법익보다 우월한 가치라고는 할 수 없으므로 헌법 제37조 제2항에 따라 피고인의 양심의 자유를 제한한다 하더라도 이는 헌법상 허용된 정당한 제한이라는 입장으로서, 이에 따라 양심적 병역거부자에 대하여 대체복무 제도를 허용하지 않고 형벌부과 규정만 두고 있다고 하더라도 이는 입법자에게 부여된 광범위한 재량권에 따른 것으로서 과잉금지 또는 비례의 원칙에 위반된다거나 종교에 의한 차별금지 원칙에 위반된다고 볼 수 없으며, 한편 법규범은 개인으로 하여금 자기의 양심의 실현이 헌법에 합치하는 법률에 반하는 매우 드문 경우에는 뒤로 물러나야 한다는 것을 원칙적으로 요구하기 때문에 양심적 병역거부자의 경우에도 그의 양심상의 결정에 반하는 행위에 대한 기대가능성이 있다고 보았다.

한편 이와 같은 다수의견에 대해서는 대법관 유지담, 윤재식, 배기원, 김용담의 보충의견과 조무제의 보충의견이 부가되어 있는바, 대법관 유지담, 윤재식, 배기원, 김용담은 대체복무제 도입은 입법정책상 바람직한 것이기는 하지만, 이를 국가의 헌법적 의무라고 보기는 어렵다고 하면서, 국방의 의무를 구체적으로 형성하는 일은 그 목적이 국가의 안전보장과 직결되어 있고, 변화하는 국내외의 안보 상황을 정확하게 반영하여 최고의 국방능력을 갖춘 국군이 구성되도록 합목적적으로 대처하여야 할 영역이어서 이에 관한 한 입법자에게 광범위한 입법형성권이 주어져 있다고 할 것이므로, 병역법이 구체적 병역의무를 부과하면서 종교적인 이유 등으로 양심상의 갈등에 처하게 되는 일부 국민에게 이러한 갈등을 완화할 수 있는 대안을 제공하지 않고 있다고 하여 그것을 들어 바로 양심 및 종교의 자유를 침해하였다거나 평등의 원칙에 반하여 위헌이라고 할 수는 없다고 할 것이고, 국가가 양심의 자유와 병역의무를 합리적으로 조정하여야 할 헌법적 의무를 다하지 못하였음을 전제로 병역법 제88조 제1항의 적용을 배제할 '정당한 사유'가 있다는 해석론도 받아들일 수 없다는 것이었다. 대법관 조무제는 병역의무행위 중 집총행위는 피고인의 종교적 양심상의 신조에 어긋나는 것이라고 전제하더라도, 피고인이 이행하여야 할 '입영'이라는 구체적 의무행위는 인명을 살상하거나 사람에게 고통을 주기 위한 집총훈련행위(그의 거부행위는 병역법이 아닌 군형법에 의해 규율된다)의 앞선 단계의 행위이기는 하지만 집총훈련행위 그 자체는 물론 그와 유사한 성질의 행위라 할 수도 없어서 입영행위를 피고인의 종교적 양심상의 신조에 어긋나는 행위라고 하여 기대할 수 없다고 단정할 것은 아니라고도 하였다.

이에 반하여, 후에 헌법재판소장이 된 당시 대법관 이강국은 다수의견에 대하여 반대의견을 표명하였는데, 절대적이고도 진지한 종교적 양심의 결정에 따라 병역의무를 거부한 피고인에게 국가의 가장 강력한 제재수단인 형벌을 가하게 된다면, 그것은 피고인의 인간으로서의 존엄성을 심각하게 침해하는 결과가 될 것이고, 형벌 부과의 주요 근거인 행위자의 책임과의 균형적인 비례관계를 과도하게 일탈한 과잉조치가 될 것이며, 또한, 피고인에 대한 형벌은 그 정도에 상관없이 범죄에 대한 응징과 예방, 피고인의 교육 등 그 어떠한 관점에서도 형벌의 본래적 목적을 충족할 수 없음이 명백해 보이고, 특히 보편적 가치관을 반영한 집총병역의무와 종교적 양심의 명령 사이의 갈등으로 인한 심각한 정신적 압박 상황에서 절박하고도 무조건적인 종교적 양심의 명령에 따른 피고인에게는 실정 병역법에 합치하는 적법한 행위를 할 가능성을 기대하기가 매우 어렵다는 것이었다.

위와 같은 전원합의체 판결은 양심적 병역거부가 헌법상 양심의 자유에 포함되지 않는다는 종래의 견해를 변경하여 양심적 병역거부를 헌법적 논의의 장으로 끌어올렸다는 점에서 의의를 찾을 수 있다고 할 것이다.

다수의견과 소수의견의 차이는 동일한 양태에 대한 평가의 차이, 즉 논리의 옳고 그름의 문제가 아니라 법관의 양심에 따른 결단의 문제에서 비롯된 차이라고 할 수 있다. 이에 비하여 조무제 대법관의 입장은 양심적 병역거부가 포섭하는 대상은 집총행위로 제한되는 것이고, 병역의무의 이행 그 자체는 아니라는 입장인바, 이는 양심적 병역거부의 여러 유형 중 가장 좁은 유형만을 양심적 병역거부의 양태로 파악하려는 입장이라고 할 수 있다. 그와 같은 판단을 하지 못하란 법은 없겠으나, 양심적 집총거부만을 양심적 병역거부의 범주에 포섭시키고 그밖에 다른 양심적 병역거부 유형을 양심적 병역거부의 범주에서 제외시키는 판단에 이르게 된 구체적 논거가 전혀 제시되어 있지 아니한 아쉬움이 있다.

(2) 양심적 병역거부 사건에 관한 국제법 – 국제규약 위반 쟁점의 등장: 대법원 2007. 12. 27. 선고 2007도7941 판결

이 판결은 병역법 제88조가 국제규범인 '시민적·정치적 권리에 관한 국제규약(International Covenant on Civil and Political Rights)'에 위반하는 것인지 여부가 쟁점이 된 사건이었다.

대법원은 위 '시민적·정치적 권리에 관한 국제규약(International Covenant on Civil and Political Rights)'으로부터 양심적 병역거부권이 당연히 도출되는 것은 아니지만, 위 규약 제18조 제1항에는 종교나 신념에 기한 결정을 외부로 표현하고 실현할 수 있는 자유도 함께 포함되어 있음이 문면상 명백하다고 하면서도, 대체복무 제도를 두지 아니한 것 그 자체를 규약 위반으로 평가할 수는 없고, 대체복무 제도의 도입 여부 등에 관하여는 가입국의 입법자에게 광범위한 재량이 부여되어야 하는 바, 현재로서는 대체복무제를 도입하기는 어렵다고 본 입법자의 판단이 현저히 불합리하다거나 명백히 잘못되었다고 볼 수 없다고 보았다.

또한, 양심적 병역거부자에게 병역의무 면제나 대체복무의 기회를 부여하지 아니한 채 병역법 제88조 제1항 위반죄로 처벌한다 하여 규약에 반한다고 해석되지 않는다고 보았다.

(3) 2000년대 이후 하급심 판결의 변화 양상

양심적 병역거부를 이유로 하는 병역법 위반 사건에 대한 하급심의 태도는 2015년을 기점으로 획기적인 변화를 보이고 있는바, 그러한 변화의 양상은 두 가지 측면으로 나타나고 있는데, 하나는 심리의 현저한 지연 양상이고, 다른 하나는 무죄판결의 급격한 증가 양상이라고 정리할 수 있다.

2000년대 이후 대체로 연 평균 600여 명의 양심적 병역거부자 수감자 수[81]가 2017년 10월 기준으로는 절반 가까이 줄어들어 있는

---

81 연합뉴스 2017. 10. 7.자 기사 참조. http://www.yonhapnews.co.kr/bulletin/

것[82]은 징집대상자의 감소라는 일반적 현상 이상의 함의를 담고 있다고 볼 수 있고, 그것은 바로 하급심 법원에서 양심적 병역거부에 대한 심리를 의도적으로 지연시키고 있는 것이라고 볼 것이다.

이와 같은 하급심 법원의 현저한 심리의 지연 양상은 표면상으로는 헌법재판소의 위헌심판 결과를 지켜보기 위해서라고 할 수 있으나, 양승태 대법원장 체제의 대법원이 양승태 대법원장이 퇴임할 무렵까지도 계속해서 양심적 병역거부 사건에 대하여 유죄판결을 선고하고 있는 태도와 비교하여 본다면, 반드시 헌법재판소의 심판결과를 지켜보기 위함 때문만은 아니라고 볼 수 있을 것이다.

한편 하급심의 무죄판결 선고 건수 역시 2015년을 기점으로 급격히 증가하여 2017년에는 45건의 무죄판결이 선고되었으며, 2016년에는 항소심에서 유죄 취지의 제1심을 파기하고 무죄판결을 선고하기도 하였다.

하급심 판결의 무죄판결 이유를 살펴보면 양심적 병역거부의 경우 병역을 거부할 정당한 사유가 존재한다고 정면으로 판시한 사례[83]

2017/09/29/0200000000AKR20170929206000061.HTML?from = search　(2017. 12. 25. 최종방문).

82　대한변협 인권보고서(2018) 중 대체복무 제도 부분 참조.

83　예컨대, 광주지방법원 2015. 5. 12. 선고 2015고단108 판결, 위 같은 법원이 같은 날 선고한 2014고단4820 판결 및 이 사건에 대한 항소심인 같은 법원 2016. 10. 18. 선고 2015노1181 판결, 수원지방법원 2015. 8. 13. 선고 2015고단1776 판결, 청주지방법원 2016. 8. 9. 선고 2016고단64 판결, 부산지방법원 2016. 12. 27. 선고 2016고단6148 판결, 전주지방법원 2017. 1. 5. 선고 2016고단1507 판결, 청주지방법원 2017. 1. 10. 2016고단1332 판결, 위 같은 법원이 같은 날 선고한 2016고단1121 판결, 인천지방법원 2017. 2. 6. 선고 2016고단5974 판결, 서울북부지방법원 2017. 4. 6. 선고 2016고단5123 판결, 서울동부지방법원 2017. 5. 12. 선고 2017고단499 판결, 위 같은 법원 2017. 5. 24. 선고 2017고단191 판결, 대구지방법원 김천지원 2017. 6. 8. 선고 2016고단1874 판결, 제주지방법원 2017. 8. 11. 선고 2017고단16, 2017고단55(병합) 판결, 부산지방법원 2017. 11. 14. 선고 2016고단8059 판결 등은 정당한 사유가 있는 경우라고 판단하였다.

와 정당한 사유가 존재하지 아니한다는 증명이 충분하지 않다고 판시
한 사례[84]로 나뉘기는 하지만, 무죄판결의 이유는 대체로 다음과 같은
구조라고 할 수 있다. 즉, 국가의 안전보장도 국민의 기본적 인권을 보
장하기 위한 목적을 달성하기 위한 수단이라는 전제 하에 진정한 양심
적 병역거부와 양심적 병역거부를 가장한 병역회피를 심사하여 진정
한 양심적 병역거부자에 대해서는 현역복무와 비교하여 형평성이 보
장되는 수준에서 구제활동, 환자수송, 소방업무, 장애인 지원, 교정시
설 및 갱생기관 근무 등의 민간대체복무 제도를 설계하여 실시하는 것
이 국가의 책무라고 할 것인데, 국가가 이러한 책무를 방기한 채 병역
의무 이행에 갈음하는 수단으로 형벌만을 강요하는 것은 양심상의 이
유로 병역을 거부할 수밖에 없는 이들에게 병역을 거부할 정당한 이유
가 있는 경우에 해당할 수 있다는 것이다.

　　정당한 사유가 없다는 증명이 충분하지 않다는 판시의 취지는 정
당한 이유의 존부는 위법성 조각사유에 해당하는 것이기는 하지만, 형
사소송법상 범죄의 성립요건에 대해서는 소추권자가 입증책임을 부담
하여야 하므로 위법성 조각사유가 존재하지 아니한다는 점에 대해서
도 소추권자가 입증하여야 할 것인데, 그러한 입증이 충분하지 않다는
것이다.

(4) 양심적 병역거부 사건에 대한 법원의 태도 정리

　　양심적 병역거부에 대한 대법원의 태도는 2004. 7. 15. 선고 2004
도2965 전원합의체 판결 이전과 이후로 나누어 볼 수 있는바, 위 전원
합의체 판결 이전까지는 양심적 병역거부는 헌법상 양심의 자유에 포
함되지 않는다는 입장을 고수하였으나 위 전원합의체 판결에서 양심

---

84 예컨대, 인천지방법원 부천지원 2016. 6. 9. 선고 2016고단78 판결, 의정부지
　　방법원 2017. 11. 14. 선고 2017고단3631 판결은 정당한 사유의 존재가 충분
　　히 증명되지 않았다고 판단하였다.

적 병역거부는 헌법상 양심의 자유에 속하는 것으로 보는 입장으로 전
환하였다.

그럼에도 불구하고 양심의 자유에 대해서는 헌법 제37조 제2항에
따라 제한이 가능하다고 보고 병역법 제88조를 근거로 양심적 병역거
부를 처벌하는 것은 정당한 제한에 해당한다는 입장을 취하여 왔다.

차별금지의 쟁점과 관련해서는, 대체복무 제도를 도입하지 않고
양심적 병역거부자를 처벌한다고 하더라도 이는 입법자에게 허용된 광
범위한 재량의 범주에 속하는 문제이므로 양심적 병역거부자를 차별하
는 것이 아니라는 입장이며, 양심적 병역거부가 병역을 거부할 정당한
이유에 해당하는지 여부에 관해서는, 헌법이 양심의 자유가 뒤로 물러
나야 한다고 요구하는 경우이므로 양심상의 결정에 따라 병역을 거부
하지 않을 기대가능성이 있다는 입장이고, 한편 대체복무 제도를 도입
하지 않는 것이 국제자유권규약에 반하는 것도 아니라는 입장이다.

이에 반하여, 양심적 병역거부에 대하여 무죄판결을 선고하고 있
는 하급심의 입장은 대체복무 제도가 마련되어 있지 아니한 상황 하에
서의 양심적 병역거부는 병역을 거부할 정당한 사유에 해당한다는 입
장을 고수하고 있다.

이는 헌법재판소의 판단을 받아야 하는, 양심적 병역거부가 합헌
이냐 위헌이냐의 논증을 벗어나서, 법원이 법관에게 주어진 법령해석
의 권한 범위 하에서 양심적 병역거부 사건을 다루겠다는 입장으로 받
아들일 수 있을 것이다.

(5) 국가인권위원회의 대체복무 제도 도입 권고 결정

2017년 6월 27일, 국가인권위원회는 "국제 사회에서 지속적으로
우려하고 권고하는 양심적 병역거부자에 대한 인권침해 상황을 시급
하게 해소하기 위하여, 국방부장관에게 대체복무제 도입 계획을 수립
및 이행할 것을, 국회의장에게는 대체복무제 도입을 위해 국회에 발의

되어 있는 병역법 개정안에 대해 대체복무심사기구의 독립적 운영 및 공정성 확보 명시 등 일부 내용을 보완하여 입법할 것을 권고한다"라는 결정을 하였다.

(6) 문재인 정부의 대(對) 국제사회 약속

문재인 정부는 2017년 8월 22일 국제연합인권이사회에 제출한 국가상황 보고서에서 '양심에 따른 병역거부자의 대체복무 도입'에 관하여 "국민적 공감대를 바탕으로 심도 있는 논의를 거쳐 판단할 사항으로, 헌법재판소는 공개변론을 열었고,[85] 국회에 관련 법률안이 제출됐으며, 관련 부처도 여론조사를 하는 등 사회적 논의가 진행되고 있다"고 밝혔다.

이와 더불어 2017년 11월 9일 스위스 제네바에 위치한 국제연합 유럽본부에서 열린 국가별 정례 인권검토(UPR) 본회의에 대한민국 대표단을 이끌고 참석한 박상기 법무부장관은 "양심적 병역거부 문제에 관한 국제사회의 의견을 무겁게 받아들인다"면서 "대한민국 정부는 대체복무제 도입을 실질적으로 검토하겠다"라는 입장을 표명하기도 하였음은 앞에서도 기술하였다.

다. 헌법재판소 2018. 6. 28. 헌법불합치 결정

위에서 언급한 공개변론에 이어 헌법재판소는 2018년 6월 28일 "구 병역법(2000. 12. 26. 법률 제6290호로 개정되고, 2006. 3. 24. 법률 제7897호로 개정되기 전의 것) 제5조 제1항, 구 병역법(2006. 3. 24. 법률 제7897호로 개정되고, 2009. 6. 9. 법률 제9754호로 개정되기 전의 것) 제5조 제1항, 구 병역법(2009. 6. 9. 법률 제9754호로 개정되고, 2010. 1. 25. 법률 제9955호로 개정되기 전의 것) 제5조 제1항, 구 병역법(2010. 1. 25. 법률 제9955호로 개정되고, 2013. 6. 4. 법률 제11849호로 개정되기 전의 것) 제5조

---

85 후술하는 바와 같이 헌법재판소의 공개변론은 병역법 제5조에 대한 헌법불합치 결정으로 이어졌다.

제1항, 구 병역법(2013. 6. 4. 법률 제11849호로 개정되고, 2016. 1. 19. 법률 제13778호로 개정되기 전의 것) 제5조 제1항, 구 병역법(2016. 1. 19. 법률 제13778호로 개정되고, 2016. 5. 29. 법률 제14183호로 개정되기 전의 것) 제5조 제1항, 병역법(2016. 5. 29. 법률 제14183호로 개정된 것) 제5조 제1항은 모두 헌법에 합치되지 아니한다"라는 결정을 선고하기에 이르렀다.[86]

위 헌재 결정은 "양심적 병역거부는 인류의 평화적 공존에 대한 간절한 희망과 결단을 기반으로 하고 있다. 사유를 불문하고 일체의 살상과 전쟁을 거부하는 사상은 역사상 꾸준히 나타났으며, 비폭력 · 불살생 · 평화주의 등으로 표현된 평화에 대한 이상은 그 실현가능성과 관계없이 인류가 오랫동안 추구하고 존중해온 것이다. 우리 헌법 역시 전문에서 '항구적인 세계평화와 인류공영에 이바지함'을 선언하여 이러한 이념의 일단을 표명하고 있다. 뒤에서 보듯이 세계의 많은 나라들이 양심적 병역거부를 인정해왔고 국제기구들에서도 끊임없이 각종 결의 등을 통해 그 보호 필요성을 확인해온 것은, 이 문제가 위와 같은 인류 보편의 이상과 연계되어 있음을 시사한다"라고 설시하면서, "양심적 병역거부를 인정하는 것은 여호와의 증인 등을 비롯한 특정 종교나 교리에 대한 특별취급을 하려는 것이 아니라 인류 공통의 염원인 평화를 수호하기 위하여 무기를 들 수 없다는 양심을 보호하고자 하는 것"임을 확인하면서, "대체복무제가 마련되지 아니한 상황에서, 양심상의 결정에 따라 입영을 거부하거나 소집에 불응하는 이 사건 청구인 등이 현재의 대법원 판례에 따라 처벌조항에 의하여 형벌을 부과

---

86 헌재 2011헌바379, 383, 2012헌바15, 32, 86, 129, 181, 182, 193, 227, 228, 250, 271, 281, 282, 283, 287, 324, 2013헌바273, 2015헌바73, 2016헌바360, 2017헌바225(병합) 병역법 제88조 제1항 등 위헌소원 등 및 2012헌가17, 2013헌가5, 23, 27, 2014헌가8, 2015헌가5(병합) 병역법 제88조 제1항 제1호 위헌제청 등 사건. 이하 이 의견서에서는 "2018. 6. 28. 헌재 결정"이라고 약칭한다.

받음으로써 양심에 반하는 행동을 강요받고 있으므로, 병역법 조항은 '양심에 반하는 행동을 강요당하지 아니할 자유', 즉 '부작위에 의한 양심실현의 자유'를 제한하고 있다"고 지적하였다.

위 헌재 결정은 다시 "국가의 존립과 안전을 위한 불가결한 헌법적 가치를 담고 있는 국방의 의무와 개인의 인격과 존엄의 기초가 되는 양심의 자유가 상충하게 되는 경우에 입법자는 두 가치를 양립시킬 수 있는 조화점을 최대한 모색해야 하고, 그것이 불가능해 부득이 어느 하나의 헌법적 가치를 후퇴시킬 수밖에 없는 경우에도 그 목적에 비례하는 범위 내에 그쳐야 하는데, 병역법 조항은 국가안전보장이라는 헌법적 법익을 실현하고자 하는 목적의 정당성과 수단의 적합성이 인정되나, 양심적 병역거부자로 하여금 비군사적 성격의 공익적 업무에 종사하게 함으로써 병역의무의 이행에 갈음하도록 하는 대체복무제는 군사훈련을 수반하는 병역의무를 일률적으로 부과하는 것에 비하여 양심의 자유를 덜 제한하는 수단임이 명백하고 이와 같은 대체복무제는 국방의 의무와 양심의 자유의 보장 사이에 발생하는 헌법적 가치의 충돌 문제를 해결하는 유력한 수단으로 오래전부터 제시되어 왔음에도 불구하고, 병역종류조항에 대체복무제를 도입하지 않음으로 인하여 양심적 병역거부자들에게 심대한 불이익을 주고 있다는 점에서 기본권 제한의 한계를 초과하여 법익의 균형성 요건을 충족하지 못하며 과잉금지 원칙에 위배한다"고 판단하였다.

비록 위 헌법재판소 결정은 병역법 제5조에 대해서만 헌법불합치 결정을 하고, 병역법 제88조 제1항에 대해서는 헌법에 합치된다는 입장을 다수의견으로 채택하였으나, 이는 법률조항의 헌법 위반 여부만을 판단하는 헌법재판소의 본질적 성격에 따른 차이라고 할 수 있다.

개별적인 사건에서 구체적으로 병역법 위반을 이유로 형벌을 선고하여야 하는 법원의 관점에서 보자면, 병역거부의 정당한 사유 여부를 판단함에 있어서 병역법 제5조와 제88조를 분리하여 살펴보는 것은 적절하지 아니하고, 양자를 통합적으로 살펴보면서 이와 같이 비군사적 대체복무 제도를 도입하지 않고 있는 병역법 체제 하에서 진지한 양심상의 결단에 입각해서 군사적 병역복무를 거부하는 것에 정당한 사유가 인정될 수 있는지 여부를 살펴보아야 할 것이다.[87]

제 3 절   헌법상 양심의 자유와 양심적 병역거부

1. 헌법상 양심의 자유

가. 양심의 자유에 관한 헌법 규정

대한민국 헌법 제19조는 "모든 국민은 양심의 자유를 가진다"고 규정하고 있다. 그러나 이와 같은 선언적 내용 이외에 양심의 자유가 포섭하는 내용 또는 보호영역이나 그 한계 및 제한에 관하여는 아무런 직접 규정을 두고 있지 아니하다. 한편, 대한민국 헌법은 양심의 자유와 본질적으로 별반 다르지 않다고 볼 수 있는 종교의 자유를 제20조에서 별도로 보장하는 체제를 취하고 있기도 하다. 연혁적으로 살펴보자면, 중세 이후 국가권력과 교회권력이 분리되면서 종교적으로 중립적인 국가를 지향하게 됨에 따라 종교의 자유가 발전하게 되었다고 할 수 있다. 그러나 이 시기의 종교의 자유란 가톨릭과 복음주의 사이에서 특정 종교를 선택할 수 있는 자유 정도로 제한적인 것이었다. 이러한 종교의 자유가 개인의 권리로 성문화되기 시작한 것은 1663년 로드 아일랜드(Rhodes Island) 주를 시발로 하여 1789년 프랑스혁명 하의 인

---

87 드디어 대법원은 2018년 11월 1일 양심적 병역거부는 병역을 거부할 정당한 사유에 해당한다는 취지로 종전의 태도를 변경하였다.

간과 시민의 권리선언 및 1791년 미합중국헌법의 권리장전에 기원을
둔다. 이러한 성문화 이전까지 공공의 안전과 질서를 유지하기 위해서
는 개개인이 자신의 신앙에 관하여 견해를 표명하거나 이를 다른 사람
에게 전파하는 것을 엄격하게 금지하였다. 이러한 상황에서 개개인이
가지는 종교적 신념을 보호하기 위하여 'conscientia libera'라는 형식
으로 양심의 자유라는 개념이 등장하게 된 것이다.[88] 이와 같이 연혁
적으로 종교의 자유와 병립적인 자유로 인식되던 양심의 자유는 점차
통일적인 '신앙과 양심의 자유'의 일부로 이해되기 시작하였고, 1849년
프랑크푸르트 헌법 제5조, 1850년 프로이센 헌법 제12조, 제19조, 1919
년 독일 바이마르공화국 헌법 제135조, 1949년 독일 기본법 제4조에서
'신앙과 양심의 자유'라는 형태로 규정되기에 이른 것이다.[89]

나. 양심의 개념

　제1장 제1절에서도 살펴보았지만 양심이라는 개념은 대단히 다의
적인 개념이다. 이를 법적인 개념으로 규정하기 위해서 '양심'에 관한
독일 법원의 설명을 옮겨보자면 이와 같다. 독일 연방행정재판소는 양
심을 "정의와 부정의에 관한, 내면에 근원적으로 존재하는 확신 그리
고 그로부터 나오는 일정한 행위와 부작위에 관한 의무감" 또는 "자기
행위의 윤리적 가치 또는 무가치에 관한 주관적 인식"이라고 설명하였
다. 연방헌법재판소는 이러한 양심은 "일정한 경우에 개인의 내면에서
원래 구속력 있고 무조건 의무적인 것으로 봉착하기 때문에 개인이 양
심적인 고뇌 없이는 행동할 수 없게 만드는 모든 진지한 윤리적 결정
즉 선과 악의 범주를 지향하는 결정"이라고 설명하였다.[90] 우리 헌법
재판소도 양심이란 "세계관·인생관·주의·신조 등은 물론 이에 이르

88 법제처, 『헌법주석서 I』, 2007. 12, 584면 참조.
89 법제처, 전게면.
90 법제처, 전게, 587면.

지 아니하여도 보다 널리 개인의 인격형성에 관계되는 내심에 있어서
의 가치적·윤리적 판단"을 포함하는 것으로서, 양심의 자유에는 "널리
사물의 시시비비나 선악과 같은 윤리적 판단에 국가가 개입해서는 아
니 되는 내심적 자유는 물론 이와 같은 윤리적 판단을 국가권력에 의
하여 외부에 표명하도록 강제받지 아니할 자유까지 포괄한다"라고 설
명하고 있다.[91] 이러한 양심은 민주적 다수의 사고나 가치관과 일치하
는 것이 아니라, 개인적 현상으로서 지극히 주관적인 것이다. 양심은
그 대상이나 내용 또는 동기에 의하여 판단될 수 없으며, 특히 양심상
의 결정이 이성적·합리적인가, 타당한가 또는 법질서나 사회규범, 도
덕률과 일치하는가 하는 관점은 양심의 존재를 판단하는 기준이 될 수
없다.[92]

그러나 양심이 주관적인 것이라고 하더라도, 단지 법질서가 요구
하는 특정 행위에 대하여 마음이 내키지 않는다는 정도의 막연한 감정
은 양심으로서 보호받지 못한다.

헌법상 보호되는 양심은 어떤 일의 옳고 그름을 판단함에 있어서
그렇게 행동하지 아니하고는 자신의 인격적인 존재 가치가 허물어지
고 말 것이라는 강력하고 진지한 마음의 소리이지 막연하고 추상적인
개념으로서의 양심이 아니기 때문이다.[93]

2. 양심의 자유의 보호영역

양심의 자유를 어느 영역까지 보호하여야 하느냐를 두고 지금까
지는 3분론과 2분론으로 나뉘어왔으나 이와 달리 일원론을 취하는 입
장도 있다. 그 내용은 다음과 같다.

---

91 헌재 1991. 4. 1. 89헌마160.
92 헌재 2004. 8. 26. 2002헌가1.
93 헌재 1997. 3. 27. 96헌가11.

가. 3분론

양심의 자유 3분론이란, 3단계론이라고 부르기도 하는데, 양심의 자유를 ⅰ) 양심 형성의 자유, ⅱ) 양심 표현의 자유, ⅲ) 양심 실현의 자유라는 세 가지 영역으로 구분하는 입장이다. 양심 형성의 자유란 앞에서 소개한 우리 헌법재판소의 표현을 빌자면 "세계관·인생관·주의·신조 등은 물론 이에 이르지 아니하여도 보다 널리 개인의 인격형성에 관계되는 내심에 있어서의 가치적·윤리적 판단"을 형성하는 자유를 의미한다. 이와 같은 양심 형성의 자유는 인간의 내심의 영역에 속하기 때문에 어떠한 형태의 간섭도 금지된다. 내심의 영역에 관하여는 국가가 간섭할 수도 없고 국가의 영향권 밖에 있기 때문에 양심 형성의 자유를 보호한다는 것은 실질에 있어서는 별다른 의미가 없다고 볼 수도 있으나, 세뇌(洗腦) 등의 방법으로 양심의 형성에 관해서도 부당한 영향력을 미치는 것이 전혀 불가능한 것은 아니기 때문에 양심 형성의 자유도 양심의 자유의 내용 중 하나로 보호될 필요가 있다고 할 수 있다.

한편 양심 표현의 자유란 '내심에서 형성된 양심을 외부에 드러낼 수 있는 자유'를 말한다. 이는 결국 표현의 자유에 포섭되는 기본권이라고 볼 수 있을 것이나, 독일의 통설은 양심 표현의 자유는 일반적인 표현의 자유보다 특별히 보호되어야 하므로 표현의 자유의 특별법적 성격을 갖는다고 본다.[94]

마지막으로 양심 실현의 자유란 '내심에서 형성한 양심이 요구하는 바에 따라 행동할 수 있는 자유'를 의미한다. 이 역시 표현의 자유 등 다른 자유권의 영역에 속하는 것이라고 볼 수 있으나, 독일에서는 신앙과 양심에 따라 행동할 수 있는 자유를 '양심의 자유'에 포섭되는 것으로 파악하고 있다.[95] 이상과 같은 양심 형성의 자유, 양심 표현의

---

94 법제처, 전게, 592면 각주 48) 참조.
95 BVerfGE 78, 395.

자유, 양심 실현의 자유 속에는 소극적 자유, 즉 양심을 형성하지 않을 자유, 양심을 드러내지 않을 자유(침묵의 자유), 어떤 신념이나 세계관으로부터 자유로울 수 있는 자유가 당연히 포함되는 것으로 이해한다.

나. 2분론

양심의 자유 이분론이란 ⅰ) 양심의 자유를 절대적 양심의 자유와 상대적 양심의 자유 두 가지 양태로 나누어 파악하는 입장과, ⅱ) 양심 형성의 자유와 양심 실현의 자유 두 가지로 나누어 파악하는 입장 등을 가리킨다. 후자에서는 3분론에서 말하는 양심 형성의 자유와 양심 표현의 자유를 양심 형성의 자유로 포섭하는 것이라고 이해할 수 있다. 전자에서 말하는 절대적 양심의 자유와 상대적 양심의 자유란 양심이 전적으로 내심의 영역에 머무르는 경우와 외적으로 드러나는 경우를 구별하여 전자는 절대적으로 보호받는 자유이고 후자는 공익 등의 이유로 제한을 받을 수 있는 자유라고 파악하는 입장이다.

다. 일원론

양심의 자유를 일원적으로 파악하는 입장은 이러한 3분론이나 2분론에 반대하면서, 권력 등 외부에서 개인의 양심에 대해 타격을 가하는 경우 개인의 양심은 언제든지 본인의 의사와 무관하게 외화(外化)될 수밖에 없으므로 양심의 단계를 구분하거나 외부와 내부로 나누어 살펴보는 것은 무의미하다는 입장이다. 이러한 입장에서는 양심의 자유를 행위와 분리하지 않고 어느 정도의 양심적 행위가 보호할 만한 가치가 있는 것인지를 판별하는 것이 중요한 관점이 되어야 한다고 한다.[96] 즉 보호할 가치가 있는 범주에 속하는 양심적 행위는 양심의 자유로 보호받되, 그 범주를 벗어나는 행위는 비록 주관적 양심에 기초한 행위라고 하더라도 양심의 자유로 보호받을 수 없다는 것이다.

---

[96] 이재승, 전게, 272면.

라. 소 결

양심의 자유를 세 가지 영역 혹은 두 가지 영역으로 구분하든 아니면 이를 모두 통합하여 하나의 영역으로 파악하든 그 결과에 있어서 차이는 없다고 할 수 있다. 규율의 관점에서는 외부로 드러난 양심 발현의 결과에 대하여 어떤 가치판단을 하고 어느 정도까지를 허용하거나 보호하여야 하는지의 문제로 귀결되는 것이기 때문이다. 이 연구의 주제인 병역거부권 또는 대체복무 제도의 도입 필요성과 관련해서 양심의 자유를 살펴보는 경우에도 마찬가지라고 할 수 있다. 그러므로 양심의 자유의 보호영역에 관해서는 더 이상의 상론(詳論)을 생략할 것이다. 이 연구에서 집중해야 하는 부분은 양심의 자유의 발현 결과로서 병역거부권을 인정할 것인지 그리고 그러한 병역거부권 인정 여부에 따라서 혹은 병역거부권 인정 여부와 관계없이 대체복무제를 도입할 것인지 여부의 논의이기 때문이다.

3. 헌법상 양심의 자유와 병역거부권

헌재 2004. 8. 26. 2002헌가1 결정 이전부터도 양심적 병역거부를 용인하지 않는 병역법 제88조 제1항을 헌법위반으로 볼 것인지 여부에 관하여 논의가 있었고, 헌법재판소의 위 결정 이후에도 이와 관련하여 다수의 분석이 제기되었다. 그러한 분석에는 양심적 병역거부에 따른 대체복무 제도를 허용하지 않고 있는 현행 병역법 제88조가 헌법위반이라고 보는 입장이 있는 반면, 반대로 헌법위반으로 볼 수 없다고 보는 입장도 있다. 명확하게 어떤 태도를 취한 것인지 확실하지 않은 유보적 입장도 발견된다. 같은 위헌론 속에서도 그 근거에 관해서는 저마다 입장이 통일되어 있지 않다. 합헌론의 경우에도 마찬가지이다. 결국 이론적 잣대를 어떻게 적용하든 상관없이 병역거부권을 인정할 것인지 여부는 각자의 주관적 가치관에 따른 사유의 결과물이라고 할 수 있다. 논리적으로 판별할 수 있는 문제가 아니라는 것이다.

비록 헌법재판소에서 2018년 6월 28일 대체복무 제도를 규정하지 아니한 병역법 제5조에 대하여 헌법불합치 결정을 내리기에 이르렀지만, 그와 같은 결정에 이르기까지 전개되어 온 위와 같은 논의들은 아직도 대법원을 비롯한 각급 법원에 계속 중에 있는 양심적 결정을 이유로 한 병역거부자들의 병역법 위반 사건의 판결 및 헌법재판소 결정 이후에 본격적으로 논의되고 있는 대체복무 제도의 모델을 고려함에 있어서도 중요한 의미를 갖는다고 할 수 있다. 양심적 병역거부와 대체복무 제도를 둘러싼 종래의 논의가 단순한 연혁적 유물에 그치지 않는 이유가 바로 여기에 있다. 이하에서는 이러한 논의를 위헌론과 합헌론으로 나누어 살펴보도록 한다. 이 부분에서 인용하는 헌법재판소 결정은 위 2018. 6. 28.자 일부 헌법불합치 결정이 아닌 2004. 8. 26. 2002헌가1 결정을 가리킨다.

가. 위헌론

(1) 비례의 원칙 위반론

김병록[97]은 양심의 자유는 양심 형성 및 결정의 자유와 양심을 지키는 자유뿐만 아니라 양심 실현의 자유까지를 내용으로 한다고 전제하면서 양심적 병역거부는 양심에 반하는 작위의무의 거부로서 소극적 형태의 양심 실현에 해당하는바, 양심의 자유의 보호영역에 포섭되어야 하므로 양심적 병역거부권을 기본권으로 볼 수 있다고 주장한다. 그에 따르면 병역법 제88조 제1항 제1호는 국가안보라는 입법목적의 측면에서 정당성을 인정받을 수 있다고 하더라도, 방법의 적정성이나 피해의 최소성 및 법익의 균형성 측면에서는 정당하지 못하므로, 위헌적인 기본권 제한입법에 해당한다고 한다.

---

97 김병록, "양심적 병역거부의 헌법이론적 검토", 「헌법학연구」 제9권 제1호 (2003), 한국헌법학회, 39~54면 참조.

(2) 헌법이성우위론

이기철·노희범[98]은 국가이성과 헌법이성을 비교하는 주장을 개진한다. 그에 의하면, 국가의 안전을 우선시하는 Hobbes적 사고인 '국가이성'과 인권 존중을 우선시하는 현대 민주국가에서의 '헌법이성'이 서로 충돌하는 경우에는, 국가이성이 헌법이성보다 우선한다는 국가이성 우위설, 헌법이성이 국가이성에 우선한다는 헌법이성우위설, 양자가 동순위라는 동위설 등이 존재한다고 하면서, 현대 입헌국가 체제 하에서 국가이성은 헌법이성 하에 단지 헌법으로부터 정당화될 뿐이라는 입장을 취한다(헌법이성우위설). 이기철·노희범은 이와 같은 헌법이성 우위설의 관점에서 앞에서 살펴본 헌법재판소의 논리는, 국민은 국가를 이루는 한 요소에 불과하기 때문에 국가가 국민에게 희생을 강요해도 된다는 논리(국가이성우위설)가 된다고 비판한다. 이기철·노희범의 견해는 국가와 기본권이 상호 우열을 논할 수 있는 지위에 있는 것인지 의문이라는 점에서 국가이성과 헌법이성을 분류하는 기준 자체가 불분명하다는 문제점이 있다.

(3) 규범조화적 해석론

규범조화적 해석론이란 헌법 규범 사이에 서로 충돌하는 규범이 존재하는 경우에 무조건 어느 하나의 규범이 우위에 있는 것으로 해석할 것이 아니라 충돌하는 것처럼 보이는 여러 규범들이 상호 조화를 이룰 수 있는 해석론을 좇아야 한다는 입장이다. 이와 같은 규범조화적 해석론의 입장을 표명하면서도 양심적 병역거부에 관해서는 소극적 입장, 유보적 입장, 적극적 입장 등으로 나뉘고 있다.

규범조화적 해석론을 취하면서 명확하게 양심적 병역거부는 비례의 원칙을 벗어난 것으로서 헌법위반이라고 보는 입장으로는 정연주,

---

98 이기철·노희범, "양심의 자유와 국방의 의무가 충돌하는 경우 국가는 Leviathan 이어야 하는가", 「한양법학」 제17집(2005. 6), 한양법학회, 7~45면 참조.

박찬걸 등이 있다.

　박찬걸[99]은 양심적 병역거부는 양심 실현의 자유에 속하고 규범조화적 해석에 따라 국가는 대안적 해결방법을 제시해야 할 의무가 있다고 주장한다. 그에 의하면, 양심실현의 자유는 경시되어서는 안 된다는 점, 양심적 병역거부를 둘러싼 현행법과 양심과의 갈등의 심각성, 이를 둘러싼 국내외의 축적된 논의와 경험, 이 문제에 관한 입법자의 재량정도에 비추어 볼 때, 입법자에게 대안의 마련 등으로 양심의 자유와 병역의무의 평등한 이행 등의 갈등관계를 해소하여 조화를 도모할 수 있는 방안을 모색할 의무가 생겼으며 현실적으로 그 이행도 충분히 가능하다고 하면서 이밖에도 대체복무 제도의 도입에 찬성하는 입장이 학계의 다수설로 파악되며, 법조계의 일각에서도 이를 주장하고 있는 것이 현실인 점 등을 고려하여 복무 기간, 고역의 정도 등을 종합하여 대체복무의 부담이 현역복무와 등가관계가 성립되도록 대체복무 제도를 운영한다면, 국방의무의 평등한 이행을 확보할 수 있고, 이 제도를 악용하려는 병역기피의 문제도 해결할 수 있다고 주장한다. 또한 대체복무제를 도입한 많은 다른 나라들의 경험에서 확인할 수 있듯이, 병역거부가 양심상의 결정에 근거한 것인지에 대한 엄격한 사전심사절차와 사후관리를 통하여 진정한 양심적 병역거부자를 가려내는 것이 가능하므로, 대체복무 제도라는 대안을 채택하더라도 국방력의 유지에는 아무런 손상이 없을 것이기 때문에 양심적 병역거부자를 처벌하여 범죄자를 양산하고 이들에게 고통을 주는 것보다는 양심적 병역거부자 여부를 판정하여 이들에게 집총이 수반되지 아니하는 사회복지분야의 업무를 담당하도록 병역대체제도를 신설하여 이들이 국가와 사회에 기여할 수 있는 기회를 제공하는 것이 바람직하다고 주장한다.

---

99 박찬걸, "양심적 병역거부자에 대한 형사처벌의 타당성 여부", 「한양법학」 제23권 제20집(통권 제38집)(2012. 5), 한양법학회, 92~93면.

정연주[100]는 양심 실현의 자유에는 양심을 표명하거나 또는 양심을 표명하도록 강요받지 아니할 자유(양심 표명의 자유), 양심에 반하는 행동을 강요받지 아니할 자유(부작위에 의한 양심 실현의 자유), 양심에 따른 행동을 할 자유(작위에 의한 양심 실현의 자유) 등이 포함된다고 하면서, 이 중 양심 형성의 자유는 내심에 머무르는 한 절대적으로 보호되는 기본권이라 할 수 있는 반면, 양심 실현의 자유는 법질서에 위배되거나 타인의 권리를 침해할 수 있기 때문에 법률에 의하여 제한될 수 있는 상대적 자유라고 본다. 그에 따르면 병역법 제88조 제1항은 형사처벌이라는 제재를 통해서 양심적 병역거부자에게 양심에 반하는 행동을 강요하고 있으므로, '국가에 의하여 양심에 반하는 행동을 강요당하지 아니할 자유' 내지 '양심에 반하는 법적 의무를 이행하지 아니할 자유'라는 부작위에 의한 양심 실현의 자유가 제한되는 것이라는 것이다. 정연주는 이 문제를 해결하기 위해서는 헌법 조항을 해석함에 있어서 헌법상의 기본권 상호간 또는 기본권과 헌법상의 국민의 의무 등 헌법적 가치나 법익이 상호 충돌하고 대립하는 경우에는 성급한 법익교량이나 추상적인 가치형량에 의하여 양자택일식으로 어느 하나의 가치만을 선택하고 나머지 가치를 버리거나 희생시켜서는 안 되고, 이러한 충돌하는 가치나 법익 등이 모두 최대한 실현될 수 있는 조화점이나 경계선을 찾아야 할 것이며, 이러한 조화점이나 경계선은 구체적 사건에서 개별적·비례적으로 모색되어야 한다는 것 — 이른바 규범조화적 해석의 원칙 — 을 강조한다. 이와 같은 규범조화적 해석론에 입각한다면 양심적 병역거부자에게 대체복무를 허용하는 것이야말로 규범조화적 해석이 가능한 대표적인 경우라는 것이 그의 주장이다. 또 비례의 원칙이 양심적 병역거부 사안에도 적용되어야 한다고 주장하면서

---

100 정연주, "양심적 병역거부", 「헌법학연구」 제19권 제3호(2012. 9), 한국헌법학회, 405~430면 참조.

비례 원칙의 적용에 소극적 입장을 천명한 다수의견을 비판한다.

(4) 규범조화적 해석 불가론

표명환[101]은 헌법상 양심의 자유 속에는 양심 실현의 자유가 포함
되며, 양심 실현의 자유 속에는 다시 양심을 표명하거나 양심을 표명
하도록 강요받지 않을 자유, 양심에 반하는 행동을 강요받지 아니할
자유, 양심에 따라 행동할 자유가 모두 포함된다고 본다. 이러한 관점
에서 양심적 병역거부는 양심에 반하는 행위를 강요당하지 아니할 자
유, 즉 부작위에 의한 양심 실현의 자유 영역에 해당하는 것으로서 헌
법상 양심의 자유에 포함된다고 본다. 다만 양심적 병역거부권은 국가
안전보장 및 국민의 기본의무로서의 병역의무와의 비교형량을 통하여
대체복무 제도의 허용 여지를 검토하여야 한다고 본다. 그러면서도 양
심 실현의 자유를 비례의 원칙을 통하여 공익과 교량하여 공익을 실현
하기 위하여 양심을 상대화하는 것은 양심의 자유의 본질과 부합될 수
없으므로 양심적 병역거부자에게 병역의무를 절반만 면제하거나 유사
시에만 병역의무를 부과한다는 조건 하에 병역의무를 면제하는 등의
조치는 양심을 존중하는 해결책이 될 수 없다고 비판한다. 즉 규범조
화적 해석론은 양심을 존중하는 해결책이 되지 못한다는 것이다. 그는
오히려 양심적 병역거부의 경우에는 양심의 자유와 공익 중에서 양자
택일이 필요하다고 보면서, 다만 양자택일을 요구함에 있어서 양심상
의 갈등을 고려하여 의무면제 규정이나 대체의무 규정과 같은 특례규
정을 마련하는 대안을 제시할 수 있다면 입법자는 그와 같은 대안을
제시하여야 할 의무가 있다고 본다. 입법자가 이와 같은 대안제시의무
를 소홀히 한 채 양심적 병역거부자에게만 희생을 강요하는 것은 헌법
위반이라는 것이다.

---

101 표명환, "양심적 병역거부와 대체복무제도", 「법과 정책」 제12집 제1호
   (2006. 2. 28), 제주대학교 사회과학연구소, 329~347면 참조.

(5) 엄격심사론

강승식[102]은 양심의 자유가 양심 형성의 자유와 양심 실현의 자유로 구분되고 후자에 대해서는 기본권 제한의 대상이 된다는 헌법재판소의 관점에는 동의하면서도 부작위에 의한 양심 실현의 자유를 제한하는 경우에는 위헌심사기준을 좀 더 엄격하게 적용하여야 함에도 비례의 원칙을 단순하게 적용한 헌법재판소의 태도를 비판한다. 그에 의하면 헌법상 비례의 원칙은 제한되는 기본권의 유형에 따라 달리 적용되어야 하는데 개인의 핵심적 자유를 제한하는 법률에 대해서는 보다 엄격한 심사가 이루어져야 한다는 것이다. 그에 따라 양심적 병역거부자를 처벌하는 법률에 대해서 이와 같은 엄격한 심사기준을 적용한다면, 목적의 정당성을 제외한 수단의 적합성, 피해의 최소성, 법익의 균형성 등을 충족시키지 못하므로 헌법불합치 결정이 바람직하다고 평가한다. 단순위헌 결정이 아닌 헌법불합치 결정이 바람직하다고 하는 이유는 대체복무 제도가 마련되어 있지 않은 상황에서 단순위헌 결정이 내려질 경우 초래될 수 있는 병무행정의 혼란을 우려하기 때문이라는 것이 그의 설명이다.

나. 합헌론

(1) 비례원칙 적용 불가론

김명재[103]는 앞에서 인용한 헌법재판소의 다수의견이 양심의 자유의 내용으로서 양심에 반하는 행위를 강요받지 않을 자유, 즉 부작위에 의한 양심 실현의 자유가 포함된다고 인정하면서도 다른 한편으로는 양심적 병역거부권을 부정하고 있는데, 서로 상반된 것으로 보이는 이들 두 개의 명제가 하나의 사고체계 안에 들어 있어서 그 태도를 이해

---

102 강승식, "양심의 자유의 제한과 그 한계", 「원광법학」 제29권 제3호(2013), 원광대학교 법학연구소, 69~90면 참조.

103 김명재, "양심의 자유와 병역의무", 「공법학연구」 제8권 제3호(2007. 8), 한국비교공법학회, 215~236면 참조.

하는 데 다소 혼란스럽다고 지적하면서도 기본적으로는 다수의견에 반
대하지 않는다고 한다. 즉 양심적 병역거부는 양심의 자유에 포섭되지
않는다는 것이다. 그의 논거는 양심의 자유의 내용으로서 양심에 반하
는 행위를 강요받지 않을 자유, 즉 부작위에 의한 양심 실현의 자유가
헌법상 양심의 자유에 포함되는 것은 맞지만, 이러한 양심의 자유는 무
제한적으로 보호되는 것이 아니라 법에 의한 규율과 제한에 따라야 한
다는 것이다. 병역의무 이행을 강제하는 병역법 질서는 법에 의한 규율
과 제한에 해당하므로 이러한 규율과 제한을 전면적으로 부정할 수 있
는 양심적 병역거부의 자유는 헌법상 양심의 자유에 속하지 않는다고
본다. 그러면서도 병역법 제88조 제1항 제1호는 헌법상 양심의 자유를
침해하고 있으므로 이러한 침해가 정당한지 여부를 비례원칙에 따라
심사하여야 하지만, 입법형성의 자유가 허용되는 영역에서의 입법자의
선택, 예컨대 대체복무제의 도입여부에 관한 판단과 내용과 형식의 구
체적 형성이 헌법체계와 합치하는지에 관한 사법적 판단은 권력분립의
원칙에 입각하여 소극적 심사를 할 수밖에 없으므로 헌법재판소 다수의
견의 입장을 지지한다. 오히려 헌법재판소 다수의견에서 대체복무제 도
입여부 등을 신중하게 검토할 것을 입법자에게 권고한 것은 권력분립의
정신에 따라 입법부의 판단과 결정을 존중하면서 동시에 최대한 양심을
보호하고 배려하라는 헌법적 요청에 부응하려는 헌법재판관들의 사려
깊은 태도로서, 종래의 사법부의 판단과 결정에 비하여 양심보호의 관
점에서 대단히 전향적인 태도 변화라고 긍정적으로 평가하고 있다.

　양심적 병역거부의 헌법 위반 여부에 관한 심사에는 비례의 원칙
을 적용하여서는 아니 된다는 이와 같은 입장에는 김명재 외에도 이정
환, 류지영이 있다. 이정환[104]은 2002년 헌법재판소의 결정은 양심의

104 이정환, "양심의 자유와 과잉금지원칙의 적용여부", 「중앙법학」 제18집 제1
　　호(2016), 중앙법학회, 139~166면 참조.

자유에 관하여 양심의 본질상 양심의 실현에 있어서는 타협이 불가능
한데 헌법 제37조 제2항에 의거한 과잉금지 원칙 내지 비례의 원칙은
일종의 타협의 원리이기 때문에 여기에 적용할 수 없다고 판단한 것이
라고 평가하고, 헌법 제37조 제2항의 과잉금지 원칙은 기본권의 보장
을 공익에 우선시켜서 최대한 보장이 실현되도록 하기 위한 원리로서
상호 대등한 헌법적 가치인 양심의 자유(헌법적 권리)와 국민의 국방의
준수의무(헌법적 의무)의 비교형량에 적용되기에는 부적당하다고 본다.
그러나 이정환은 헌법적 권리와 헌법적 의무가 충돌하는 경우에 어떠
한 원리를 적용하여 판단하여야 하는지에 관해서는 구체적인 입장을
밝히지 않고 있다.

　　류지영[105]은 이정환과 같이 양심적 병역거부권의 문제를 헌법적
권리와 헌법적 의무의 충돌문제로 보면서 양심을 지키기 위하여 병역
거부를 단행하는 것이 자기의 신앙, 도덕률, 철학적·종교적 사유 등으
로 보호할 만한 충분한 가치가 있다고 하여도 또 다른 신념에 의하여
국방의무의 이행, 그 중에서도 병역을 충실히 이행하거나 이행할 예정
인 사람의 신념보다 우월하다고 보는 것은 법익에 대한 균형성의 판단
에 오해가 있다고 지적한다. 그는 양심적 병역거부를 형사처벌하는 것
에 대해서도 긍정적 입장을 취한다. 즉, 형벌의 본질이 진압적·해악적
성격을 가질 수밖에 없다면 양심적 병역거부자에게 형벌의 적용 내지 집
행의 의미가 없다고 하더라도 그것 자체로서 규범 침해에 대한 공적·윤
리적 반가치 판단으로서 형벌을 내릴 수밖에 없다는 것이다. 그러나
류지영의 논거에는 논리적 오류가 있다. 양심적 병역거부와 비교 대상
이 되는 것은 '병역을 충실히 이행하거나 할 예정인 사람의 신념'이 아
니라, 국가공동체를 유지하기 위하여 병역의무 대상자는 충실하게 병역

---

105 류지영, "양심의 자유로서의 병역거부의 불법성",「법학논문집」제40집 제2호
　　(2016), 중앙대학교 법학연구원, 247~273면 참조.

을 이행하여야 한다는 신념이다. 즉, 자기 자신이 병역을 충실하게 이행
하겠다는 '자신에 대한 신념'이 아니라 병역의무 대상자라면 누구라도
병역의무를 충실하게 이행하여야 한다는 '타인에 대한 신념'인 것이다.

　　헌법적 권리와 헌법적 의무가 충돌하는 상황이어서 종래의 기본
권이 충돌하는 경우에 어느 가치가 더 우선하는지를 판단하는 비례의
원칙(과잉금지의 원칙)이 적용되기 어렵다고 하더라도, 헌법재판소나 법
원은 어느 가치가 더 우선하는지를 판단하여야 한다. 그것이 해당 기
관에게 헌법이 부여한 소임이기 때문이다. 이러한 관점에서 이정환의
입장이나 류지영의 입장은 양심적 병역거부의 위헌 여부 판단에 관한
적절한 관점이라고 보기 어렵다. 이것이 옳든 저것이 옳든 판단은 내
려져야 하는 것이기 때문이다.

(2) 규범조화적 해석론

　　앞에서 소개한 표명환과 같이 규범조화적 해석론으로는 양심 실
현의 자유와 병역의무가 충돌하는 상황을 해결할 수 없다고 보는 입장
또는 박찬걸이나 정연주와 같이 규범조화적 해석론의 관점에서 양심
적 병역거부자를 병역법 위반으로 처벌하는 것은 헌법위반이라는 관
점을 취하는 입장이 있는 반면에, 마찬가지로 규범조화적 해석론을 취
하면서도 헌법에 명문의 규정이 없는 이상 양심적 병역거부는 인정될
수 없다는 견해도 있다.[106] 그러나 근본적으로 양심의 자유와 병역의
무가 충돌하는 상황을 헌법규범간의 충돌로 파악하는 규범조화적 해
석론의 관점에는 동의하기 어렵다. 병역의무는 헌법상 의무인 국방의
의무를 구현하기 위한 실정법적 의무 중 하나의 양태에 불과할 뿐 병
역의무가 곧 국방의 의무 전체를 다 포섭하는 의무는 아니기 때문이
다. 양심의 자유가 국방의 의무와 충돌하는지 여부를 논하는 것은 몰
라도 헌법규범에 따른 양심의 자유를 헌법의 하위 규범인 병역의무와

---

106 허영, 전게서, 2004, 384면.

충돌한다고 보는 것은 헌법의 규범적 효력이 법률보다 우위에 있다는 일반론의 관점에서 받아들일 수 없는 관점이다. 병역의무는 헌법상 의무인 국방의 의무와 동일한 것이 아니라 법률에 의하여 구체화된 의무이므로 다른 법률의 규정에 의하여 그 적용을 제한하거나 배제하는 것, 바꾸어 말하면 병역의무를 대체하는 다른 복무 형태를 법률로 규정하는 것이 가능하다고 볼 것이다.

(3) 사회적 합의 필요론

문제태[107]는 헌법재판소 결정에 대한 직접적 분석은 생략한 채, 기본권 제한의 목적인 국가안전보장·질서유지·공공복리는 단순한 명분이 아니라 그 진정성 여부를 판단하여야 하며, 이때 분단 상황은 그 자체로서 국가안전보장과 연계하지 않는 별도의 판단이 필요하다고 주장한다. "한국의 안보상황, 징병의 형평성에 대한 사회적 요구, 대체복무제를 채택하는 데 수반될 수 있는 여러 가지 제약적 요소 등을 감안할 때, 대체복무제를 도입하더라도 국가안보라는 중대한 헌법적 법익에 손상이 없으리라는 판단이 국민적 공감대로 형성된다면 양심적 병역거부에 의한 대체복무제 도입 시기는 단축될 것"이라고 주장한다. 문제태의 이와 같은 주장은 자신의 논지를 명백히 제시한 것은 아니지만 대체로 헌법재판소의 태도를 지지하면서 아래 장영수와 같은 입장을 취한 것으로 볼 수 있다. 문제는 국민적 공감대 형성 여부를 누가 어떤 기준으로 판단하느냐 하는 점이다. 아래에서 장영수의 견해를 따로 살펴볼 필요가 있다고 언급한 이유도 바로 이 때문이다. 장영수는 병역의무 이행대상자의 95%가 현역을 선택할 수 있는 대체복무 제도라야 국민적 공감대를 얻을 수 있다고 나름의 구체적 기준을 제시하였

---

107 문제태, "양심적 병역거부에 관한 법적 검토—대체복무제도의 도입 방안을 중심으로—",「법이론실무연구」제5권 제1호(2017), 한국법이론실무학회, 197~198면.

기 때문이다.

장영수[108]는 양심적 병역거부는 현실적 여건에 따라 인정하는 것이 더 바람직할 수도, 인정하지 않는 것이 더 나을 수도 있는 상대적인 가치로서 양심적 병역거부가 정당성을 얻기 위한 핵심적인 전제조건은 병역의무를 이행하는 자들이 납득할 수 있는 합리적인 수준의 대체복무 제도를 도입하는 것이라고 본다. 그가 제시하는 합리적인 수준의 대체복무 제도란 ① 양심상의 사유이든 종교적인 이유이든 병역거부사유가 막연한 두려움이나 공포가 아닌 명확한 것이어야 하고, ② 대체복무의 부담이 병역의무 이행보다 가볍지 않아야 하며, ③ 전쟁 등 특수한 상황이 벌어질 경우에도 대체복무를 허용할 것인지 여부가 검토되어야 한다는 것이다. 아울러 대체복무 제도의 도입에 의한 병역면제에 대한 사회적 합의가 필요하다고 한다. 그가 제시하는 사회적 합의의 기준은 대체복무 제도가 도입되더라도 징집 대상자의 95% 이상이 현역 복무를 선택할 수 있는 정도여야 한다는 것이다. 그는 대체복무 제도의 도입은 국회에서 해결해야 할 과제이므로 헌법재판소가 병역법 제88조에 대하여 위헌 여부를 판단하는 것은 적절하지 않다는 입장을 취한다.

신규하[109]는 병역법 제88조 제1항이 당장 위헌이라고 판단하기에는 현실적으로 무리가 따르므로 위헌이 아니지만, 장래에 국가안보정세의 변화로 북한의 현실적 위협이 감소된다든지 복무 기간이 단축됨과 동시에 군 복무 여건이 개선된다든지 하여 일반 국민이 양심적 병역거부를 관용할 수 있는 의식변화가 일어난다면 위헌으로 판단될 가능성을 배제할 수 없다고 전제하면서 헌법재판소는 현행 병역법 조항

---

108 장영수, "양심적 병역거부와 병역법 제88조 제1항 등의 합헌성 여부에 대한 검토", 「헌법학연구」 제21권 제3호(2015. 9), 한국헌법학회, 161~188면 참조.
109 신규하, 전게, 117~131면 참조.

에 대하여 합헌 결정을 하되, 다만 결정이유에서 대립하는 헌법적 가치에 대한 구체적 형량과정을 상세히 제시함으로써 입법자에게 앞으로의 입법방향에 대한 시사점을 제시해주는 것이 바람직하다고 본다. 이와 같은 신규하의 입장은 법리적인 검토라기보다는 정책적 합목적성을 지나치게 강조한 검토라고 볼 수 있다.

다. 기 타

윤진숙[110]은 헌법재판소는 국가안보라는 공익과 양심의 자유에 대한 법익형량 결과에 따라 국가안보라는 공익이 더 중요하다는 입장을 취하였는데, 이는 당연한 것으로 받아들여질 여지는 있다고 전제하면서도 어떠한 법익이 더 중요한가라는 판단과 함께 두 가지 법익이 조화롭게 보장될 수 있는지 여부가 고려되는 것도 중요한 것이라고 지적한다. 윤진숙의 이러한 견해는 규범조화적 해석론의 입장을 취하면서 양심적 병역거부자에 대한 대체복무 제도의 마련이 필요함을 역설한 취지로 이해할 수 있다. 그러나 양심적 병역거부가 합헌인지 위헌인지 구체적인 논지를 제시하지 않아 그 입장을 파악할 수 없다.

라. 소 결

같은 규범조화적 해석론을 표방하면서도 그 결론에 있어서 위헌론과 합헌론이 나뉘는 것에서 알 수 있듯이, 어떤 해석론을 취하는지 여부가 양심적 병역거부를 양심의 자유의 일환으로 포섭할 것인지 여부와 논리 필연적 관련성을 갖는 것은 아니라고 할 수 있다. 결국 이 문제는 법리적인 해석론에 따라 정합적이고 논리적인 결과를 도출해야 하는 문제가 아니라 각자의 주관적 가치관과 철학에 따른 선택과 결단의 문제라고 할 수 있는 것이다.

---

110 윤진숙, "종교의 자유의 의미와 한계에 대한 고찰", 「연세법학」 제20권 제2호(2010), 연세대학교 법학연구원, 113~132면 참조.

4. 대체복무 요구권

　헌법이 보호하여야 하는 권리가, 마찬가지로 헌법이 요구하고 있는 의무와 충돌하는 상황이 벌어지는 경우에는 사법제도 등 헌법과 법률이 마련하고 있는 절차에 따라 적절한 해결방안이 도출되어야 할 것이다. 그러나 그러한 사법적 해결방안에 앞서서 먼저 헌법상 권리와 헌법상 의무가 충돌하지 않고 서로 조화를 이룰 수 있도록 모색하는 노력이 선행되어야 할 필요가 있다. 이러한 노력은 해석론의 관점에서 이루어질 수도 있고, 입법론의 관점에서 이루어질 수도 있다. 입법론적 관점에서 헌법상 권리와 의무의 조화를 도모하는 입법 노력은 국가의 책무라고 할 수 있으며, 이를 국민의 관점에서 보자면 대체복무 제도의 입법화를 요구할 수 있는 권리, 즉 대체복무 요구권의 형태로 나타나게 된다. 학자 중에는 타인의 생명 침해와 직결되는 병역거부의 문제에 있어서는 이러한 대체복무 요구권이 권리로서의 성격을 가져야 한다고 주장하는 경우가 있다.[111] 이러한 견해에 따르면 대체복무 제도를 입법화하지 않는 국가의 부작위는 위법한 것이 될 것이다. 그러나 위와 같은 견해는 양심의 자유 속에 병역거부권이 당연히 포함되어야 한다는 논지를 전제로 하는 것이므로, 그러한 논지에 찬성하지 않는 입장에서는 반대로 대체복무 요구권은 권리로 인정되지 않는다는 입장을 취하게 될 것이다. 따라서 지금 시점에서 헌법상 기본권 내지 양심의 자유에 포함되는 권리로서 대체복무 요구권을 논하는 것은 그다지 의미가 없다고 할 수 있다.

---

111 이재승, 전게, 275면.

제2장

대체복무 제도의 비교법적 연구

제1절 총 론

이 장에서는 우리나라보다 앞서서 대체복무 제도를 도입하고 시행하고 있는 외국의 사례들을 살펴보고자 한다. 병역의무 회피 현상의 가속화, 국방력의 약화 등 우리 사회의 일부에서 그토록 우려하고 있는 대체복무 제도 도입의 부작용이 해당 국가에서는 어떻게 고려되었으며, 대체복무 제도 도입의 결과는 어떠하였는지를 살펴본다면, 우리나라가 지금 단계에서 대체복무 제도의 도입을 서둘러야 할 것인지 아니면 여전히 사회적 합의의 필요성을 이유로 답보 상태에 머물러 있어도 좋은 것인지 가늠하게 될 수 있을 것이기 때문이다. 이 부분에 관해서는 이미 많은 선행연구와 문헌들이 존재하고 있다. 이 연구에서는 이러한 기왕의 선행연구와 문헌들을 바탕으로 하되 해당 선행연구와 문헌들의 토대가 되었던 자료들을 접근 가능한 범위에서 최신의 것으로 반영하고자 하였다.[1]

---

1 서문에서도 밝혔듯이, 이 부분의 집필에는 여호와의 증인 한국지부에서 제공해 준 해당 외국 자료와 한국어 번역문의 도움이 매우 컸다.

제 2 절   외국의 대체복무 제도

선행 연구 이후 징병제가 폐지된 국가들이 일부 존재하는바, 덴마크(2015년), 독일(2011년), 오스트리아(2015년), 세르비아(2010년), 알바니아(2010년), 대만(2018년) 등이 이에 해당한다. 한편 대체복무제를 폐지하였다가 다시 부활한 국가들도 존재하는데, 스웨덴(2010년 폐지/2017년 재도입), 리투아니아(2009년 폐지/2016년 재도입), 키프로스(2016년 폐지/2017년 재도입), 우크라이나(2012년 폐지/2014년 재도입) 등이 이에 해당한다. 이들 국가들 중 대체복무제와 관련하여 연혁적으로라도 의미가 있는 국가들의 대체복무제에 관한 내용을 정리하여 보면 다음과 같다.

1. 독 일

가. 연 혁

독일기본법은 제4조 제3항에서 양심적 병역거부권을, 제12조a에서 대체복무를 규정하고 있다. 이처럼 헌법에 해당하는 기본법에서 양심적 병역거부권과 대체복무를 규정하게 된 것은 양심적 병역거부자들에 대한 극심한 박해에 대한 반성적 고려 때문이다. 양심적 병역거부자들에 대해 제1차 세계대전 당시 독일 제2제국은 정신병원에 수용하거나, 감옥에 수감하거나, 탈영병으로 취급하여 사살하였으며, 제2차 세계대전 당시 히틀러는 1938년 전시특별형법을 제정하여 병역거부자들에 대하여 국방력손괴죄를 적용하여 최소 400여 명의 병역거부자를 처형하였고, 1,000명 이상의 병역거부자가 강제수용소에서 고문, 생체실험 등으로 사망하게 하였다. 이러한 역사적 경험이 독일 기본법에 양심적 병역거부권과 대체복무제를 규정하게 된 것이다. 다만, 독일은 2011년 징병제를 폐지하였기 때문에 아래의 내용은 종래의 대체복무

제도에 관한 것이다.

나. 대체복무 근거 법령

기본법의 양심적 병역거부와 대체복무 제도 의무화를 구체화하는 법률로 양심적 병역거부에 관한 개정법률(Gesetz zur Neuregelung des Rechts der Kriegsdienstverweigerung, Kriegsdienstverweigerungs — Neuregelungs- gesetz)과 민간대체복무법(Gesetz über den Zivildienst der Kriegsdienstverwei- gerer)이 있다. 양심적 병역거부에 관한 법률 제1조는 "양심상의 이유로 기본법 제4조 제3항 1문의 의미에서 병역거부권을 원용하면서 집총병역을 거부하는 자는 이 법에 따라 병역거부자(Kriegsdienstverweiger)로 인정받아야 한다. 병역거부자로 인정받은 자는 기본법 제12a조 제2항에 따라 병역 대신 대체복무로써 연방군 밖에서 시민적 대체복무를 이행해야 한다"라고 규정하고 있다.

다. 병역거부사유

종교적·비종교적 사유 모두 인정된다.

라. 신청시한

대체복무편입을 신청해야 하는 시한에는 제한이 없다. 다만 복무 중인 현역병의 신청은 4주 내로 결정하도록 하고 있다. 신청이 받아들여지면 복무는 중단된다.

마. 징집 전 신청 방법 및 절차

병역거부 신청은 신청인이 만 18세가 되기 6개월 전부터 할 수 있다. 신청을 했다고 해서 신체검사 의무가 면제되지는 않는다. 그러나 신청의 효과로서 신청이 기각되거나 취하될 때까지의 군 복무 소집은 유예된다. 다만 일단 군복무소집통지를 받은 후 신청을 할 때에는 일단 받은 군복무소집통지는 유효하다.

병역거부자로 판정받기 위해서는 신청서를 우선 지방병무청에 제출해야 한다. 지방병무청을 거쳐 연방민간복무청(Bundesamt für Zivildienst)

으로 접수된다. 지방병무청은 단순한 접수창구 역할을 한다.

신청인은 병역거부신청서, 이유서, 이력서를 제출하여야 한다. 신청서에는 기본법상의 양심적 병역거부권을 원용하는 문구가 있어야 하는데, 지방병무청에 비치한 신청서에 "나는 기본법 제4조 제3항에 따라 병역을 거부합니다"라는 문자가 기재되어 있기에, 신청인은 거기에 인적사항을 기재하고 서명하여 제출하면 충분하다. 양심적 결정의 동기에 대한 이유 기재는 '인격적'이고 '상세한' 것이어야 한다. 이유서의 제목, 형식 등은 정해지지 않았다. 법률이 '인격적'이라는 문구를 통해 해명을 요구하고 있으므로, 신청인은 스스로 양심적 결정과정을 분명하게 밝혀야 한다. 단순히 어디서 들은 것을 반복하거나 일반적인 해명에 그치는 것은 인격적 해명으로 보지 않는다. '상세한' 이유인지 여부에 관해 신청인의 교육수준을 고려하도록 하고 있다. 정상적인 사람이 보기에 이유서가 너무 짧은 경우라면 상세한 이유서라고 할 수 없다.

신청인은 완전한 이력서를 제출해야 한다. 표로 만들어 제출할 것이 요구된다. 공백이 없도록 기재할 것 역시 요구된다. 병역거부와 관련있는 사항은 반드시 포함시킨다.

그리고 신청인은 제3자의 자신에 대한 평가서를 첨부할 수 있으며, 신청인에 대해 진술해 줄 제3자를 지정할 수도 있다. 법률상 연방민간복무청이 신원조회(범죄경력조회)를 할 수 있기에 별도의 관련 서류는 제출하지 않아도 된다.

바. 현역병의 신청방법

현역병에게도 양심적 병역거부권이 인정된다. 현역병은 지역군사령관에게 신청한다. 신청자는 자신의 양심의 문제가 언제 그리고 어떻게 시작되었는지를 자세하게 설명하는 사유서를 서면으로 제출해야 한다. 신청서류는 연방민간복무청으로 전달된다. 필요한 경우 개인면담을 위해 신청자의 출석을 명령할 수 있으나, 실제 이러한 일은 발생하지 않는다. 8주 이내에 신청에 대한 결정이 이루어진다. 신청 절차는 전시, 혹은 비상사태 시에도 동일하다(제3조 제6항). 징병제 폐지 전까지 매년 약 80여 명의 직업군인들이 양심적 병역거부로 군부대로부터 의무해제를 요구하는 것으로 보고된 바 있다.

사. 심사절차

병역거부자의 판정은 연방민간복무청이 담당한다. 연방민간복무청은 쾰른에 소재하는데 1973년에 발족하였으며, 처음에는 사회노동부에 속하였으나 이후 독일 연방가족노인여성청소년부 산하로 이동하였다. 2003년 대체복무법 개정 전에는 병역거부 신청인이 소집 이전의 미필자 신분인 때는 연방민간복무청이 진행하고, 이미 소집절차가 진행 중인 자, 현역병 또는 예비군인 경우 국방부 산하의 병역거부사건 심사위원회와 심판소가 관할하였으나, 2003년 법 개정 이후에는 모든 병역거부신청사건을 연방민간복무청이 통일적으로 처리하고 있다.

연방민간복무청은 서면절차에서 신청서가 완비되고, 제시된 이유가 병역거부권의 근거로 합당하며, 신청인의 전체 상황이나 연방민간복무청에서 신청인에 대해 알고 있는 사실들을 고려할 때 신청인의 기재사항의 진실성에 의문이 없는 경우 또는 청문을 거친 결과 의문이 해소된 경우 신청인을 병역거부자로 인정한다. 따라서 청문을 거치지 않고 서면심사만으로도 병역거부자로 인정되는 것이 가능하다.

신청서에 기재된 사실에 의문이 있을 때 연방민간복무청은 1개월 이내에 신청인에게 이를 보완하게 하거나 자료제출을 하도록 요구할 수 있다. 이른바 서면청문이다. 서면청문을 거친 경우에도 의문이 여전히 남아있는 경우에는 구두청문의 기회를 부여한다. 구두청문은 비공개로 하며, 조서를 작성한다. 연방민간복무청은 신청서의 기재사항에 의문이 있는 경우 연방전과기록소에 신원조회를 요청할 수 있고,

신청인은 신원조회서에 대해 의견을 진술할 수 있다.

연방민간복무청은 신청인이 신청서를 불완전하게 작성했음에도 1개월 이내에 이를 보완하지 않거나, 청문을 거친 경우에도 신청서에 기재된 사항이 병역거부를 뒷받침하지 못하거나, 진실성에 의문이 해소되지 않는 경우 신청을 기각한다. 신청인이 구두청문에 의하지 않는 경우에도 서면으로만 심사할 수 있고, 신청을 기각할 수 있다. 연방민간복무청의 기각결정에 대해 신청인은 행정소송을 제기할 수 있다.

아. 전시에서의 신청 예외

전시와 같은 비상사태라고 해서 양심적 병역거부권이 부정되거나 인정절차가 중단되지는 않는다. 다만 기본법 제80조의 긴장상태와 제115조의 방어상태에서는 신청의 효과로서 군복무소집유예가 적용되지 않고, 신청의 보정기간이 1개월에서 2주로 단축되며, 결정에 대한 불복도 통보 후 1주일 이내에 하도록 단축된다.

자. 복 무

대체복무법 제1조는 "대체복무에 있어서 인정된 병역거부자는 우선적으로 사회적 영역에서 공익에 기여하는 업무를 이행한다"라고 규정한다. 즉 대체복무 영역은 포괄적으로 공익 관련 분야이다. 사회적 영역은 요부조자에게 도움, 돌봄, 보호, 간호, 그리고 위급상황에서의 구조 및 예방을 내용으로 하는 민간의 활동영역을 가리킨다.

전통적으로 병원이나 요양원에서의 대체복무 비율이 압도적으로 높았다. 대략 80%에 해당하는 양심적 병역거부자들은 대체복무를 보건영역에서 수행하였다. 대체복무자고용시설로 인정받기 위해서는 사회적이고 공익적인 성격을 가져야 했다. 주된 목적이 정치적 의견형성에 관여하는 시설(정당의 시설)이나 노조나 노동단체가 그 구성원에게 봉사하려는 의도에서 운영되는 시설, 종교적 목적의 시설은 대체복무 고용시설로 인정받지 못한다.

대체복무법은 대체복무 이외에도 제3의 복무형태를 규정한다. 민방위·재난구호, 개발봉사, 해외봉사, 자원봉사, 경찰근무, 자발근무제 등을 대안으로 제시하고 있다. 대체복무와 군 복무가 똑같이 9개월이지만, 제3의 복무는 기간이 더 길다.

독일은 대체복무 역시 거부하는 자들을 위해 1969년부터 자발적 근무제를 도입하여 스스로 정한 병원이나 요양원에서 규정된 대체복무 기간에 1년을 추가하여 근무할 수 있는 제도도 마련하였다.

차. 복무 기간

1960년 대체복무법 제정 당시에는 12개월의 대체복무로 출발하였으나, 1962년 미·소간 쿠바 미사일 위기로 안보위협이 고조되자 군복무 기간과 대체복무 기간 모두 18개월로 연장하였다. 1969년에는 병역거부자가 스스로 정한 병원에서 복무하되 통상 대체복무보다 1년 더 복무하도록 규정한 자발적 근무제를 규정하였다. 그 후 1973년 이후로는 월남전 반대운동으로 인해 병역거부자가 급증하여 대체복무 기간을 16개월로 규정하여 15개월의 현역복무 기간과 차등을 두었다. 1983년에 독일 내 전술핵무기 설치로 인해 병역거부자가 급증하자, 1984년에는 대체복무 기간을 20개월로 연장하였다. 1989년 베를린 장벽이 붕괴되고 1990년 걸프 전쟁이 발발하자 병역거부자는 다시금 급증하였다. 그러나 그해 대체복무는 15개월로, 현역복무는 12개월로 단축하였다. 1996년에는 대체복무 기간을 13개월로, 현역복무 기간을 10개월로 더 단축하였으며, 2000년에는 대체복무 기간만 11개월로 단축하였다. 2002년에는 대체복무 기간을 현역복무 기간과 동일한 10개월로 단축하였으며, 2004년에는 대체복무와 현역복무 모두 9개월로 단축하였다. 복무 기간의 변천 내용을 표로 정리하면 다음과 같다.

[표 2] 독일 현역·대체복무 기간 변동내용

연도	현역복무 기간	대체복무 기간
1960년	12개월	12개월
1962년	18개월	18개월
1973년	15개월	16개월
1984년	15개월	20개월
1990년	12개월	15개월
1996년	10개월	13개월
2000년	10개월	11개월
2002년	10개월	10개월
2004년	9개월	9개월

카. 처 우

대체복무법에서는 현역복무자에 관한 처우 규정을 대체복무자에 준용하도록 하여, 급여, 의료서비스를 제공하고, 재해 사망규정에 있어서도 동일하게 취급한다. 대체복무자에 대한 급료, 비용, 비품은 대체복무자고용기관이 직접 지급한다. 그 금액 상당부분은 국가가 환급하여 준다. 2005년 당시 처우는 다음과 같았다.

[급료] 1~3월차: 월급 222.3유로 / 4~6월차: 월급 245.4유로 /
        7~9월차: 월급 268.5유로

[식비] 월 216유로

[피복비] 월 35.4유로

[원격지수당] 30km 이상인 경우 1km당 월간 0.51유로
            (최고 월 204유로)

[특별수당] 연 172.56유로

[퇴직금] 제대시 690.24유로

타. 대체복무 효과

독일에도 예비군제도는 있지만, 대체복무자를 예비군에 준해서 대체복무에 소집하거나 복무를 부여하고 있지는 않다.

파. 전시 특례 배제

비상사태라고 하여 양심적 병역거부권이 부정되거나 인정절차가 중지되지는 않는다(대체복무법 제11조 제1항). 전시나 방어사태에서는 일정 연령대의 예비군이 무제한의 방어의무를 지듯이 대체복무자들도 무제한의 대체복무의무를 진다(대체복무법 제79조).

2. 대 만

가. 연 혁

대만은 2000년 대체복무(替代役) 제도를 도입하면서, '종교적 사유'를 가진 자들을 위한 별도의 대체복무 제도를 마련하였다(替代役實施條例 제5조). 입법원은 2000년 1월 15일 대체복무실시조례를 통과시켰고, 행정원은 2000년 5월 1일부터 대체복무 제도를 실시하였다. 대만은 대체복무 제도를 국가 전반으로 받아들이면서 대체복무의 유형으로 경찰, 소방역, 사회역, 환경보호역, 의료역, 교육서비스역 등 다양한 복무 형태를 만들었고, 양심적 병역거부자가 아니더라도 누구나 전문기술자격, 자원봉사자격, 가정 사유가 있는 경우 대체복무를 할 수 있도록 제도를 마련하였다. 따라서 아래 내용들은 양심적 병역거부자 중 가장 다수를 차지하는 종교적 병역거부자들을 중심으로 다룬다. 한편 대만은 2018년부터 징집제를 폐지하고 모병제로 전환할 예정이라고 발표했기 때문에 모병제로 전환하는 경우에는 양심적 병역거부자에 대한 대체복무제는 의미가 없어지게 될 것이다.

나. 대체복무 근거 법령

대만 병역법은 제4장에서 替代役[2]에 관하여 규정하고 있는데, 구체적인 내용은 별도의 시행령으로 제정하도록 위임하고 있다. 이에 따

---

2 대만의 替代役은 우리의 사회체육요원, 예술·체육요원 등 보충역 및 양심적 병역거부자를 대상으로 하는 대체복무역까지 모두 포섭하는 개념이다.

라 마련된 시행령이 替代役實施條例이다. 대만의 替代役은 일반替代役
과 연구발전替代役으로 나뉘고, 일반替代役에는 경찰역, 소방역, 사회
봉사역(社會役), 환경보호역(環保役), 의료역, 교육봉사역(教育服務役), 농
업봉사역(農業服務役), 행정원(行政院)이 지정한 기타 역종 등이 속한다.
양심적 병역거부에 해당하는 '종교적 사유로 인한 替代役'은 일반替代
役으로 분류되고 일반替代役 중 가장 우선적으로 선발되므로 사실상
양심적 병역거부자에게 대체복무가 제한 없이 보장되는 결과가 된다.
종교사유로 일반替代役 복무를 신청하여 확정된 자는 기초훈련 및 전
문 직업훈련을 받아야 하는데, 그 기초훈련은 전문 직업훈련에 병합하
여 수요기관이 처리한다.

다. 신청절차

종교에 2년 이상 속해 있었고, 신념적으로 현역 상비군의 역할을
수행할 수 없는 자는 대체복무를 신청할 수 있다. 하지만 실제 사례에
서는 종교 경력이 2년 이하인 경우에도 심사를 통해 대체복무를 부여
한 바 있다고 한다. 이유서, 자서전, 서약서, 종교단체에서 발행한 증
명서를 첨부하여 신청한다.

라. 심 사

내정부(內政部)는 신청서가 접수된 때로부터 3개월 내에 심의위원
회를 소집하여 심의를 마친다. 심의 시 복무자의 신앙, 동기, 심리 등
의 이유가 진실인지 여부를 판별하기 위해 필수적으로 면담을 실시하
며, 소속 종교의 책임자 또는 증인을 함께 출석하게 한다. 심사 안건에
이의가 있거나 비준 또는 기각을 결정할 수 없을 경우 관찰 기간을 가
질 수 있는데, 그 기간은 1년을 넘을 수 없다.

마. 복 무

종교적 병역거부자의 경우 사회서비스역에 배치하여 사회복지기
관에서 복무하도록 하면서, 노인, 중증장애인 등 보호 및 간병 업무에

투입하고 있다. 합숙을 원칙으로 하되, 복무인원이 과소하거나 복무 지점이 멀거나 복무처가 분산되어 있어 적절한 합숙장소가 없을 경우 개별 숙박 생활을 허용한다.

바. 복무교육

대체복무자도 현역 복무자와 같이 복무에 앞서 훈련을 이수한다. 일반대체복무는 '기초군사훈련'과 '전문직업훈련'을 받아야 하지만 '종교적 사유에 의한 대체복무자'는 '기초훈련'과 '전문직업훈련'을 병합하여 받도록 되어 있다(제13조). 내정부 관할 하에 적응 교육, 전문과정, 긴급구조, 일반 교육, 체력활동 등을 교육받는다. 구체적 교과과정은 다음과 같다.

[표 3] 대만 대체복무역 교과과정

구분		과목	시수
복무 기초 과정	일반 과목	이해심(理解心)과 양성(兩性)관계	2
		스트레스 조절 및 정서관리	4
		위기관리	2
		의무자의 생애계획	3
		합계	11
	특수 과목	심신장애자 복지 개요	2
		지역사회 발전과 지원복무	2
		지역사회 간호의 개념	3
		사회업무와 윤리수칙	2
		가정폭력 및 성침해 방지	2
		우리나라의 사회복지정책	2
		노인복지 소개	2
		회담기교와 기록저술	2
		복무관련 법률적 의제(사회역의무자 근무관리규정 포함)	3
		기구복무 알아두기	2
		거택복무	3
		환자의 청결과 쾌적(피부보호와 대소변처리 등)	3
		식사협조와 약물안전	2
		합계	30

구분		과목	시수
복무 내용과 업무 방법 과정	일반 과목	간단한 건강회복법 알아두기	2
		질병전조와 생명징후의 인식 및 측량	3
		가사처리	2
		합계	7
	특수 과목	노인만성질환 개요 및 그 간호	2
		안녕 간호	2
		합계	4
기타		시범교육 참관	4
		분배 설명회	4
		분배 작업	4
		합계	12
총계			64

사. 복무 기간

종교적 병역거부에 따른 대체복무자의 복무 기간은 내정부의 보고에 의해 행정원이 심사하여 결정하도록 되어 있다(替代役實施條例 제7조 제1항). 행정원은 도입 당시 '종교적 사유'에 의한 대체복무자의 복무 기간은 현역복무 기간에 1/2(11개월)을 가산하였으나, 2003년에 가산기간을 4개월로, 2007년에 2개월로 각 단축하였다. 이에 따라 현역복무 기간과 대체복무 기간을 대비하여 보면 다음과 같다.

[표 4] 대만 현역·대체복무 기간 비교

연도	현역복무 기간	대체복무 기간
2000년	22개월	33개월
2003년	22개월	26개월
2004년	20개월	24개월
2005년	18개월	22개월
2007년	14개월	16개월
2008년	12개월	14개월
2018년	4개월	4개월

아. 복무실태

여호와의 증인 외에도, 불교, 일관도가 종교적인 사유로 대체복무를 신청하여 모두 사회복지기관에 배치되었다.

자. 징병제 및 대체복무 종료 예정

대만은 2018년 징병제 및 대체복무제도 종료를 앞두고 있다. 다만 종료 후에도 모든 남성에 대해 4개월간의 군사훈련 및 교육을 실시하며, 병역거부자에게도 내정부(內政部) 관리 하에 동일한 기간의 체력훈련 및 교육을 실시할 것으로 예정되어 있다.

3. 아르메니아

가. 연 혁

아르메니아는 현재에 이르기까지 오랫동안 터키 및 아제르바이잔과 무력분쟁이 있었고, 이로 인해 대체복무 제도 도입에 소극적이었다. 특히 지금도 아제르바이잔과 법적으로는 휴전 상황이나 최근 2014년과 2016년에도 전투가 벌어져서 수십 명의 군인과 민간인이 사망하였다. 그럼에도 불구하고 아르메니아는 2003년 대체복무법을 제정하여 대체복무 제도를 시행하게 되었다. 당시 24명이 대체복무를 시작하였으나, 6개월 후 이들은 대체복무 제도가 국방부 산하에서 운영된다는 이유로 대체복무를 중단하였다. 이에 정부는 이들을 기소하였고, 이들은 각 2~3년간 수감생활을 할 수밖에 없었다. 이에 병역거부자들은 유럽인권재판소에 아르메니아 정부를 제소하였고, 유럽인권재판소는 아르메니아 정부가 유럽인권협약을 위반하였다고 결정하였다. 아르메니아는 2013년 유럽인권재판소의 결정에 따라 대체복무법을 개정하였으며, 당시 복역 중이던 양심적 병역거부자들을 석방하고, 그동안 수감된 병역거부자들의 전과를 말소하였다.

나. 대체복무 근거 법령

아르메니아 헌법 제41조 제3항은 "모든 국민은 군 복무가 자신의 종교나 신앙과 맞지 않을 경우, 법에 정한 방식에 따라 대체복무를 이행할 권리가 있다"라고 규정한다. 이를 이어받은 아르메니아 병역법 제4조는 병역을 일반 군 복무와 예비군 복무로 나누고, 일반 군 복무는 의무 군 복무와 계약 군 복무로 나누면서 의무 군 복무는 대체복무로 대체할 수 있으며, 대체복무 절차 및 복무 기간은 법으로 규정하도록 하고 있다. 이에 따라 대체복무법이 2003년 제정되고 2014년 개정되어 현재에 이르고 있다. 대체복무법 제2조에 따르면 대체복무는 아르메니아 군에 소속되어 전투 의무를 이행하거나 무기를 운반, 소지, 관리, 사용하는 것과 무관한 병역 의무를 이행하는 대체 군 복무와 아르메니아군에 소속되지 않은 상태로 노역 복무를 이행하는 대체근로 복무로 나누어 규정되고 있다. 아울러 제2조 제3항에서 "대체복무의 목적은 조국과 사회에 대한 시민의 의무를 이행하도록 담보하는 것이며 처벌을 가하거나 개인의 존엄성이나 인격에 모욕을 가하는 성격의 복무가 아니다"라는 점을 명확하게 선언하고 있다.

다. 신청절차

신청인들은 대체복무 공화국 위원회에 신청서를 제출한다. 대체복무 공화국 위원회는 행정, 의료, 사회, 교육, 경찰, 국방 업무를 각 담당하는 정부기관 및 종교 관련 정부부서에서 정한 각 1인의 위원들로 구성한다.

라. 심사절차

대체복무 공화국 위원회에 제출한 신청서를 바탕으로 면접을 거쳐 결정한다.

마. 복 무

대체근로 복무자는 의료시설 및 복지시설(양로원, 고아원) 등에서 청소, 배달, 취사, 구조 및 간병활동을 한다. 합숙이 아닌 출퇴근 형식으로 복무한다. 오전 9시부터 오후 6시까지 복무하며, 매월 3만 드람(약 9만 원)의 실비를 받는다. 집에서 30km 이상 떨어진 곳에서 복무할 경우 숙소를 제공한다. 복역 중에 풀려난 대체복무자는 복역기간 만큼 대체복무 기간을 제하고 복무하도록 하였다.

바. 복무 기간

대체근로 복무는 현역복무 기간의 1.5배인 36개월을 복무하도록 하고, 대체 군 복무는 30개월로 한다.

4. 그리스

가. 연 혁

1976년 이래로 그리스는 동원체제에 있다. 키프로스와 갈등이 있고 이웃하는 터키와 군사적 긴장상태에 있기 때문이다. 동원 체제나 전시에 국방부장관은 징병에 관한 문제를 결정할 수 있는 무제한적 권리를 갖는다.

그리스인의 현역복무 기간은 9개월이다. 15세에서 50세[3]에 이르는 모든 남성들은 군 복무 의무가 있다. 예비군 의무는 50세까지 적용된다. 예비군은 정기적으로 예비군 훈련을 위해 소집된다. 현역복무 기간은 자녀 수, 출신 민족, 경제적 사정 등에 의해 3개월 또는 6개월로 감축되는데, 대부분의 현역 군인들이 여러 가지 사정을 이유로 한 감축의 혜택을 보고 있다.

그리스는 1950년 이래로 약 3,500명의 병역거부자들이 투옥되었고, 1997년 이후 마련된 대체복무 제도 역시 지나치게 징벌적 성격을 띠고 있고, 심사에 있어 국방부가 이를 관할하고 있기 때문에 다른 유

---

3 주미 그리스대사관에 확인한 바에 따르면 현재 현역 복무 연령은 19~45세로 되어 있고 예비군은 45세를 넘은 경우에도 동원될 수 있다고 한다.

럽 국가들로부터 비난을 받고 있으며, 가학적이며 자의적인 의도가 가
득하여 EU회원국을 유지하려는 체면치레 정도의 대체복무 제도라는
비판이 많다.

한편, 그리스 병역법은 군 복무 기간을 단축할 수 있는 다양한 사
유를 규정하고 있는데, 이와 같이 다양한 단축사유들은 병역비리의 온
상으로 기능하고 있다. 그래서 그리스에서는 병역거부자가 되어 힘들
게 대체복무를 하는 대신 현역복무에서 단축사유를 찾는 탈법적 방법
을 모색하는 경우가 많다.

나. 대체복무 근거 법령

양심적 병역거부에 관한 법 제18조 제1항은 양심적 병역거부자들
의 지위를 인정하고 있고, 제18조 제2항에서 양심의 동기로 종교, 철
학적·도덕적 확신을 모두 인정하고 있다. 2000년 헌법 개정을 통해 양
심적 병역거부권을 헌법에 명문화하였다.

다. 신청절차

양심적 병역거부자는 군 복무가 시작되기 전, 그리고 군 부대에
등록되기 전까지 국방부에 대체복무 신청을 하여야 한다. 신청서와 이
유서, 범죄전과와 기소 여부에 관한 기록, 총기 소지허가에 관한 경찰
증명, 사냥허가에 관한 산림감시소의 증명서 등을 제출한다. 따라서
복무 중인 징집병이나 예비군은 신청할 수 없다. 양심적 병역거부에
관한 법 제18조 제4항은 직업군인들이 양심적 병역거부권을 주장하지
못하도록 규정하고 있다.

신청서와 이유서에는 행동을 통해 표현된 양심적, 종교적, 철학적
또는 도덕적 확신에 기초한 인생관이 기술되어 있어야 한다.

라. 신청결격사유

법률은 다음의 경우 대체복무 신청결격사유로 규정하고 있다.

ⅰ) 이미 그리스나 외국에서 군 복무를 한 적이 있는 자

ⅱ) 사냥허가증을 소지하거나 신청하였던 자, 사격대회에 참여하거나 사냥 기타 무기 사용과 직결되는 유사행사에 참여한 자

ⅲ) 무기 사용 또는 폭력행사로 기소되거나 유죄 판결을 받은 자

마. 심사절차

양심적 병역거부자는 특별위원회에서 서면 심사와 면접을 통해 병역거부사유를 소명한다. 특별위원회는 1인의 법률전문가, 2인의 대학교수(정치학, 사회학, 법학 전공), 2인의 군 장교(1인은 징병담당장교, 1인은 의무장교)로 구성된다. 위원회는 신청인에 대해 결정을 내리고, 국방부장관이 이를 승인한다.

양심적 병역거부에 관한 법이 제정된 이래로 해마다 약 150여 명의 양심적 병역거부 신청이 이루어지는 것으로 알려져 있고, 이들은 대부분 여호와의 증인 병역거부자들이다. 양심적 병역거부 신청건수가 적은 이유는 신청절차가 까다롭기도 하고, 대체복무 상황이 열악하기 때문이다. 여호와의 증인 신자의 경우, 제출서류에 하자가 없으면 보통 승인된다. 그러나 비종교적 사유로 신청하는 경우 보통 기각되는 것으로 알려져 있다.

바. 복　무

병역법은 대체복무는 공공기관, 공익시설에서 이루어지도록 규정하고 있다. 다만, 지역적으로 아테네, 데살로니카(그리스의 수도권) 및 신청인의 출생지와 거주지, 그리스 주요 4개 도시에 위치한 기관과 시설은 배제하도록 하여 대체복무가 오지, 무연고지에서 이루어지도록 하고 있다.

대체복무자에게는 무상의 식사와 숙소가 제공되어야 하며, 이를 제공하지 않을 경우 월 210.76유로를 지급한다.

사. 복무 기간

법적으로 정해진 대체복무 기간은 현재 15개월이나, 법에서 정한

사유가 있는 경우 단축된 복무를 수행하도록 허락되는 규정이 있다.

한편, 「양심적 병역거부에 관한 법」은 민간복무 대신 최소 4개월 15일부터 최대 9개월까지 군부대 내에서 비무장 군 복무를 선택할 수 있도록 되어 있으나 양심적 병역거부자들 중 어느 누구도 이러한 비무장복무를 선택한 적이 없다.

[표 5] 그리스 현역·대체복무 기간 비교

연도	군 복무(육군) 기간	대체복무 기간
1997년	18개월	36개월
2003년	12개월	30개월
2005년	12개월	23개월
2012년	9개월	15개월

아. 전시 특례

전시에는 양심적 병역거부권이 인정되지 않는다. 전쟁 동안에는 대체복무는 국방부장관에 의해 중단될 수 있으며, 양심적 병역거부자들은 소집된 후 군부대 내에서 비무장 복무를 수행하게 된다. 이러한 규정으로 인해 국제사회의 비난을 받고 있다.

5. 노르웨이

가. 연 혁

노르웨이는 종래 양심적 병역거부자들에게 대체복무를 부여하였으나, 2011년부터는 대체복무 제도를 마련하지 않고 군 복무를 면제하여 주고 있다. 아래 내용은 과거 대체복무제에 관한 것이다.

나. 대체복무 근거 법령

노르웨이는 1922년 이후로 양심적 병역거부의 권리를 법적으로 인정하고 있다. 현재의 법률적 근거는 1965년에 제정된 '개인적 신념 사유에 의한 병역면제에 관한 법'이며, 이 법 제1조는 "군 복무의 수행이 자신의 진지한 신념과 충돌을 일으킬 경우에는 이유 여하를 막론하고 군 복무를 면제한다"라고 규정하고 있다.

다. 병역거부사유

병역거부사유로 종교적 및 비종교적 사유를 모두 인정하고 있다. 1990년 이후로는 법 개정을 통해 "국방에 사용될 수 있는 대량살상무기 사용과 관련된" 신념도 양심적 병역거부사유로 인정하고 있으며, 이에 따라 노르웨이는 핵무기 사용반대를 양심적 병역거부사유로 인정하고 있는데, 개별적 사유로 이를 인정하는 것은 전 세계 국가 중 노르웨이가 유일하다.

라. 신청시한

신청시한에 제한이 없다. 입영 전이나 복무 중 모두 가능하다. 복무 중인 징집병이 거부신청을 할 경우 4주 이내에 군에서 제대 처분을 내린다.

마. 신청절차

신청자는 법무부에 대체복무를 신청한다. 신청은 법무부가 인정하는 표준양식에 서명함으로써 이루어진다. 법적으로는 개별면접이 가능하나, 2001년 이후로 신청절차에서 개별면접이 이루어진 바 없고, 신청이 있기만 하면 거의 자동적으로 허가가 이루어지고 있다. 신청이 기각되는 유일한 경우는 신청자가 폭력사범으로 처벌받은 전력이 있는 경우뿐이다.

바. 복 무

대체복무의 이행은 법무부의 감독을 받는다. 법률 제10조에 따르면, 대체복무자는 "민간인 신분으로서 민간인의 지휘 아래 복무한다. 군사시설이나 군사활동과는 아무런 관계가 없어야 한다"라고 되어 있다. 대체복무는 공공기관에서도 가능했었고, 시민단체에서도 수행될 수 있었다. 많은 수의 양심적 병역거부자들이 중고교 폭력예방 교육프로그램(VOKT)에서 대체복무를 수행하고 있었다.

사. 복무 기간

노르웨이의 현역 군 복무 기간은 12개월로 규정되어 있으나 실제로는 재학, 직업, 복무분야, 가족 등 여러 사유에 해당하여 6~9개월가량만 복무하는 경우가 많다. 예를 들어 징집대상자들 중 주 방위군으로 복무하는 경우 6개월을 복무한다. 이에 비하여 대체복무 기간은 13개월로, 법정 현역복무보다 1개월이 더 길게 규정되어 있다.

아. 처 우

양심적 병역거부자들의 급여는 법무부에서 지급한다. 2007년을 기준으로 고용기관들은 법무부에 일인당 하루 18.3유로를 지불하고, 이 돈은 유니세프(UNICEF)로 전달되어 대체복무자들에게 지급된다.

자. 대체복무 효과

법적으로는 현역 군 복무에서 제대한 경우 44세까지 예비군 복무의무가 있지만 실제로 예비군 훈련에 소집된 적은 없다. 양심적 병역거부자들 역시 대체복무가 끝난 후에 민방위청에서 예비군으로 복무하고 매년 2주간의 예비군 훈련에 소집될 수 있도록 규정하고 있다. 민방위청의 목적은 전시 민간인 구호로 민간적 성격을 띠고 있다. 예비군 훈련은 응급처치 등 재난구조에 관한 훈련을 포함하지만 무장을 갖춘 훈련은 포함되지 않는다. 이 경우에도 실제로 소집된 적은 없다.

차. 대체복무제 쿼터제

노르웨이 정부는 양심적 병역거부자들의 고용을 매년 일정 수 이하로 제한하였는데, 2007년 기준 연간 한도는 1,490명이었다. 인정된 양심적 병역거부자들의 수가 더 많아지면서 상당수의 양심적 병역거부자들이 대체복무를 할 곳이 없게 되었다. 실제로 매년 500~1,000명의 양심적 병역거부자들이 대체복무를 배정받지 못하여, 사실상 병역이 완전히 면제되는 실정이 지속되었다.

6. 덴마크

가. 연 혁

덴마크는 비교적 최근인 2015년에 징병제를 폐지하였고, 자연스럽게 대체복무 제도 역시 폐지하였다. 2005년 이전까지는 현역 군인의 경우 9개월간 군 복무를 수행했으나, 2005년 이후에는 덴마크 방위 협정(The Danish Defence Agreement)에 의해 복무 기간이 4개월로 단축되었고, 대체복무 기간도 함께 줄어들었다.

나. 대체복무 근거 법령

징병제 및 대체복무제가 폐지되기 전까지는 민간복무법(Civilian Service Act)에 의해 대체복무 제도가 인정되고 있었다. 민간복무법 제1조는 "군 복무가 자신의 양심에 배치된다고 판단될 경우, 비군사적 국가복무의 수행을 전제로 군 복무를 면제받을 수 있다"라고 규정하고 있었다.

다. 병역거부사유

병역거부사유로서 종교적, 비종교적 사유 모두 인정된다.

라. 신청시한

입영 전과 군 복무 중 모두 신청 가능하다. 다만, 군 복무 중 양심적 병역거부를 신청할 경우에는 '언제 그리고 어느 부분에서 양심의 갈등이 시작되었는지'를 자세하게 기술해야 한다. 양심적 병역거부 신청 중 약 20%가 군 복무 중에 이루어지는 것으로 알려져 있었다.

마. 신청절차

병역거부자는 내무부 산하 양심적 병역거부 관리국(Conscientious Objections Administration Board)에 대체복무를 신청했다. 1968년 이래 개별적인 면접심사는 이루어지고 있지 않다. 신청자에게 결격사유가 없는 한 신청은 거의 자동적으로 승인되고 있었다. 다만, 정치적 성격을 띤 신청이 거절된 사례가 있었다.

바. 복 무

대체복무는 내무부에 의해 관리 및 감독되며, 병원, 사회사업과 문화기관들과 같은 정부 기구뿐만 아니라 평화와 환경 조직들에서 수행될 수 있었다. 대체복무는 6일간의 교육과정으로 시작되며, 이 기간 동안 양심적 병역거부자들은 자신들의 권리와 의무에 관한 정보를 제공받는다.

사. 복무 기간

대체복무 기간은 군 복무 기간과 동일한 4개월이었다.

7. 몰도바

가. 대체복무 근거 법령

몰도바 종교법 제5조에 따르면 신앙을 이유로 병역을 수행할 수 없는 시민들은 대체복무를 수행할 수 있다고 규정하고 있다. 몰도바 종교법은 대체복무의 세부적 사항들은 '대체복무조례'로 제정하도록 위임하고 있었으며, 1991년 몰도바 의회는 대체복무조례를 제정하였다. 조례 제3조에 따르면, 시민들은 자신의 종교적, 평화주의적 신념 때문에 병역수행을 거부할 수 있는 권리를 지니며 이런 경우 대체복무를 수행해야 한다.

나. 병역거부사유

종교적 사유의 병역거부자만 신청 가능하며, 비종교적 사유는 불가하다.

다. 신청시한

입영 전에만 신청이 가능하며, 현역군인은 신청할 수 없다.

라. 신청절차

종교적 사유의 병역거부자들은 국방부징병위원회에 대체복무를

신청할 수 있으며, 신청에 따른 심사는 무기소지를 금지하는 종교조직
의 신도임을 증명하는 것을 내용으로 한다. 몰도바에서 등록된 19개의
종교 중 10개 종교의 신도들이 양심적 병역거부자로 인정될 수 있다.

마. 복 무

양심적 병역거부자들은 대체복무 기간 동안 민간대체복무기관에
법적으로 고용되어 근로자로서 신분을 가진다. 다만 대체복무기관에서
받는 급여의 20%를 국가에 지불한다.

바. 복무 기간

1991년 대체복무제 도입 당시 현역복무 기간은 18개월이었고 대
체복무 기간은 24개월이었다. 2002년 현역복무 기간을 12개월로 단축
하였음에도 대체복무 기간은 24개월로 유지되었으나, 2007년 대체복
무 기간을 군 복무와 동일한 12개월로 단축하였다.

[표 6] 몰도바 현역·대체복무 기간 비교

연도	군 복무 기간	대체복무 기간
1991년	18개월	24개월
2002년	12개월	24개월
2007년	12개월	12개월

8. 세르비아

가. 연 혁

세르비아는 2010년에 징병제와 대체복무제를 모두 폐지하였다.

나. 대체복무 근거 법령

세르비아 헌법 제45조에서는 "자신의 종교 혹은 신념과 반대된다
면, 어느 누구도 무기사용을 포함한 군 복무를 반드시 수행할 의무가
없다. 양심적 병역거부를 신청하는 사람은 누구라도 법에 따라 무기를
소지해야할 의무 없이 군 복무를 수행하도록 요구될 수 있다"고 규정

하고 있다. 구체적인 시행을 위한 법률로서 민간복무법(137/2003)이 제정되었다.

다. 병역거부사유

병역거부사유로서 종교적, 비종교적 사유 모두 인정하고 있다.

라. 신청시한

양심적 병역거부 신청은 군 복무 시작 전 또는 군 복무 수행 첫 3개월 이내에만 이루어질 수 있다. 3개월의 복무 기간이 지난 현역병은 신청할 수 없다. 현역을 제대한 예비군도 신청할 수 없다. 다만 2000년 이후 예비군 훈련이 전혀 소집된 바 없어, 신청의 실익도 없다.

마. 신청절차

대체복무의 신청은 지방병무청에 해야 하며, 각 지방병무청에 설치된 심사위원회가 심사를 담당한다. 심사위원회는 변호사, 신학자, 심리학자, 법률고문, 국방전문가를 포함한다. 현재 52명의 위원이 있으며 모든 지방병무청에 하나씩 설치되어 있다.

바. 신청결격사유

신청자가 무기소지 면허를 가지고 있거나 신청제출 이전 3개월 이내에 범죄행위로 판결받은 전력이 있다면 신청은 기각될 수 있다.

사. 심사절차

심사위원회는 개인 면담을 위해 신청자를 소환할 수 있다. 그러나 대부분 서면 심사만으로 통과된다. 위원회는 30일 이내에 신청에 대한 가부를 결정한다. 만일 신청이 기각되면 항소할 권리가 있는데, 국방부에 15일 이내에 항소해야 한다.

아. 복 무

대체복무는 병원, 요양시설, 문화시설, 장애인 시설과 구호시설 같은 정부시설에서 수행되며 일부 비정부기구(사회단체)에서도 수행될 수 있다.

자. 복무 기간

대체복무 기간은 9개월로, 군 복무보다 3개월 더 길다.

차. 대체복무 효과

대체복무가 완료된 이후 양심적 병역거부자들은 평시에 예비군 복무를 지지 않는다. 다만 법령상 전시에 양심적 병역거부자들이 대체 복무에 소집될 수 있도록 하고 있다.

9. 스웨덴

가. 연   혁

스웨덴의 국방정책은 통합방위 개념에 기초하고 있는데, 모든 국민들이 비상사태 또는 전쟁이 일어날 경우 국방에 참여할 의무가 있음을 의미한다. 통합방위는 군 복무, 민방위 복무, 일반 복무로 구성되어 있다. 징집은 군 복무와 민방위 복무의 경우에만 해당한다. 일반 복무는 어떤 형태의 훈련도 받지 않지만, 누구라도 전쟁 또는 비상사태가 발생할 경우 복무에 소집될 수 있음을 의미한다. 스웨덴의 경우 모든 스웨덴 시민들(남성과 여성)과 외국인들 역시 16~70세 사이에 국방의 의무를 진다. 2010년 징병제가 폐지되었다가, 러시아의 위협 증가로 인해 2017년 징병제를 다시 도입하였다. 그러나 실제 징병되는 인원은 연간 4,000명으로 그 비율은 입영 대상자의 4%에 불과하다. ‘여호와의 증인’ 등 일부 종교적 병역거부자들의 경우 1966년 이후 군 복무 의무 및 대체복무 의무 모두를 면제받고 있기에, 아래의 설명은 2010년 징병제 폐지 전의 종교적 사유 외의 대체복무에 관한 것이다.

나. 대체복무 근거 법령

1920년 이후로 양심적 병역거부권은 법적으로 허용되고 있는데 현재 병역거부자의 대체복무를 규율하는 주된 법률은 ‘통합방위복무법’이다.

다. 병역거부사유

종교적, 비종교적 사유 모두 인정된다.

라. 신청시한

양심적 병역거부 신청에 정해진 시한은 없다. 복무중인 징집병도 신청할 수 있다. 이 경우에는 신청자가 자신의 양심 문제가 어떻게 그리고 왜 시작되었는지를 더 자세히 설명해야 한다. 신청여부가 결정될 때까지 병역은 연기된다.

마. 신청절차

국방부에 신청한다.

바. 판정기구

1991년 이후 신청절차에서 개인면담은 사라졌다. 군 복무 시작 전 또는 징집대상자가 된 것을 안 후 6개월 이내에 신청할 경우는 특별한 심사 없이 인정된다. 결국 대부분의 신청은 거의 자동적으로 승인되는 편이다. 스웨덴 정부에 따르면, 정치적 동기에 따른 신청일 경우에만 기각된다고 한다.

사. 복　무

대체복무는 관할 행정기관과 국방부가 함께 감독한다. 대체복무는 화재예방, 구호활동, 사회봉사, 철도 및 도로 유지업무 같은 민방위 기관에서 수행된다. 전시에는 국가철도관리부 또는 민간항공부 같은 민방위 복무를 수행중인 민방위 기관에 소속된다.

아. 복무 기간

대체복무 기간은 7.5개월로 군 복무 기간과 동일하다.

10. 스위스

가. 연　혁

스위스군은 기본적으로 민병이다. 상비군은 상대적으로 적은 편이고 예비군이 주요 구성원을 이루고 있다. 19~26세의 모든 남성들은 기본 군사훈련의 의무를 진다. 기본 군사훈련 기간은 21주이며, 일부 예외적인 경우 18주이다. 기본 군사훈련 이후에 모든 남성들은 34세까지 예비군의 의무를 지니며 장교는 50세까지이다. 예비군 복무는 1회 소집시 최장 17일이고 1년에 6~7회의 교육훈련을 받는다. 전체 군 복무 기간은 260일이다. 또한 예비군 복무에는 장비, 소총, 탄약을 집에서 보관하는 것도 포함된다.

신체적 사유 등으로 법적으로 복무 면제를 받은 자들은 50세까지 국방비를 납부해야 한다. 국방비는 과세대상 수입의 2%이고 최소 150 CHF(약 17만 원)이다. 국방비 납부를 거부할 경우 매 건마다 1~10일의 징역에 처해질 수 있다.

양심적 병역거부자들은 기본 군사훈련을 받아들일 수 없기 때문에 대체복무 제도가 도입되기에 이르렀다. 병역거부는 신체적 사유로 인한 복무 면제에 포섭되지 않으므로 양심적 병역거부자들에게 국방비 납부 의무를 부과하는 것도 적절한 대안이 될 수 없기 때문이다.

나. 대체복무 근거 법령

1996년 '민간복무법'이 제정되었고, 1999년 헌법 개정으로 헌법에 양심적 병역거부권이 포함되었다. 당시 헌법개정 국민투표에서 찬성률은 82.5%에 달하였다.

다. 병역거부사유

종교적·비종교적 사유 모두 인정된다.

라. 신청시한

양심적 병역거부 신청에 시한은 없다. 군 복무 이전, 복무 중, 복무를 종료한 후 예비군으로 복무하는 중에도 언제든지 신청할 수 있다.

마. 신청절차

경제부의 중앙민간복무 당국에 대체복무를 신청한다. 신청시 이력서, 사유서, 대체복무 수행각서를 제출한다.

바. 심사절차

중앙민간복무 산하 위원회에서 개인면접을 거친다. 해당 위원회의 위원들은 경제부가 임명한 민간인들로 구성된다. 신청동기가 주로 정치적이거나, 신청자의 신뢰성을 위원회가 의심하거나 신청자가 자신의 일상생활에서 신념을 실천하지 않는다고 판단될 경우에는 신청이 기각될 수 있다. 신청이 기각되면 경제부에 항소할 수 있다.

사. 복　무

대체복무는 경제부에서 감독한다. 사회복지분야, 보건분야, 환경보호분야 같은 공익에 봉사하게 되는데 어떠한 공적·사적 기관에서도 수행될 수 있다.

아. 복무 기간

대체복무 기간은 390일이다. 이것은 군 복무 기간(260일)의 1.5배이다. 대체복무는 한 번의 복무로 수행할 수도 있고, 최소 26일짜리 짧은 기간으로 여러 번 나누어 수행할 수 있다. 또한 대체복무는 군부대 내 비무장 복무를 선택할 수도 있는데, 이 경우 기본군사훈련과 동일한 기간을 복무한다. 하지만 양심적 병역거부자들은 이를 선택하지 않는다.

자. 대체복무 효과

대체복무가 완료된 이후 양심적 병역거부자들은 '특별민간복무'(extraordinary civilian service)의 책임을 지며, 전시 또는 비상사태에 특별민간복무에 소집될 수 있다.

11. 알바니아

가. 대체복무 근거 법령

1998년 헌법 개정을 통해 양심적 병역거부권이 헌법에 포함되었다. 헌법 제166조는 양심상의 이유 등으로 무장복무를 거부하는 시민이 법률이 정한 대체복무를 수행할 권리를 규정하고 있으며, 헌법 제167조는 대체복무를 수행하는 시민들은 별도의 규정이 없는 한 모든 헌법적 권리와 자유를 누릴 수 있음을 규정하고 있다.

나. 병역거부사유

종교적, 비종교적 사유들이 모두 거부사유로 인정된다.

다. 신청절차

국방부 산하의 독립된 위원회가 대체복무 편입 여부를 심사 및 결정한다.

라. 복 무

대체복무는 국방부와 노동사회부가 공동으로 관리하며, 대체복무 장소는 병원, 사회사업, 인도주의적 활동을 하고 있는 조직들이나 환경보호단체 혹은 소방서 등이다.

마. 복무 기간

대체복무 기간은 군 복무 기간과 동일한 12개월이다.

12. 에스토니아

가. 대체복무 근거 법령

1991년 헌법 개정으로 헌법에 양심적 병역거부권과 대체복무에 관한 권리가 포함되었다. 헌법 제124조는 종교적 혹은 윤리적 이유로 방위군에 복무하기를 거부하는 사람은 법이 정한 절차에 따라 대체복무를 할 의무가 있음을 규정하고 있다.

나. 병역거부사유

종교적, 비종교적 사유 모두 인정된다.

다. 신청시한

양심적 병역거부 신청은 군 복무 시작 전에 이루어져야 한다. 따라서 징집되어 복무중인 징집병 혹은 예비군은 신청을 할 수 없다.

라. 신청절차

양심적 병역거부자는 국방부에 서면으로 신청한다. 국방부는 개인 면담을 위해 신청자를 소환할 수 있다. 신청이 거절되면 행정법원에 상소할 수 있다.

마. 복 무

대체복무자들은 내무부 혹은 사회부에서 관리한다. 그리고 구조, 사회복지 혹은 응급 관련 업무에 관련된 정부영역에 있는 산하 조직체에서 대체복무를 수행하게 된다.

바. 복무 기간

대체복무 기간은 군 복무 기간과 동일한 8개월이다.

13. 오스트리아

가. 연 혁

오스트리아는 2015년 징병제와 함께 대체복무제도 폐지하였다. 폐지되기 전까지 시행하던 대체복무제의 내용은 다음과 같다.

나. 대체복무 근거 법령

오스트리아는 1974년 헌법 개정으로 헌법에 양심적 병역거부권을 명시하였다. 헌법 제9조 제a항은 "양심상의 이유로 군 복무 수행을 거부하는 시민들은 대체복무를 수행한다"라고 규정하고 있다. 이와 함께 민간복무법(Zivildienstgesetz)을 제정하여 대체복무 제도를 실정법에 도입하였다.

다. 병역거부사유

종교적·비종교적 사유 모두 인정된다.

라. 신청시한

군 복무 적합 판정을 고지받은 날로부터 6개월 이내, 군 복무 소집 명령서를 받기 이틀 전까지 신청해야 한다. 군 복무를 하는 동안은 신청이 불가능하다. 군 복무를 마친 후에는 신청할 수 있으나, 이 경우 예비군 복무를 시작한 지 3년 이내에 신청해야 한다.

마. 신청절차

양심적 병역거부자는 내무부에 대체복무 신청서를 제출한다. 내무부가 만든 표준 양식을 사용할 수 있다.

바. 신청결격사유

폭력 관련 범죄경력이 있는 경우, 신청자가 총기소지 자격증을 갖고 있는 경우, 신청자가 국립경찰로 복무한 전력이 있는 경우, 그리고 폭력 사용에 대한 신청자의 거부가 제한적이며 정치적 동기가 있다고 간주되는 경우에 신청은 기각될 수 있다. 신청이 기각되었을 경우, 민간법정에 상소할 수 있다.

사. 심사절차

1991년 이래 서면심사만 이루어지고, 개별면접은 하지 않는다. 신청시한 내 신청서를 제출하면 특별한 결격사유가 없는 한 자동적으로 인정된다.

아. 복　무

대체복무는 내무부에 의해 관리되며 대체복무 장소는 병원, 사회복지기관과 응급구조기관 등이다. 그리고 비정부 기구들, 예컨대 오스트리아 적십자사 등에서 대체복무를 수행할 수 있다.

자. 복무 기간

대체복무 기간은 군 복무 기간(6개월)의 1.5배인 9개월이다.

차. 대체복무 효과

대체복무를 완료한 후, 양심적 병역거부자들은 50세의 나이까지 예비군 복무의무를 갖는다. 전쟁 혹은 위급상황 동안에 양심적 병역거부자들은 '특별 시민 복무'를 위해 소집될 수 있는데, 이 일은 응급지원 등과 같은 비군사적 활동들이다. 하지만 지금까지 양심적 병역거부자들이 실제로 예비군 복무의무를 수행하기 위해 소집된 적은 없었다.

14. 우크라이나

가. 연 혁

우크라이나는 2013년에 징병제와 대체복무제를 폐지했다가, 2014년 러시아의 위협으로 이를 부활시켰다.

나. 대체복무 근거 법령

우크라이나는 1996년 헌법 개정을 통해 헌법에 양심적 병역거부권을 규정하였다. 헌법 제35조 제3항은 병역이행이 자신의 종교적 신념과 배치된다면 이러한 의무이행은 비군사적 복무로 대체하게 하도록 규정하고 있다. 이를 구체화하는 법으로 대체민간복무법이 제정되었다.

다. 병역거부사유

종교적 사유만 인정한다. 대체민간복무법 제2조에 따르면 "진실한 종교적 믿음을 가지고 있고 법을 준수하는 종교단체의 신도이며 자신의 신앙이 병영에서 무장 복무하는 것을 허용하지 않는 우크라이나 시민에게는 대체복무가 허용된다"라고 규정하고 있어, 교리상 무기소지를 금지하는 공식적으로 등록된 종교의 신자들에게만 적용된다. 현재 등록되어 있는 종교는 재림교 개혁 교회, 제칠일 안식일 예수재림 교회, 복음주의 기독교, 복음주의 기독교 침례교, 슬라브 성령 교회(Pokutnyky), 여호와의 증인, 카리스마적인 기독교 교회, 국제 크리스챤 의식 학회(Equal Rights) 등이 있다.

라. 신청시한

소집영장을 받은 날로부터 6개월 이내에 신청해야 한다. 복무 중인 징집병과 예비군은 신청할 수 없다.

마. 신청절차

우크라이나 노동사회정책부 지역사무소의 대체복무위원회에 신청한다.

바. 심사절차

대체복무위원회는 군대와 종교문제 위원회를 포함해서 각기 다른
정부부처의 대표들로 구성된다. 신청은 각 종교의 책임자가 서명한 서
류가 포함되어야 한다. 위원회는 기록의 정확성을 검토하고 추가 정보
를 요구할 수 있다. 통상 서면심사로만 이루어지며 별도의 출석심사는
하지 않는다.

사. 복   무

대체복무는 노동사회정책부에서 감독한다. 대체복무는 보건, 사회
복지, 자치단체 사업을 시행하는 정부기관에서 수행될 수 있다. 우크
라이나 적십자사에서도 대체복무가 수행될 수 있으나, 이를 제외한 다
른 비정부기구에서는 수행될 수 없다. 실제로는 지방정부에서 청소부
와 건설노동자들로 고용되는 비율이 높다.

아. 복무 기간

대체복무 기간은 군 복무(12개월)의 1.5배인 18개월이다.

15. 폴란드

가. 연   혁

폴란드는 2009년 징병제와 대체복무제를 모두 폐지하였다. 아래
내용은 폐지 전 대체복무제에 관한 것이다.

나. 대체복무 근거 법령

폴란드 헌법 제85조는 "종교적 신념이나 도덕적 원칙으로 인해 군
복무를 이행할 수 없는 시민은 법률이 정하는 바에 따라 대체복무를
이행할 의무를 지닌다"라고 규정하고 있다.

다. 병역거부사유

종교적·비종교적 사유 모두 인정된다.

라. 신청시한

대체복무는 입영 전까지만 신청할 수 있다. 복무 중인 군인 또는 예비군은 신청할 수 없다.

마. 신청절차

신청은 지방정부위원회에 한다.

바. 심사절차

위원회는 5명으로 구성되어 있으며, 위원회는 최소 2명의 윤리문제 또는 종교문제 전문가로 구성되도록 규정하고 있다. 위원회는 신청서를 검토한 후 신청자와의 개인면담을 진행한다. 만약 신청이 기각될 경우, 결정 후 6개월 이내에 재신청을 할 수 있다. 신청이 또다시 기각될 경우, 항소하여 상급 위원회에 대체복무를 신청할 수 있고, 또다시 기각될 경우, 행정법원에 항소할 수 있다.

사. 복 무

대체복무는 지방정부의 협력을 얻어 노동부에서 감독한다. 대체복무는 의료보건, 간병, 사회봉사, 환경보호 같은 분야의 정부기관에서 수행되며, 공익적 위상을 지닌 종교기관과 노동부가 승인한 비정부기구에서도 수행된다. 실제로는 대체복무를 수행할 장소가 부족하여 대체복무 허가를 받아도 몇 년씩 기다린 후에야 복무기회가 주어지는 경우가 많았다.

아. 복무 기간

대체복무 기간은 군 복무 기간(9개월)의 2배인 18개월이었다.

자. 대체복무 효과

대체복무가 완료된 후, 양심적 병역거부자들은 평시에 예비군 소집 의무가 면제된다. 다만 전시에는 비군사적 복무를 위해 소집될 수 있다.

16. 핀란드

가. 대체복무 근거 법령

핀란드에서는 1931년 이래로 양심적 병역거부권이 인정되어 왔으며, 현재는 민간복무법에 근거하고 있다. 민간복무법 제1조에는 "군 복무의 의무를 지니면서 종교적 또는 윤리적 신념에 기초한 진실한 양심의 사유로 인해 병역법에 명시된 의무이행을 할 수 없음을 명백히 입증한 자는 평시에 그와 같은 의무이행을 면제받을 것이며 이 법에 정한 민간복무를 수행하도록 지정될 수 있다"라고 규정되어 있다.

나. 병역거부사유

병역거부사유로 종교적·비종교적 사유 모두 인정된다. 다만 여호와의 증인 신자들에 대해서는 1987년 이후 평시 대체복무 의무마저 면제해주고 있다.

다. 신청시한

신청시한에는 제한이 없다. 현역으로 군 복무 중에도 신청할 수 있다.

라. 신청절차

표준 신청양식으로 국방부에 신청한다.

마. 심사절차

1987년 이래 심사가 진행되는 동안 개인면담은 없다. 따라서 결격사유가 없다면 신청은 거의 자동적으로 승인된다.

바. 복 무

대체복무는 노동부가 감독하고 관할한다. 대체복무는 정부기관과 비정부기구에서 수행된다. 대부분 대체복무는 보건복지 기구들이나 공공기관, 학교, 도서관, 문화기관 등에서 수행되고 있다. 노동부가 장소의 배당을 책임지고 있으나, 대체복무를 수행할 수 있는 장소의 부족으로 대부분 스스로 복무 장소를 찾는다. 만일 스스로 복무 장소를 찾지 못할 경우에는 특별교육센터에 배정된다.

사. 복무 기간

민간복무법 제3조에 따르면, 대체복무 기간은 395일(13개월)까지 복무할 수 있도록 규정되어 있지만, 실제로는 군 복무 기간과 동일한 12개월을 복무한다.

아. 대체복무 효과

대체복무자들은 평화 시에는 예비군 의무가 없다. 전시에도 별도의 동원이 가능함을 규정한 법률조항은 없다.

17. 벨라루스

가. 대체복무 근거 법령

벨라루스에서는 2016년 7월 1일 민간복무에 관한 법률이 제정되었다.

나. 신청시한

벨라루스는 매년 2회 징병하는데, 늦어도 각 징병기일 10일 전까지 서면으로 신청서를 노동사회복지부 산하 위원회에 제출하여야 한다. 현역 군인은 신청할 수 없다.

다. 복 무

보건의료분야, 사회분야, 농업, 철도 유지보수 또는 노동사회복지부가 지정한 장소에서 복무한다.

라. 복무 기간

군 복무 기간(18개월)의 2배인 36개월을 복무한다.

마. 처 우

대체복무자에게는 월 200벨라루스루블(약 12만 원)을 지급한다.

18. 키르기스스탄

키르기스스탄은 2009년 2월 9일 병역법 개정을 통해 대체복무제를 도입하였다. 개정된 병역법에 따르면 대체복무자들의 대체복무 기간은 18개월이며, 대체복무자는 별도의 국방비를 납부할 의무를 가진다. 그러나 당시 대체복무는 군 당국의 통제를 받고 군의 일원으로 간주되고 있었기 때문에 사실상 양심적 병역거부의 근본적인 이유와 배치되어, 병역거부자들은 이를 거부하고 유죄판결을 받았다. 키르기스스탄은 대체복무 거부시 벌금 및 사회봉사를 부과하도록 하고 있어 이에 따라 처벌을 받았다.

키르기스스탄 대법원 헌법재판부는 2013년 11월 19일 키르기스스탄 병역법에 규정된 대체복무가 헌법 및 자유권규약 위반이라고 판결하며, 대체복무를 거부한 병역거부자들에게 무죄를 선고하였고, 판결 이유로서 정부는 군과 무관한 대체복무 제도를 도입하여야 한다고 판결하였다.

키르기스스탄은 위와 같은 판결로 인해 인권신장을 인정받아, 유럽연합으로부터 EU가입의 전단계인 '민주주의를 위한 파트너' 지위를 인정받게 되었다. 그러나 이후 군과 무관한 대체복무를 시행하기 위한 입법이나 법개정이 이루어졌는지 알려진 바는 없다.

19. 이스라엘

가. 개 관

이스라엘의 병역제도는 남녀개병제를 취한다. 모든 유대인 남자와 여자 및 드루즈파 남자는 병역의무가 있다. 현역의 경우 복무 기간은 남자는 3년, 여자는 2년이다. 의무나 간호 등 특별한 보직에 종사하는 군인의 경우 복무 기간이 더 길다. 새로 이스라엘 국민이 된 이주민에게는 2년간의 '동화 기간'이 주어지고, 이 기간 동안에는 병역이 유예된다. 예비군은 남자는 42세까지, 여자는 24세까지이다. 예비군 훈련은 연간 1개월이다. 그러나 남자의 경우 35세 이후에는 사실상 예비군 훈련이 없으며, 여자의 경우 예비군 훈련에 소집되는 일이 없다.

나. 대체복무 근거 법령과 절차

남자의 경우 별도의 법률이 없다. 다만 국가방위복무법 제36조에서 군 당국은 병역면제 처분을 내릴 수 있도록 되어 있어, 행정명령으로 면제 처분이 이루어지고 있다. 여자의 경우에는 양심적 병역거부를 병역법에서 인정하고 있다.

남자의 경우 양심사유로 면제 판정을 받는 경우 '병역 부적합(unsuitable)' 판정을 내린다. 이로 인한 면제 판정은 대부분 종교적 사유로 인한 병역거부자들이다. 신청이 기각됨에도 거부하는 경우 통상 7~35일간의 구류에 처하며, 이 처벌은 5회까지 반복된다. 보통 90~150일간 수감생활을 한 후 병역이 면제된다.

여자의 경우에 있어서 병역면제를 받고자 하는 여자는 입영 전에 국방부 징병관리국에 서면으로 신청서를 제출한다. 신청서는 1995년 이스라엘 방위군(Israeli Defence Force) 산하에 설치된 '양심사유 병역면제 인정위원회(Committee for Granting Exemptions from Defence Service for Reasons of Conscience)'에서 면담·심사한다.

면제위원회는 랍비, 정신과의사, 군관계자(여군장교 포함) 등으로 구성된다.

20. 이탈리아

이탈리아는 2010년 징병제를 폐지하였다. 아래에서 소개하는 내용들은 징병제 폐지 이전의 제도에 관한 것이다.

가. 대체복무 근거 법령

'직업군인의 복무에 관한 법(제331/2000호)' 제2조(f)는 강제징집의 예외로 양심상의 이유로 법에 규정된 경우에는 강제징집의 대상이 되지 아니함을 규정한다. 한편 '양심적 병역거부에 관한 신규 법령 제

230/1998호(1998. 6. 16. 의회 의결을 거쳐 1998. 7. 8. 관보에 게재된 것)'는 제1조에서 무기 사용을 거부하고 군 입대나 무장 단체 가입을 거부하는 방식으로 세계인권헌장과 시민적·정치적 권리에 관한 국제 규약에 보장된 사상, 양심, 종교의 자유를 행사하는 사람은 군 복무에 갈음하는 민간 복무를 이행할 수 있도록 하면서 "민간 복무는 특성상 군 복무와 다르며 군 복무로부터 독립되어 있으나 국방이라는 헌법상의 의무 및 헌법의 '기본 원칙'에 규정된 입법 목적과 조화를 이룬다. 민간 복무는 이 법에서 정하는 방식과 기준에 따라 이행한다"라고 규정하고 있다.

나. 병역거부사유

종교적·비종교적 사유 모두 병역거부사유로 인정된다.

다. 신청절차

국방부 장관은 의무적 군 복무를 통지하는 경우 양심적 병역거부권과 그에 따르는 의무를 명시적으로 언급해야 한다(제3조).

민간 복무를 이행하기로 선택하는 시민은 등록일로부터 60일 이내에 관할청에 신청서를 제출해야 한다. 1999년 1월 1일부터는 신청기간을 15일로 단축한다.

신청을 할 때에는 개인의 책임 하에 선서와 함께 제1조의 사유를 명시하고, 진술서를 대체하는 선언서와 함께 제2조의 결격 사유가 없다는 증명서를 첨부해야 하며, 자신이 선호하는 직업 분야 또는 복무 분야를 고려하여 공공분야 또는 사기업 중에서 최대 10개의 근무지를 선택할 수 있다.

신청서에는 최종 경력이나 학위, 직업전문성 등을 증명할 수 있는 자료를 첨부해야 한다.

정해진 기일 내에 신청한 경우에는 최종 결정이 내려질 때까지, 군 복무 소집은 유예된다.

라. 신청결격사유

1931. 6. 18.자 제773호 칙령 및 추후 개정된 추가조항에서 승인하고 공공보안법 제28조와 제30조에 규정된 무기에 대해 본인의 이름으로 된 라이선스 또는 본인과 관련된 허가를 취득한 자, 최근 2년 이내에 군, 경찰, 연방집행군, 국가경찰부대, 교정시설, 국립공원경찰 및 기타 무기 사용이 포함되는 상황에 복무할 것을 자원한 자, 무기 및 폭발성 물질의 소지 및 남용, 사용, 판매, 수송, 수출입 등으로 1급형을 선고받은 자, 타인에 대한 폭력을 행사하거나 체제를 타도하려는 집단에 소속되었거나 조직범죄에 연루되어 1급형을 선고받은 자에 대해서는 양심적 병역거부를 인정하지 않는다.

마. 심 사

국방부장관은 제2조에 규정된 결격 사유가 없다는 병무청의 사실확인서를 근거로 6개월 이내에 신청서에 대한 결정을 내려야 한다. 반대의 경우에 국방부장관은 신청서를 기각하고 기각사유를 설명한다. 6개월 내에 결정이 나오지 않으면 신청이 승인된 것으로 간주한다.

바. 불 복

민간복무 신청서가 기각되면 일반 사법부에 제소할 수 있다. 사건은 신청인이 소집된 지역을 관할하는 치안판사의 직무관할에 속한다. 민사소송법 제414조 내지 제438조에 따라 사건을 판결한다. 판사는 신청서를 기각한 결정의 시행이나 민간복무를 이행할 권리를 인정하지 않은 결정에 대해 중대한 사유가 있을 경우, 신청인의 요청에 따라 공판기일 전에 그러한 결정의 집행을 유예할 수 있다. 유예명령에 대해서는 항소할 수 없다. 항소 또는 유예신청이 기각되면 규정된 기간 동안 군 복무를 이행할 의무가 있다.

사. 복 무

양심적 병역거부자는 병역 임무 지원이 아니라, 민간기관의 감독하의 비무장 업무에 복무하여야 한다.

양심적 병역거부자의 민간복무는 국가민간복무청이 관리하며, 국가민간복무청은 양심적 병역거부자의 복무가 종료되면 이를 즉시 국방부에 통보해야 하고, 관할 군부대는 해당 양심적 병역거부자에게 완전히 면제됨을 지체 없이 통지해야 한다.

아. 대체복무 효과

이 법에 따라 또는 1972. 12. 15.자 제772호 법과 후속 개정사항에 따라 민간 복무를 완료했거나 1971. 12. 15.자 제1222호 법 제33조의 적용을 받는 모든 사람은 일반적인 병역의무에 대한 소집해제 연령이 될 때까지 국가재난 소집 대상이 된다. 전시 또는 일반동원령 기간에, 민간복무 중이거나 민간복무를 마친 양심적 병역거부자는 소집될 수 있으며, 제2조에 언급된 불가 요소가 없는 자는 민방위 또는 적십자 활동에 배정된다.

21. 미 국

가. 개 요

미국은 1973년 징병제에서 모병제로 전환하였기 때문에 대체복무제 시행이 원칙적으로 문제되지 않는다고 할 수 있다. 그러나 모병제라고 하더라도 특정한 상황 하에서 예외적으로 징집을 명할 수 있는 법적 근거가 마련되어 있기도 하다. 이 경우에는 대체복무 제도의 시행 여부가 문제될 수 있다. 아울러 양심적 병역거부와 대체복무 제도의 연혁적 의의를 고려할 때 미국의 대체복무 제도를 살펴보는 것은 중요한 의의가 있다고 할 수 있다.

나. 선택적 복무법

2003년 7월 9일 개정된 미국의 선택적 복무법(Military Selective Service Act)은 1916년 '국방에 관한 법'에 명시된 전통적인 군사정책에 따라, 이 나라의 최전선 방어에 필수적인 부분인 육군과 공군의 국가경비대의 조직과 전투력을 항상 유지, 확보해야 할 의무가 있음을 선언하면서, 이러한 목적을 위해 의회가 국가안보를 위해 지상군과 공군의 일반 구성원과 이 법 Appendix의 section 451~section 471(a)에 따른 현역 복무자를 초과하는 부대 및 조직이 필요하다고 판단할 경우에는 언제나 의회는 미국의 주방위군, 지상군 및 공군 모두, 또는 그 중 일부 구성원 및 균형 병력을 위해 필요한 경우 예비군의 구성원도 함께, 현역 연방 복무 및 위와 같은 필요가 지속되는 한 복무의 지속을 명할 수 있음을 규정한다[Sec. 451(d)].

이에 따라 18세 이상 26세 이하의 모든 미국 시민 남성 및 미국 내에 거주하는 모든 남성은 Section 3과 Section 6(a)에 의해 면제된 자를 제외하고는 만 18세가 되는 생일 혹은 생일 기준 30일 전후의 기간 이내에 선택적 복무 책임자가 정한 장소와 방법에 따라 지정된 우체국, 선택적 복무 인터넷 사이트, 전화 등록, 승인된 정부 양식을 사용한 등록, 고등학교와 대학교 등록처를 통한 등록, 선택적 복무 안내 메일에 대한 답신 등의 방식으로 등록할 의무를 부담한다(Sec. 453).

대통령은 전쟁의 발발 여부와 관계없이 때때로 군의 전투력 증강 또는 유지에 필요한 인원을 이 법에 규정된 방식에 따라 훈련 및 복무 대상자를 선정하여 군에 소집할 권한을 갖는다(연령대별로 선택, 입영시킬 수 있으나 반드시 연령집단에 국한되지 않는다). 그러나 국방부장관이 정한 기준에 따라 심신의 적합성을 포함하여 모든 면에서 복무 적합 판정을 받기 전에는 군의 훈련이나 복무를 위해 입영하거나 국가안보훈련부대에서 훈련받기 위해 입영할 수 없다[Sec. 454(a)]. Subsection(a)의 조항에 따라 입영한 모든 사람은, 국방부장관(해양경비대와 관련해서는 교통부장관)이 정한 절차 또는 Section 4의 subsection(d)에 규정된 바에 따라 조기 전역, 편입 또는 제대하는 경우가 아니라면, 중단 없이 24개월

동안 현역 훈련 및 복무에 임한다[Sec. 454(b)].

다. 양심적 병역거부와 대체복무

선택적 복무법은 section 456(j)에서 양심적 병역거부와 대체복무에 관하여 규정하고 있는데, 그 내용은 다음과 같다.

Appendix의 section 451~section 471(a)에 포함된 어떠한 내용도 '종교적 신념과 종교적 훈련(religious training and belief)'을 이유로 모든 형태의 전쟁에 참여하는 것을 양심적으로 거부하는 사람에게 군의 전투적 훈련 및 복무를 요구하는 것으로 해석해서는 아니 된다. 본질적으로 정치적, 사회적, 철학적인 견해 또는 지극히 개인적인 도덕 규칙은 이 조항에 사용된 '종교적 신념과 종교적 훈련'이라는 표현에 포함되지 않는다.[4] 양심적 병역거부를 이유로 전투적 훈련과 복무의 면제를 요청하여 지방위원회의 승인을 받은 사람은, 이 규정에 따라 입영될 경우, 대통령이 정하는 비전투적 복무에 배정된다. 비전투적 복무에 대한 양심상의 거부 의사가 인정될 경우, 관할 지방위원회는 대통령이 정하는 규정에 따라 section 4(b)[Appendix의 section 454(b)]에 규정된 기간과 동일한 기간 동안 입영에 갈음하는 민간 복무(civilian work)에 배정한다. 민간 복무는 책임자가 적합하다고 여기는 업무로서 국가 보건, 안보 및 국익의 유지에 기여하는 일이며, 관할 지방위원회의 명령을 의도적으로 무시하거나 고의적으로 따르지 않은 사람은 section 12(Appendix의 section 462)에 규정된 '주어진 의무를 의도적 또는 고의적으로 불이행한 자'로 간주한다. 책임자는 이 세부조항에 따라 훈련 및 복무에서 면제된 사람들에게 배정할 민간 복무를 확보하고 이들을 국가 보건, 보안 및 국익의 유지에 기여할 수 있는 적절한 민간 업무에 배치할 책임이 있다(Sec. 456).

---

4 즉 진지한 양심상의 결정만을 양심적 병역거부의 범주에 포섭시킨다는 의미로 이해된다.

라. 양심적 병역거부자의 유형과 분류

미국연방규정집 32 국방법(National Defense 32 CFR)[5] 16장 선택적 복무(Selective Service)는 양심적 병역거부자의 분류와 심사에 관하여 다음과 같이 규정하고 있다.

군 복무에 적합한 자로서 part 1636에 규정된 바와 같이 종교적, 윤리적, 도덕적 신념 때문에 전투적·비전투적 복무 및 군대 내에서의 복무를 모두 거부하는 자는 Class 1−O로 분류되고[§1630.16(a)], 같은 사유로 전투 훈련이나 전투 복무만을 거부하는 사람은 Class 1−A−O로 분류된다(§1630.11). Class 1−A−O는 비전투적 복무이기만 하면 군대 내 복무도 수용하는 입장인 반면, Class 1−O는 군대와 관련된 모든 복무를 거부하는 입장이라는 점에서 차이가 있다.

Class 1−O로 분류되고자 하는 신청자는 그러한 요청 사항을 명기하여 서면으로 신청하여야 하며, 신체검사가 이루어지기 전에 신청서가 제출되면 지방위원회(local board)는 신체검사에 앞서 해당 신청서를 검토한다. 검토 결과 신청자가 Class 1−O의 요건을 충족하더라도 신체검사에서 병역 적합 판정을 받을 때까지 Class 1−O에 대한 결정은 보류된다. 병역 적합 판정을 받은 사람에 대해서만 Class 1−O 분류가 이루어진다. 신청자의 위 신청서의 제출에 따라 Class 1−O 분류 대상자인지 여부를 판별하기 위한 목적 내에서는 별도의 신체검사 없이 군 복무에 적합한 대상으로 간주된다[§1630.16(b)].

복무 기간이 Class 4−A[6]에 해당되지 않지만, 전투적·비전투적 훈련 및 군 복무를 모두 거부하여 군(예비역 포함)으로부터 분리된 양심적 병역거부자는 Class 1−O−S로 분류한다. Class 1−O−S로 분류된 자는 남은 복무 기간 동안 선택적 복무법에 따라 대체복무를 수행한다(§1630.17).

---

5 Code of Federal Regulations(미국연방규정집)의 약자.
6 현역 복무를 완료한 예비역.

마. 심사신청

Class 1-A-0 또는 Class 1-O 분류를 위한 신청은 반드시 서면으로 신청해야 한다. 신청서와 증빙서류는 입영명령을 받은 이후에 또는 관리자(Director)가 해당 서류를 제출하라는 구체적인 지시를 내린 후에 제출해야 한다. 입영명령을 받기 전이거나 관리자(Director)가 해당 서류를 제출하라는 구체적인 지시를 받기 전에 신청서를 접수한 경우에는 해당 신청서와 증빙서류 일체를 신청자에게 반환하고 신청기록을 남기지 않는다(§1636.2).

바. 심사기준

(1) Class 1-A-0의 요건

Class 1-A-0에 해당하려면 다음의 요건을 충족해야 한다(§1636.3).

㈎ 부대 내에서 전투 훈련을 받거나 복무하는 것을 거부해야 한다.

㈏ 거부 의사는 종교적 교육이나 신념에 근거한 것이어야 한다. 엄격한 종교적 신념이나 순수한 도덕적, 윤리적 신념, 또는 전통적인 종교적 견해에 따라 절대자의 존재에 대한 내심 깊숙이 자리잡은 믿음에 근거한 거부 의사도 허용된다.

㈐ 거부 의사에 진정성이 있어야 한다.

(2) Class 1-O의 요건

한편 Class 1-O에 해당하기 위하여 충족하여야 하는 요건은, 부대 내에서 전투 훈련을 받거나 복무하는 것은 물론 어떠한 형태의 전쟁에도 관여하는 것을 거부해야 한다는 요건에서만 Class 1-A-0의 경우와 차이가 있을 뿐, 나머지 요건은 Class 1-A-0의 (나) 및 (다)의 요건과 동일하다(§1636.4).

(3) Class 1-A-0와 Class 1-O의 배제요건

만일 신청자가 ㈎ 종교적, 도덕적, 윤리적 신념에 따라 병역을 거부한다는 주장에 진정성이 없는 경우이거나, ㈏ 전적으로 도덕적, 윤리적, 종교적 원칙에 근거하여 참전을 거부하는 것이 아니라, 관련 방침, 실용주의, 개인의 편의, 사적인 이익이나 개인의 복지만을 이유로 참전 거부의사를 밝히는 경우, 또는 ㈐ 모든 형태의 전쟁이 아니라 특정 전쟁에 대해서만 참전거부 의사를 표명하는 경우(선택적 거부) 또는 모든 형태의 전쟁을 거부하지만 선악이 충돌하는 신들의 전쟁이나 영적인 전쟁을 믿는 경우(그러한 신앙만으로는 선택적 병역거부자로 인정받을 수 없다) 중 어느 하나에 해당되는 경우에는 Class 1-A-0 또는 Class 1-O로 분류될 수 없다(§1636.5).

(4) 구체적 심사기준

양심적 병역거부자인지 여부를 심사하는 구체적인 기준은 §1636.6과 §1636.7에 규정되어 있는데, 그 내용은 다음과 같다.

㈎ 양심적 병역거부자라고 주장하는 사람이 반드시 평화주의 교회나 기타 교회, 종교단체 또는 교파 등에 소속된 경우에만 class 1-A-0 또는 class 1-O로 분류되는 것은 아니다. 모든 형태의 전쟁을 거부하는 특정 집단의 구성원 여부도 필수 요건으로 간주되지 않는다.

㈏ 기성교회 또는 기성종교의 교리 등을 자신의 병역거부 의사의 근거로 주장하는 자는 기본적으로 그 교리에 고착한다는 점을 증명해야 한다. 단, 해당 종교와 실제로 연합하고 있어야 할 필요는 없다. 또한 해당 교회 또는 종교단체에서 가르치는 모든 신앙에 고착하는 것이 요구되지 않는다.

㈐ 전통적인 의미의 종교와 무관하지만, 종교심 못지않은 신념이나 신앙 또는 전통적인 종교적 견해에 따라 절대자의 존재에 대한 내심 깊숙이 자리잡은 믿음 등을 근거로 병역을 거부하는 자도 양심적 병역거부자에 해당할 수 있다. 양심적 병역거부는 특정한 신앙을 순수하게 따라야 하는 것은 아니다. 전통적인 종교에 대한 신앙, 전통과 무관한 종교적, 도덕적, 윤리적 신앙을 모두 받아들이는 경우도 허용된

다. 신청인의 신념 또는 신앙은 그의 삶에서 중요한 역할을 수행해야 한다. 단, 그러한 신앙은 신청인의 전쟁 거부 의사와 관련해서만 평가해야 한다.

㈜ 신청인이 교회나 특정 종교 또는 교파단체에 소속되어 있으며, 그 점이 양심적 병역거부 의사와 관련된다고 주장할 경우, 위원회는 사실확인서, 해당 종교의 주요 교리 및 신청인의 종교활동 내역 등을 요청할 수 있다. 단, 이러한 자료는 전쟁 거부 의사와 관련되는 범위 내에서만 요청할 수 있다. 신청인이 소속된 교회나 종교 단체의 교리 중 일부 내용에 동의하지 않거나 받아들이지 않는다고 하더라도 신청이 무조건 기각되는 것은 아니다.

㈐ 참전 등의 거부 의사의 진정성을 판단함에 있어서는 신청인이 종교적, 도덕적, 윤리적 원리 등에 기초한 병역거부 의사를 형성하게 된 과정을 살펴보아야 한다. 신청인은 교육, 연구, 묵상 및 전통적인 종교에 대한 신앙이 형성되는 과정에 견줄만한 그 밖의 활동을 통해 자신의 종교적, 윤리적, 도덕적 신념이 형성되었음을 증명해야 하며 또한 그렇게 형성된 신념이, 동일한 영향력과 깊이 및 형성 기간을 가지는 전통적인 종교적 신념이 해당 종교인들의 생활을 이끄는 것과 같은 정도로 신청인의 생활 전반에 깊은 영향을 주고 있다는 점을 증명해야 한다.

㈑ 신청인은 종교적이거나 전통적인 언어로 자신의 신념이 가지는 종교적, 도덕적, 윤리적 특징을 설명하도록 요구받지 않는다. 위원회는 신청인의 신념을 이해하기 어렵다거나 위원회의 개인적 신념과 맞지 않는다는 이유로 신청을 기각할 수 없다.

㈒ 도덕적, 윤리적, 종교적 신념을 이유로 모든 형태의 전쟁에 관여하는 것을 거부하는 의사가 정부의 국내·대외적 방침에 대한 신청인의 행동에 영향을 줄 수 있다는 이유로 신청을 기각해서는 아니 된다.

(아) 위원회는 특정 종교를 우선적으로 고려해서는 아니 되며, 종교적, 윤리적, 도덕적 성격의 모든 신념을 동등하게 대우해야 한다.

사. 심사절차

위원회는 신청인의 파일 폴더에 포함된 모든 서류, 신청인이 지방위원회·항소 위원회에 출석하여 행한 진술, 증인의 진술, 출석일에 관찰된 신청인의 전반적인 행실을 토대로 심사한다. 필요한 경우 증인이 지방 위원회에 직접 출석하여 구두 진술을 할 수 있고[§ 1636.8(a)], 필수적인 서류는 아니지만, 신청인의 주장에 진정성이 있다는 점을 뒷받침하기 위해 친지나 지인의 진술서나 추천서 등을 제출할 수 있다. 이러한 진술서 또는 추천서에서 신청인의 진정성을 의심할 만한 이유가 드러날 경우, 위원회는 Class 1-A-0 또는 Class 1-O을 기각하는 최종결정문에 기각의 근거가 된 자료를 구체적으로 명시해야 한다 [§1636.8(i)].

신청인은 자신의 신념이 반드시 양심상의 사안임을 명시해야 하며[§1636.8(b)], 위원회는 양심적 병역거부 의사가 확고히 수립된 순간으로부터 신청인이 그러한 의사와 부합하는 생활을 영위하여 왔으며, 신청인의 병역거부 의사가 개인의 편의를 도모하려는 의도에서 비롯된 것이 아님을 확신할 수 있어야 한다. 그러나 병역거부 의사가 최근에 형성되었다는 사실만으로 개인의 편의를 도모하려는 의도라고 속단해서는 아니 된다[§1636.8(c)].

신청인이 제출한 자료에 의하여 신청인이 주장하는 병역거부 의사와 신청인이 전쟁이나 무기 등을 대하는 실제 행동 사이에 괴리가 없다는 점이 증명되어야 하는데, 신청인이 비폭력주의를 지향한다고 주장하면서도 폭력행위에 가담했거나 폭력 관련 범죄로 유죄판결을 받았거나 전쟁무기를 개발, 제조하는 업체에 근무한 전력이 있다면 신청인의 말과 행동이 일치하지 않는다고 볼 수 있다[§1636.8(d)].

신청인이 모든 형태의 전쟁을 반대하는 입장을 형성하게 된 경위를 보면 신청인의 진정성 여부를 판단할 수 있다. 최근에 이르러 비로소 확고한 병역거부 의사를 가지게 된 경우라면 종교나 교육적 배경, 잊지 못할 경험이나 역사적 사건 및 그밖에 전쟁거부의사가 확고해진 시점이나 경위를 설명해 줄 수 있는 다른 특수한 상황을 증거로 제시해야 한다[§1636.8(e)].

신청인이 과거에 전쟁무기를 개발, 제조하는 업체에 근무했거나 예비군 등으로 복역한 경우라면 그러한 경력이 양심적 병역거부 의사를 형성하기 이전의 경력이라는 점을 증명해야 한다. 다만 양심적 병역거부 의사를 확고히 형성하기 전에 병역거부 의사에 반하는 행동을 하였다는 이유만으로 거부 의사의 진정성을 의심해서는 아니 되지만, 만일 병역거부 의사가 확고히 성립된 이후에도 의심을 받을 수 있는 행동에 관여했다면 병역거부 의사에 진정성이 없는 것으로 간주될 수 있다[§1636.8(f)].

위원회에 출석한 상태에서 관찰된 행동은 신청인의 거부 의사의 진정성과 관련 있는 것으로 간주된다[§1636.8(g)]. 신청인은 심의위원들의 모든 질문에 유창하게 답변해야 하는 것은 아니지만, 신청인의 진술이 신청인이 제출한 서면 자료와 일치하지 않고, 그러한 불일치를 충분히 소명하지 못할 경우에는 병역거부 의사의 진정성을 의심할 수 있다[§1636.8(h)].

아. 위원회의 결정

Class 1-A-0 또는 Class 1-O 신청에 대해 위원회가 내릴 수 있는 결정은 다음과 같다.

(1) 승인 결정

신청인의 파일에 담긴 정보나 개인 면담의 결과를 근거로 신청인의 주장이 진실하고 진지하다는 점을 반박할 수 없다고 판단되면 신청을 승인하는 결정을 할 수 있다[§1636.9(a)].

(2) 기각 결정

위원회가 보유한 모든 정보를 검토한 결과 §1636.3 또는 §1636.4
에서 규정한 요건을 충족하지 않는다고 판단하는 경우 또는 신청인이
주장하는 사실을 허위라고 판단하는 경우에는 신청을 기각할 수 있다
[§1636.9(b)].

신청을 기각할 경우에는 §1633.9, §1651.4, §1653.3에 규정된 바에
따라 기각 사유를 구체적으로 제시한 서면을 첨부해야 한다. 신청인의
파일에 있는 증거를 기각 사유의 기초자료로 사용할 수 있다[§1636.
10(a)]. 신청인의 진술을 토대로 기각 결정을 내리거나 신청인의 주장
에 일관성이 없거나 진지함이 확인되지 않는다는 이유로 기각할 경우
에는 기각 결정문에 기각 사유를 자세히 명시해야 한다[§1636.10(b)].

제 3 절　정　리

지금까지 알려진 해외의 대체복무 제도를 도표로 정리하면 대체
로 다음과 같다. 해당국가의 대체복무 제도에 관하여 구체적 내용을
설명할 수 있는 경우는 위 제2절에 그 내용을 소개하였으나, 개요 정
도만 파악할 수 있는 경우는 아래 도표에 포함시켰다. 그리고 징병제가
폐지된 국가의 경우에는 폐지 전 시행되던 제도를 기준으로 하였다.

1. 대체복무제 시행 국가

연도[7]	국가명	징병제 유지여부	법적 근거	현역복무 (폐지전)	대체복무 (폐지전)	비율
1903	호주	1972년 폐지				
1912	뉴질랜드	1973년 폐지				
1916	영국	1963년 폐지	병역법			
1917	미국	1973년 폐지				
	캐나다	1945년 폐지				
	덴마크	2015년 폐지	대체복무법	(4개월)	(4개월)	1
1920	스웨덴	2010년 폐지 2017년 부활	국방법	7.5개월	7.5개월	1
1922	네덜란드	1996년 폐지	헌법			
	노르웨이		개인적신념에따른 병역면제에관한 법률	12개월	(13개월) 면제[8][9]	–
1931	핀란드		민간복무법	12개월	12개월 일부면제	1
1949	독일	2011년 폐지	기본법	(9개월)	(9개월)	1
1963	프랑스	2001년 폐지	법률 1255/63	(10개월)	(20개월)	2
	룩셈부르크	1969년 폐지				
1972	이탈리아	2004년 폐지	법률 773/1972	(10개월)	(10개월)	1
1974	오스트리아	2015년 폐지		(6개월)	(9개월)	1.5
1976	포르투갈	2004년 폐지	헌법 제41조	(4개월)	(7개월)	1.7
1978	스페인	2001년 폐지	헌법	(9개월)	(13개월)	1.4
1980	벨기에	1995년 폐지	법률			
1988	브라질[10]		헌법	12개월	18개월	1.5

7 유럽국가들의 징병제 폐지년도, 대체복무 도입년도, 군 복무 기간 및 대체복무 기간은 EBCO 연간보고서(2017)를 참조하였다.
8 www.wri－irg.org/en/story/2011/norway－end－substitute－service－conscientious－objectors.
9 2017. 5. 1.자 국제연합 인권고등판무관실 보고서, 제28항.
10 www.wri－irg.org/en/programmes/world_survey/country_report/de/Brazil.

연도	국가명	징병제 유지여부	법적 근거	현역복무 (폐지전)	대체복무 (폐지전)	비율
1988	폴란드	2009년 폐지	헌법 제85조	(9개월)	(18개월)	2
1989	헝가리	2005년 폐지	헌법 제70조	(6개월)	(11개월)	1.8
1990	크로아티아	2008년 폐지	헌법 제47.2조	(6개월)	(8개월)	1.3
	리투아니아	2009년 폐지 2016년 재도입	대체복무법	12개월	18개월	1.5
	라트비아	2008년 폐지	대체복무법			
1991	불가리아	2007년 폐지	헌법 제59.2조	(9개월)	(13.5 개월)	1.5
	체코	2004년 폐지	민간복무법	(12개월)	(18개월)	1.5
	몰도바		대체복무법	12개월	12개월	1
	에스토니아		헌법 제124조	8개월	8개월	1
1992	세르비아	2010년 폐지	헌법 제58조	(9개월)	(13개월)	1.4
	슬로바키아	2005년 폐지		(6개월)	(9개월)	1.5
	슬로베니아	2003년 폐지	헌법 제46조, 제123조 제2항	(7개월)	(7개월)	1
	몬테네그로	2006년 폐지	헌법 제58조	(9개월)	(13개월)	1.4
	우즈베키스탄[11]		헌법, 병역법	18개월	24개월	1.3
	카보베르데		헌법			
	키프로스	2016년 폐지 2017년 재도입	국가방위법	14개월	19개월	1.4
	파라과이		헌법	12개월	12개월	1
1993	러시아		헌법, 대체민간복무법	12개월	18개월	1.5
	앙골라[12]		병역법	24개월	24개월	1
1995	이스라엘[13]		(행정조치에 의해 인정)	36개월	면제	–

---

11 한인섭·이재승 공저, 『양심적 병역거부와 대체복무제』, 2013, 경인문화사,
   238면.
12 http://www.refworld.org/docid/3ae6aaaa24.html.
13 hrwf.eu/israel − jehovahs − witnesses − military − service − social − hostility −
   and − state − recognition/.

연도	국가명	징병제 유지여부	법적 근거	현역복무 (폐지전)	대체복무 (폐지전)	비율
1995	아르헨티나[14]	2001년 폐지				
1996	스위스		민간복무법	260일	390일	1.5
	루마니아	2006년 폐지	법률 46/1996	(8개월)	(12개월)	1.5
	우크라이나	2012년 폐지 2014년 부활	헌법, 대체민간복무법	12개월	18개월	1.5
	보스니아 헤르체코비나	2005년 폐지		(4개월)	(6개월)	1.5
1997	그리스		법률 2510/97	9개월	15개월	1.7
	모잠비크		의무병역법	24개월	24개월	1
	조지아		병역법, 대체복무법	12개월	24개월	2
1998	알바니아	2010년 폐지	헌법 제166조	(12개월)	(12개월)	1
	에콰도르[15]		헌법	12개월	12개월	1
2000	대만[16]	2018년 축소	대체복무법	12개월	14개월	1.2
				4개월	4개월	1
2001	마케도니아	2007년 폐지	방위법	(6개월)	(10개월)	1.7
2002	라트비아	2007년 폐지		(12개월)	(24개월)	2
	몽골[17]		시민의병역의무 와군인의법적지 위에관한법률	12개월	24개월	2
	키르기스스탄[18]		대체복무법	12개월	24개월	2
2009	콜롬비아[19]		헌법재판소 결정	24개월	도입 중	
2013	아르메니아		대체복무법	24개월	36개월	1.5
2016	벨라루스		헌법, 대체복무법	18개월	36개월	2

14 https://www.wri−irg.org/en/programmes/world_survey/country_report/de/
　　Argentina.
15 https://www.wri−irg.org/en/programmes/world_survey/country_report/de/
　　Ecuador.
16 진석용, 대만의 대체복무제와 시사점(서울지방변호사회 학술대회).
17 한인섭·이재승 공저, 전게, 237면.
18 한인섭·이재승 공저, 전게, 238면.
19 https://www.wri−irg.org/en/programmes/world_survey/country_report/de/
　　Colombia.

2. 대체복무 신청 적격

국가명	병역거부 허용 대상	입영전	복무중	예비군
그리스	징집통지를 받은 날로부터 입영전까지(1개월)	○	×	×
노르웨이	제한 없음	○	○	○
대만	신체검사 후 소집일까지	○	×	×
덴마크	제한 없음	○	○	○
독일	제한 없음	○	○	○
러시아	입영전 6개월	○	×	×
리투아니아	입영전까지	○	×	×
몰도바	입영전 2개월	○	×	×
세르비아	입영전, 또는 복무 기간의 1/3이 경과하기 전까지(즉 복무시작 후 3개월 안에)	○	○	×
스웨덴	제한 없음(징집 전 6개월 안에, 또는 입영 전에 신청한 경우 자동 승인)	○	○	○
스위스	병역처분 후 아무 때나 가능	○	○	○
아르메니아	입영전 1개월	○	×	×
알바니아		○	×	×
에스토니아	입영전까지	○	×	×
오스트리아	•병역처분 후 6월 이내, 입영 전 2일까지 •예비군의 경우, 소집 후 3년 이내	○	×	○
우크라이나	소집통지를 받은 날로부터 6개월 내	○	×	×
이스라엘		○	×	×
키프로스	입영전까지	○	×	×
폴란드	징집전까지	○	×	×
핀란드	제한 없음	○	○	○

3. 국가별 '심사' 주무부서

소속부처	국가명
내무부	대만, 덴마크, 오스트리아
법무부	노르웨이
경제부	스위스
노동부	우크라이나, 벨라루스
가족청소년여성노인부	독일
지방정부	폴란드

소속부처	국가명
독립부서	아르메니아(공화국 위원회), 리투아니아
국방부	그리스, 몰도바, 세르비아, 알바니아, 에스토니아, 이스라엘, 키프로스

4. 국가별 '심사위원회' 구성형태

국가명	관할	명칭	위원구성
그리스	국방부	자문위원회	국가평의회 배석판사, 대학교수(정치학, 사회학, 법학), 충원국 관리, 군 정신과의사
대만	내무부	대체복무심의위원회	내무부, 병무청, 국방부 관계자, 민간단체 대표, 학자 및 전문가(민간단체 대표, 학자 및 전문가의 비율이 위원 총수의 절반 이상이어야 함)
러시아	국방부	징병위원회	지역 부기관장(위원장), 징병신검담당의사, 정부 관련부처 관계자
리투아니아	독립부서	"위원회"	정부 관계자, 종교지도자, 교육 관계자
세르비아	국방부		변호사, 심리학자, 종교 관계자, 법률고문, 국방전문가
스위스	경제부	"위원회"	경제부가 임명한 민간인
알바니아	국방부	"위원회"	국방부 관계자, 기타 정부부처 관계자, 종교조직 관계자
우크라이나	노동사회정책부	대체복무위원회	군 관계자 및 정부종교위원회 관계자
이스라엘	국방부	양심사유 병역면제인정위원회	랍비, 정신과의사, 군 관계자(여군장교 포함)
폴란드	지방정부	지방위원회	5명(윤리전문가 1명, 종교 관계자 1명 포함)

5. 심사신청방식

국가명	제출서류	출석심사	상소 담당기관
그리스	•무기소지허가를 신청한 적이 없다는 사실을 증명하는 서류(경찰서) •수렵허가를 신청한 적이 없다는 사실을 증명하는 서류(산림청) •전과기록 사본.	○	민간법원(5일내)
노르웨이		×	
대만	•이유서 •이력서 •국가에 '등록된 종교단체'의 회원임을 입증하는 증명서 •출석심사 때 소속종교 책임자 또는 증인 출석	○	내무부
덴마크	•복무중 신청할 경우에만 사유서 제출	×	
독일	•신청서 •이유서 •이력서 •지방병무청을 거쳐 연방민간복무청에 신청	필요시	행정법원
러시아	•사유서(자유서식) •보증인 목록	○	법원
리투아니아	•사유서 •이력서 •지역징병센터에 신청	○	
몰도바	•종교단체 또는 평화단체 가입증명서 •지역대체복무관리관에게 신청	○	공화국충원위원회 (7일 내), 그 다음에 법원(판결 시까지 ·입영 연기)
세르비아		○	
스웨덴		×	
스위스	•이력서 •민간복무 신청사유서 •중앙민간복무청에 신청	○	경제부
아르메니아		○	공화국징병위원회 (기각판정을 받은 지 10일 내), 그 다음에 법원 (1개월 내)

국가명	제출서류	출석심사	상소 담당기관
알바니아		○	
에스토니아	•사유서	필요시	방위복무위원회, 그 다음에 행정법원
오스트리아	•신청양식(웹에서 다운로드) 외 없음 •내무부 징병위원회 또는 관구사령부에 신청	×	민간법원
우크라이나	•면제가 인정된 종교의 목사가 발행하는 증명서	×	
이스라엘	•국방부 징병관리국에 서면으로 신청	○	항소절차 없음
폴란드		○	재신청 가능, 불복 시 지역위원회, 불복 시 행정법원
핀란드	•신청양식 외 없음 •입영 전까지는 국방부에, 복무 중에는 소속부대 연대장에게, 예비군은 군구(軍區)사령관에게 신청	×	민간법원

6. 국가별 신청결격사유[20]

병역거부를 하는 것으로 인정된 종교의 신도가 아닌 자 (종교적 병역거부만 인정)	대만, 몰도바, 우크라이나
전과기록	그리스: 무기사용, 폭력 관련 형사범으로 기소 전력이 있는 자
	노르웨이, 몰도바: 폭력 관련 중범죄로 처벌받은 전과가 있는 자
	오스트리아: 폭력, 무기, 폭약 등을 사용한 범죄로 징역 6월 이상의 선고를 받은 자
무기소지 허가를 가지고 있거나 받은 적이 있는 자	그리스, 오스트리아
군 복무 경력이 있는 자 (복무 국가 불문)	그리스

20 징병제가 폐지된 국가의 경우 폐지 전 시행되던 제도를 기준으로 한 것이다.

7. 국가별 대체복무부서

보건	병원	그리스, 알바니아
	요양소	그리스, 아르메니아
	정신병원	그리스, 아르메니아
	요양병원	그리스, 대만, 아르메니아
사회복지 / 지역사회봉사		대만, 러시아, 알바니아, 오스트리아, 폴란드
정부기관	산업자원부, 노동부, 국방부	러시아
	지방정부	그리스
인도적 사업 기관		알바니아, 몽골
환경보호		그루지야, 몰도바, 스위스, 알바니아, 오스트리아, 폴란드
기상예보		러시아
건설		러시아, 몰도바
구조업무	화재	몰도바, 알바니아
	재난	키르기스스탄
	지진	대만
도로 안전		오스트리아
사법기관, 난민신청자 지원		오스트리아
교도소		러시아
양심적 거부자 관리부서		노르웨이

제3장

한국의 대체복무 제도의 도입 논의

제1절 총 론

대체복무 제도의 도입 논의는 양심적 병역거부가 헌법상 권리로 인정될 수 있는 것인지 여부와 직접적인 관련성을 갖는 것은 아니다. 양심적 병역거부자를 처벌하는 병역법이 헌법에 위반된다고 보는 입장에서는 양심적 병역거부자에 대하여 대체복무 제도를 허용하지 않은 채 처벌로만 일관하고 있는 태도는 양심의 자유에 반하는 것이라는 입장을 취하게 된다. 반면에, 양심적 병역거부자를 처벌하는 현행 법제가 헌법에 위반하지 않는다는 입장에서도 상당수는 대체복무 제도를 도입하는 것 자체를 반대하지는 않는다. 다만 대체복무 제도를 도입할지 여부는 입법자의 광범위한 재량권의 영역에 속한다고 보는 것이다.

이와 같이 위헌론이든 합헌론이든 대체복무 제도의 도입 자체에 대해서 명백하게 반대하는 입장은 별로 눈에 띄지 않는다. 이를 바꾸어 말하면 대체복무 제도를 도입하여야 한다고 할 때 대체복무 제도 자체에 대한 저항은 생각보다 별로 크지 않을 수도 있다는 것이다. 물론 대체복무 제도를 도입할 당시의 여건이 대체복무 제도를 도입하기에 충분한 여건인지 여부에 관해서는 저마다 견해가 다를 수 있고 각자의 견해에 따라 특정한 시점의 대체복무 제도 도입에 대해서는 다른 시점의 대체복무 제도 도입의 경우와 비교하여 상대적으로 저항이 클수도 있을 것이다.

대체복무 제도 도입과 관련한 보다 중요한 문제는 대체복무의 수준이 병역의무를 '대체'할 수 있는 정도인지에 관한 것이다. 합헌론의 입장에서는 대체복무제를 도입하더라도 국가안보라는 중대한 헌법적 법익에 손상이 없으리라는 판단이 국민적 공감대로 형성되어야 한다는 점을 강조한다. 이러한 관점에서는 병역의무가 국민 전체의 인간으로서의 존엄과 가치를 보호한다는 헌법적 가치를 실현하기 위한 수단이라고 보기 때문에, 병역의무를 이행하지 않고 손쉽게 대체복무를 선택할 수 있는 제도를 설계하는 것은, 병역의무를 통한 국방의무의 실현 가능성이 현저하게 낮아질 위험성을 높이는 결과를 가져오게 될 것이므로, 그와 같은 수준의 대체복무 제도는 절대로 수용하려 들지 않을 것이다. 앞에서도 살펴본 바와 같이 선행연구 중 대체복무 제도의 조건에 관하여 비교적 자세한 기준을 제시한 연구로는 장영수를 들 수 있다. 장영수[1]는 국민적 합의를 이끌어 낼 수 있는 대체복무 제도의 요건으로 세 가지를 들고 있음을 앞에서 살펴보았다. 그것은 ① 양심상의 사유이든 종교적인 이유이든 병역거부사유가 막연한 두려움이나 공포가 아닌 명확한 것이어야 하고, ② 대체복무의 부담이 병역의무 이행보다 가볍지 않아야 하며, ③ 전쟁 등 특수한 상황이 벌어질 경우에도 대체복무를 허용할 것인지 여부가 검토되어야 한다는 것이다. 아울러 대체복무 제도의 도입에 의한 병역 면제에 대한 사회적 합의를

---

1 장영수, 전게, 161~188면 참조.

위해서는 대체복무 제도가 도입되더라도 징집 대상자의 95% 이상이 현역 복무를 선택할 수 있는 정도의 수준이어야 한다는 것이다.

장영수의 견해에서 징집대상자의 95% 이상이 현역복무를 선택할 수 있는 정도여야 한다고 할 경우에 있어서 95%라는 기준이 어디에 근거한 것인지는 명확하지 않다. 이와 같이 계량화하는 접근방법은 인구 감소 등의 영향으로 징집대상자가 감소하는 경우에는 양심적 병역거부 인정 범위를 축소해야 한다는 논의로 이어질 가능성도 있다. 그러나 양심적 병역거부가 정책적으로 허용 여부를 판단해야 할 사안이아니라 헌법상 기본권 보장의 관점에서 판단해야 할 사안이라는 관점을 따른다면 이와 같이 정책적 고려에 따라 양심적 병역거부의 인정 범위를 신축적으로 적용하는 태도는 수용하기 어렵다고 할 것이다.

장영수와 달리 병역거부를 그 정도와 범주에 따라 단계별로 유형화하여 도입 가능성을 분류하는 접근방법도 있다. 김선택[2]의 입장이 그것이다. 그는 평시의 병역거부와 전시의 병역거부를 나누고, 보편적 병역거부와 선택적 병역거부를 나눈다. 병역거부의 범주에 따라 비전투복무 병역거부, 대체복무(=민간대체복무) 병역거부, 절대적 병역거부를 나누고, 또 병역거부 시기에 따라 복무 전 병역거부와 복무 중 병역거부로 나눈다. 그러면서 병역거부의 허용 가능성을 고려한다면 평시의 병역거부가 전시의 병역거부보다 허용 가능성이 높고, 보편적 병역거부가 선택적 병역거부보다 허용 가능성이 높다고 본다. 비전투복무 병역거부, 대체복무 병역거부, 절대적 병역거부의 경우에는 비전투복무 병역거부부터 대체복무 병역거부, 절대적 병역거부의 순서대로 허용 가능성이 높다고 본다. 복무 전 병역거부와 복무 중 병역거부 중에서는 복무 전 병역거부가 국가안보에 주는 부담이 적다고 본다. 이와 같이 유형을 분류하게 되면 병역거부에는 다음과 같이 도합 24가지

2 김선택, 전게 보고서, 65~74면 참조.

유형이 존재하게 된다.

[표 7] 양심적 병역거부의 유형

거부상황	거부범위	거부시기	거부유형	구체적 거부유형 조합			
				a1	b1	c1	d1
				a1	b1	c1	d2
				a1	b1	c1	d3
				a1	b1	c2	d1
평시(A1)	보편적(B1)	복무 전(C1)	비전투복무 (D1)	a1	b1	c2	d2
				a1	b1	c2	d3
				a1	b2	c1	d1
				a1	b2	c1	d2
				a1	b2	c1	d3
				a1	b2	c2	d1
				a1	b2	c2	d2
전시(A2)	선택적(B2)	복무 중(C2)	민간대체복무 (D2)	a1	b2	c2	d3
				a2	b1	c1	d1
				a2	b1	c1	d2
				a2	b1	c1	d3
				a2	b1	c2	d1
				a2	b1	c2	d2
				a2	b1	c2	d3
			절대적 거부 (D3)	a2	b2	c1	d1
				a2	b2	c1	d2
				a2	b2	c1	d3
				a2	b2	c2	d1
				a2	b2	c2	d2
				a2	b2	c2	d3

　　그러나 이는 이론적인 분류일 뿐이고, 실정법상 병역거부를 규율함에 있어서 이와 같이 복잡한 유형을 모두 고려할 것은 아니라고 한다. 각국에서 주로 문제되었던 양심적 병역거부는 복무 전의 보편적 비전투복무 병역거부, 보편적 대체복무 병역거부, 보편적 절대적 병역거부와 '복무 중의 병역거부' 자체의 인정 여부였고, 양심적 병역거부에 대한 논의가 초기단계에 머물러 있는 국내에서 주장되는 병역거부의 유형은 복무 전의 보편적 비전투복무 병역거부와 복무 전의 보편적 대체복무 병역거부라고 한다. 평시의 선택적 양심적 병역거부의 문제는 비중이 상대적으로 낮으며, 양심적 병역거부를 인정하는 대부분의 국가들도 전시의 양심적 병역거부를 인정하지 않고 있으므로 유형을 구체적으로 나누어 볼 실익은 크지 않고, 비전투복무 병역거부나 대체복무 병역거부의 인정 여부를 논하는 것으로 충분하다고 한다.[3]

　　김선택의 관점과 같이 복무 중의 병역거부가 집총 훈련만을 거부하는 것을 가리킨다고 할 경우에는 오히려 복무 전 병역거부에 비하여 국가안보에 주는 부담이 더 적다고 볼 수 있는 여지도 있다. 대체복무의 허용 가능성 측면에서 보더라도 민간 대체복무보다는 비전투적 병역거부가 먼저 제도화되었던 경험[4]이 이를 뒷받침해준다. 물론 비전투적 대체복무의 제도화가 본래의 취지에 따라 제대로 운영되지 못하였다는 점은 분명하지만, 이와 같은 문제점은 제도 도입의 실현 가능성을 논함에 있어서는 논외로 하는 것이 옳다고 할 것이다.

---

3 김선택, 전게 보고서, 66~67면.
4 미국의 경우를 예로 들 수 있다. 이에 관해서는 제1장 제2절 1. 나. (1) 부분 참조.

제 2 절   대체복무제 도입에 관한 국내의 여론 동향

1. 대(對)국민 여론조사

지금까지 국내에서도 양심적 병역거부와 관련지어 대체복무제의 도입에 관하여 여러 차례에 걸쳐 여론조사가 실시된 바 있다. 선행연구에서 인용하고 있는 내용을 토대로 살펴보자면 대체로 2004년부터의 여론조사 결과가 자료로 나타나 있음을 알 수 있다. 그러나 주로 인용되는 여론조사는 2008년 11월의 진석용에 의한 여론조사, 2011년의 국방부에 의한 여론조사, 2013년의 한국갤럽에 의한 여론조사, 2014년의 여론조사, 2016년의 한국 앰네스티 여론조사, 리얼미터 여론조사 등이다. 가장 최근의 여론조사로는 2018년 6월 28일 헌법재판소 결정 직후에 실시된 두잇서베이의 여론조사가 있다. 이들의 내용에 관하여 차례대로 살펴보도록 하되 이 조사결과를 인용한 진석용의 선행연구를 기초로 하여 진석용 이전, 즉 2008년 이전과 2008년(진석용의 여론조사), 2008년 이후의 여론조사로 나누어 살펴보도록 한다.

가. 2008년 11월 이전의 여론조사

2008년 11월 이전에 이루어진 다섯 차례의 여론조사 결과는 진석용의 보고서에 수록되어 있는데,[5] 응답 내용은 대체로 2004년 한국사회여론연구소의 여론조사(찬성 31.6%, 반대 67.7%), 2005년 국방부가 현대리서치에 의뢰하여 실시한 여론조사(반대의견 46.7%[6]), 2006년 TNS의 여론조사(찬성 27.6%, 반대 68.7%), 2007년 6월(찬성 26.5%, 반대 59.0%)과

---

5 진석용, 용역보고서, 「종교적 사유 등에 의한 입영거부자 사회복무체계 편입 방안 연구」(2008), 병무청, 101~103면 참조.
6 진석용의 보고서에서 해당 여론조사의 찬성의견 비율은 확인되지 않는다.

9월(찬성 35.5%, 반대 49.7%) 각 리얼미터에 의해 수행된 설문조사 모두 찬성보다는 반대의 비율이 높은 것으로 나타났다. 그러나 2005년 임종인 열린우리당 의원이 미디어리서치에 의뢰해 수행한 여론조사 결과(찬성 58.9%, 반대 25.9%)와 2008년 9월 리얼미터가 수행한 여론조사 결과(찬성 44.3%, 반대 38.7%)에서는 이와 달리 찬성 의견이 더 높은 것으로 나타났다. 대체복무 반대의견의 비율 역시 점차 낮아지는 추세를 보이고 있다는 점도 특징이다.

나. 2008년 11월 여론조사

2008년 11월의 여론조사는 국방부의 용역의뢰를 받은 진석용이 리서치앤리서치에 의뢰하여 2008년 11월 17일부터 21일까지 전국 만 19세 이상 남녀 2,003명을 대상으로 전화면접 방법으로 실시한 조사로서, 표본오차는 ±2.19%에 신뢰수준은 95%이다.[7] 조사 결과 대체복무를 허용해야 한다는 의견은 28.96%에 그친 반면, 대체복무를 허용하지 말아야 한다는 의견은 68.15%를 나타냈다. 이러한 조사 결과는 그 이전의 조사에서 대체로 대체복무 반대 의견의 비율이 낮아지는 추세를 보이고 있던 점과 대조되는 결과라고 할 수 있다. 진석용의 조사에서는 대체복무를 허용하는 기준이 되는 국민의 찬성률에 대해서도 조사가 이루어졌는데 응답자 중 45.7% 정도가 국민의 80% 이상이 찬성할 때 대체복무제를 도입해야 한다고 응답하였다.

대체복무 신청 시점과 관련해서는 대체복무제 도입에 찬성하든(60.4%) 반대하든(48.4%) 불문하고 '입대 전에만 허용해야 한다'는 의견이 현역 복무 중인 경우 또는 예비군 복무 중인 경우까지 허용해야 한다는 의견에 비하여 압도적으로 높게 나타났다. 그러나 이 설문문항은 근본적으로 오류를 안고 있다. 현역병으로 복무를 마친 이들뿐만 아니라 병역거부로 실형을 복역하고 난 이들도 예비군으로 편성되고 있고,

---

7 진석용, 전게 보고서, 106면.

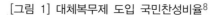

[그림 1] 대체복무제 도입 국민찬성비율[8]

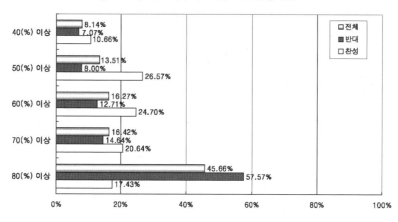

병역을 거부한 이들은 예비군훈련도 거부하고 있는 상황에서 예비군
에 대한 대체복무 실시는 현역병에 대한 대체복무 실시 여부와 별개의
관점에서 접근해야 하는 논점이기 때문이다. 즉 예비군에 대한 대체복
무의 경우, 예비군'까지' 대체복무를 실시해야 하는지를 물을 것이 아
니라 병역을 거부하여 실형을 복역하고 예비군에 편성된 이들에 대해
서도 대체복무를 실시해야 하는지를 물었어야 적절한 질문이 될 수 있
었을 것이다. 물론 이론적으로는 병역복무를 마친 후에 가치관의 변화
등으로 예비군 복무를 거부하는 양심상의 결정을 내리는 경우도 생각
해 볼 수는 있겠으나, 현실적으로 그러한 경우는 극히 드문 경우에 속
할 것이기 때문에 이 부분에 관하여 입영대상자나 현역 복무 중인 자
에 대한 대체복무 실시 여부와 같은 범주에서 찬반 의견을 물을 일은
아닌 것이다.

---

8 진석용, 전게 보고서, 109면 〈그림 6-6〉.

[그림 2] 대체복무 허용 대상[9]

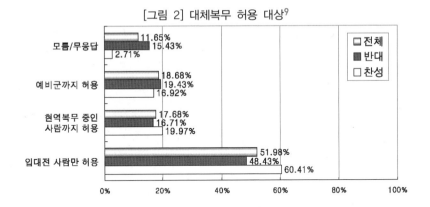

다. 2011년 여론조사

국방부에 따르면 2011년 여론조사에서 대체복무에 찬성한다는 응답은 43.5%, 반대한다는 응답은 54.1%로 나타났다고 한다.[10] 이 조사에서 대체복무 반대 비율은 국방부가 실시한 2005년의 조사결과에 비해서는 더 높지만, 2008년의 조사결과에 비해서는 상당히 낮아졌다는 점을 알 수 있다.

라. 2013년 여론조사

한국갤럽에 의해 2013년 11월에 전국 만 19세 이상 남녀 1,211 명을 대상으로 전화조사원 인터뷰 방식으로 이루어진 여론조사(표본조사 ±2.8%포인트, 95% 신뢰수준, 응답률 15%)[11]에서는 양심적 병역거부를 이해할 수 없다는 응답이 76%로 이해할 수 있다는 응답 21%를 압도했

---

9 진석용, 전게 보고서 110면 〈그림 6-8〉.
10 대한변협 토론회 「양심적 병역거부와 대체복무제도 도입의 필요성」(2014) 중 임천영(당시 국방부 법무관리관)의 지정토론문 참조 — 대한변호사협회 토론회 자료집, 「양심적 병역거부와 대체복무제도 도입의 필요성」(2014. 12), 140면.
11 http://www.gallup.co.kr/gallupdb/reportContent.asp?seqNo=493 참조(2017. 12. 25. 최종방문). 이하에서 인용한 통계수치와 도표는 모두 해당 보고서의 내용을 인용하거나 전재한 것이다.

다. 모든 연령대에서 이해할 수 없다는 의견이 더 우세했는데, 특히 50
대 89%, 60세 이상 87% 등 50대 이상의 연령층에서 높은 비율을 보였
다. 반면 이해할 수 있다는 응답은 30대(36%)에서 상대적으로 높은 비
율을 보였다.

[표 8] 양심적 병역거부에 대한 이해 여부(단위: %)

질문) 종교나 개인적 신념을 이유로 병역을 거부해 감옥에 가는 경우가 있는데
요. 귀하는 이런 양심적 병역거부를 이해할 수 있는 일로 보십니까. 이해할 수
없는 일로 보십니까?

구분	표본수(명)	이해할 수 있다	이해할 수 없다	모름/응답거절
전체	1,211	21	76	3
남성	600	21	77	2
여성	611	21	75	4
19~29세	208	24	74	1
30대	251	1§.	61	3
40대	262	28	70	2
50대	235	8	89	3
60세 이상	255	6	87	6

그러나 양심적 병역거부자에 대하여 대체복무제를 도입할 것인지
를 묻는 질문에 대해서는 찬성이 68%로 반대 26%를 압도하였다. 20대
가 59%, 60대 이상이 62%인 반면 30대부터 50대까지는 모두 70~73%
의 고른 지지를 보였다. 양심적 병역거부를 이해할 수 있다는 응답자
(250명)의 87%가 대체복무제 도입에 찬성한 점은 그렇다 쳐도 양심적
병역거부를 이해할 수 없다는 응답자(923명) 중에서도 찬성(63%)이 반
대(31%)보다 2배 이상 많았다는 점은 특기할 만한 부분이다.

[표 9] 양심적 병역 거부자의 대체복무제 도입에 대한 찬반(단위: %)

질문) 양심적 병역거부자를 감옥에 보낼 것이 아니라 대체복무 제도를 도입하자는 방안이 검토되고 있는데요. 이에 대해 찬성하십니까. 반대하십니까?

구분		표본수(명)	찬성	반대	모름/응답거절
전체		1,211	68	26	6
성별	남성	600	65	31	5
	여성	611	71	21	8
연령별	19~29세	208	59	35	5
	30대	251	73	23	5
	40대	262	73	21	6
	50대	235	70	24	5
	60세 이상	255	62	28	10
양심적 병역거부	이해할 수 있다	250	87	11	2
	이해할 수 없다	923	63	31	7
주요 지지 정당별	새누리당	496	65	30	5
	민주당	271	72	22	7
	지지정당 없음	398	67	25	8

대체복무제를 도입할 경우 복무 기간에 대해서는 군 복무 기간보다 길어야 한다는 의견(62%)이 같아야 한다는 의견(31%)보다 우세하였다. 60대 이상 연령대에서 군 복무 기간보다 길어야 한다는 응답률(45%)이 같아야 한다는 응답률(40%)과 비교하여 별로 차이가 나지 않은 점은 특기할 부분이다.

[표 10] 군대 복무 기간 대비 대체복무 기간에 대한 의견(단위: %)

질문) 만약 대체복무 제도를 도입한다면 현재 군대 복무 기간과 같아야 한다고 생각하십니까. 더 길어야 한다고 생각하십니까?

구분		표본수(명)	찬성	반대	모름/응답거절
전체		1,211	31	62	7
성별	남성	600	26	68	6
	여성	611	36	56	7

연령별	19~29세	208	25	72	3
	30대	251	30	68	3
	40대	262	29	65	6
	50대	235	31	63	6
	60세 이상	255	40	45	15
양심적 병역거부	이해할 수 있다	250	29	65	6
	이해할 수 없다	923	31	63	6
대체 복무제 도입찬반	찬성	820	37	58	5
	반대	316	14	77	8

대체복무 기간이 군 복무 기간보다 더 길어야 한다고 응답한 616
명을 대상으로 대체복무 기간이 군 복무 기간보다 어느 정도나 더 길
어야 하는가에 관한 질문에 대해서는 '1년 미만'이 41%, '1~2년 미만'
이 30%, '2년 이상'이 23%를 차지했다. 당시의 복무 기간(육군 24개월,
해군 26개월, 공군 28개월)을 고려한다면 결국 대체복무 기간은 현역으로
군에 복무하는 기간보다 길어야 하지만 2배를 넘지 않아야 한다는 의
견이 절대다수인 것으로 볼 수 있다.

[표 11] 군대 복무 기간 대비 대체복무 연장 기간(단위: %)

질문) (대체복무 기간이 더 길어야 한다는 응답자들에게) 그럼 대체복무 기간은
군대 복무 기간보다 얼마나 더 길어야 한다고 생각하십니까? (자유응답)

구분		표본수(명)	1년 미만 더 길어야	1~2년 미만 더 길어야	2년 이상 더 길어야	모름/ 응답거절
대체복무 기간 연장 의견자		616	41	30	23	6
성별	남성	333	38	31	27	4
	여성	283	44	30	17	8
연령별	19~29세	114	42	24	31	2
	30대	142	46	25	26	3
	40대	148	34	38	23	5
	50대	116	39	38	15	8
	60세 이상	95	45	24	17	14

마. 2014년 여론조사

2014년 11월 20일 병무청에서 발표한 '입영 및 집총거부자 국민여론조사 결과 보고서'에 따르면, 입영 및 집총거부자들의 대체복무 허용에 대한 입장을 조사한 결과는 찬성 38.7%, 반대 58.3%로 나타났다.[12] 이 조사는 병무청이 리서치앤리서치에 의뢰하여 2014년 11월 4일부터 11월 11일까지 전국의 19세 이상 남녀 2,000명을 대상으로 전화면접 조사 방식으로 시행하였으며 표본오차 ±2.2%포인트에 95% 신뢰수준이다. 이 조사에서는 2011년 병무청이 조사한 결과와 비교하여 보면 반대의견의 비율이 더 높아졌으며, 2013년 한국갤럽의 여론조사 결과에서 찬성이 압도적이었던 결과와는 정반대의 양상을 보여주고 있는 점이 이채롭다.

다만, 2014년의 병무청 여론조사에 대해서는 대체복무제 찬성을 설명한 부분이 "이들을 형사처벌 할 게 아니라 복무 난이도가 높은 사회복지시설에 근무하게 하는 등 소수자의 인권 보호를 이유로 대체복무 도입을 주장하고 있다"로 기술되어 있어 반대응답을 유도하였다는 비판이 제기된다. 즉, 만약 설문 문항이 "(대체복무자가) 현역의 2배에 달하는 기간 동안 합숙을 하며 노인·환자·장애인 등을 수발하는 힘들고 어려운 일을 하게 될 것"이고, "대체복무를 허용하지 않을 경우, 병역거부자들은 군에 입대하는 것이 아니라 교도소에 갇혀 계속 처벌받게 된다"고 설명하였더라면 그 결과는 달라졌을 수도 있었다는 것이다.[13]

바. 2016년 여론조사

2016년의 대체복무 관련 여론조사는 두 개의 대조적인 조사결과를 보여 준다. 먼저, 국제앰네스티 한국지부가 한국갤럽에 의뢰하여

---

12 병무청, "입영 및 집총거부자 국민여론조사결과 보고서"(2014. 11), 19면 참조.
13 위 대한변협 토론회 자료집 중 진성준 당시 국회의원의 토론문, 위 자료집 131면.

2016년 4월 19일부터 21일까지 3일간, 전국의 만 19세 이상 성인 남녀 1,004명을 대상으로 실시한 여론조사(응답률 20%, 표본오차: ±3.1%포인트, 95% 신뢰수준)에서는 양심적 병역거부를 이해할 수 없다는 응답이 72%인 반면, 대체복무 도입에 찬성하는 응답이 70%로 나타났다.[14]

그러나 2016년 10월 19일 CBS '김현정의 뉴스쇼'의 의뢰로 리얼미터가 전국 19세 이상 성인 525명을 대상으로 전화면접(14%), 스마트폰 앱(39%), 유선(21%)·무선(26%) 자동응답 혼용 방식으로 무선전화(79%)와 유선전화(21%) 병행 임의전화걸기(RDD, random digit dialing) 및 임의 스마트폰 알림(RDSP, random digit smartphone‒pushing) 방법으로 양심적 병역거부 및 대체복무제에 대한 국민여론을 조사한 결과(응답률 7.3%, 표본오차는 95% 신뢰수준에서 ±4.3%포인트, 통계 보정은 2016년 6월 말 행정자치부 주민등록 인구통계 기준 성, 연령, 권역별 가중치 부여 방식 적용)에서는 '반대한다(매우 반대 25.7%, 반대하는 편 27.9%)'는 의견이 53.6%로, '찬성한다(매우 찬성 7.2%, 찬성하는 편 22.2%)'는 의견(29.4%)보다 2배 가량 높은 것으로 조사됐다.[15] 연령별로는 60대 이상(찬성 14.5% vs 반대 66.2%)에서 반대 의견이 가장 높게 나타났고, 이어 50대(26.5% vs 65.2%), 20대(29.0% vs 44.2%), 30대(29.3% vs 42.7%) 순으로 높았으나, 40대(찬성 49.1% vs 반대 46.0%)에서는 찬반 양론이 오차범위 내에서 비슷하게 나타났다.

사. 2018년 여론조사

2018년 7월 11일부터 7월 19일까지 전국 14~99세 사이의 남녀 3,370명을 대상으로 진행된 두잇서베이의 설문조사 결과(표본오차는

14 국제앰네스티 한국지부 홈페이지에 게시된 자료 /https://amnesty.or.kr/12873/ 참조 (2017. 12. 25. 최종방문).
15 리얼미터 홈페이지게 게시된 자료 www.realmeter.net/2016/10/양심적‒병역거부‒대체복무제‒찬성‒29‒4‒vs‒반대‒53‒6/ 참조 (2017. 12. 25. 최종방문).

95%의 신뢰수준에서 ±1.69%포인트)는 2018년 6월 28일 헌법재판소 결정
이 나온 직후에 실시된 여론조사라는 점에서 헌법재판소 결정에 따른
여론의 추이를 살펴볼 수 있는 의미 있는 여론조사라고 할 수 있다.
그 조사의 설문 문항과 응답 결과는 다음과 같다.[16] 전체적으로 부정
적인 입장이 주류를 형성하고 있는 것으로 파악된다.

1. 양심적 병역 거부 관련 이슈에 대해 어떤 입장인가요?

문항/보기	전혀 그렇지 않다	별로 그렇지 않다	보통 이다	약간 그렇다	매우 그렇다	100점 환산
(1) 개인적 신념(종교 등)에 따른 집총 거부자들의 인권을 보장해야 한다.	886 / 26.3%	720 / 21.4%	1,069 / 31.7%	552 / 16.4%	143 / 4.2%	62.6
(2) 국민의 4대 의무(국방/납세/교육/근로)는 상황에 따라 선택 가능하다.	1,026 / 30.4%	743 / 22.0%	851 / 25.3%	553 / 16.4%	197 / 5.8%	61.8
(3) 정부는 양심적 병역거부자들을 잘 가려낼 수 있을 것이다.	1,243 / 36.9%	1,035 / 30.7%	689 / 20.4%	294 / 8.7%	109 / 3.2%	56.6
(4) 정부는 양심적 병역거부자들의 대체복무를 형평성 있게 잘 집행할 것이다.	1,035 / 30.7%	963 / 28.6%	871 / 25.8%	372 / 11.0%	129 / 3.8%	59.3
(5) 양심적 병역거부자 대체복무를 인정한다면, 양심을 가장한 병역 의무 기피 풍조가 확산될 것이다.	149 / 4.4%	204 / 6.1%	604 / 17.9%	989 / 29.3%	1,525 / 42.3%	84.8

2. 양심적 병역 거부 대체복무제 인정에 대해 어떤 입장인가요?

	전체	성별		연령				
		남	여	10대 이하	20대	30대	40대	50대 이상
찬성한다	21.5%	25.5%	18.8%	20.9%	16.4%	17.3%	26.2%	32.5%
반대한다	48.8%	55.2%	44.4%	35.8%	47.8%	50.9%	48.3%	48.4%
잘모르겠다	29.0%	18.4%	36.2%	43.3%	35.0%	31.2%	24.9%	18.2%
기타 (직접입력)	0.7%	0.9%	0.6%	0.0%	0.8%	0.7%	0.6%	0.9%

16 조사결과의 데이터는 두잇서베이의 블로그에 게시된 내용을 인용하였다.
http://doooit.tistory.com/486 (2018. 9. 25. 최종방문).

3. 양심적 병역 거부자의 대체복무 기간은 얼마가 좋을까요?

	전체	성별		연령				
		남	여	10대 이하	20대	30대	40대	50대 이상
현역의 1.5배	21.1%	16.8%	24.1%	31.3%	25.9%	18.3%	20.7%	19.1%
현역의 2배	38.2%	35.6%	40.0%	53.7%	38.7%	37.1%	37.1%	39.8%
현역의 3배	20.2%	20.9%	19.8%	7.5%	17.2%	21.1%	22.9%	20.6%
현역의 5배	8.2%	8.9%	7.7%	1.5%	7.0%	9.5%	8.4%	7.7%
현역의 10배 혹은 그 이상	11.2%	16.6%	7.6%	3.0%	9.9%	13.5%	10.0%	11.3%
기타(입력)	1.0%	1.2%	0.8%	3.0%	1.3%	0.5%	0.9%	1.5%

4. 양심적 병역 거부자의 대체복무 형태는 무엇이 좋을까요?

	전체	성별		연령				
		남	여	10대 이하	20대	30대	40대	50대 이상
경찰업무	4.5%	4.6%	4.4%	10.4%	3.0%	4.7%	4.5%	5.6%
소방업무	15.4%	14.1%	16.4%	9.0%	14.4%	13.8%	19.0%	15.6%
사회복지 업무	25.1%	26.3%	24.3%	32.8%	24.8%	21.9%	27.4%	28.3%
환경보호 업무	8.5%	7.9%	8.9%	16.4%	9.3%	8.7%	7.3%	7.7%
노동업무 (육체 노동 위주)	45.1%	45.6%	44.8%	28.4%	47.2%	49.3%	40.9%	41.3%
기타 의견	1.3%	1.5%	1.2%	3.0%	1.3%	1.5%	0.9%	1.5%

2. 서울지방변호사회 회원 여론조사

대한민국 개업 변호사의 75% 가량이 회원으로 속해 있는 서울지방변호사회는 2016년 6월 17일부터 7월 2일까지 소속 회원들을 대상으로 양심적 병역거부와 대체복무제에 관한 설문조사를 실시하였다.

1,297명이 응답한 결과에서는, 양심적 병역거부의 자유가 헌법상 양심의 자유에 포함된다고 본다는 응답이 74.3%, 아니라는 응답이 23.1%, 양심적 병역거부가 권리로 인정되어야 한다는 응답이 66.2%, 아니라는 응답이 30.1%, 대체복무를 허용하지 않는 병역의무 요구는 위헌이라는 응답이 63.4%, 아니라는 응답이 32.5%, 대체복무제 도입 찬성 의견이 80.5%, 반대 의견이 17.7%로 각 나타났다. 이러한 결과는 해당 조사가 법률전문가를 대상으로 실시한 최초의 설문조사라는 점에서 매우 중요한 함의를 갖는다고 할 수 있다. 대체복무제 도입 찬성에 응답한 이들은 합숙방식(54.5%)을 출퇴근방식(45.0%)보다 긍정적으로 보았다. 대체복무 복무 기간은 현역병 복무 기간의 1.5배 초과 2배 이하로 해야 한다(46.6%), 현역병 복무 기간의 1.5배 이하로 해야 한다(23.2%), 현역병 복무 기간의 2배 초과 3배 이하로 해야 한다(19.1%), 현역병 복무 기간과 동일하게 해야 한다(9.6%)는 순으로 나타났다. 이러한 응답순위는 합숙방식을 지지하는 이들 사이에서도 마찬가지 양상으로 나타났으나, 현역병 복무 기간의 1.5배 초과 2배 이하로 해야 한다는 응답률이 37.8%로 합숙방식 여부를 고려하지 않은 복무 기간 응답률에 비하여 다소 낮은 양상을 보인 점이 특기할 만하다.

3. 정 리

이상에서 살펴본 것과 같이 그동안 우리나라에서 양심적 병역거부와 대체복무 제도의 도입 여부를 둘러싼 여론조사는 조사시기와 주체 및 그 설문 내용에 따라 상당한 편차를 보여주고 있다. 뒤에서 자세히 살펴보게 되겠지만, 이와 같이 일관성이 없는 여론조사 결과에 대해서는 그 신뢰성에 상당한 비판이 제기되고 있는 실정이다. 특히 병무청의 주도로 이루어진 여론조사에서는 질문의 구성 자체가 사실상 특정한 결론, 즉 대체복무 도입을 반대하는 답변을 유도하는 내용으로 이루어져 있던 문제도 있다. 양심적 병역거부나 대체복무 제도에 관하여 잘 알지 못하거나 평소 이에 관하여 그다지 깊이 생각해 보지 않은 이들에게 반복적으로 병역의무를 거부하고 대신 다른 복무형태로 복무하는 것에 대한 단순한 의견을 묻는다면, 이미 병역을 이행하였거나 병역을 이행하고 있는 사람 또는 그 가족이 거의 대부분일 가능성이 높은 응답자들은 당연히 부정적인 답변에 치우칠 가능성이 매우 높을 것이기 때문이다. 보다 근본적으로 일반인을 대상으로 하는 설문조사에 의하여 국민의 여론을 판단하는 방식 자체에 대해서까지도 비판이 제기되고 있는 실정이다. 상세한 논의는 이 장의 제5절 4. 부분에서 다시 살펴보게 될 것이다.

제 3 절   대체복무제 입법 시도

1. 총 론

2018년 9월 30일까지 대한민국 국회에서 대체복무제의 입법을 시도한 예는 현재 임기가 진행 중인 20대 국회를 포함하여 도합 12건이다. 다만 전해철의원안의 경우 19대 국회와 20대 국회 모두 발의되었는데 그 내용이 실질적으로 동일하므로 이를 하나로 계산하면 대체복무제 도입법안은 모두 11건이 되는 셈이다. 그 시초는 17대 국회로 거슬러 올라가는데, 17대 국회에서는 임종인의원안, 노회찬의원안 두 가지 법률안이 발의되었다. 제18대 국회에서는 김부겸의원안, 이정희의원안이 각 발의되었고, 제19대 국회에서는 전해철의원안이 유일한 법률안이었다. 제20대 국회에 들어서서 2017년 12월 31일 현재까지 대체복무제의 도입을 담고 있는 법안으로는 전해철의원안, 이철희의원

안, 박주민의원안 등 세 개의 법률안이 발의되어 있었다. 그러나 2018
년 6월 28일 헌법재판소 결정 이후 2018년 8월 31일까지의 짧은 기간에
김중로의원안, 이종명의원안, 이용주의원안, 김학용의원안 등 다수의 법
률안이 발의되고 있다.

대체복무제 도입을 내용으로 하는 법률안을 검토함에 있어서 주
요 검토요소로는 ① 양심적 병역거부 판정기구의 형태 등 조직에 관한
부분, ② 판정기구의 소속 및 구성 방법 등에 관한 부분, ③ 양심적 병
역거부 판정절차 및 불복절차에 관한 부분, ④ 대체복무 형태(복무기
관)에 관한 부분, ⑤ 대체복무 감독기관에 관한 부분, ⑥ 대체복무의
효과(예비군 등 관련 문제)에 관한 부분 등을 들 수 있을 것이다.

대체복무제 규율을 종래의 병역법과 다른 별도의 법률로 할 것인
지 아니면 병역법의 일부 내용으로 편입시킬 것인지 여부도 검토 요소
가 될 수 있을 것이나, 2018년 9월 30일을 기준으로 당시까지의 법률
안 중 가장 최근에 발의된 김학용의원안을 제외한 나머지 법률안들은
모두 대체복무제의 도입을 위하여 새로운 법률을 제정하지 않고 종래
의 병역법에 일부 조항을 개정하거나 추가, 신설하는 형식으로 대체복
무제를 도입하는 방식을 취하고 있다.

이하에서는 각 법률안들이 담고 있는 내용에 대하여 차례대로 검
토해 보도록 한다. 병역법 일부 개정 형태의 개정방식이 적절한 것인
지 아니면 독립된 대체복무제법 제정 방식이 적절한 것인지 여부에 관
해서는 제4장 제13절 부분에서 검토하게 될 것이다.

2. 제17대 국회

가. 임종인의원안

의안번호 170512호 병역법 일부개정법률안 형태로 발의된 이 법
률안의 입법취지는 양심적 병역거부자 여부를 판정하여 이들에게 집

총이 수반되지 아니하는 사회복지 분야의 업무를 담당하도록 병역대
체 제도를 신설하는 것이었다. 주요 내용은 ⅰ) 현역병 입영대상자 또
는 보충역 처분을 받은 사람 중 종교적 신념 또는 양심의 확신을 이유
로 집총이 수반되는 병역의무를 거부하는 사람은 지방병무청장에게
양심적 병역거부자 인정 신청을 하도록 하고, ⅱ) 양심적 병역거부자
의 인정 여부를 심사하기 위하여 병무청과 지방병무청에 양심적 병역
거부 판정위원회를 두며, ⅲ) 양심적 병역거부자로 인정받은 사람은
보충역인 사회복지요원으로 편입하도록 하고, ⅳ) 사회복지요원은 사
회복지시설에서 아동·노인·장애인 등의 보호·치료·요양·자활 또는
상담 등의 업무를 보조·지원하도록 하되 복무 기간을 육군 현역병의
1.5배로 하고, 그 복무를 마친 때에는 제2국민역에 편입되도록 하여
전역 후 집총이 수반되지 아니하는 전시근로소집의 의무만을 지도록
하며, ⅴ) 복무에 관하여는 보건복지부장관의 지휘·감독을 받되, 복무
시간 외에는 지방병무청장의 지휘·감독 아래 단체숙박생활을 하도록
하고, ⅵ) 복무 중인 사회복지요원이 양심적 병역거부자가 아니라고
판단되는 때에는 지방병무청장이 양심적 병역거부자의 인정 여부의
심사를 양심적 병역거부 판정위원회에 요청할 수 있도록 하고, ⅶ) 허
위의 진술 또는 자료제출 등 부정한 방법으로 사회복지요원으로 편입
된 때 또는 복무 중인 사회복지요원이 양심적 병역거부자로 인정받지
못한 때 등에는 사회복지요원의 소집을 취소하고 편입되기 전의 신분
으로 복귀하여 현역병으로 입영하거나 공익근무요원으로 소집되도록
하며, ⅷ) 종교적 신념 또는 양심의 확신을 빙자하여 양심적 병역거부
자의 인정 신청을 한 것이 명백한 경우에는 1년 이상 2년 이하의 징역
에 처하도록 하고, 부정한 방법으로 사회복지요원에 편입된 때 등에는
1년 이상 3년 이하의 징역에 처하도록 하는 내용을 담고 있었다.

나. 노회찬의원안

의안번호 170932호 병역법 일부개정법률안 형태로 발의된 이 법안의 주요 내용은 ⅰ) 대체복무요원의 판정을 위하여 국방부에 중앙대체복무위원회를, 지방병무청에 지방대체복무위원회를 각각 설치하되, 중앙대체복무위원회는 위원장 및 상임위원 4인을 포함한 7인의 위원으로 구성하고 위원은 교수, 변호사의 자격을 가진 자, 종교단체나 시민단체에서 추천한 자, 공무원이었던 자 중에서 임명하되 금고 이상의 형을 받고 그 집행이 종료되거나 집행을 받지 아니하기로 확정된 후 2년을 경과하지 아니한 자 등을 결격사유로 하고, 위원장은 국방부장관이 위원 중에서 임명하도록 하며, 지방대체복무위원회는 5인의 위원으로 구성하고, 중앙대체복무위원의 자격이 있는 자 중에서 지방병무청장이 임명하며, 위원장은 위원 중에서 지방병무청장이 임명하도록 하고, ⅱ) 중앙대체복무위원회는 대체복무신청에 대한 지방위원회의 기각 및 각하결정에 대한 재심사, 다음 해의 대체복무요원의 예상 소요인원·복무분야·복무형태·대체복무시설의 종류에 대한 결정, 대체복무 제도의 개선에 관한 연구·조사 및 제안 등의 업무를 수행하도록 하며, 지방대체복무위원회는 대체복무신청에 대한 판정, 예비군에 대한 대체복무신청의 판정, 대체복무시설의 지정 등의 업무를 수행하도록 하고, ⅲ) 중앙대체복무위원회 및 지방대체복무위원회 위원[17]의 임기는 4년으로 하되, 연임할 수 있고, 금고 이상의 형의 선고에 의하지 아니하고는 그 의사에 반하여 면직되지 않도록 하며, ⅳ) 위원이 신청인이거나 신청인과 제척관계에 있는 등의 경우에는 위원에서 제척되며 형법 제127조, 제129조 내지 제132조의 적용에 있어서는 위원을 공무원으로 의제하도록 하며, ⅴ) 징병검사 시에 지방병무청장으로 하여금 대체복무 제도의 취지, 절차, 기간에 대해서 고지하도록 의무를 부

---

17 이하 본문의 해당 항에서는 그냥 위원이라고 지칭한다.

과하며, vi) 현역병 입영 대상자 또는 보충역 판정을 받은 자 중 양심적 병역거부를 하려고 하는 자는 처분을 받은 날로부터 90일 이내에 지방대체복무위원회에 대체복무 신청을 하도록 하고, 현역병 또는 공익근무요원의 경우에는 복무 중에 대체복무 신청이 가능하도록 하며, 중앙대체복무위원회의 최종 결정이 있을 때까지 입영 또는 소집은 연기되도록 하며, vii) 지방대체복무위원회 및 중앙대체복무위원회는 필요한 경우 본인 또는 참고인을 출석하게 하여 질문할 수 있는 등 필요한 조사를 할 수 있도록 하는 내용 등을 담고 있다.

3. 제18대 국회

가. 김부겸의원안

의안번호 1812534호 병역법 일부개정법률안 형태로 발의된 이 법률안의 주요 내용은 ⅰ) 현역병 입영 대상자 또는 보충역 처분을 받은 사람 중 종교적 신념 또는 양심의 확신을 이유로 병역의무의 이행을 거부하고자 하는 양심적 병역거부자는 지방병무청장에게 양심적 병역거부자 인정 여부 심사를 신청하도록 하고, ⅱ) 양심적 병역거부자 인정 여부를 심사·의결하기 위하여 병무청에 중앙양심적병역거부판정위원회를, 지방병무청에 지방양심적병역거부판정위원회를 각 설치하며, ⅲ) 지방병무청장은 지방양심적병역거부판정위원회의 심사·의결을 거쳐 신청이 있는 날부터 90일 이내에 양심적 병역거부자 인정 여부를 결정하도록 하고, ⅳ) 그 결정에 대한 이의가 있는 신청인은 결정서를 송달받은 날부터 30일 이내에 병무청장에게 재심사를 신청하도록 하며, ⅴ) 양심적 병역거부자로 인정받은 사람은 사회복지요원으로 편입하고, ⅵ) 지방병무청장은 복무기관의 장으로부터 다음해에 필요한 인원의 배정을 요청 받아 사회복지요원의 복무기관·복무분야·복무형태·배정인원 등을 결정하고, 사회복무분야 소집대상자에 대하여는 복무분야를 정하여 소집하도록 하며, vii) 사회복지요원의 복무 기간은 육군 현역병 복무 기간의 1.5배 이내의 범위에서 하고, 복무를 마친 때에는 제2국민역으로 편입하도록 하며, viii) 사회복지요원은 원칙적으로 기숙 근무를 하며, 소속 복무기관의 장의 지휘·감독을 받도록 하고, ix) 복무기관의 장은 사회복지요원이 정당한 사유 없이 복무를 이탈하거나 해당 분야에 복무를 하지 아니한 경우, 정당한 복무명령을 따르지 아니하여 경고처분된 경우, 복무기관이 폐쇄되거나 이동한 경우, 복무 기간 중 징역·금고형을 선고받은 경우로서 정상적인 근무가 불가능하다고 인정되는 경우 등에는 14일 이내에 관할 지방병무청장에게 이를 통보하도록 하고, x) 사회복지요원이 정당한 사유 없이 복무를 이탈한 경우에는 그 이탈 일수의 5배의 기간을 연장하여 복무하게 하고, 다른 사람의 근무 방해 또는 정치적 목적을 지닌 행위를 하거나 다른 사회복무요원에게 가혹행위를 하는 경우 등에는 경고처분을 하되, 경고처분 매 1회마다 5일을 연장하여 복무하도록 하며, xi) 사회복지요원이 부정한 방법으로 사회복지요원으로 편입된 경우, 정당한 사유 없이 통틀어 8일 이상 해당 분야에 복무하지 아니한 경우, 정당한 복무명령을 따르지 아니하여 통틀어 4회 이상 경고처분을 받은 경우에는 그 소집을 취소하도록 하고, xii) 사회복지요원에 편입될 목적으로 거짓 진술 또는 서류제출 등 부정한 방법으로 사회복지요원에 편입되거나 신청인을 대리하여 양심적 병역거부자 인정 여부에 관한 심사를 받은 사람에 대하여는 1년 이상 3년 이하의 징역에 처하도록 하는 내용을 담고 있다.

나. 이정희의원안

의안번호 1813210호 병역법 일부개정법률안 형태로 발의된 이 법률안의 주요 내용으로는 i) 지방병무청장으로 하여금 병역의무자에 대해 징병검사를 실시하기 전에 대체복무 제도에 관한 사항을 알려주도록 의무를 부과하고, ⅱ) 현역병입영 대상자나 보충역의 처분을 받은 사람 중 종교적 신념이나 양심의 확신을 이유로 집총을 수반하는 병역의무의 이행을 거부하고자 하는 사람은 지방병무청에 대체복무를 신청하고 대체복무 신청인에 대해서는 현역병 입영 등이 연기되도록 하며, ⅲ) 대체복무요원의 편입결정 여부 등을 심사·의결하기 위하여 국방부에 중앙대체복무위원회를, 지방병무청에 지방대체복무위원회를 각각 설치하고, ⅳ) 지방대체복무위원회의 결정은 신청을 받은 날부터 90일 이내에 서면으로 하고, 지방대체복무위원회의 결정에 이의가 있는 대체복무신청인은 결정서 정본을 송달받은 날부터 30일 이내에 중앙대체복무위원회에 재심사를 신청할 수 있도록 하며, ⅴ) 대체복무 편입 결정을 받은 사람은 대체복무요원으로 편입되도록 하고, ⅵ) 대체복무요원은 대체복무기관 등에서 사회복지 또는 공익과 관련된 업무를 수행하되, 집총을 수반하는 업무인 국군, 경비교도대, 전투경찰대 등에 복무할 수 없도록 하며, ⅶ) 대체복무요원은 육군 복무 기간의 1.5배를 복무하도록 하되, 현역병 또는 보충역으로 복무 중인 경우 그 복무한 기간을 차감할 수 있도록 하는 내용을 담고 있다.

4. 제19대 국회

제19대 국회에서는 전해철의원안이 유일한 대체복무제 관련 법률안이다. 의안번호 1906042호 병역법 일부개정법률안 형태로 발의된 이 법률안의 주요 내용은 ⅰ) 지방병무청장으로 하여금 병역의무자에 대해 징병검사를 실시하기 전에 대체복무 제도에 관한 사항을 알려주도록 의무를 부과하고, ⅱ) 현역병 입영 대상자나 보충역의 처분을 받은 사람 중 종교적 신념이나 양심의 확신을 이유로 집총을 수반하는 병역의무의 이행을 거부하고자 하는 사람은 지방병무청에 대체복무를 신청하고 대체복무 신청인에 대해서는 현역병입영 등이 연기되도록

하며, iii) 대체복무요원의 편입결정 여부 등을 심사·의결하기 위하여
국방부에 중앙대체복무위원회를, 지방병무청에 지방대체복무위원회를 각
각 설치하고, iv) 지방대체복무위원회의 결정은 신청을 받은 날부터
90일 이내에 서면으로 하고, 지방대체복무위원회의 결정에 이의가 있
는 대체복무신청인은 결정서 정본을 송달받은 날부터 30일 이내에 중
앙대체복무위원회에 재심사를 신청할 수 있도록 하며, v) 대체복무
편입 결정을 받은 사람은 대체복무요원으로 편입되도록 하고, vi) 대
체복무요원은 대체복무기관 등에서 사회복지 또는 공익과 관련된 업
무를 수행하되, 집총을 수반하는 업무인 국군, 경비교도대, 전투경찰대
등에 복무할 수 없도록 하며, vii) 대체복무요원은 육군 복무 기간(2년)
의 1.5배를 복무하도록 하고, 현역병 또는 보충역으로 복무 중인 경우
그 복무한 기간을 차감할 수 있도록 하는 내용을 담고 있다. 이정희의
원안과 별반 차이가 없는 내용이라고 할 수 있다.

5. 제20대 국회

가. 전해철의원안

의안번호 2003582호 병역법 일부개정법률안 형태로 발의된 이 법
률안의 주요 내용은 ⅰ) 지방병무청장으로 하여금 병역의무자에 대해
징병검사를 실시하기 전에 대체복무 제도에 관한 사항을 알려주도록
의무를 부과하고, ⅱ) 현역병 입영 대상자나 보충역의 처분을 받은 사
람 중 종교적 신념이나 양심의 확신을 이유로 집총을 수반하는 병역의
무의 이행을 거부하고자 하는 사람은 지방병무청에 대체복무를 신청
하고 대체복무신청인에 대해서는 현역병 입영 등이 연기되도록 하며,
ⅲ) 대체복무요원의 편입결정 여부 등을 심사·의결하기 위하여 국방
부에 중앙대체복무위원회를, 지방병무청에 지방대체복무위원회를 각
각 설치하며, ⅳ) 지방대체복무위원회의 결정은 신청을 받은 날부터

90일 이내에 서면으로 하고, 지방대체복무위원회의 결정에 이의가 있는 대체복무 신청인은 결정서 정본을 송달받은 날부터 30일 이내에 중앙대체복무위원회에 재심사를 신청할 수 있도록 하고, ⅴ) 대체복무 편입 결정을 받은 사람은 대체복무요원으로 편입되도록 하며, ⅵ) 대체복무요원은 대체복무기관 등에서 사회복지 또는 공익과 관련된 업무를 수행하되, 집총을 수반하는 업무인 국군, 경비교도대, 전투경찰대 등에 복무할 수 없도록 하고, ⅶ) 대체복무요원은 육군 복무 기간의 1.5배를 복무하도록 하고, 현역병 또는 보충역으로 복무 중인 경우 그 복무한 기간을 차감할 수 있도록 하는 내용을 담고 있다. 19대 국회에서 발의한 개정안과 같은 내용이다.

　나. 이철희의원안

　　의안번호 2007106호 병역법 일부개정법률안 형태로 발의된 이철희의원안의 주요 내용은 ⅰ) 대체복무요원의 업무 분야를 공익목적에 필요한 사회복지, 보건·의료 등의 사회서비스 또는 재난 복구·구호 등의 공익 관련 업무로서 신체적·정신적으로 난이도가 높은 분야로 지정하되, 집총을 수반하는 의무를 수행하지 않도록 규정하고, ⅱ) 국무총리 소속으로 대체복무사전심사위원회를 설치하여, 이 위원회로 하여금 대체복무 신청을 받아 심의하고 대체복무 신청에 대하여 인용·기각·각하 결정의 의결을 할 수 있도록 하며, ⅲ) 지방병무청장은 대체복무요원의 복무기관, 복무형태 및 배정인원 등을 결정하여 대체복무요원을 소집하되, 소집에 필요한 세부적인 사항은 대통령령으로 정하도록 위임하며, ⅳ) 대체복무요원의 복무 기간은 현역 육군의 2배로 하고, ⅴ) 대체복무요원을 배정받은 대체복무지정기관의 장이 대체복무의 업무 분야를 선택하여 복무하게 할 수 있도록 하고, 업무 분야의 변동이 있는 경우에는 지방병무청장과 협의하게 하며, 필요한 경우 대체복무요원에게 교육훈련을 시킬 수 있도록 하고, ⅵ) 대체복무요원의 신상 변동 시 통보 절차, 연장복무, 복무기본교육 및 직무교육 등을 규정하고, vii) 대체복무요원은 병력동원소집 및 군사교육소집에서 제외하고, 대신 그에 준하는 복무를 명하도록 하되, 대체복무요원이 병력동원소집 등에 준하여 부과되는 의무를 이행함에 있어서 불이익을 받지 않도록 하며, viii) 대체복무요원이 복무의무를 위반하거나 편입 당시에 부정한 방법을 사용한 경우에 대하여 벌칙을 규정하고, 대체복무 신청 시 신청인에게 허위로 증명서 등을 발급한 종교인에 대하여도 처벌할 수 있도록 하는 내용 등을 담고 있다.

한편, 이철희의원은 예비군법 역시 함께 개정할 것을 제안하고 있다. 예비군법의 개정은 양심적 결정을 이유로 병역을 거부하고 대체복무를 한 이들이 대체복무를 마치더라도 예비군법이 함께 개정되지 않는 한 집총훈련이 포함되는 예비군으로 편성될 수 있는 문제점을 고려한 것이다.

다. 박주민의원안

의안번호 2007107호 병역법 일부개정법률안 형태로 발의된 박주민의원안의 주요 내용은 ⅰ) 지방병무청장으로 하여금 병역의무자에 대해 징병검사를 실시하기 전에 대체복무 제도에 관한 사항을 알려주도록 의무를 부과하고, ⅱ) 현역병 입영 대상자나 보충역의 처분을 받은 사람 중 종교적 신념 또는 헌법상 양심을 이유로 집총을 수반하는 병역의무의 이행을 거부하고자 하는 사람은 지방병무청에 대체복무를 신청하고 대체복무 신청인에 대해서는 현역병 입영 등이 연기되도록 하며, ⅲ) 대체복무요원의 편입결정 여부 등을 심사·의결하기 위하여 국무총리 소속으로 대체복무위원회 및 사무처를 두도록 하며, 대체복무위원회는 심사·의결을 위하여 3명의 위원으로 구성되는 소위원회를 둘 수 있도록 하고, ⅳ) 대체복무위원회의 각하·기각 또는 편입 결정은 신청을 받은 날부터 90일 이내에 서면으로 하도록 하고, 대체복무

위원회의 결정에 이의가 있는 대체복무 신청인은 결정서 정본을 송달
받은 날부터 30일 이내에 대통령령으로 정하는 절차와 방식에 따라 재
심사를 신청할 수 있도록 하며, ⅴ) 대체복무 편입 결정을 받은 사람
은 대체복무요원으로 편입되도록 하고, ⅵ) 대체복무요원은 대체복무
기관 등에서 사회복지 또는 공익과 관련된 업무를 수행하되, 집총을
수반하는 업무인 국군, 경비교도대, 전투경찰대 등에 복무할 수 없도
록 하며, ⅶ) 대체복무요원은 현역병 복무 기간의 1.5배를 복무하도록
하고, 현역병 또는 보충역으로 복무 중인 경우 그 복무한 기간을 차감
할 수 있도록 하고, ⅷ) 대체복무요원은 원칙적으로 합숙근무를 하며,
대체복무기관장의 지휘·감독을 받도록 하는 내용을 담고 있다. 박주
민의원은 이철희의원과 마찬가지로 예비군법 역시 함께 개정할 것을
제안하고 있다.

라. 김중로의원안

의안번호 2014835호 병역법 일부개정법률안 형태로 발의한 김중
로의원안의 주요 내용은 ⅰ) 종교적 신념 등 개인의 가치관, 세계관,
신조 등을 이유로 대체복무를 신청하여 복무하는 사람을 대체복무요
원으로 정의하고, ⅱ) 대체복무요원의 업무 분야를 공익목적에 필요한
사회복지, 보건·의료 등의 사회서비스 또는 소방, 재난 복구·구호 등
의 공익 관련 업무로서 신체적·정신적으로 난이도가 높은 분야로 지
정하되, 집총을 수반하는 의무를 수행하지 않도록 규정하고, ⅲ) 국방
부 소속으로 대체복무사전심사위원회를 두어 대체복무신청을 받아 심
의 및 인용·기각 또는 각하 결정을 할 수 있도록 하며, ⅳ) 지방병무
청장이 대체복무요원의 복무기관, 복무형태 및 배정인원 등을 결정하
여 대체복무요원을 소집하도록 하되 소집에 필요한 세부적인 사항은
대통령령으로 정하도록 하고, ⅴ) 대체복무요원의 복무 기간은 현역
육군의 2배로 하며, 대체복무요원을 배정받은 대체복무지정기관의 장

이 대체복무의 업무 분야를 지정하여 복무하도록 할 수 있게 하고, 업무 분야의 변동이 있는 경우에는 지방병무청장과 협의하게 하며, 필요한 경우 대체복무요원에게 교육훈련을 시킬 수 있도록 하고, ⅵ) 대체복무요원은 병력동원소집 및 군사교육소집에서 제외하고, 대신 그에 준하는 대체임무를 부여하도록 하며, ⅶ) 대체복무요원이 복무의무를 위반하여 4회 이상 경고처분을 받은 경우에는 1년 이하의 징역에 처하도록 하고, 편입 당시에 부정한 방법을 사용한 경우에는 편입결정을 취소하고 5년 이하의 징역에 처하도록 하며, ⅷ) 대체복무신청 시 신청인에게 허위로 증명서 등을 발급한 공무원·의사·종교인에 대하여도 1년 이상 10년 이하의 징역에 처하도록 하는 내용 등을 규정하고 있다.

마. 이종명의원안

의안번호 2014893호 병역법 일부개정법률안 형태로 발의한 이종명의원안의 주요 내용은 ⅰ) 종교 등 개인의 신념을 이유로 대체복무를 신청한 사람으로서 대체복무심사위원회의 인용 결정을 받아 복무하는 사람을 대체복무요원으로 정의하고, ⅱ) 병역 종류의 하나로 대체복무역을 신설하고, ⅲ) 대체복무요원의 업무 분야를 평화증진 업무, 대민 지원 업무, 공익목적에 필요한 사회복지·보건·의료 등의 사회서비스 또는 재난 복구·구호 등의 업무로서 신체적·정신적으로 난이도가 높은 분야로 지정하되, 집총을 수반하는 의무를 수행하지 않도록 규정하고, ⅳ) 병무청에 대체복무심사위원회를 두어 대체복무 신청을 받아 심의 및 인용·기각 또는 각하 결정을 할 수 있도록 하며, ⅴ) 지방병무청장이 대체복무요원의 복무 부대 또는 기관, 복무형태 및 배정인원 등을 결정하여 대체복무요원을 소집하도록 하고, ⅵ) 대체복무요원의 복무 기간은 현역 육군의 2배로 하며, ⅶ) 대체복무요원을 배정받은 대체복무 부대 등의 장이 대체복무의 업무 분야를 지정하여 복

무하도록 할 수 있게 하고, 업무 분야의 변동이 있는 경우에는 지방병
무청장과 협의하게 하며, 필요한 경우 대체복무요원에게 교육훈련을
시킬 수 있도록 하고, ⅷ) 대체복무요원에 대하여는 병력동원훈련소집
에 준하는 복무를 하도록 하며, ⅸ) 대체복무역에 해당하는 사람은 전
시근로소집 대상이 되도록 하고, ⅹ) 대체복무요원이 복무의무를 위반
하거나 편입 당시에 부정한 방법을 사용한 경우 5년 이하의 징역형으
로 처벌할 수 있도록 하며, ⅺ) 대체복무 신청 시 신청인에게 허위로
증명서 등을 발급한 종교인에 대하여도 1년 이상 10년 이하의 징역형
으로 처벌할 수 있도록 하는 내용이다.

    대체복무요원으로 복무를 마친 후에 대체복무역이라는 새로운 병
역에 편입되도록 하고 이들에 대해서는 병력동원훈련에 준하는 복무
를 하도록 하는 한편 전시에는 전시근로소집 대상이 되도록 하는 점이
특징이라고 할 수 있으나 다른 법률안과 비교하여 내용상 특별한 것은
아니다. 이 법률안에서 주목해야 할 부분은 대체복무요원에게 복무하
게 하는 이른바 평화증진업무의 내용이다. 이에 관하여는 아래 대체복
무제 법률안의 검토 부분에서 다시 살펴보도록 한다.

    바. 이용주의원안
    의안번호 2014932호 병역법 일부개정법률안의 형태로 발의된 이
용주의원안의 주요 내용은 ⅰ) 대체복무편입결정을 받은 사람으로서
대체복무기관 등에서 사회복지 관련 업무나 공익 관련 업무에 복무하
는 사람을 대체복무요원이라고 정의하고, ⅱ) 지방병무청장으로 하여
금 병역의무자에 대하여 징병검사를 실시하기 전에 대체복무 제도에
관한 사항을 고지하도록 의무를 부과하며, ⅲ) 현역병 입영 대상자나
보충역의 처분을 받은 사람 중 종교적 신념이나 헌법상 양심을 이유로
집총을 수반하는 병역의무의 이행을 거부하고자 하는 사람은 병무청
에 대체복무를 신청하도록 하고, ⅳ) 병무청에 대체복무심사위원회 및

대체복무재심사위원회를 두어 대체복무요원의 편입결정 여부 등을 심사·의결하도록 하며, ⅴ) 대체복무요원은 대체복무기관 등에서 사회복지 또는 공익과 관련된 업무를 수행하되, 집총을 수반하는 업무인 국군, 의무경찰대 등에 복무할 수 없도록 하며, ⅵ) 대체복무지정기관의 장은 대체복무요원을 배정받아 대체복무의 업무 분야를 선택하여 복무하게 할 수 있고, 업무 분야의 변동이 있는 경우에는 지방병무청장과 협의하게 하며, 필요한 경우 대체복무요원에게 교육훈련을 시킬 수 있도록 하며, ⅶ) 대체복무요원은 육군 복무 기간(21개월)의 2배를 복무하도록 하되, 현역병 또는 보충역으로 복무 중인 경우에는 그 복무한 기간을 대체복무 기간에서 차감하도록 하며, ⅷ) 대체복무요원은 대체복무기관장의 지휘·감독을 받고, 합숙근무를 원칙으로 하며, ⅸ) 거짓의 진술이나 허위 자료 제출 등 부정한 방법으로 대체복무 편입결정을 받은 사람은 그 결정을 취소하고 5년 이하의 징역에 처할 수 있도록 하고, ⅹ) 대체복무신청 시 신청인에게 허위로 증명서 등을 발급한 종교인에 대하여도 1년 이상 10년 이하의 징역형으로 처벌할 수 있도록 하는 내용이다.

　　이용주의원은 예비군법의 개정안도 함께 발의하였다. 의안번호 2014933호인 예비군법 일부개정법률안은 ⅰ) 예비군 중에서 종교적 신념 또는 헌법상 양심을 이유로 병역의무를 거부하고자 하는 사람은 대통령령으로 정하는 날부터 60일 이내에 「병역법」 제33조의12에 따라 지방병무청에 대체복무 신청을 할 수 있도록 하고, ⅱ) 예비군의 대체복무 결정에 관한 사항은 「병역법」 제33조의12부터 제33조의24까지의 규정을 준용하여 병무청에 설치된 심사위원회와 재심사위원회가 담당하도록 하며, ⅲ) 대체복무 편입 결정을 받은 예비군에 대하여 대체복무에 필요한 복무형태, 복무 기간 등 구체적인 사항은 대통령령으로 정하도록 하는 내용을 담고 있다.

사. 김학용의원안

대체복무 제도에 관한 김학용의원안의 가장 큰 특징은 병역법 개정안 형태가 아닌 별도의 단일법률안 형태로 대체복무제를 규율하고자 하였다는 점이다. 의안번호 2014951호 「대체복무역 편입 및 복무 등에 관한 법률안」이 그것이다. 법률안의 주요 내용은 ⅰ) 「병역법」 제5조 제1항 제6호에 따른 대체복무역에 편입된 사람으로서 종교적 신념을 이유로 집총을 비롯한 각종 군사훈련 등을 대체하여 각종 지원 업무에 복무하는 사람을 대체복무역으로 정의하고, ⅱ) 병무청장 소속으로 대체복무위원회를 두어 대체복무신청에 관한 심의 및 인용·기각·각하 결정을 할 수 있도록 하며, ⅲ) 대체복무신청에 대한 기각 또는 각하 결정에 이의가 있는 경우 재심청구를 할 수 있도록 하고, 국가인권위원회에 대체복무재심위원회를 두어 재심청구에 대한 심사·결정을 담당하도록 하며, ⅳ) 대체복무요원은 평화통일의 증진, 전쟁 예방, 보훈사업, 재해·재난에 대한 복구 등에 관한 지원 업무에 복무하도록 하고, 집총 또는 인명 살상 등과 관련한 업무는 대체복무요원의 업무에서 제외하도록 하며, ⅴ) 대체복무요원의 복무 기간은 3년 8개월로 하고, ⅵ) 대체복무요원은 합숙 근무를 원칙으로 하되, 합숙 근무가 곤란하거나 업무수행의 특수성 등으로 인하여 필요한 경우에는 대체복무위원회의 승인을 거쳐 1년의 범위 내에서 출퇴근 근무할 수 있도록 하며, ⅶ) 대체복무요원을 배정받은 대체복무기관의 장이 대체복무의 업무 분야를 지정하여 복무하도록 할 수 있게 하며, 업무 분야의 변동이 있는 경우에는 지방병무청장과 협의하게 하고, ⅷ) 대체복무요원 허위 편입의 경우에는 5년 이하의, 소집 기피의 경우에는 3년 이하의, 대리소집 또는 대리복무의 경우에는 1년 이상 3년 이하의, 8월 이상 복무이탈의 경우에는 3년 이하의, 일정한 복무이탈의 경우에는 1년 이하의 징역형으로 각 처벌할 수 있도록 하며, ⅸ) 대체복무신청 시 신청인에게 허위로 증명서 등을 발급한 공무원·의사·종교인을 1년 이상 10년 이하의 징역형으로 처벌할 수 있도록 하는 내용이다.

6. 대체복무제 법률안의 검토

지금까지 발의된 법률안의 내용을 표로 간략하게 정리해 보면 다음과 같다. 병역법 개정 방식과 대체복무법 제정 방식 중 어느 방식을 채택할 것인지 여부도 검토할 논점이라고 할 수 있을 것이나, 이 부분은 제4장 제13절 부분에서 검토하도록 한다.

	임종인	노회찬	김부겸	이정희	전해철
대체복무 명칭	사회복지요원	대체복무요원	사회복지요원	대체복무요원	대체복무요원
판정기구	판정위원회 (지방/중앙 병무청)	대체복무위원 회(지방/중앙 병무청)	판정위원회 (지방/중앙병 무청)	대체복무위원 회(지방/중앙 병무청)	대체복무위원 회(지방/중앙 병무청)
위원임명	병무청장	지방병무청장/ 국방부장관	병무청장/ 지방병무청장	지방병무청장/ 병무청장	지방병무청장/ 병무청장
판정절차	처분 60일 이내 지방병무청에 신청	처분 90일 이내 지방위원회에 신청(단 현역 병·공익요원 은 복무중 신 청가능)	처분 60일 이내 지방병무청에 신청	처분 90일 이내 지방병무청에 신청	처분 90일 이내 지방병무청에 신청
	120일 이내 판정(결정)	90일 이내 결정	지방병무청장 위원회 거쳐 90일 이내 결정	90일 이내 지방위원회 결정	90일 이내 지방위원회 결정
불복절차	30일 이내 병무청장에 재심사신청	30일 이내 중앙위원회에 재심사 신청	30일 이내 병무청장에 재심사 신청	30일 이내 중앙위원회에 재심사 신청	30일 이내 중앙위원회에 재심사 신청
	중앙위원회 90일 이내 판정	60일 이내 결정	60일 이내 중앙위원회 거쳐 결정	60일 이내 재심사결정	60일 이내 재심사결정

복무기관	사회복지시설(사회복지사업법) 중 지방병무청장 지정	사회복지관련 업무. 공익관련 업무. 중앙위원회가 분야 지정. 지방위원회가 시설 지정.	국가기관·지방자치단체·대통령령으로 정하는 공익단체·시설/지방병무청장 지정	중앙위원회 심사의결 > 병무청장 > 지방병무청장 지정	중앙위원회 심사의결 > 병무청장 > 지방병무청장 지정
복무기간	1.5배	1.5배	1.5배 이내	1.5배	1.5배
감독	보건복지부장관/지방병무청장	대체복무시설의 장/지방병무청장	소속 복무기관장/병무청장	대체복무기관 등의 장/지방병무청장	대체복무기관 등의 장/지방병무청장
복무효과	제2국민역	제2국민역	제2국민역	제2국민역	제2국민역

	전해철(20)	이철희	박주민	김중로	이종명	이용주	김학용
대체복무명칭	대체복무요원	대체복무요원	대체복무요원	대체복무요원	대체복무요원	대체복무요원	대체복무요원
판정기구	대체복무위원회(지방/중앙병무청)	대체복무사전심사위원회(국무총리 소속)	대체복무위원회(국무총리 소속)	대체복무사전심사위원회(국방부 소속)	대체복무심사위원회(병무청)	대체복무심사위원회(병무청)/대체복무재심사위원회(병무청)	대체복무위원회(병무청)/대체복무재심사위원회(국가인권위원회)
위원임명	지방병무청장/병무청장	국무총리	국무총리	국방부장관	병무청장		병무청장
판정절차	처분 90일 이내 지방병무청에 신청	처분 90일 이내 대체복무사전심사위원회에 신청	처분 90일 이내 지방병무청 > 대체복무위원회	병역처분 90일 이내 대체복무사전심사위원회에 신청	병역처분 90일 이내 대체복무심사위원회에 신청	병역처분 90일 이내 병무청에 신청	90일 이내 대체복무위원회 결정(1차 60일 이내 연장)
	90일 이내 지방위원회 결정	90일 이내 결정	90일(복무 중 30일) 이내 결정	60일 이내 결정	90일 이내 결정(1차 90일 이내 연장)	90일(복무 중 30일) 이내 대체복무	결정송달 후 30일 이내 대체복무

						심사위원회 결정	재심위원회에 재심사 신청
불복절차	30일 이내 중앙위원회에 재심사 신청	60일 이내 재심사 신청	30일 이내 재심사 신청	90일 이내 재심사 신청	60일 이내 재심사 신청	30일 이내 재심사위원회에 재심사 신청	60일 이내 결정
	60일 이내 재심사 결정	90일 이내 준용(?)18	90일 이내 재심사 결정	60일 이내 재심사 결정	90일 이내 재심사 결정	재심사 행정심판법 준용 (60일 이내)	위원회 또는 재심위원회 결정에 행정소송
복무기관	중앙위원회 심사의결 > 병무청장 > 지방병무청장 지정	지방병무청장	대체복무위원회 심사의결>병무청장>지방병무청장 지정	지방병무청장 > 대체복무지정기관	지방병무청장 > 대체복무부대등의 장		대체복무위원회 > 지방병무청장
복무기간	1.5배	2배	1.5배	2배	2배	2배	3년 8개월
감독	대체복무기관등의 장/지방병무청장	대체복무지정기관의 장/지방병무청장	대체복무지정기관의 장/보건복지부장관 또는 국민안전처장관	대체복무지정기관의 장/지방병무청장	대체복무부대 등의 장/지방병무청장	대체복무지정기관의 장/지방병무청장	대체복무기관장
복무효과	제2국민역	규정 없음	제2국민역	보충역	대체복무역	제2국민역	대체복무역

　　양심적 병역거부 판정기구로는 대체로 병무청이나 지방병무청과 같은 병무행정담당기관이 아닌 위원회 형태의 행정기구를 예정하고 있으며, 20대 국회 이후 이는 거의 고정적인 형태로 자리잡은 것으로 보인다. 다만 19대 국회까지는 지방과 중앙으로 심급을 분리하여 2심제 행정위원회를 구상하고 있었는데, 20대 국회에 접어들면서부터

18 재심사에 관하여 성질에 반하지 않는 한 심사에 관한 규정을 준용한다고 하고 있는데, 심사에 관한 기간 제한 규정 역시 준용되는 것인지 명확하지 않다. '성질에 반하지 않는 한'이라는 문언을 부가하더라도 법정기간과 같은 요건은 명확하게 규정할 필요가 있다.

는[19] 단일한 위원회에서 심사와 재심사를 담당하는 형태가 일반화되는 것처럼 보였다. 그러다가 2018년 6월 28일 헌법재판소의 헌법불합치 결정 이후에 발의된 4건의 법률안 중 이용주의원안과 김학용의원안은 다시 대체복무심사위원회와 재심사위원회로 이원화된 형태를 채택하고 있다. 이원화된 방식을 취하는 경우 양심적 병역거부 여부를 판정하는 절차는 1차로 지방위원회가 판정하고, 그에 불복하는 경우 중앙위원회가 판단하는 절차를 취하게 된다. 각 절차별 청구기간이나 심리기간은 법률안별로 다소 차이가 있다.

　판정기구의 소속에 있어서 20대 국회에 이르기까지 거의 모든 법률안이 지방위원회는 지방병무청에, 중앙위원회는 병무청에 각 소속하는 것을 예정하고 있으며, 단일한 위원회 방식을 채택하는 경우에도 그 소속은 거의 대부분 병무청 소속으로 하는 방식을 채택하고 있다. 다만 예외적으로 20대 국회에 발의된 이철희의원안과 박주민의원안의 경우에는 위원회의 소속을 병무청이 아닌 국무총리로 예정하고 있고, 김중로의원안에서는 국방부에 소속을 두는 것으로 되어 있으며, 김학용의원안에서는 대체복무심사위원회는 병무청에 두지만, 대체복무재심위원회는 국가인권위원회에 두는 것으로 되어 있다. 판정기구의 소속을 어디로 둘 것인지의 문제는 판정기구를 구성하는 위원의 임명권한을 누가 갖느냐의 문제와 직결되는 중요한 문제이다.

　불복 제도와 관련하여 살펴보자면, 신청인이 판정에 불복하는 경우에는 불복이 가능하지만, 상대방에 해당할 수 있는 병무청측은 불복이 허용되지 않는 편면적 불복절차를 규정하고 있는 점도 공통적이다. 대체복무 편입 여부가 해당자의 신청에 대한 허부를 판단하는 일방적

19　전해철의원안은 20대 국회에도 발의되었으나, 19대 국회에 발의되었던 법률안과 실질적으로 같은 내용의 법률안을 재발의한 것으로 볼 수 있으므로 법률안의 특성을 살펴봄에 있어서는 19대 국회 법률안으로 분류하는 것이 상당하다고 할 것이다.

절차라는 점과 대체복무 편입 여부가 신속하게 결정되어야 신청자의 입장에서 취할 태도나 장래 계획 등을 조속하게 확정지을 수 있게 될 뿐만 아니라 병무행정의 신속성을 도모할 필요가 있다는 관점에서는 이와 같은 태도는 당연히 수용할 수 있는 태도라고 볼 수 있다. 법률안에서 명문으로 규정을 두고 있지 아니한 경우라고 하더라도 심사위원회의 판정에 불복하는 경우에는 행정소송을 제기할 수 있는 것으로 해석된다. 20대 국회에 발의된 법률안들은 이 점을 분명하게 규정하고 있다. 문제는 심사위원회를 이원화하는 경우에 행정소송의 대상이 되는 처분이 중앙위원회의 판정인지 아니면 지방위원회의 판정인지 여부가 명확하지 않다는 점이다. 단일한 심사위원회 방식을 채택한 법률안의 경우에도 재심사를 허용하고 있는 이상 행정소송의 대상이 위원회의 당초 결정인지 아니면 재심사 결정인지 혹은 양자를 다 포섭하는 것인지 여부가 불분명하다. 양자를 다 포섭한다면 결국 상급 위원회의 심사이든 해당 위원회에 의한 재심사이든 상관없이 위원회에 제기하는 불복의 절차는 신청인의 의사에 따라 거칠 수도, 거치지 않을 수도 있는 임의적인 절차가 될 것이고 사살상 크게 활용되지 못할 가능성이 높다. 특히 위원회를 단일화하는 경우에는 재심사를 허용한다고 하더라도 이미 한 번 결정을 내린 위원회로 하여금 스스로 자신의 결정을 재고하도록 하는 것이기 때문에 당초의 결정이 번복되리라고 기대하기가 어려울 것이어서 실효성에 의문이 있기 때문이다. 최근에 발의된 법률안 중 이용주의원안에서는 이 문제에 관하여 재심사위원회의 재심사를 행정심판으로 의제하고 재심사 및 재결절차에 관하여 행정심판법을 준용하도록 함으로써, 해석상 혼란의 여지를 없애려고 배려하였음을 확인할 수 있다.

한편 헌법재판소 헌법불합치 결정 이후에 나온 법률안들은 공통적으로 대체복무요원에게 "개인화기(個人火器)·공용화기, 도검 등 일체

의 무기·흉기를 사용하거나 관리·단속하는 행위"와 "인명살상 또는
시설파괴가 수반되거나 그러한 능력을 향상시키는 것을 목적으로 시
행하는 일체의 훈련 또는 보조 행위"가 포함된 업무를 포함시킬 수 없
다고 명문으로 규정하고 있다.[20] 전시 등 비상 상황의 경우에도 이와
같은 태도를 관철시킴으로써 대체복무를 마친 양심적 병역거부자의
병종 편입에 따른 새로운 병역거부 논란을 불식시킬 수 있다는 점에서
이와 같은 태도는 긍정적이라고 평가할 수 있을 것이다.

    이와 별개로 대체복무의 내용과 관련하여 주목할 만한 부분은 이
종명의원안과 김학용의원안에서 제시하고 있는 이른바 평화증진업무
속에 "「지뢰 등 특정 재래식무기 사용 및 이전의 규제에 관한 법률」에
따른 지원"업무가 포함되어 있는 점이라고 할 수 있다. 이종명의원안
에서 대체복무의 내용으로 규정하고 있는 이른바 평화증진업무란 "「지
뢰 등 특정 재래식무기 사용 및 이전의 규제에 관한 법률」 제2조 제1
호에 따른 지뢰의 제거 등"의 업무를 가리키는 것으로 되어 있으며,
김학용의원안도 위와 같은 지뢰제거 업무를 대체복무요원의 업무 중
하나로 규정하고 있다. 이와 관련하여 고도의 전문적 기술과 경험을
필요로 하는 지뢰제거 업무를 대체복무의 내용으로 포섭하는 것이 적
절한 것인지를 둘러싸고 거센 비판이 제기되고 있는 실정이다. 생명과
신체의 위험을 감수하면서 현역으로 병역의무를 이행하는 경우와 비
교하여 형평성을 갖춘 대체복무 제도를 설계할 필요성이 있다고 하더
라도 합리적인 범위를 벗어나는 과도한 위험을 강요하는 대체복무라

---

20 이용주의원안에서는 "「국군조직법」 제2조에 따른 국군의 업무, 「의무경찰대
  설치 및 운영에 관한 법률」 제1조에 따른 의무경찰대의 업무 및 이에 준하는
  업무로서 대인용 무기를 소지한 상태에서 수행하여야 하는 업무"를 제외대상
  업무로 규정하고 있고, 김학용의원안에서는 "군사적 목적으로 사용되는 각종
  시설의 복구 및 지원 업무"가 추가되어 있어 표현이 다소 상이하나 대동소이
  하다고 볼 수 있다.

면 이는 대체복무를 빙자한 제재와 다를 바 없다고 할 수 있다. 양심적 병역거부에 대한 새로운 형태의 제재는 병역법에 대하여 헌법불합치를 결정한 헌법재판소의 입장에 배치되는 것일 뿐만 아니라 지금까지와 마찬가지로 양심의 자유를 침해한다는 헌법 위반의 논란을 불러일으킬 것이라는 점에서 적절한 대안이라고 보기 어렵다.

대체복무의 내용에 있어서 또 문제가 되는 업무는 「6·25 전사자 유해의 발굴 등에 관한 법률」에 따른 전사자 유해 발굴업무이다. 역시 이종명의원안과 김학용의원안이 이와 같은 업무를 대체복무 업무 중의 하나로 규정하고 있다. 전사자 유해 발굴업무의 경우 앞에서 살펴본 지뢰제거 업무와는 다소 성격을 달리한다. 지뢰제거 업무가 고도의 전문적 기술과 경험을 필요로 하는 업무이기 때문에 대체복무의 내용으로 고려되기에 부적절한 업무인 것과 달리 전사자 유해 발굴업무의 경우에는 그와 같은 고도의 전문적인 기술과 경험까지 필요로 하는 업무라고는 볼 수 없다. 그럼에도 불구하고 이와 같은 전사자 유해 발굴업무 역시 대체복무의 내용으로 고려되는 것은 적절하지 않다고 볼 것이다. 왜냐하면 6·25 전사자 유해의 거의 대부분이 현재 군사 작전지역에 소재하고 있는 것으로 추정되고 군부대가 작전상 그 지역을 관할하고 있는 이상, 전사자 유해의 발굴을 위해서는 군부대의 지휘를 받는 것이 필수적인 요소가 될 것이기 때문이다. 양심적 병역거부자들의 경우 군과 관련된 일체의 업무를 거부하고 있다는 점에서 위와 같이 군부대의 지휘를 받을 수밖에 없는 전사자 유해 발굴업무에 종사하도록 하는 것은 사실상 대체복무를 허용하지 않는 것과 마찬가지 결과를 가져오게 될 것이다. 이와 같은 이유에서 전사자 유해 발굴업무 역시 양심적 병역거부자에게 부과할 대체복무의 내용으로 고려할 수 있는 업무는 아니라고 보는 것이 옳다.

대체복무 기간과 관련하여 2018년 6월 28일 헌법재판소의 헌법불합치 결정 이전에 나온 법률안 중에서는 이철희의원안을 제외한 다른 법률안들이 모두 육군 현역 복무 기간의 1.5배 정도를 예정하고 있었던 반면에, 헌법재판소의 위 결정 이후에 발의된 법률안들은 모두 2배 정도의 복무 기간을 예정하고 있으며 심지어 김학용의원안에서 제시하는 복무 기간은 3년 8개월로 다른 어떤 법률안보다도 장기간의 복무를 요구하고 있다. 대체복무 기간의 경우 현역병 복무에 뒤따르는 여러 가지 부담을 고려할 때 현역병의 복무 기간보다 다소 장기간으로 규정하는 것은 수긍할 수 있다고 할 수 있겠으나, 그 기간이 지나치게 장기간이 되는 경우에는 본질적으로 '대체복무'가 아닌 '제재'를 부과하는 것이 될 수 있다는 점에서 신중한 고려가 필요한 쟁점이라고 할 수 있다. 국가인권위원회에서도 육군 현역 복무 기간의 1.5배를 적정한 대체복무 기간으로 본다는 입장을 표명하였다.

복무형태는 사회복지시설 등 복무기관에서 '합숙'하며 복무하는 것을 원칙적인 형태로 한다. 위에서 지뢰제거 업무를 규정한 법률안에서는 "부대 복무"를 상정하고 있는 듯한 표현[21]도 발견된다. 대체복무를 실시하는 사회복지시설의 범위에 관하여 19대 이전까지는 사회복지사업법의 규정에 따르도록 하거나, 대체복무를 결정하는 중앙위원회와 지방위원회가 정하도록 하는 방식을 취하는 경우가 대부분이었으나, 19대 국회 이후에는 대체복무를 결정하는 위원회의 의결을 거쳐 병무청장 또는 지방병무청장이 구체적인 대상 시설을 지정하는 방식을 채택하고 있다. 복무시설의 범주를 결정함에 있어서는 합숙복무가 가능한지 여부, 합숙복무가 불가능한 경우 통근복무를 허용할 것인지 여부가 중요한 고려 요소 중의 하나가 되어야 할 것이다.

헌법재판소의 2018년 6월 28일 헌법불합치 결정 이전에 발의된 법률안 중 이철희의원안을 제외한 나머지 법률안들은 대체복무를 마

---

21 이종명의원안 제43조의4 제2항 제2호 등.

친 후에는 당시 병역법에 따른 병역 유형 중 하나인 제2국민역에 편입
되는 것으로 규정하고 있는 반면에, 헌법재판소 결정 이후에 발의된
법률안 중 이종명의원안과 김학용의원안은 종래의 병역 유형과는 별
개로 '대체복무역'이라는 새로운 병역에 편입되는 것으로 규정하고 있
다. 이 부분은 예비군 편입 여부 및 전시 등 비상사태에 당하여 소집
되는 경우에 어떤 업무에 복무하여야 하는지 여부와 관련되는 문제이
기 때문에 대체복무에 관하여 규정하는 부분 중에 이 부분도 명확하게
정리하여 둘 필요가 있는 문제이다. 대체복무를 마친 후에도 예비군으
로 군사훈련을 받게 되거나 전시 등 비상 상황 하에서의 전투적 업무
또는 군과 관련된 업무에 복무하게 되는 문제를 불식시키기 위해서는
'대체복무역'과 같이 종전에 없던 새로운 병역 유형을 규정하는 방식을
긍정적으로 고려할 수 있다. 그러나 무엇보다 중요한 것은 새로운 병
역의 내용에 전투적 성격의 업무나 군과 관련된 업무가 포함되지 말아
야 한다는 점이다. 이 점은 새로운 병역 유형을 규정하지 않는 경우에
도 마찬가지로 가장 중요하게 고려되어야 하는 요소이다.

　　보충적인 문제이기는 하지만, 대체복무제에 관한 입법이 이루어지
는 경우 해당 법률의 시행 이전에 이미 군 복무를 시작한 이들에게도
대체복무를 허용할 것인지 여부를 검토할 필요가 있다. 물론 대체복무
제 도입 이전에 이미 양심적 병역거부를 이유로 형사처벌을 받은 이들
에 대한 구제조치를 고려하여야 한다는 의견도 제기될 수 있을 것으로
생각된다. 그러나 긍정적인 검토의 필요성은 논외로 하고, 대체복무제
의 도입 자체는 양심적 병역거부가 헌법상 권리인지 여부에 관한 위헌
론과는 별개의 문제라고 할 것이어서 이미 형사처벌을 받은 이들에 대
한 구제조치까지 대체복무제의 도입에서 고려할 사항은 아니라고 할
것이다. 따라서 양심적 병역거부를 이유로 형사처벌을 받은 이들에 대
한 구제조치는 대체복무제 모델에 관한 이 연구와는 별도로 연구될 필

요가 있다.

종래의 법률안 중에는 대체복무제 법률 시행 당시 군 복무 중에 있는 이들에게도 양심상의 결정을 이유로 대체복무를 허용할 것인지 여부에 관하여 적극적인 입장을 취한 법률안과 그렇지 않은 입장을 취한 법률안이 비슷한 비율로 존재한다. 노회찬의원안, 이정희의원안, 전해철의원안, 박주민의원안, 이용주의원안이 적극적인 입장이다. 반면에 임종인의원안, 김부겸의원안, 이철희의원안, 김중로의원안, 이종명의원안, 김학용의원안은 이미 복무 중에 있는 자들에 대해서는 대체복무신청을 허용하지 않는 태도를 취하고 있다. 이 부분에 관해서도 제4장에서 살펴보게 될 것이다.

이와 관련하여 만일 병역 복무 중에 있는 이들에 대해서도 대체복무 전환신청을 허용한다면, 마찬가지 논리로 대체복무를 신청하였다가 이를 번의하여 병역복무를 하고자 하는 이들에 대해서도 병역복무로 전환할 수 있는 길을 열어주어야 할 필요가 있다는 문제가 제기될 수 있다. 지금까지의 법률안들은 이 논점에 대해서는 아무런 검토가 없는 듯하다.

또 대체복무를 이탈하여 병역법 제89조 소정의 복무이탈죄로 처벌받은 경우에는 대체복무 소집을 취소하고 현역병 또는 사회복무요원으로 소집할 수 있도록 하는 것[22]이 정당한 조치인지에 대해서도 신중한 검토가 필요하다. 이상의 요소들에 대한 구체적인 검토와 아울러 이 연구가 제시하는 입장은 제4장에서 자세하게 기술하게 될 것이다.

---

22 예컨대, 박주민의원안 제33조의28 참조.

제 4 절 양심적 병역거부에 관한 사법기구의 태도

이 절에서는 2018년 6월 28일 헌재 결정에 이르기까지 헌법재판소와 법원에서 양심적 병역거부 사건에 관하여 그동안 어떤 입장을 취하여 왔는지를 살펴보고자 한다. 법원의 경우 근래 들어 하급심 법원에서는 양심상의 결정을 이유로 하는 병역거부 사건에 대해서 무죄판결을 선고하는 횟수가 부쩍 증가하고 있다. 하급심 법원의 이러한 변화 추세가 대법원의 태도 변화에까지 이를 것인지는 두고 보아야 할 것이겠지만, 적어도 과거 하급심 법원 및 대법원의 태도와 최근 하급심 법원의 태도는 매우 대조적인 입장이어서 양자를 하나로 뭉뚱그려서 법원의 태도라고 포섭하는 것은 적절하지 않을 것으로 생각된다. 이에 따라 양심적 병역거부에 관한 사법기구의 태도를 살펴봄에 있어서는 헌법재판소의 입장, 대법원의 입장, 최근 하급법원의 입장(무죄판결의 입장)의 세 가지로 나누어 살펴보고자 한다.

1. 헌법재판소의 입장

가. 개 요

헌법재판소의 2018년 6월 28일 헌법불합치 결정 이전까지의 헌법재판소 결정례 중 양심적 병역거부의 문제를 다룬 사건은 대체로 13건 정도(헌법재판소 홈페이지에서 검색되는 결정례 기준) 되는 것으로 파악된다. 그 중에서 본안에 관하여 판단을 한 사례는 헌재 2004. 8. 26. 2002헌가1, 헌재 2004. 10. 28. 2004헌바61, 2004헌바62, 2004헌바75(병합), 헌재 2011. 8. 30. 2008헌가22, 2009헌가7, 2009헌가24, 2010헌가16, 2010헌가37, 2008헌바103, 2009헌바3, 2011헌바16(병합), 헌재 2011. 8. 30. 2007헌가12, 2009헌바103(병합) 등 네 건이다. 병역법 제

88조의 위헌 여부를 문제삼은 최초의 사건이었던 헌재 1999. 8. 9. 99 헌바64 사건은 헌법재판소가 청구인의 국선대리인 선정 청구를 받아들이지 아니하고(99헌사307) 변호사를 대리인으로 선임하지 아니하였다는 이유로 각하 결정을 내림으로써 본안에 관한 판단을 받아 볼 기회를 갖지 못했던 사건이다. 그밖에 부적법 각하 결정이 내려진 사건들을 보면 구체적인 주장을 결여한 채 추상적인 주장 개진에만 그친 경우 또는 병역거부를 목적으로 하는 단체의 실체 등이 불확실하여 기본권 침해의 자기관련성과 현재성을 결여한 경우이거나 이미 병역거부로 실형을 복역한 후에 제기된 청구여서 기본권 침해의 자기관련성을 결여한 경우, 또는 제소기간을 도과한 경우 등 형식적 요건의 불비로 인하여 본안판단에 이르지 못하였다.

헌법재판 단계에서 양심적 병역거부를 처벌하는 병역법의 헌법 위반 문제가 본격적으로 심사 대상이 된 것은 2004. 8. 26. 2002헌가1 결정부터라고 할 수 있다. 이하에서는 먼저 부적법 각하 결정이 내려짐으로써 본안판단에 이르지 않은 사건들에 관하여 개략적으로 살펴보고 다음으로 본안판단에 이른 사건들의 판단이유를 구체적으로 살펴보도록 한다.

나. 부적법 각하 결정 사례

앞에서도 언급한 것처럼 헌재 1999. 8. 9. 99헌바64 사건은 헌법재판소가 청구인의 국선대리인 선정 청구를 받아들이지 아니하고(99헌사307) 변호사를 대리인으로 선임하지 아니하였다는 이유로 각하 결정을 내린 사건이다.

헌재 2014. 4. 16. 2014헌마216 사건 및 헌재 2014. 8. 13. 2014헌마622 사건은 각 사건의 개요나 위헌이라고 주장하는 이유 등에 대하여 아무런 구체적 주장을 하지 않은 채 추상적으로 병역법 제88조로 인하여 많은 인명피해가 발생한다는 주장(2014헌마216사건의 경우) 또는 많은 사람들이 스트레스를 받는다는 등의 주장(2014헌마622 사건의 경우)만을 개진하였다는 이유로 부적법 각하 결정을 내린 사건이다.

또 헌재 2011. 5. 31. 2011헌마274 사건 및 헌재 2015. 1. 13. 2014헌마1148 사건은 각각 '양심적 병역거부권을 보호할 수 있는 대체복무 제도에 대한 국회의 입법부작위'로 인하여 양심의 자유 등을 침해받았다고 주장하면서 위 입법부작위의 위헌확인을 구한 사건이지만, 청구인이 이미 병역의무 불이행을 이유로 1년 6월의 징역형을 선고받아 확정되었으므로, 더 이상 제1국민역(당시 기준)의 병역의무를 부담하지 않게 되었기 때문에 이 사건 심판청구가 인용되어 대체복무제 법률이 제정된다고 하더라도 위 법률은 청구인에게 적용될 여지가 없으므로 청구인은 위 입법부작위의 위헌 여부를 다툴 기본권 침해의 자기관련성이 없다는 이유로 부적법 각하 결정을 내린 사건들이다.

다음으로 헌재 2013. 2. 28. 2012헌마143은 자칭 양심적 병역거부 운동 단체인 '전쟁없는 세상'에 가입한 청구인이 병역 또는 납세의 의무를 거부할 목적으로 단체를 조직하거나 이에 가입한 자를 처벌하도록 규정하고 있는 형법 제114조 제2항을 심판대상 조항으로 하여 위헌확인을 구한 사건에서 청구인이 가입하여 활동하고 있다는 이 사건 단체가 위와 같은 일체의 병역의무를 거부하는 것을 목적으로 하는 단체라고 인정하기에 부족하므로 신청인의 주장과 같은 단체인지 여부가 불명확하여 청구인에게 기본권 침해의 자기관련성과 현재성이 결여되어 있다는 이유로 부적법 각하 결정을 내린 사건이다.

마지막으로 헌재 2015. 7. 7. 2015헌마677 사건은 청구인에게 기본권 침해 사유가 발생한 날은 병역법 제88조가 적용되어 기소된 때이고, 청구인이 이를 안 날은 관련 혐의사실 및 적용법조 등이 기재되어 있는 공소장 부본을 송달받은 때라고 보아 이로부터 위헌심판 제소기간인 1년이 훨씬 경과한 2015년 6월 25일에 위헌심판을 제기한 것은 청구

기간을 도과한 청구라는 이유로 부적법 각하결정을 내린 사건이다.

이상과 같이 부적법 각하 결정이 내려진 사건들 중에서 헌재 1999. 8. 9. 99헌바64 사건을 제외한 나머지 사건들은 대체로 그 각하 결정의 이유에 수긍할 부분이 충분히 있는 사건들, 바꾸어 말하면 신청인이 제대로 주장을 개진하지 않았거나 헌법재판의 요건을 충족시키지 않은 사건들이었다고 할 수 있다. 그러므로 각하 결정에 이른 헌법재판소의 입장을 법리적으로 비판할 여지는 없다고 할 수 있다.

다. 헌재 2004. 8. 26. 2002헌가1

위에서 언급한 99헌바64 사건이 국선대리인 선정신청을 거부한 채, 변호사를 소송대리인으로 선임하지 않았다는 형식적 요건 흠결로 각하되어 버림에 따라, 우리 헌법재판소에서 양심적 병역거부라는 본안에 관하여 판단하게 된 최초의 사건이 바로 헌재 2004. 8. 26. 2002헌가1 사건이다. 이 사건은 종교적 양심에 반한다는 이유로 입영을 거부한 피고인에 대한 병역법 위반 사건(서울남부지방법원 2001고단5819)에서 위헌제청된 사건이다. 당시 서울남부지방법원에서 위 사건을 담당하였던 판사는 후에 대법관이 된 박시환 판사이다.

이 사건에서는 병역의무의 부과가 헌법 제9조 양심의 자유에 반하는 것인지 여부가 쟁점이 되었다. 이 사건은 양심적 병역거부에 관한 헌법재판소의 본안판단이 이루어진 최초의 사건이라는 의의 외에도 그 판시사항이 이후 유사사건 판단의 시금석(試金石)이 되었다는 점에서 매우 중요한 의의를 갖는다고 할 수 있다. 그러므로 필요한 범위 내에서 다수의견과 소수의견을 상세히 살펴볼 필요가 있다.

위 사건에서 헌법재판관 다수는, 양심상의 결정이 어떠한 종교관·세계관 또는 그 외의 가치체계에 기초하고 있는가와 관계없이 모든 내용의 양심상의 결정이 양심의 자유에 의하여 보장된다고 전제하면서도, 양심의 자유는 단지 국가에 대하여 가능하면 개인의 양심을 고려하고 보호할 것을 요구하는 권리일 뿐, 양심상의 이유로 법적 의무의 이행을 거부하거나 법적 의무를 대신하는 대체의무의 제공을 요구할 수 있는 권리가 아니므로, 양심의 자유로부터 대체복무를 요구할 권리가 도출되지 않는다고 판단하였다. 아울러 대체복무제를 도입하기 위해서는 남북한 사이에 평화공존관계가 정착되어야 하고, 군 복무 여건의 개선 등을 통하여 병역기피의 요인이 제거되어야 하며, 나아가 우리 사회에 양심적 병역거부자에 대한 이해와 관용이 자리잡음으로써 그들에게 대체복무를 허용하더라도 병역의무의 이행에 있어서 부담의 평등이 실현되며 사회통합이 저해되지 않는다는 사회공동체 구성원의 공감대가 형성되어야 하는데, 이러한 선행조건들이 충족되지 않은 현 단계에서 대체복무제를 도입하기는 어렵다는 것이 입법자의 판단이라고 설시하면서, 이와 같은 입법자의 판단이 현저히 불합리하다거나 명백히 잘못되었다고 볼 수 없으므로 병역법 제88조 제1항 제1호(1999. 2. 5. 법률 제5757호로 개정된 것)는 헌법에 위반되지 않는다고 판시하였다. 그러나 다른 한편으로 입법자는 헌법 제19조의 양심의 자유에 의하여 공익이나 법질서를 저해하지 않는 범위 내에서 법적 의무를 대체하는 다른 가능성이나 법적 의무의 개별적인 면제와 같은 대안을 제시함으로써 양심상의 갈등을 완화해야 할 의무가 있으며, 이러한 가능성을 제공할 수 없다면, 적어도 의무위반 시 가해지는 처벌이나 징계에 있어서 법적용기관이 그의 경감이나 면제를 허용하는 양심 우호적 법적용을 통하여 양심을 보호하는 조치를 취할 수 있도록 하는 방향으로 입법을 보완할 것인지 숙고하여야 한다는 의견을 부가하였다.[23]

　　이러한 다수의견에 대하여 헌법재판관 김경일과 전효숙은 반대의견을 개진하였다. 즉 이들 두 헌법재판관은, 양심적 병역거부자들의

---

23 다수의견에 대해서는 헌법재판관 권성과 이상경의 별개의견이 있으나 아주 새로운 관점을 제시한 것은 아니므로 이는 생략하도록 한다.

병역거부를 군 복무의 고역을 피하기 위한 것이거나 국가공동체에 대한 기본의무는 이행하지 않으면서 무임승차식으로 보호만 바라는 것으로 볼 수는 없다고 하면서 우리 군의 전체 병력 수에 비추어 양심적 병역거부자들이 현역 집총 병역에 종사하는지 여부가 국방력에 미치는 영향은 전투력의 감소를 논할 정도라고 볼 수 없고, 이들이 반세기 동안 형사처벌 및 유·무형의 막대한 불이익을 겪으면서도 꾸준히 입영이나 집총을 거부하여 온 점에 의하면 형사처벌이 이들 또는 잠재적인 양심적 병역거부자들의 의무 이행을 확보하기 위해 필요한 수단이라고 보기는 어렵다고 전제하면서, 국방의 의무는 단지 병역법에 의하여 군 복무에 임하는 등의 직접적인 집총 병력 형성의무에 한정되는 것이 아니므로 양심적 병역거부자들에게 현역복무의 기간과 부담 등을 고려하여 이와 유사하거나 보다 높은 정도의 의무를 부과한다면 국방의무 이행의 형평성 회복이 가능할 것이고, 또한 많은 다른 나라들의 경험에서 보듯이 엄격한 사전심사절차와 사후관리를 통하여 진정한 양심적 병역거부자와 그렇지 않은 자를 가려내는 것이 가능하며, 현역복무와 이를 대체하는 복무의 등가성을 확보하여 현역복무를 회피할 요인을 제거한다면 병역기피 문제도 효과적으로 해결할 수 있을 것임에도 불구하고 우리 병역 제도와 이 사건 법률조항을 살펴보면, 입법자가 이러한 사정을 감안하여 양심적 병역거부자들에 대하여 어떠한 최소한의 고려라도 한 흔적을 찾아볼 수 없으므로 위 병역법 제88조 제1항 제1호는 헌법에 부합하지 않는다고 지적하였다.

    헌법재판소의 이 결정은 양심적 병역거부에 대한 형사처벌의 위헌 여부에 관한 헌법재판소 최초의 본안판단이라는 점에서 커다란 의의가 있다. 이에 대해서는 많은 연구와 분석이 이루어졌는바, 이에 관해서는 이 장의 제5절에서 자세히 살펴보게 될 것이다.

라. 헌재 2004. 10. 28. 2004헌바61, 2004헌바62, 2004헌바75(병합)

이 사건의 청구인들은 각 병역법 위반으로 제1심 재판을 진행하던 중 또는 상고심 진행 중 위헌법률심판 제청신청을 하였으나 법원이 이를 기각하자 헌법소원을 청구하였다. 청구인들은 병역의무의 강제는 헌법상 양심의 자유, 종교의 자유, 인간으로서의 존엄과 가치를 침해하는 것이고, 평등 원칙을 침해하는 것이며, 기본권 침해의 최소침해성 요건을 충족하지 못하여 헌법에 위반되는 것이라고 주장하였다. 위 2004. 8. 26. 2002헌가1 결정에 비하여 헌법위반 논거를 비교적 다양하게 제시한 점이 특징적이다.

이에 대하여 헌법재판소 다수의견은, 소극적 부작위에 의한 양심실현의 자유는 그 양심의 실현과정에서 다른 법익과 충돌할 수 있게 되고 이때에는 필연적으로 제한이 수반될 수도 있는 상대적 자유에 해당하므로, 헌법 제37조 제2항에 따라 법률에 의하여 제한될 수 있는 상대적 자유라고 전제하면서, 병역의무는 궁극적으로는 국민 전체의 인간으로서의 존엄과 가치를 보장하기 위한 것이라 할 것이어서 피고인의 양심의 자유가 위와 같은 헌법적 법익보다 우월한 가치라고는 할 수 없으므로 위와 같은 헌법적 법익을 위하여 헌법 제37조 제2항에 따라 피고인의 양심의 자유를 제한한다고 하더라도 이는 헌법상 허용된 정당한 제한이라고 판단하였다.

이 다수의견은 비례의 원칙에 관한 헌법 제37조 제2항을 거론하면서도 수단의 적합성, 최소침해성 여부 등의 심사를 통하여 어느 정도까지 기본권이 공익상의 이유로 양보해야 하는가를 밝히는 비례원칙의 일반적 심사과정은 양심의 자유에 있어서는 그대로 적용되지 않는다고 보았다. 공익과 비교·교량의 대상이 되는 양심은 더 이상 양심이 아니라는 것이다. 양심의 자유의 경우에는 법익교량을 통하여 양심의 자유와 공익을 조화와 균형의 상태로 이루어 양 법익을 함께 실현하는 것이 아니라, 단지 '양심의 자유'와 '공익' 중 양자택일, 즉 양심에 반하는 작위나 부작위를 법질서에 의하여 '강요받는가 아니면 강요받지 않는가'의 문제가 있을 뿐이라는 것이다. 이러한 설시는 규범조화적 해석론을 채택하지 아니한다는 입장을 명백하게 드러낸 것으로 볼 수 있다.

한편 다수의견은 평등원칙 위반 여부에 관해서 판단하기를, 일반 병역기피자들과 본질적으로 다른 이유에서 병역거부에 이른 양심적 병역거부자를 일반 병역기피자들과 같이 취급하여 처벌하는 결과가 된다고 하더라도 이는 결국 '양심적 병역거부자에게 병역의무에 대한 예외를 인정하지 않은 것이 위헌인지'의 판단으로 귀착되고 위와 같은 이유에서 그와 같은 조치가 헌법 위반이 아니라고 판단하는 이상 평등원칙에 위배되는 것은 아니라고 판단하였다.

이와 같은 다수의견에 대해서는 위 2002헌가1 결정의 경우와 마찬가지로 재판관 김경일과 전효숙이 반대의견을 개진하였다. 소수의견은 양심의 자유에 관한 합헌성 심사에 있어서는 심사기준을 완화할 것이 아니라 일반적인 헌법 제37조 제2항에 의한 기본권제한 원리에 따라 심사가 이루어져야 한다고 주장하였다. 한편 양심보호와 형평문제를 동시에 해결할 수 있는 대안은 이론적으로 가능하며, 이미 상당한 기간 동안 세계의 많은 나라들이 양심적 병역거부를 인정하면서도 이러한 문제들을 효과적으로 해결하여 징병제를 유지해오고 있다는 사실은 그것이 실제로도 가능하다는 사실을 강력히 시사하고 있음에도 입법자들이 병역법 제88조에 의해 구체화된 병역의무의 이행을 강제하면서 사회적 소수자인 양심적 병역거부자들의 양심의 자유와의 심각하고도 오랜 갈등관계를 해소하여 조화를 도모하기 위한 최소한의 노력도 하지 않는 상황 하에서 병역법 제88조는 위헌임을 면치 못한다는 것이다.

2개월 정도 시차를 두고 이루어진 위 2002헌가1 결정의 이유와 비교하여 보면 양심적 병역거부의 바탕이 되는 양심의 자유에 관한 판단의 경우에도 헌법 제37조 제2항에 따라 비례의 원칙에 따른 심사의 대상이 되는 것이지만 비례의 원칙에 대한 완화된 심사기준을 적용할 필요성이 있다는 논거와, 규범조화적 해석론의 배제 등 관련된 쟁점 및 그 쟁점에 대한 결론을 명확하게 제시하였다는 특징이 있다. 헌법 재판소 다수의견에 대한 반론은 소수의견에서 명확하게 표명되어 있다. 결국 이 부분은 어느 입장을 따르느냐 하는 선택의 문제인 것이다. 이 결정에 대해서는 연구나 분석도 별로 이루어지지 않았던 것으로 보인다.

　마. 헌재 2011. 8. 30. 2008헌가22 등

　헌재 2011. 8. 30. 2008헌가22, 2009헌가7, 2009헌가24, 2010헌가16, 2010헌가37, 2008헌바103, 2009헌바3, 2011헌바16(병합) 사건은 종래의 쟁점, 즉 양심의 자유 침해 및 평등원칙 위반 외에 국제규범의 관점에서도 양심적 병역거부에 대한 형사처벌이 위헌이라고 주장하는 쟁점이 추가된 사건이다.

　이 사건에서 헌법재판소의 다수의견은 종래 양심적 병역거부를 처벌하는 병역법 제88조가 양심의 자유를 침해하는 것인지 여부의 심사에 있어서 비례의 원칙에 따른 심사가 어느 정도 적용되어야 하는지에 관한 판단 — 앞에서 본 헌재 2004. 10. 28. 2004헌바61, 2004헌바62, 2004헌바75(병합)에서는 이에 관하여 완화된 심사기준의 필요성을 제시한 바 있다 — 은 명시하지 않은 채, 비례의 원칙에 따른 목적의 정당성, 수단의 적합성, 최소침해의 원칙, 법익균형성의 요건을 충족하므로 헌법에 위반되지 않는다고 판단하였다. 비례의 원칙에 따른 심사기준을 엄격하게 적용할 것인지 아니면 완화된 심사기준을 적용할 것인지 여부에 관한 판단을 명확하게 하지 않았다는 점은 아쉬운 부분이다.

다수의견의 논거를 좀 더 자세히 살펴보면 이와 같다. 먼저, 목적의 정당성 측면에서는 양심적 병역거부에 대한 형사처벌은 '국민의 의무인 국방의 의무의 이행을 관철하고 강제함으로써 징병제를 근간으로 하는 병역 제도 하에서 병역 자원의 확보와 병역 부담의 형평을 기하고 궁극적으로 국가의 안전보장이라는 헌법적 법익을 실현하고자 하는 것'으로 그 입법목적이 정당하다고 보았다.

수단의 적합성 측면에서는, 입영을 기피하는 현역 입영대상자에 대하여 형벌을 부과함으로써 현역복무의무의 이행을 강제하는 것은 위와 같은 입법목적을 달성하기 위한 적절한 수단이라고 보았다.

최소침해의 원칙 측면에서는, 병역의무와 관련하여 대체복무제를 도입할 것인지의 문제는 결국 '대체복무제를 허용하더라도 국가안보라는 중대한 공익의 달성에 아무런 지장이 없는지 여부'에 대한 판단의 문제로 귀결되는바, 남북이 대치하고 있는 우리나라의 특유한 안보상황, 대체복무제 도입시 발생할 병력자원의 손실 문제, 병역거부가 진정한 양심에 의한 것인지 여부에 대한 심사의 곤란성, 사회적 여론이 비판적인 상태에서 대체복무제를 도입하는 경우 사회 통합을 저해하여 국가 전체의 역량에 심각한 손상을 가할 우려가 있는 점 및 종전 헌법재판소의 결정에서 제시한 선행조건들이 아직도 충족되지 않고 있는 점 등을 고려할 때 대체복무제를 허용하더라도 국가안보와 병역의무의 형평성이라는 중대한 공익의 달성에 아무런 지장이 없다는 판단을 쉽사리 내릴 수 없으므로, 양심적 병역거부자에 대하여 대체복무제를 도입하지 않은 채 형사처벌 규정만을 두고 있다고 하더라도 이 사건 법률조항이 최소침해의 원칙에 반한다고 할 수 없다는 것이다.

법익균형성 요건의 측면에서는, 양심적 병역거부자는 이 사건 법률조항에 따라 3년 이하의 징역이라는 형사처벌을 받는 불이익을 입게 되나 이 사건 법률조항이 추구하는 공익은 국가의 존립과 모든 자유의 전제조건인 '국가안보' 및 '병역의무의 공평한 부담'이라는 대단히 중요한 공익이고, 병역의무의 이행을 거부함으로써 양심을 실현하고자 하는 경우는 누구에게나 부과되는 병역의무에 대한 예외를 요구하는 것이므로 병역의무의 공평한 부담의 관점에서 볼 때 타인과 사회공동체 전반에 미치는 파급 효과가 대단히 큰 점 등을 고려한다면 이 사건 법률조항이 법익균형성을 상실하였다고 볼 수는 없다는 것이다.

한편 평등원칙 위반과 관련해서는 병역거부가 양심에 근거한 것이든 아니든, 그 양심이 종교적 양심이든, 비종교적 양심이든 가리지 않고 일률적으로 규제하는 것일 뿐, 양심이나 종교를 사유로 차별을 가하는 것이 아니므로 평등원칙에 위반하는 것이 아니라고 보았다.

그러나 평등원칙에 관한 이와 같은 판단은 의문이다. 양심적 병역거부의 처벌과 관련한 평등원칙 위반의 쟁점은 일반 병역기피자들과 본질적으로 다른 이유에서 병역거부에 이른 양심적 병역거부자를 일반 병역기피자들과 같이 취급하여 처벌하는 결과가 되는 문제, 즉 외관은 동일하지만 내적인 이유에서 다른 것을 동일하게 취급해버리는 문제라고 할 수 있다. 앞에서 살펴본 헌재 2004. 10. 28. 2004헌바61, 2004헌바62, 2004헌바75(병합)에서는 이 점을 명확히 하였다. 그런데 이번 결정에서는 병역거부라는 외관에만 집중해서 같은 외관에 대해 같은 취급을 하는 것이므로 평등원칙에 위반되지 않는다고 판단한 것이다. 쟁점과 동떨어진 내용을 쟁점으로 삼아 판단을 내렸다는 점에서 적절한 판단이었는지 아쉬움이 남는다.

마지막으로 국제법 존중을 규정한 헌법 제6조 제1항 위반 여부에 관하여는, 대한민국이 1990년 4월 10일 가입한 「시민적 · 정치적 권리에 관한 국제규약(International Covenant on Civil and Political Rights)」에 따라 바로 양심적 병역거부권이 인정되거나 양심적 병역거부에 관한 법적인 구속력이 발생한다고 보기 곤란하고, 양심적 병역거부권을 명문으로 인정한 국제인권조약은 아직까지 존재하지 않으며, 유럽 등의 일부국가에서 양심적 병역거부권이 보장된다고 하더라도 전 세계적으로 양심적 병역거부권의 보장에 관한 국제관습법이 형성되었다고 할 수 없어 양심적 병역거부가 일반적으로 승인된 국제법규로서 우리나라에 수용될 수는 없으므로, 양심적 병역거부자를 형사처벌한다고 하더라도 국제법 존중의 원칙을 선언하고 있는 헌법 제6조 제1항에 위반된다고 할 수 없다고 보았다.

이 쟁점은 결국 양심적 병역거부에 관한 국제관습법이 형성되었다고 볼 것인지 아닌지에 관한 정책적 결단의 문제라는 점을 시사하고 있다. 국제관습법의 형성 여부에 관해서는 제1장 제2절 및 제2장 제2절의 국제적 상황과 외국 입법례 부분을 살펴보면 충분한 판단이 가능할 것이라고 생각한다.

이와 같이 양심적 병역거부자 처벌이 합헌이라는 다수의견에 대해서는 헌법재판관 목영준의 보충의견과 헌법재판관 김종대의 별개의견이 있고, 헌법재판소장 이강국과 헌법재판관 송두환의 한정위헌 의견이 있다.

목영준의 보충의견은 병역의무 이행에 따른 기본권 제한을 완화시키거나 그 제한으로 인한 손실을 전보하여 주는 등 군 복무로 인한 차별을 완화하는 제도가 마련되지 않는 한, 양심적 병역거부자를 처벌하는 이 사건 법률조항은 헌법에 위반되지 않는다는 것이다. 병역의무 이행과의 비교교량에서 양심적 병역거부자를 형사처벌하는 것이 그다지 불합리하지 않다는 관점을 표명한 것으로 보인다.

한편 김종대의 별개의견은 병역법 제88조가 헌법상 양심의 자유를 침해하는지 여부를 판단할 필요가 없다는 것이다. 그 이유는 병역법 제88조는 국방의 의무를 부과하는 것으로서 기본의무 부과의 위헌심사기준에 따라 그 위헌성을 심사하여야 할 것인데, 의무부과 목적의

정당성이 인정되고, 부과 내용이 기본의무를 부과함에 있어 입법자가
유의해야 하는 여타의 헌법적 가치를 충분히 존중한 것으로서 합리적
이고 타당하며, 부과의 공평성 또한 인정할 수 있으므로, 이 사건 법률
조항으로 인해 불가피하게 생겨나는 기본권 제한의 점은 따로 심사할
필요가 없다는 것이다.

이에 반하여 이강국과 송두환의 한정위헌 의견의 요지는 이와 같
다. 이들의 의견은 규범조화적 해석의 원칙에 따라 이 문제를 해결해
야 한다는 입장에서, 절대적이고 진지한 양심의 결정에 따라 병역의무
를 거부한 청구인들에게 국가의 가장 강력한 제재수단인 형벌이, 그것
도 최소한 1년 6개월 이상의 징역형이라고 하는 무거운 형벌이 부과되
는 것은, 인간으로서의 존엄과 가치를 심각하게 침해하는 것이고, 나
아가 형벌부과의 주요근거인 행위와 책임과의 균형적인 비례관계를
과도하게 일탈한 과잉조치라는 것이다. 양심적 병역거부자들에 대한
대체복무제를 운영하고 있는 많은 나라들의 경험을 살펴보면, 대체복
무제가 도입될 경우 사이비 양심적 병역거부자가 급증할 것이라고 하
는 우려가 정확한 것이 아니라는 점을 알 수 있는바, 엄격한 사전심사
와 사후관리를 통하여 진정한 양심적 병역거부자와 그렇지 않은 자를
가려낼 수 있도록 대체복무 제도를 설계하고 운영한다면 이들의 양심
의 자유뿐 아니라 국가안보, 자유민주주의의 확립과 발전에도 도움이
될 것이므로, 병역법 제88조를 적용함에 있어서 '정당한 사유'에, 양심
에 따른 병역거부를 포함하지 않는 것으로 해석하는 한 헌법에 위반된
다는 것이다.

바. 헌재 2011. 8. 30. 2007헌가12 등

헌재 2011. 8. 30. 2007헌가12, 2009헌바103(병합) 사건은 병역법
제88조가 아니라 구 향토예비군설치법(1999. 1. 29. 법률 제5704호로 개정
되고, 2010. 1. 25. 법률 제9945호로 개정되기 전의 것) 제15조 제8항 중 "같

은 법 제6조 제1항의 규정에 의한 훈련을 정당한 사유 없이 받지 아니
한 자"에 관한 문제이다. 현재는 예비군법으로 법률 명칭이 변경되었
으나 문제가 되었던 처벌조항은 제15조 제4항[24]으로 그대로 유지되고
있다. 이에 관한 헌법재판소의 판단은 위 헌재 2011. 8. 30. 2008헌가
22, 2009헌가7, 2009헌가24, 2010헌가16, 2010헌가37, 2008헌바103,
2009헌바3, 2011헌바16(병합)에서 설시하고 있는 내용과 동일하다. 같
은 재판관으로 구성된 헌법재판소에서 같은 일시에 선고된 결정이었
던 점에서 내용이 동일한 것은 당연한 현상이라고 할 수 있을 것이다.
   예비군법 위반 형사사건을 포함하여 이와 같이 예비군법의 위헌
여부를 다투는 사건은 한시적으로만 존재할 것으로 보인다. 병역법의
개정으로 현재는 양심적 병역거부자에 대하여 1년 6개월의 형을 선고
하고 이들이 복역을 마치고 나면 전시근로역으로 편입되고 있기 때문
이다. 물론 전시근로역이라고 해서 전투적 업무 복무나 군 관련 업무
의 복무로부터 완전하게 자유로운 것은 아니지만, 아직까지 전시근로
역 편입을 문제삼아 헌법소원이나 헌법심판을 제기한 사례는 알려진
바 없다.

   사. 헌재 2018. 6. 28. 2011헌바379 등
   (1) 개 요
   헌법재판소는 2018. 6. 28. 2011헌바379, 383, 2012헌바15, 32,
86, 129, 181, 182, 193, 227, 228, 250, 271, 281, 282, 283, 287, 324,
2013헌바273, 2015헌바73, 2016헌바360, 2017헌바225(병합) 및 2012
헌가17, 2013헌가5, 23, 27, 2014헌가8, 2015헌가5(병합) 사건에서 양
심적 병역거부자를 위한 대체복무 제도를 마련하지 않은 병역법 제5조

---

24 "제5조 제1항에 따른 동원에 정당한 사유 없이 응하지 아니한 사람과 동원을
   기피할 목적으로 거짓으로 거주지를 변경한 사람은 3년 이하의 징역 또는 3
   천만 원 이하의 벌금에 처한다. 다만, 전시·사변일 때에는 5년 이하의 징역에
   처한다."

는 헌법에 합치되지 않는다는 결정[25]을 내리기에 이르렀다. 해당 결정
은 양심적 병역거부자를 직접 처벌하는 조항(이하 처벌조항)인 병역법
제88조 제1항은 헌법에 합치된다고 보면서도, 양심적 병역거부자가 양
심에 반하는 집총복무가 아닌 방식으로 국방의 의무를 이행할 수 있도
록 다른 대체복무 수단을 마련하고 있지 아니한 병역법 제5조(이하 병
역종류조항)는 헌법에 합치되지 않는다고 판시하면서 2019년 12월 31
일까지 개선입법을 이행할 것을 촉구한 것이다.

　　이 헌법불합치 결정에는 양심적 병역거부와 대체복무 제도를 둘
러싼 우리 사회의 첨예한 의견 대립을 그대로 반영하듯 관련된 쟁점도
여러 가지가 포함되어 있으며, 이 쟁점들을 둘러싼 재판관들 사이의
의견도 매우 다양하게 나뉘었다. 우리나라에서 최초로 대체복무 제도
의 도입을 가능하게 한 결정이라는 점에서 비록 그 내용이 다소 많기
는 하지만 이하에서는 헌법재판소의 결정을 각 쟁점별로 나누어 자세
히 살펴보도록 한다.

(2) 병역종류조항에 관한 판단

㈎ 진정입법부작위 여부 쟁점

　　일반적으로 입법의 부작위가 헌법상 문제되는 경우로는, 입법자가
헌법상 입법의무가 있는 어떤 사항에 관하여 전혀 입법을 하지 아니함
으로써 입법행위의 흠결이 있는 경우(＝입법권의 불행사)와 입법자가 어
떤 사항에 관하여 입법은 하였으나 입법의 내용·범위·절차 등이 당해
사항을 불완전, 불충분 또는 불공정하게 규율함으로써 입법행위에 결
함이 있는 경우(＝결함이 있는 입법권의 행사)의 두 가지 경우가 있는데,

25 헌재 2011헌바379, 383, 2012헌바15, 32, 86, 129, 181, 182, 193, 227, 228,
　　250, 271, 281, 282, 283, 287, 324, 2013헌바273, 2015헌바73, 2016헌바360,
　　2017헌바225(병합) 병역법 제88조 제1항 등 위헌소원 등, 2012헌가17, 2013
　　헌가5, 23, 27, 2014헌가8, 2015헌가5(병합) 병역법 제88조 제1항 제1호 위헌
　　제청 등.

전자를 '진정입법부작위'라고 부르고, 후자를 '부진정입법부작위'라고
부르기도 한다. 헌법재판소법 제68조 제2항에 의한 헌법소원은 '법률'
의 위헌성을 적극적으로 다투는 제도이므로 '법률의 부존재', 즉 진정
입법부작위를 다투는 것은 그 자체로 허용되지 아니한다.[26]

  2018년 6월 28일 헌법재판소 결정에서도 헌법불합치 결정이 내
려진 병역종류조항의 헌법불합치 문제에 관하여 이를 진정입법부작위
로 보아야 하는지 아니면 부진정입법부작위로 보아야 하는지를 둘러
싸고 헌법재판관 사이에서 의견이 나뉘었는바, 이를 정리하면 다음과
같다.

1) 재판관 안창호, 조용호의 진정입법부작위 의견

  재판관 안창호, 조용호는 병역종류조항에 대한 심판청구는 법률의
부존재가 위헌임을 주장하는 것으로서 진정입법부작위를 다투는 것이
므로 헌법재판소법 제68조 제2항에 반하여 부적법하다고 주장한다. 재
판관 안창호, 조용호의 관점은 국방의 의무가 군 복무에 임하는 등의
직접적인 병력형성 의무만을 가리키는 것은 아니라는 점에서는 다수
의견과 일치하고 있지만, 그 의무의 내용이 국가의 안전보장과 국토방
위라는 국가 과제와 직접 관계가 있는 것이 아닐 경우에는 국방의 의
무 및 그 의무의 가장 직접적인 내용인 병역의무의 범주에 포섭될 수
없다는 관점을 취하고 있어 다수의견과 차이를 보이고 있다.

  두 재판관은 양심적 병역거부자에 대한 대체복무가 넓은 의미의
국방의무의 내용이 될 수 있는지 그리고 대체복무가 병역의 종류로서
규정될 수 있는 성질의 것인지에 따라 청구인들이 주장하는 입법부작
위의 내용이 확정될 수 있다고 전제하면서, 국방의 의무의 내용을 '외
부 적대세력의 직접적·간접적 침략행위로부터 국가의 독립을 유지하
고 영토를 보전하기 위한 의무'로서 '직접적인 병력형성의무'만을 가리

26 헌재 2004. 1. 29. 2002헌바36등 및 헌재 2016. 11. 24. 2015헌바413등.

키는 것이 아니라 '병역법 등에 의한 간접적인 병력형성의무 및 병력
형성 이후 군 작전명령에 복종하고 협력하여야 할 의무'도 포함한다(헌
재 1995. 12. 28. 91헌마80; 헌재 2002. 11. 28. 2002헌바45 참조)라고 기술한
다. 재판관 안창호, 조용호의 관점에서 '여호와의 증인' 신도들은 모든
종류의 직·간접의 병력 형성과 군 작전명령에 대한 복종·협력뿐만 아
니라, 군사훈련 및 군사업무지원을 거부하고, 군과 관련된 조직의 지
휘를 받거나 감독을 받는 민간영역에서의 복무도 거부하고 있는바, 이
들에게는 현행 병역법상 병역의무의 일부를 줄이는 것만으로는 양심
의 자유의 제한을 전혀 완화하지 못하고 이러한 의무가 모두 면제되어
야 비로소 양심의 자유의 제한이 제거될 수 있다고 본다. 그런데 재판
관 안창호, 조용호의 관점에서는 이와 같이 직·간접의 병력 형성의무,
군 작전명령에 복종·협력할 의무, 군사훈련 및 군사업무지원 의무 등
을 포함하지 아니하는 대체복무는 국방의무 및 그 의무의 가장 직접적
인 내용인 병역의무의 범주에서 벗어난 사회봉사의무를 부과하는 것
이며, 이는 '복무'가 아니라 병역의무의 '조건부 면제'로 평가될 수 있
을 뿐이라는 것이다. 현행 병역법상 보충역의 경우 국가의 안전보장
및 국토방위와 관련성이 적은 사회적·공익적 서비스에 복무하기도 하
지만, 이들은 전시·사변 또는 이에 준하는 국가비상사태가 발생하면
언제든지 부대편성이나 작전수요를 위한 병력동원 또는 군사업무지원
을 위한 소집대상이 되고, 또한 일정한 경우 군사교육을 위한 소집대
상이 된다는 점에서 이들의 복무는 양심적 병역거부와 관련해서 논의
되는 대체복무와는 그 성격을 전혀 달리한다고 보는 것이 재판관 안창
호, 조용호의 관점이다. 요컨대 국방의 의무를 구현하는 병역의무를
대체하는 의무 역시 군과 최소한이라도 관련성을 갖고 있어야 한다고
보는 입장인 것이다. 이와 같은 관점에서는 청구인 등이 주장하는 대
체복무는 직·간접의 병력형성의무, 군 작전명령에 복종·협력할 의무,

군사훈련 및 군사업무지원 의무와는 관계가 없는 것이므로 국방의무
및 병역의무의 범주에 포섭될 수 없다는 결론에 이르게 된다. 재판관
안창호, 조용호의 관점에서 병역법은 국민의 병역의무에 관하여 규정
함을 목적으로 제정되었고(제1조), 병역종류조항은 직·간접의 병력형
성의무, 군 작전명령에 복종·협력할 의무, 군사훈련 및 군사업무지원
의무를 내용으로 하는 병역의 종류를 정하고 있을 뿐이므로, 병역종류
조항에 양심적 병역거부자에 대하여 이러한 국가의 안전보장과 국토
방위와 직접 관련이 없는 대체복무를 규정하라고 하는 것은 병역법 및
병역종류조항과 아무런 관련이 없는 새로운 조항을 신설하라는 주장
에 해당하는바, 종래의 법률에 포섭될 수 없는 전혀 새로운 조항을 신
설하라는 주장은 진정입법부작위를 다투는 것으로 보는 것이 헌법재
판소의 확고한 입장이므로(헌재 2004. 1. 29. 2002헌바36등; 헌재 2010. 2.
25. 2009헌바95; 헌재 2014. 4. 24. 2012헌바332; 헌재 2016. 11. 24. 2015헌바
413등 참조), 결국 위와 같은 청구인들의 주장은 진정입법부작위를 다
투는 주장과 다름 아니라는 것이다.

　2) 법정의견
　　이에 반하여 병역종류조항의 위헌성을 다투는 것이 부진정입법부
작위에 해당한다는 다수의견의 논리는 비교적 단순하다. 국방의 의무
는 외부의 적대세력의 직접적·간접적인 위협으로부터 국가의 독립을
유지하고 영토를 보전하기 위한 의무(헌재 1995. 12. 28. 91헌바80 참조)로
서 현대전이 고도의 과학기술과 정보를 요구하고 국민 전체의 협력을
필요로 하는 이른바 총력전인 점, 그리고 오늘날 국가안보의 개념이
군사적 위협뿐만 아니라 자연재난이나 사회재난, 테러 등으로 인한 안
보 위기에 대한 대응을 포함하는 포괄적 안보 개념으로 나아가고 있는
점 등을 고려한다면 국방의 의무의 내용은 군에 복무하는 등의 군사적
역무에 국한되어야 한다고 볼 수 없고 전시·사변 또는 이에 준하는

비상사태, 재난사태 발생 시의 방재·구조·복구 등 활동이나, 그러한 재난사태를 예방하기 위한 소방·보건의료·방재·구호 등 활동도 넓은 의미의 안보에 기여할 수 있으므로, 그와 같은 비군사적 역무 역시 입법자의 형성에 따라 국방의 의무 또는 그 주요한 부분을 이루는 병역의무의 내용에 포함될 수 있다고 보는 것이다. 법정의견이 된 다수의 견의 관점에서는 현행 병역법상 보충역의 일종인 사회복무요원의 경우 30일 이내의 군사교육소집기간을 제외한 대부분의 복무 기간을 국가기관·지방자치단체·공공단체 및 사회복지시설의 공익목적에 필요한 사회복지, 보건·의료, 교육·문화, 환경·안전 등 사회서비스업무의 지원업무 등 비군사적 역무에 종사하고(제26조 제1항), 이는 예술·체육요원(제33조의7), 공중보건의사(제34조), 공익법무관(제34조의6) 등 다른 보충역의 경우도 마찬가지라고 파악한다. 보충역의 경우 전시·사변 또는 이에 준하는 국가비상사태가 발생하면 언제든지 부대편성이나 작전수요를 위한 병력동원 또는 군사업무지원을 위한 소집대상이 되고, 또한 일정한 경우 군사교육을 위한 소집대상이 된다는 점에서 군사적 역무의 성격을 갖는다고 보는 재판관 안창호, 조용호의 관점과 완전히 대립되는 관점이라고 할 수 있다.

다수의견의 관점에 입각한다면, 대체복무제는 병역의무의 부과를 전제로 그에 대한 대체적 이행을 허용하는 제도이므로, 그 개념상 병역의무의 내용에 포함된다고 봄이 타당하고, 이는 결국 병역의 종류를 규정한 병역종류조항과 밀접한 관련을 갖게 된다. 이에 따라 청구인들의 주장은 입법자가 아무런 입법을 하지 않은 진정입법부작위를 다투는 것이 아니라, 입법자가 병역의 종류에 관하여 입법은 하였으나 그 내용이 양심적 병역거부자를 위한 비군사적 내용의 대체복무제를 포함하지 아니하여 불완전·불충분하다는 부진정입법부작위를 다투는 주장이 되는 것이다.

(나) 재판의 전제성 여부

1) 재판관 김창종의 반대의견

병역종류조항에 양심적 병역거부자를 위한 대체복무 제도가 마련되어 있지 아니한 것이 부진정입법부작위에 해당하는 것인지 여부에 관한 쟁점에 이어 다음으로 쟁점이 된 것은 병역종류에 관한 병역법 제5조의 위헌여부가 재판의 전제성을 갖추어 위헌심사의 대상이 될 수 있는지 여부였다. 이 쟁점에 관하여는 재판관 김창종이 재판의 전제성이 결여되었다는 의견을 개진하였는바, 그 내용을 요약하면 다음과 같다.

재판관 김창종에 따르면 청구인들의 병역종류조항에 대한 이 사건 심판청구는 당해 사건 재판의 전제성이 인정되지 아니하여 부적법하므로 각하하여야 한다고 한다. 그는 헌법재판소는 구체적 규범통제를 하는 권한 밖에 없으므로(헌법 제107조 제1항, 제111조 제1항 제1호, 헌법재판소법 제41조 제1항, 제68조 제2항), 구체적 규범통제의 본질에 내재해 있는 '재판의 전제성' 요건을 통하여 헌법재판소가 심판할 수 있는 구체적 권한범위가 정해지게 되고, 헌법재판소법 제68조 제2항의 헌법소원에 있어서는 법원에 계속 중인 구체적 사건에 적용할 법률이 헌법에 위반되는지 여부가 재판의 전제가 되어야 하는데(헌법재판소법 제68조 제2항, 제41조 제1항), 여기서 재판의 전제가 된다는 것은 당해 사건의 재판에 적용될 법률의 위헌 여부가 그 사건을 해결하기 위하여 필요한 선결문제라는 것을 의미한다고 본다. 그러므로 먼저 위헌 여부가 문제되는 법률이 당해 사건의 재판에 적용되는 것이어야 할 뿐 아니라 그 위헌 여부에 따라 재판의 주문이 달라지거나 재판의 내용과 효력에 관한 법률적 의미가 달라져야만 비로소 재판의 전제성이 인정된다는 것이다. 재판관 김창종은 만약 헌법재판소가 헌법재판소법 제68조 제2항에 따라 청구된 헌법소원 사건에서 재판의 전제성이 없는 법률에 대하여까지 위헌 여부를 심판한다면 이는 당해 사건의 해결과 아무런 관

계없는 법률의 위헌 여부를 판단하는 것이 되어 구체적 규범통제의 본
질을 훼손하는 것일 뿐 아니라 헌법이 헌법재판소에 부여한 권한의 범
위를 벗어나는 일이며, 한편, 형사사건에서 청구인들에 대한 공소사실
에 관하여 적용되지 아니한 법률이나 법률조항의 위헌 여부는 다른 특
별한 사정이 없는 한 청구인들이 재판을 받고 있는 당해 형사사건에
있어서 그 재판의 전제가 된다고 할 수 없으므로(헌재 1989. 9. 29. 89헌
마53; 헌재 1997. 1. 16. 89헌마240; 헌재 2006. 2. 23. 2003헌바84 등 참조), 재
판의 전제성이 인정되려면 해당 법조항이 당해 사건에 직접 적용되는
경우이거나, 직접 적용되는 법률과 내적 관련성이 인정되는 경우라야
한다고 본다. 그에 따르면 여기서 내적 관련성이란 그 위헌 여부에 따
라 당해 사건의 재판에 직접 적용되는 법령조항의 위헌 여부가 결정되
거나 당해 사건을 담당하는 법원이 다른 내용의 재판을 하게 될 정도
의 밀접한 관련성을 의미한다(헌재 1996. 10. 31. 93헌바14; 헌재 2000. 1.
27. 99헌바23; 헌재 2001. 10. 25. 2000헌바5 등 참조). 재판관 김창종은 병
역종류조항에 대한 위헌 결정(헌법불합치 결정 포함)이 있다고 하더라도
그로 인하여 처벌조항이 당연히 위헌으로 귀결되는 것으로 볼 수 없을
뿐 아니라, 당해 사건 재판에 직접 적용되는 처벌조항에 대하여 별도
의 위헌 결정이 없는 한, 병역종류조항에 대한 위헌 결정이 있었다는
점만으로는 당해 사건을 담당하는 법원이 청구인들에게 다른 내용의
재판, 즉 무죄를 선고하리라는 보장도 없으므로 병역종류조항은 재판
의 전제성 요건을 갖추지 못하였다고 주장한다. 그에 따르면 재판의
전제성이 인정되는 조항은 병역법상 처벌조항뿐이고, 설사 병역종류조
항에 대하여 위헌 결정이 있더라도 그 위헌 결정의 기속력이 입영처분
에는 미치지 않으므로 입영처분이 위법하다고 볼 수 없다고 한다. 청
구인들은 그들에 대한 입영처분 그 자체에 어떠한 위법한 사유가 있다
는 주장을 하지 않고 있을 뿐 아니라, 달리 기록상 입영처분이 위법하

다는 사정을 인정할 만한 아무런 자료도 없을뿐더러, 청구인들에 대한 입영처분은 불복할 수 있는 제소기간을 이미 도과하였기 때문에 불가쟁력이 생겨 확정적으로 유효한 처분이 되었으므로 청구인들은 그 입영처분에 의하여 부과된 입영의무를 이행하여야 하고, 이를 불이행하면 '정당한 사유'가 없는 한 처벌조항에 따라 처벌될 수밖에 없는 상황이 되었으므로 병역종류조항에 대한 헌법 위반 여부 판단은 재판의 전제성을 갖추지 못하였다고 보아야 한다는 것이다.

　　한편, 재판관 김창종은 병역종류조항이 위헌으로 결정되면 그에 근거한 병역처분은 후발적으로 위법하게 되는 하자가 있게 됨은 당연하지만, 선행처분인 병역처분의 하자(위법성)는 독립적인 후속처분인 입영처분에 승계되지 아니하므로 당해 사건에서 병역종류조항은 재판의 전제성을 결여하고 있다는 주장도 개진한다. 그에 따르면 2개 이상의 행정처분이 연속적 또는 단계적으로 이루어지는 경우 선행처분과 후행처분이 서로 합하여 1개의 법률효과를 완성하는 때에는 선행처분에 하자가 있으면 그 하자는 후행처분에 승계되고 비록 선행처분에 불가쟁력이 생겨 그 효력을 다툴 수 없게 되더라도 선행처분의 하자를 이유로 후행처분의 효력을 다툴 수 있게 되지만, 선행처분과 후행처분이 서로 독립하여 별개의 법률효과를 발생시키는 경우에는 선행처분에 불가쟁력이 생겨 그 효력을 다툴 수 없게 된다고 하더라도 선행처분의 하자가 당연무효인 경우를 제외하고는 특별한 사정이 없는 한 승계되지 않으므로 결국 선행처분의 하자를 이유로 후행처분의 효력을 다툴 수 없다(대법원 1994. 1. 25. 선고 93누8542 판결; 대법원 2001. 11. 27. 선고 98두9530 판결; 대법원 2009. 4. 23. 선고 2007두13159 판결; 대법원 2015. 12. 10. 선고 2015두46505 판결; 대법원 2017. 7. 18. 선고 2016두49938 판결 등 참조)라는 판단 하에, 선행처분인 병역처분이 위법하다고 하더라도 그 하자는 당연무효에 해당하지 아니할뿐더러, 선행처분의 하자가 후행처

분인 입영처분에 승계되지 아니하므로 결국 당해 사건은 재판의 전제
성을 결여하고 있다는 것이다. 이 부분에 관한 재판관 김창종의 논지
를 좀 더 구체적으로 살펴보면 이와 같다. 먼저 선행처분인 병역처분
이 당연무효가 아니라는 점에 관한 논거로는 행정청이 어떠한 법률에
근거하여 행정처분을 한 후 헌법재판소가 그 처분의 근거가 된 법률을
위헌으로 결정하였다면 그 행정처분은 결과적으로 법률의 근거 없이
행하여진 것과 마찬가지로 되어 후발적으로나마 하자가 있게 되지만,
하자 있는 행정처분이 당연무효가 되기 위하여는 그 하자가 중대할 뿐
아니라 명백한 것이어야 하는데, 일반적으로 법률이 헌법에 위반된다
는 사정은 헌법재판소의 위헌 결정이 있기 전에는 객관적으로 명백한
것이라고 할 수는 없으므로, 특별한 사정이 없는 한 그러한 하자는 행
정처분의 취소사유일 뿐 당연무효사유라고 할 수 없다(헌재 2001. 9. 27.
2001헌바38; 헌재 2006. 11. 30. 2005헌바55; 헌재 2007. 10. 4. 2005헌바71; 헌
재 2010. 9. 30. 2009헌바101; 헌재 2014. 1. 28. 2010헌바251; 헌재 2014. 1.
28. 2011헌바246등; 대법원 1994. 10. 28. 선고 92누9463 판결; 대법원 2009. 5.
14. 선고 2007두16202 판결 등 참조)는 점을 들고 있다. 한편 하자의 승계
에 관한 논거는 이와 같다. 병역처분은 구체적인 병역의무 부과를 위
한 전제로서 병역판정검사 결과 신체등위와 학력·연령 등 자질을 감
안하여 향후 이행하게 될 현역, 보충역 등 역종을 부과하는 행정처분
인 데 반하여, 입영처분은 병역처분을 받은 사람을 대상으로 구체적인
병역의무(입영 등)의 부과와 그 이행을 명하는 행정처분이므로, 입영처
분이 병역처분을 전제로 하는 것이기는 하지만 두 처분은 각각 그 근
거규정을 달리하면서 단계적으로 별개의 법률효과를 발생하는 독립된
행정처분이라고 보아야 하고, 병역종류조항이 위헌으로 결정되면 그에
근거한 병역처분은 후발적으로 위법하게 되는 하자가 있게 됨은 물론
이지만 그러한 병역처분의 하자(위법성)는 독립적인 후속처분인 입영처

분에 승계된다고 볼 수 없고 따라서 병역종류조항에 대한 위헌 결정이
있더라도 입영처분까지 위법한 처분으로 된다고 볼 수 없다는 것이다.

한편 재판의 전제성에 관한 판단요건 중의 하나인 구제수단의 보
충성과 관련하여 병역종류조항의 위헌 여부를 다툴 수 있는 구제수단
이 없었는지 여부에 관한 재판관 김창종의 판단은 이와 같다. 양심적
병역거부자라고 주장하는 사람은 병역판정검사 후 그들에 대하여 현
역병 입영대상자 등의 병역처분(병역법 제14조)이 내려지면, 그 병역처
분의 취소를 구하는 행정소송을 제기한 후 법원에 양심적 병역거부자
를 위한 대체복무제를 규정하지 않은 입법부작위가 헌법에 위반된다
고 주장하면서, 병역처분의 근거조항의 하나로서 재판의 전제성이 인
정되는 병역종류조항을 심판대상으로 삼아 위헌법률심판제청신청을
하고, 법원이 그 신청을 기각하면 헌법재판소법 제68조 제2항에 따라
헌법소원을 제기할 수 있는 길이 열려 있었으므로 청구인들에게 병역
종류조항의 위헌 여부를 다툴 수 있는 구제수단이 없었다고 볼 수 없
는바, 청구인들은 모두 그들에 대한 병역처분이나 입영처분에 대하여
불복할 수 있는 기회가 있었음에도 이를 전혀 다투지 아니하여 병역처
분 및 입영처분이 유효한 처분으로 확정(불가쟁력 발생)된 이후에, 양심
의 결정을 내세우면서 입영을 거부한 행위로 처벌조항에 따라 처벌될
우려가 있게 되자 뒤늦게 당해 사건에서 재판의 전제성이 인정되지 않
는 병역종류조항까지 심판대상으로 삼아 이 사건 헌법소원심판청구를
하고 있을 뿐이라는 것이 재판관 김창종의 판단이다.

재판관 김창종은 이상과 같은 이유에서 병역종류조항은 재판의
전제성을 결여하고 있다고 판단하면서, 헌법 현실의 정확한 파악과 분
석, 평가 및 이에 기초한 다양한 의견 수렴 내지 찬반토론을 통해 대
체복무제 도입의 합리적인 방향과 방법 및 시기, 이를 통한 양심적 병
역거부에 대한 사회적 합의를 이끌어내는 역할에 앞장서야 할 국가기

관은 국회라고 할 것이므로, 사법기관인 헌법재판소가 이 문제 해결의 전면에 나서서, 양심적 병역거부를 인정할 필요성이 있다는 규범적 요청만을 근거로, 이 사건에서 재판의 전제성이 인정되지도 않는 병역종류조항에 대한 위헌 결정을 통하여 국회로 하여금 양심적 병역거부자를 위한 대체복무제를 도입하지 않으면 안 되도록 사법적 강제를 가하는 것은 권력분립원칙이나 헌법재판소의 기능적 한계에 비추어 보아도 결코 바람직한 일이 아니라는 의견으로 재판의 전제성에 관한 자신의 견해를 마무리하고 있다.

  2) 법정의견

  재판의 전제성이 결여되었다는 재판관 김창종의 의견과 달리 법정의견이 된 다수의견은 병역종류조항에 관한 당해 사건은 재판의 전제성을 갖추고 있다고 판단한다. 그 논거는 이와 같다. 당해 사건은 형사사건으로서 공소장에 적용법조로 기재되지 않은 병역종류조항은 당해 사건에 직접 적용되는 조항이 아니지만, 심판청구된 법률조항의 위헌 여부에 따라 당해 사건 재판에 직접 적용되는 법률조항의 위헌 여부가 결정되거나 당해 사건 재판의 결과가 좌우되는 경우 또는 당해 사건의 재판에 직접 적용되는 규범의 의미가 달라짐으로써 재판에 영향을 미치는 경우 등에는 간접 적용되는 법률조항에 대하여도 재판의 전제성을 인정할 수 있는 것인바(헌재 2011. 10. 25. 2010헌바476 참조), 병역종류조항이 양심적 병역거부자에 대한 대체복무제를 포함하고 있지 않다는 이유로 위헌으로 결정된다면, 양심적 병역거부자가 현역입영 또는 소집 통지서를 받은 후 30일 내에 입영하지 아니하거나 소집에 불응하더라도 대체복무의 기회를 부여받지 않는 한 당해 형사사건을 담당하는 법원이 무죄를 선고할 가능성이 있으므로, 병역종류조항의 위헌 여부에 따라 당해 사건 재판의 결과가 달라질 수 있게 되고, 따라서 병역종류조항은 재판의 전제성이 인정된다는 것이다.

3) 재판의 전제성에 관한 법정의견 보충의견의 입장

재판관 이진성, 김이수, 이선애, 유남석은 병역종류조항에 대한 법정의견에 관하여 보충의견 형식으로 병역종류조항이 재판의 전제성을 갖추었다는 주장을 개진하고 있다. 재판관 김창종이 위와 같이 매우 정치하게 재판의 전제성 결여에 관한 논리를 전개하고 있음에 반하여, 재판의 전제성을 인정하는 이들 법정의견 보충의견의 입장은 매우 간략하다. 즉, 당해 사건은 형사사건으로서 공소장에 적용법조로 기재되지 않은 병역종류조항은 당해 사건에 직접 적용되는 조항이 아니지만, 심판청구된 법률조항의 위헌 여부에 따라 당해 사건 재판에 직접 적용되는 법률조항의 위헌 여부가 결정되거나 당해 사건 재판의 결과가 좌우되는 경우 또는 당해 사건의 재판에 직접 적용되는 규범의 의미가 달라짐으로써 재판에 영향을 미치는 경우 등에는 간접 적용되는 법률조항에 대하여도 재판의 전제성을 인정할 수 있다(헌재 2011. 10. 25. 2010헌바476 참조)는 법정의견의 관점에 입각해서, 처벌조항은 현역입영 또는 소집 통지서를 받은 사람이 정당한 사유 없이 일정한 기간 내에 입영하지 아니하거나 소집에 불응하는 행위를 처벌하는데, 이때 '입영하지 아니하거나 소집에 불응하는 행위'는 병역의무자가 현역, 예비역, 보충역, 전시근로역의 복무의무를 부과받았음에도 그 의무이행을 거부하거나 그 의무이행을 위하여 군부대에 들어가는 것을 거부하는 행위를 말하며, 위 '현역', '예비역', '보충역', '전시근로역'의 구체적인 내용은 병역종류조항이 규정하고 있으므로, 병역종류조항은 처벌조항의 의미를 해석하는 근거가 되고, 처벌조항은 병역종류조항의 내용을 전제로 한다는 것이다. 이에 따라 만약 병역종류조항이 양심적 병역거부자에 대한 대체복무제를 포함하고 있지 않다는 이유로 위헌으로 결정된다면, 처벌조항이 이행을 강제하는 병역의무의 내용 역시 대체복무제를 포함하여야 하는 것으로 달라지게 되고, 그에 따라 처벌조항 중 대체복무의 기회를 부여하지 않고 양심적 병역거부자를 처벌하는 부분 역시 위헌으로 결정되어야 하므로 따라서 병역종류조항의 위헌 여부는 처벌조항의 위헌 여부와 불가분적 관계에 있다고 볼 수 있다는 것이고 그렇다면 병역종류조항은 당해 사건에 간접 적용되는 조항으로서 재판의 전제성이 인정된다는 것이다.

이와 같은 보충의견의 관점은 처벌조항이 병역종류조항과 불가분의 관계에 있으므로 처벌조항 역시 헌법에 합치되지 않는다는 관점에서 병역종류조항에 대한 재판의 전제성이 인정된다는 논거를 제시한 것으로 이해된다.

㈐ 병역종류조항의 양심의 자유 침해 여부

1) 개 요

병역종류조항이 양심의 자유를 침해하는 것인지 여부에 관하여 재판관 안창호, 조용호는 위에서 본 바와 같이 진정입법부작위에 해당하는 사안이므로 각하하여야 한다는 관점에서 반대의견을 개진하였고,[27] 재판관 김창종은 병역종류조항에 대하여 재판의 전제성 결여를 이유로 각하하여야 한다는 취지로 법정의견에 반대하는 의견을 피력하였으며, 한편 재판관 조용호와 안창호가 각각 반대의견에 대한 보충의견을 개진하였다. 이들 3인의 재판관을 제외한 나머지 6인의 재판관은 현행 병역종류조항이 헌법상 양심의 자유를 침해하는 것으로 헌법 위반이라고 보았으며, 이에 대하여는 재판관 서기석이 보충의견을 개

---

27 재판관 안창호, 조용호의 병역종류조항 반대의견은 처벌조항에 대한 합헌의견과 함께 개진되었으나, 검토의 편의상 쟁점별로 나누어 살펴보는 것이다. 이들의 병역종류조항 반대의견과 처벌조항 합헌의견 중 병역종류조항에 대한 부분은 부진정입법부작위를 다루는 것이라는 점에 국한되어 있고, 나머지 부분은 처벌조항의 합헌성에 관한 논증이 차지하고 있다. 처벌조항의 합헌성에 관한 이들의 논증은 해당 부분에서 다시 살펴보게 될 것이다.

진하였다.[28] 각 의견의 요지는 다음과 같다. 이번 헌법재판소 결정의 가장 핵심적인 쟁점에 관한 부분이므로 가급적 상세하게 인용하도록 한다.

2) 재판관 조용호의 반대의견 보충의견

재판관 조용호는 기본적으로 병역종류조항에 관한 청구인들의 주장이 진정입법부작위를 다투는 것이어서 부적법하지만, 이를 적법하다고 보아 본안에 관하여 판단한다고 하더라도 현행 병역종류조항이 양심적 병역거부자들의 양심의 자유를 침해하지 않는다는 보충의견을 개진하였다. 그 요지는 이 사건 처벌조항은 형사처벌이라는 제재를 통하여 양심적 병역거부자에게 양심에 반하는 행동을 강요한다는 점에서 '국가에 의하여 양심에 반하는 행동을 강요당하지 아니할 자유', '양심에 반하는 법적 의무를 이행하지 아니할 자유'를 제한함을 전제로 이러한 제한이 과잉금지원칙에 반하여 양심의 자유를 침해하는지 여부를 심사하게 되지만, 헌법 제39조의 국방의 의무를 법률로 구체화한 규정일 뿐 양심에 반하는 행동을 강제하는 법률효과를 가지지 않는 병역종류조항에 입법자가 대체복무제를 규정하지 않은 것이 이른바 양심적 병역거부자의 양심의 자유를 침해하여 위헌이라고 하는 것은, 양심의 자유의 법적 성격, 보호범위와 그 한계 및 헌법상 기본의무를 구체화함에 있어 입법자에게 인정되는 광범위한 입법형성권과 조화될수 없다는 것이다. 헌법재판소의 선례가 대체복무제 도입에 대한 깊은 고민을 하면서도 병역종류조항을 심판대상으로 하지 않았던 이유도 바로 이와 같은 이유 때문이라는 것이다. 그 내용을 좀 더 구체적으로 살펴보면, 다음과 같다.

---

28 법정의견에 대해서는 재판관 이진성, 김이수, 이선애, 유남석의 보충의견도 제시되었으나, 그 요지는 병역종류조항에 대하여 재판의 전제성이 인정된다는 것이고 이 부분은 재판의 전제성 쟁점 부분을 다루는 부분에서 이미 살펴보았으므로 여기에서 다시 반복하여 살펴볼 필요는 없을 것이다.

재판관 조용호는 먼저 양심의 자유의 법적 성격, 보호범위 및 한계에 관하여 입장을 개진한다. 그 내용은 이와 같다. 헌법 제19조의 양심의 자유는 역사적으로 보더라도 국가에 의한 신앙의 강제에 대하여 개인의 자유를 보호하고자 하는 방어권으로서 출발한 권리로서, 자유권의 본질상 '무엇으로부터의 자유'이지 '무엇을 위한 자유'로 존재할 수 없다. 이와 같이 양심의 자유는 일차적으로 국가에 대한 소극적 방어권, 즉 국가가 양심의 형성 및 실현 과정에 대하여 부당한 간섭이나 강요를 '하지 말 것'을 요구하는, 소위 국가에 대한 '부작위 청구권'일 뿐이고, 개인에게 자신의 사상과 결정에 따라 외부세계에 영향을 미치고 사회를 적극적으로 형성하는 광범위한 가능성을 보호하고자 하는 것은 양심의 자유의 헌법적 기능이 아니다. 인간의 존엄성 유지와 개인의 자유로운 인격발현을 최고의 가치로 삼는 우리 헌법상의 기본권 체계 내에서 양심의 자유의 기능은 양심상의 이유로 국가가 강요하는 명령에 대한 방어권을 부여함으로써 개인적 인격의 정체성과 동질성을 유지하는 데 있는 것이다(헌재 2004. 8. 26. 2002헌가1 참조). 이와 같은 양심의 자유는 크게 양심형성의 내부영역과 이를 실현하는 외부영역으로 나누어 볼 수 있으므로, 그 구체적인 보장내용에 있어서도 내심의 자유인 '양심형성의 자유'와 양심적 결정을 외부로 표현하고 실현하는 '양심실현의 자유'로 구분되는데, 양심의 자유 중 양심형성의 자유는 내심에 머무르는 한 절대적으로 보호되는 기본권인 반면, 양심적 결정을 외부로 표현하고 실현할 수 있는 권리인 양심실현의 자유는 법질서에 위배되거나 타인의 권리를 침해할 수 있기 때문에 법률에 의하여 제한될 수 있는 상대적인 자유이다(헌재 2004. 8. 26. 2002헌가1; 헌재 2011. 8. 30. 2008헌가22 등). 이와 같이 양심의 자유가 개인의 내면세계에서 이루어지는 양심 형성의 자유뿐만 아니라 외부세계에서 양심을 실현할 자유를 함께 보장하므로, 양심의 자유는 법질서나 타인의 법익과 충돌할 수 있고, 이로써 필연적으로 제한을 받는다. 양심의 자유를 의도적으로 제한하는 법률이 아니라고 하더라도, 국민 모두에 대하여 적용되는 법률은 국민 누군가의 양심과 충돌할 가능성을 항상 내재하고 있다. 양심의 자유는 헌법상의 기본권으로 보호되는 자유로서 실정법적 질서의 한 부분이다. 기본권적 자유는 법적 자유이며, 법적 자유는 절대적 또는 무제한적으로 보장될 수 없다. 국가의 존립과 법질서는 국가공동체의 모든 구성원이 자유를 행사하기 위한 기본적 전제조건이다. 기본권의 행사가 국가공동체 내에서의 타인과의 공동생활을 가능하게 하고 국가의 법질서를 위태롭게 하지 않는 범위 내에서 이루어져야 한다는 것은 모든 기본권의 원칙적인 한계이며, 양심의 자유도 마찬가지이다. 따라서 양심의 자유가 보장된다는 것은, 곧 개인이 양심상의 이유로 법질서에 대한 복종을 거부할 수 있는 권리를 부여받는다는 것을 의미하지는 않는다. 개인의 양심이란 지극히 주관적인 현상으로서 비이성적·비윤리적·반사회적인 양심을 포함하여 모든 내용의 양심이 양심의 자유에 의하여 보호된다는 점을 고려한다면, 모든 개인이 양심의 자유를 주장하여 합헌적인 법률에 대한 복종을 거부할 가능성이 있는데, '국가의 법질서는 개인의 양심에 반하지 않는 한 유효하다'는 사고는 법질서의 해체, 나아가 국가공동체의 해체를 의미한다. 그러나 어떠한 기본권적 자유도 국가와 법질서를 해체하는 근거가 될 수 없고, 그러한 의미로 해석될 수 없다(헌재 2004. 8. 26. 2002헌가1). 우리 헌법은 1948년 제정 이래 지금까지 제2장에서 국민의 권리와 함께 의무를 규정하고 있는바, 기본권과 기본의무는 국가에 대한 개인의 헌법적 지위의 양면으로서, 기본권의 주체로서 국민은 국가에 대하여 작위와 부작위 등 무엇을 요구할 수 있는 반면, 기본의무의 주체로서 국민은 국가에 대하여 무엇인가를 부담하고 수인해야 한다. 헌법상 보장된 기본권이 개인의 자유로운 생존을 위한 기본 조건에 관한 것이라면, 국민의 기본의무는 국가의 존립과 보전을 위한 기본조건에 관한 것이고, 국가의 존속과 기능이 보장되지 않고서는 개인의 자유도 있을 수 없다. 헌법이 국가공동체의 유지와 존속을 위하여 국민으로부터 특정한 기여나 희생을 요구하는 것에 기본의무의 본질이 있으며, 이러한 국민의 기본의무는 자유민주국가를 조직하고 유지해야 하는 필요성에 근거를 두고 있다. 국가에 의한 개인의 자유 보장과 국가에 대한 개인의 의무는 자유민주주의가 기능하기 위한 기본 조건인 것이다. 특히, 국방의 의무는 국가공동체의 최고 법익인 인간의 존엄성과 자유를 수호하고 지지하는 것이 모든 국민의 의무라는 사고를 그 이념적 기초로 한다. 국가에 대하여 자신의 자유와 재산을 보호해 줄 것을 요청하는 국민의 권리에 필연적으로 대응하는 것이 국가공동체를 유지하고 방어해야 할 국민의 의무인 것이다. 따라서 국민은 자신의 기본권을 주장하여 기본의무의 이행 그 자체를 거부할 수 없다. 다만, 국민은 헌법상 기본의무를 구체화하는 입법자의 법률에 대하여 기본의무의 부과를 통해 실현하고자 하는 목적의 달성을 위하여 필요한 정도를 넘어 자신의 기본권을 과도하게 제한한다는 이의를 제기할 수 있고 이러한 의미에서 입법자에 의한 기본의무의 실현은 법률유보와 과잉금지원칙의 구속을 받는다. 우리 헌법은 제38조와 제39조에서 각 납세의 의무와 국방의 의무를 규정하고 있는데, 그 규정 형식을 보면 모두 '법률이 정하는 바에 의하여' 의무를 진다고 규정하고 있다. 이는 개인의 자유 영역에 대한 모든 제한과 마찬가지로 국민에 대한 의무의 부과는 법률에 의해야 한다는 법치국가적 요청에 근거한 것이다. 그 결과 헌법상 기본의무의 관철과 집행을 위해서는 입법자에 의한 형성과 구체화를 필요로 한다. 그런데 입법자에 의한 의무의 부과는 필연적으로 자유권의 제한을 수반하게 되고, 헌법상 기본의무는 입법자에게 자유권을 제한할 수 있는 권한을 부여하는 규범이 된다. 이로써 국민의 기본의무는 공동체의 유지를 위하여 필수적인 국가목적·과제의 실현을 위하여 자유권에 대한 제한을 허용하고 정당화하는 헌법적 근거가 된다. 한편, 헌법 제5조 제2항은 "국군은 국가의 안전보장과 국토방위의 신성한 의무를 수행함을 사명으로 하며, 그 정치적 중립성은 준수된다"라고 규정하고 있고, 제66조 제2항은 "대통령은 국가의 독립·영토의 보전·국가의 계속성과 헌법을 수호할 책무를 진다"라고 규정하고 있다. '국가의 안전보장'은 국가의 존립과 영토의 보전, 국민의 생명·안전의 수호를 위한 불가결한 전제조건이자 모든 국민이 자유와 권리를 행사하기 위한 기본적 전제조건으로서, 헌법이 이를 명문으로 규정하는가와 관계없이 헌법상 인정되는 중대한 법익이다. 국방의 의무는 국가의 안전보장을 실현하기 위하여 헌법이 채택한 하나의 중요한 수단이다. 이러한 국가안보상의 중요정책에 관하여 결정하는 것은 원칙적으로 입법자의 과제이다. 국가의 안보상황에 대한 입법자의 판단은 존중되어야 하며, 입법자는 이러한 현실 판단을 근거로 헌법상 부과된 국방의 의무를 법률로써 구체화함에 있어서 광범위한 형성의 자유를 가진다(헌재 2004. 8. 26. 2002헌가1 참조). 그리하여 헌법 제74조는 "대통령은 헌법과 법률이 정하는 바에 의하여 국군을 통수한다. 국군의 조직과 편성은 법률로 정한다"라고 규정하고 있고, 제39조 제1항은 "모든 국민은 법률이 정하는 바에 의하여 국방의 의무를 진다"라고 규정하고 있는 것이다. 위와 같은 헌법규정과 국방의 의무의 의의를 종합해 볼 때, 구체적인 병역의 종류를 어떻게 형성할 것인지 여부를 결정하는 문제는 이른바 '직접적인 병력형성의무'에 관련된 것으로서, 원칙적으로 국방의 의무의 내용을 법률로써 구체적으로 형성할 수 있는 입법자가 국방에 필요한 각 군의 범위결정과 적절한 복무 기간의 산정 등을 비롯한 병력의 구체적 설계, 총량의 결정, 그 배분, 안보상황의 예측 및 이에 대한 시의적절한 대응 등에 있어서 매우 전문적이고 정치적인

사항을 규율해야 하는 속성상, 필연적으로 국회의 광범한 입법형성의
재량 하에 국민 모두에게 공평한 부담을 지울 수 있도록 합리적으로
결정할 사항이다. 이 사건 병역종류조항은 그 목적이 국가안보와 직결
되어 있고, 그 성질상 급변하는 국내외 정세 등에 탄력적으로 대응하
면서 '최적의 전투력'을 유지할 수 있도록 합목적적으로 정해야 하는
사항이기 때문에, 본질적으로 입법자의 입법형성권이 매우 광범위하게
인정되어야 하는 영역이다(헌재 2002. 11. 28. 2002헌바45; 헌재 2011. 8.
30. 2008헌가22등 참조). 다수의견도 밝히고 있듯이, 양심의 자유가 보장
하는 '양심'은 민주적 다수의 사고나 가치관과 일치하는 것이 아니라,
개인적 현상으로서 지극히 주관적인 것이다. 따라서 양심은 그 대상이나
내용 또는 동기에 의하여 판단될 수 없다. 양심상의 결정이 이성적·합
리적인지, 타당한지 또는 법질서나 사회규범, 도덕률과 일치하는지 여
부는 양심의 존재를 판단하는 기준이 될 수 없다. 이렇게 양심의 자유
는 본질상 지극히 주관적이기 때문에 양심상의 결정과 국가법질서의
충돌로 말미암아 발생할 수 있는 양심의 자유에 대한 침해는 필연적으
로 개인적이며 이로써 법규정이 한 개인의 양심의 자유를 침해하였다
고 하여 다른 개인의 양심의 자유를 침해하는 일반적 효과가 발생하는
것이 아니다. 따라서 입법자에게 법률의 제정 시 이와 같이 개인적이
고도 일반화할 수 없는 양심상의 갈등의 여지가 발생할 수 있는 사안
에 대하여 사전에 예방적으로 양심의 자유를 고려하는 일반조항을 둘
것을 요구할 수는 없다. 이와 같이 조감할 수 없는 무수한 개별적 양
심갈등 발생의 가능성에 비추어 법적 의무를 대체하는 다른 대안을 제
공해야 할 입법자의 의무는 원칙적으로 부과할 수가 없다(헌재 2004. 8.
26. 2002헌가1, 재판관 이상경의 별개의견 참조). 비록 양심의 자유가 개인
의 인격발현과 인간의 존엄성 실현에 있어서 매우 중요한 기본권이기
는 하나, 양심의 자유의 본질이 법질서에 대한 복종을 거부할 수 있는

권리가 아니라 국가공동체가 감당할 수 있는 범위 내에서 개인의 양심상 갈등상황을 고려하여 양심을 보호해 줄 것을 국가에 대하여 요구하는 권리이자 그에 대응하는 국가의 의무라는 점을 감안한다면, 입법자가 양심의 자유를 보호할 것인지 여부 및 그 방법에 있어서 광범위한 형성권을 가진다(헌재 2004. 8. 26. 2002헌가1 참조). 양심의 자유에서 파생하는 입법자의 의무는 단지 입법과정에서 양심의 자유를 고려할 것을 요구하는 '일반적 의무'이지 구체적 내용의 대안을 제시해야 할 헌법적 입법의무가 아니다. 따라서 양심의 자유는 입법자로부터 구체적 법적 의무의 면제를 요구하거나 법적 의무를 대체하는 다른 가능성의 제공을 요구할 수 있는 주관적 권리, 즉 자신의 주관적·윤리적 상황을 다른 국민과 달리 특별히 배려해 줄 것을 요구하는 권리를 원칙적으로 부여하지 않는다. 그렇다면 우리 헌법 제19조의 양심의 자유는 입법자가 구체적으로 형성한 병역의무의 이행을 양심상의 이유로 거부하거나 법적 의무를 대신하는 대체의무의 제공을 요구할 수 있는 권리가 아니다. 따라서 양심의 자유로부터 대체복무를 요구할 권리도 도출되지 않는다. 우리 헌법은 병역의무와 관련하여 양심의 자유의 일방적인 우위를 인정하는 어떠한 규범적 표현도 하고 있지 않다. 양심상의 이유로 병역의무의 이행을 거부할 권리는 단지 헌법 스스로 이에 관하여 명문으로 규정하는 경우에 한하여 인정될 수 있다(헌재 2004. 8. 26. 2002헌가1). 다수의견은 병역종류조항에 대한 청구가 부진정입법부작위를 다투는 것으로 판단하고 재판의 전제성을 인정한 후 병역종류조항이 대체복무를 규정하지 않은 점이 양심의 자유를 침해하여 위헌이라고 한다. 그러나 위와 같은 양심의 자유의 본질과 헌법상 기본의무인 국방의 의무를 구체화하는 법률에 인정되는 입법자의 입법형성권을 종합해 볼 때, 이 사건 처벌조항과 달리 양심에 반하는 행위를 강제하는 효력이 없는 병역종류조항에 대하여 입법자가 대체복무제를 규정하지 않았음을 이유로 위헌확인을 할 수는 없다. 나아가 병역의무와 양심의 자유가 충돌하는 경우 입법자는 법익형량과정에서 국가가 감당할 수 있는 범위 내에서 가능하면 양심의 자유가 보호되도록 고려해야 할 것이나, 법익형량의 결과가 국가안보라는 공익을 위태롭게 하지 않고서는 양심의 자유를 실현할 수 없다는 판단에 이르렀기 때문에 병역의무를 대체하는 대체복무의 가능성을 제공하지 않았다면, 이러한 입법자의 결단은 국가안보라는 공익의 중대함에 비추어 정당화될 수 있는 것으로서 위헌이라고 할 수 없다. 병역종류조항에 대한 다수의견의 판단은 그 실질에 있어 헌법 제19조의 해석상 양심적 병역거부자의 기본권을 보호하기 위하여 국가의 입법의무가 발생하였음에도 불구하고 입법자가 아무런 입법조치를 취하지 않고 있으므로 위헌이라는 것인바, 이는 병역종류조항에 대하여 통상 진정입법부작위가 위헌이라고 인정되는 수준으로 판단하고 있다는 것이 재판관 조용호의 반대의견이다.

3) 재판관 안창호의 반대의견 보충의견

재판관 안창호도 병역종류조항에 대한 반대의견 및 처벌조항에 대한 합헌의견 보충의견을 개진하였는데, 그 주된 내용은 처벌조항에 대한 것이라고 보아 아래에서 자세하게 살펴보도록 하고 여기에서는 따로 기술하지 않는다.

4) 법정의견

가) 개 요

이번 결정에서 법정의견이 된 다수의견의 입장은 이 사건 헌법소원과 위헌심판제청은 부진정입법부작위를 다투는 것이며, 재판의 전제성이 인정된다는 관점을 취하고 있음은 앞에서 이미 설명하였다.

법정의견은 양심의 자유 침해 여부를 제외한 나머지 쟁점 중 종교의 자유 침해 여부, 인간의 존엄과 가치 및 행복추구권 침해 여부에 관해서는 양심의 자유 침해 여부를 살펴보는 이상 별도로 판단하지 않았다.

종교의 자유 침해와 관련해서는, 이 사건 법률조항에 의하여 청구인들의 종교의 자유도 함께 제한되고 있지만, 종교적 신앙에 의한 행위라도 개인의 주관적·윤리적 판단을 동반하는 것인 한 양심의 자유에 포함시켜 고찰할 수 있고, 양심적 병역거부의 바탕이 되는 양심상의 결정은 종교적 동기뿐만 아니라 윤리적·철학적 또는 이와 유사한 동기로부터도 형성될 수 있는 것이므로, 양심의 자유를 중심으로 기본권 침해 여부를 판단하는 것으로 충분하다고 본 것이다.

한편 헌법 제10조의 인간의 존엄과 가치 및 행복추구권과 관련해서는 양심의 자유는 인간의 존엄과 가치와 불가분의 관계에 있는 정신적 기본권이고, 행복추구권은 다른 개별적 기본권이 적용되지 않는 경우에 한하여 보충적으로 적용되는 기본권이므로(헌재 2002. 8. 29. 2000헌가5 등 참조), 양심의 자유의 침해 여부를 판단하는 이상 별도로 인간의 존엄과 가치나 행복추구권 침해 여부를 판단할 필요가 없다고 보았다.

법정의견은 이 사건에서 양심의 자유와 국방의 의무라는 헌법적 가치가 상호 충돌한다고 하면서 그러한 충돌이 발생하는 경우 입법자는 두 가치를 양립시킬 수 있는 조화점을 최대한 모색해야 하고, 그것이 불가능해 부득이 어느 하나의 헌법적 가치를 후퇴시킬 수밖에 없는 경우에도 그 목적에 비례하는 범위 내에 그쳐야 한다고 천명한다. 헌법 제37조 제2항의 비례원칙은, 단순히 기본권 제한의 일반원칙에 그치지 않고, 모든 국가작용은 정당한 목적을 달성하기 위하여 필요한 범위 내에서만 행사되어야 한다는 국가작용의 한계를 선언한 것이므로, 비록 이 사건 법률조항이 헌법 제39조에 규정된 국방의 의무를 형성하는 입법이라 할지라도 그에 대한 심사는 헌법상 비례원칙에 의하여야 한다(헌재 2011. 8. 30. 2008헌가22 등 참조)는 것이다. 이는 앞에서 양심적 병역거부가 양심의 자유를 침해하는 것인지 여부를 둘러싼 일반 논의 중 규범조화적 해석론을 심사의 기준으로 표명한 것이라고 할 수 있다. 법정의견은 병역종류조항의 경우 헌법상 비례원칙에 입각해서 살펴볼 때, 목적의 정당성과 수단의 적합성은 인정되지만, 법익의 균형성을 충족시키지 못하는 것으로 파악한다. 대체복무제를 도입하더라도 우리의 국방력에 유의미한 영향이 있을 것이라고 보기는 어려운 반면, 대체복무 편입여부를 판정하는 객관적이고 공정한 심사절차를 마련하고 현역복무와 대체복무 사이의 형평성이 확보되도록 제도를 설계한다면, 대체복무제의 도입은 병역자원을 확보하고 병역부담의 형평을 기하고자 하는 입법목적을 병역종류조항과 같은 정도로 충분히 달성할 수 있다고 판단되는바, 이와 같이 대체복무제라는 대안이 있음에도 불구하고 군사훈련을 수반하는 병역의무만을 규정한 병역종류조항은 침해의 최소성 원칙에 어긋난다는 것이다. 그 구체적인 내용은 다음과 같다.

나) 헌법상 양심과 양심의 자유의 의미

법정의견은, 헌법상 보호되는 양심은 어떤 일의 옳고 그름을 판단함에 있어서 그렇게 행동하지 아니하고는 자신의 인격적인 존재가치가 허물어지고 말 것이라는 강력하고 진지한 마음의 소리로서 절박하고 구체적인 양심을 말한다고 본다. 즉, '양심상의 결정'이란 선과 악의 기준에 따른 모든 진지한 윤리적 결정으로서 구체적인 상황에서 개인이 이러한 결정을 자신을 구속하고 무조건적으로 따라야 하는 것으로 받아들이기 때문에 양심상의 심각한 갈등이 없이는 그에 반하여 행동할 수 없는 것을 말한다는 것이다. 이때의 '양심'은 민주적 다수의 사고나 가치관과 일치하는 것이 아니라, 개인적 현상으로서 지극히 주관적인 것으로서, 그 대상이나 내용 또는 동기에 의하여 판단될 수 없으며, 특히 양심상의 결정이 이성적·합리적인가, 타당한가 또는 법질서나 사회규범·도덕률과 일치하는가 하는 관점은 양심의 존재를 판단하는 기준이 될 수 없다(헌재 2004. 8. 26. 2002헌가1; 헌재 2004. 10. 28. 2004헌바61등; 헌재 2011. 8. 30. 2008헌가22 등 참조). 이와 같이 개인의 양심은 사회 다수의 정의관·도덕관과 일치하지 않을 수 있으며, 오히려 헌법상 양심의 자유가 문제되는 상황은 개인의 양심이 국가의 법질서나 사회의 도덕률에 부합하지 않는 경우이므로, 헌법에 의해 보호받는 양심은 법질서와 도덕에 부합하는 사고를 가진 다수가 아니라 이른바 '소수자'의 양심이 되기 마련이다. 특정한 내적인 확신 또는 신념이 양심으로 형성된 이상 그 내용 여하를 떠나 양심의 자유에 의해 보호되는 양심이 될 수 있으므로, 헌법상 양심의 자유에 의해 보호받는 '양심'으로 인정할 것인지의 판단은 그것이 깊고, 확고하며, 진실된 것인지 여부에 따르게 된다. 그리하여 양심적 병역거부를 주장하는 사람은 자신의 '양심'을 외부로 표명하여 증명할 최소한의 의무를 진다. 그러나 그렇게 형성된 양심에 대한 사회적·도덕적 판단이나 평가는 당연히 가능하며, '양심'이기 때문에 무조건 그 자체로 정당하다거나 도덕적이라는 의미는 아니다. 양심의 자유 중 양심형성의 자유는 내심에 머무르는 한, 절대적으로 보호되는 기본권이라 할 수 있는 반면, 양심적 결정을 외부로 표현하고 실현할 수 있는 권리인 양심실현의 자유는 법질서에 위배되거나 타인의 권리를 침해할 수 있기 때문에 법률에 의하여 제한될 수 있다.

　　다) 양심적 병역거부의 의미와 대체복무제

　　일반적으로 양심적 병역거부는 병역의무가 인정되는 징병제 국가에서 종교적·윤리적·철학적 또는 이와 유사한 동기로부터 형성된 양심상의 결정을 이유로 병역의무의 이행을 거부하는 행위를 가리킨다.

　　그런데 일상생활에서 '양심적' 병역거부라는 말은 병역거부가 '양심적', 즉 도덕적이고 정당하다는 것을 가리킴으로써, 그 반면으로 병역의무를 이행하는 사람은 '비양심적'이거나 '비도덕적'인 사람으로 치부하게 될 여지가 있다. 하지만 앞에서 살펴본 양심의 의미에 따를 때, '양심적' 병역거부는 실상 당사자의 '양심에 따른' 혹은 '양심을 이유로 한' 병역거부를 가리키는 것일 뿐이지 병역거부가 '도덕적이고 정당하다'는 의미는 아닌 것이다. 따라서 '양심적' 병역거부라는 용어를 사용한다고 하여 병역의무이행은 '비양심적'이 된다거나, 병역을 이행하는 거의 대부분의 병역의무자들과 병역의무이행이 국민의 숭고한 의무라고 생각하는 대다수 국민들이 '비양심적'인 사람들이 되는 것은 결코 아니다.

양심적 병역거부는 인류의 평화적 공존에 대한 간절한 희망과 결단을 기반으로 하고 있다. 사유를 불문하고 일체의 살상과 전쟁을 거부하는 사상은 역사상 꾸준히 나타났으며, 비폭력·불살생·평화주의 등으로 표현된 평화에 대한 이상은 그 실현가능성과 관계없이 인류가 오랫동안 추구하고 존중해온 것이다. 우리 헌법 역시 전문에서 '항구적인 세계평화와 인류공영에 이바지함'을 선언하여 이러한 이념의 일단을 표명하고 있다. 뒤에서 보듯이 세계의 많은 나라들이 양심적 병역거부를 인정해왔고 국제기구들에서도 끊임없이 각종 결의 등을 통해 그 보호 필요성을 확인해온 것은, 이 문제가 위와 같은 인류 보편의 이상과 연계되어 있음을 시사한다.

한편 양심적 병역거부를 인정하는 것이 여호와의 증인 등을 비롯한 특정 종교나 교리에 대한 특별취급을 하는 것이 아니냐는 의문이 제기되기도 한다. 그러나 이는 앞서 본 것처럼 인류 공통의 염원인 평화를 수호하기 위하여 무기를 들 수 없다는 양심을 보호하고자 하는 것일 뿐, 특정 종교나 교리를 보호하고자 하는 것은 아니다.

또한, 양심적 병역거부를 인정한다고 해서 양심적 병역거부자의 병역의무를 전적으로 면제하는 것은 아니다. 양심적 병역거부를 인정하는 징병제 국가들은 대부분 양심적 병역거부자로 하여금 비군사적 성격의 공익적 업무에 종사하게 함으로써 병역의무의 이행에 갈음하는 제도를 두고 있는데, 이를 대체복무제라고 한다.

　양심적 병역거부자들은 병역의무를 단순히 거부하는 것이 아니라 자신의 양심을 지키면서도 국민으로서의 국방의 의무를 다할 수 있도록 집총 등 군사훈련을 수반하는 병역의무를 대신하는 제도를 마련해 달라고 국가에 호소하고 있다. 따라서 이들의 병역거부를 군 복무의 고역을 피하기 위한 핑계라거나 국가공동체에 대한 기본의무는 이행하지 않으면서 국가의 보호만을 바라는 무임승차라고 볼 수는 없다. 즉, 양심적 병역거부자들은 단순히 군 복무의 위험과 어려움 때문에 병역의무 이행을 회피하고자 하는 다른 병역기피자들과는 구별된다고 보아야 한다.

　양심적 병역거부자들은 현재의 대법원 판례에 따를 때 이 사건 법률조항에 의해 형사처벌을 받게 되고 이후에도 공무원이 될 기회를 가질 수 없게 되는 등 여러 부가적 불이익마저 받게 된다. 그럼에도 불구하고 국가는 양심적 병역거부자들의 절박한 상황과 대안의 가능성을 외면하고 양심을 지키려는 국민에 대해 그 양심의 포기 아니면 교도소에의 수용이라는 양자택일을 강요하여 왔을 뿐이다. 국가에게 병역의무의 면제라는 특혜와 형사처벌이라는 두 개의 선택지밖에 없다면 모르되, 국방의 의무와 양심의 자유를 조화시킬 수 있는 제3의 길이 있다면 국가는 그 길을 진지하게 모색하여야 할 것이다.

　자신의 종교관·가치관·세계관 등에 따라 일체의 전쟁과 그에 따른 인간의 살상에 반대하는 진지한 내적 확신을 형성하였다면, 그들이 집총 등 군사훈련을 수반하는 병역의무의 이행을 거부하는 결정은 양심에 반하여 행동할 수 없다는 강력하고 진지한 윤리적 결정이며, 병역의무를 이행해야 하는 상황은 개인의 윤리적 정체성에 대한 중대한 위기상황에 해당한다. 이와 같이 병역종류조항에 대체복무제가 마련되지 아니한 상황에서, 양심상의 결정에 따라 입영을 거부하거나 소집에 불응하는 이 사건 청구인 등이 현재의 대법원 판례에 따라 처벌조항에 의하여 형벌을 부과받음으로써 양심에 반하는 행동을 강요받고 있으므로, 이 사건 법률조항은 '양심에 반하는 행동을 강요당하지 아니할 자유', 즉 '부작위에 의한 양심실현의 자유'를 제한하고 있다.

라) 병역종류조항의 위헌 여부

병역종류조항은 병역의 종류를 현역, 예비역, 보충역, 병역준비역, 전시근로역의 다섯 가지로 한정적으로 열거하고 그에 대한 어떠한 예외도 규정하지 않음으로써, 병역의무자는 병역법에 따라 특별히 병역을 면제받는 경우를 제외하고는 누구라도 그 중 자신에게 해당되는 병역을 이행하도록 하고 있다. 병역종류조항의 이와 같은 태도는 병역의 종류와 각 병역의 내용 및 범위를 법률로 정하여 병역부담의 형평을 기하고 병역의무자의 신체적 특성과 개인적 상황, 병력 수급 사정 등을 고려하여 병역자원을 효율적으로 배분할 수 있도록 함과 동시에, 병역의 종류를 한정적으로 열거하고 그에 대한 예외를 인정하지 않음으로써 병역자원을 효과적으로 확보할 수 있도록 하고 궁극적으로 국가안전보장이라는 헌법적 법익을 실현하기 위한 것으로서 그 목적에 정당성이 인정되고 그와 같은 입법목적을 달성하기 위하여 적합한 수단을 규정하고 있는 것이라고 할 수 있다. 그런데 병역종류조항이 규정하고 있는 병역들은 모두 군사훈련을 받는 것을 전제하고 있으므로, 양심적 병역의무자에게 병역종류조항에 규정된 병역을 부과할 경우 필연적으로 그들의 양심과 충돌을 일으킬 수밖에 없다. 입법자는 기본권을 제한하는 경우에도 입법목적 실현에 적합한 여러 수단 중에서 되도록 기본권을 최소로 침해하는 수단을 선택해야 하는데, 양심적 병역거부자로 하여금 비군사적 성격의 공익적 업무에 종사하게 함으로써

병역의무의 이행에 갈음하도록 하는 대체복무제는 국방의 의무와 양
심의 자유의 보장 사이에 발생하는 헌법적 가치의 충돌 문제를 해결하
는 유력한 수단으로 오래전부터 제시되어 왔으며, 이러한 대체복무제
는 군사훈련을 수반하는 병역의무를 일률적으로 부과하는 것에 비하
여 양심의 자유를 덜 제한하는 수단임이 명백하다. 대체복무제를 도입
하여 현재의 병역종류조항과 동등하게 입법목적을 달성할 수 있다면,
이와 같은 대체복무제를 도입하지 않은 병역종류조항은 최소침해성의
원칙을 준수하지 못하고 있는 것이다.

　　대체복무제를 도입할 경우 우려되는 국방력의 저하 문제나 병역
의무와의 형평성 문제, 한반도의 특수한 안보상황의 고려 필요성에 관
한 법정의견의 반론은 다음과 같다. 양심적 병역거부자에 대한 대체복
무제를 도입할 경우 병역기피자가 증가하고 병역의무의 형평성이 붕
괴되어 전체 병역제도의 실효성이 훼손될 것이라는 견해는 다소 추상
적이거나 막연한 예측에 가까운 반면, 이미 상당한 기간 동안 세계의
많은 나라들이 양심적 병역거부를 인정하면서도 여러 문제들을 효과
적으로 해결하여 징병제를 유지해오고 있다는 사실은, 대체복무제를
도입하면서도 병역의무의 형평을 유지하는 것이 충분히 가능하다는
사실을 강력히 시사한다. 먼저 국방력의 저하 문제에 관한 법정의견을
요약하면 이와 같다. 2016년 국방백서에 의하면 우리나라의 병력은 대
략 육군 49만 명, 해군(해병대 포함) 7만 명, 공군 6만 5천 명으로 총 62
만 5천 명에 이르는 한편, 병무청 통계에 의할 때 2016년 병역판정검
사를 받은 인원은 총 34만 명(현역 28만 1천 명, 보충역 4만 3천 명, 전시근
로역 8천 명 등으로 판정)에 달하고 있는 반면에, 우리나라의 양심적 병
역거부자는 연평균 약 600명 내외일 뿐이므로 병역자원이나 전투력의
감소를 논할 정도로 의미 있는 규모가 아니다. 더구나 양심적 병역거
부자들을 처벌한다고 하더라도 이들을 교도소에 수감할 수 있을 뿐 입

영시키거나 소집에 응하게 하여 병역자원으로 활용할 수는 없으므로, 대체복무제의 도입으로 양심적 병역거부자들이 대체복무를 이행하게 된다고 해서 병역자원의 손실이 발생한다고 할 수 없다. 물론 대체복무제가 도입됨으로써 처벌 및 그에 따른 불이익이 두려워 그동안 자신의 양심상의 확신을 외부로 드러내지 못했던 사람들이 대체복무를 신청하여 종전보다 양심적 병역거부자가 늘어날 수는 있을 것[29]이나, 공정하고 객관적인 심사절차, 현역복무와 대체복무 사이의 형평성 확보 등을 통하여 진정한 양심적 병역거부자와 이를 가장한 병역기피자를 제대로 가려낸다면, 양심적 병역거부자의 숫자가 지금보다 다소 늘어나더라도 우리의 국방력에 영향을 미칠 수준에 이를 것이라고 보기는 어렵다. 다음으로 병력자원의 감소 우려와 관련하여 법정의견은 이러한 입장을 표명한다. 급격한 출산율 감소로 인해 향후 예상되는 병역자원의 감소를 감안할 때 양심적 병역거부를 인정하기 어렵다는 지적도 있으나, 오늘날의 국방력은 인적 병역자원에만 의존하는 것은 아니고, 현대전은 정보전·과학전의 양상을 띠므로, 전체 국방력에서 병역자원이 차지하는 중요성은 상대적으로 낮아지고 있다. 2006. 12. 28. 제정되어 2018년 현재까지 그대로 유지되고 있는 '국방개혁에 관한 법률' 제25조 제1항 및 같은 법 시행령 제14조 제1항은 국군의 상비병력 규모를 연차적으로 감축하여 2020년까지 50만 명 수준이 되도록 하여야 한다고 규정하고 있으며, 또한 국방부가 2018년 업무보고에서, 군구조 개편과 방위사업 혁신을 추진함과 동시에 2017년 현재 61만 8천 명인 상비병력을 2022년까지 50만 명 수준으로 단계적으로 감축할 계획이라고 천명한 사정 등을 고려한다면, 양심적 병역거부자에게 대체복무를 부과하더라도 우리나라의 국방력에 의미 있는 수준의 영향을

---

29 병역종류조항에 대한 합헌의견 중 재판관 안창호의 의견이 이러한 문제점을 지적하고 있다.

미친다고 보기는 어려울 것이다.

한편, 병역의무 이행과의 형평성 문제에 관한 법정의견의 입장은 이와 같다. 양심적 병역거부자에 대하여 대체복무를 인정하면, 양심적 병역거부를 빙자한 병역기피자들이 증가하여 국방의무의 평등한 이행 확보가 어려울 수 있고, 국민개병제를 바탕으로 한 전체 병역제도의 실효성이 훼손될 수 있다는 우려가 제기되고 있는데, 이러한 우려는, 진정한 양심적 병역거부자와 양심을 가장한 병역기피자를 심사를 통하여 가려내기 어렵고, 이에 따라 대체복무제를 허용할 경우 양심을 가장한 병역기피자가 급증할 것이라는 점에 주된 근거를 두고 있다. 그러나 국가가 관리하는 객관적이고 공정한 사전심사 절차와 엄격한 사후관리 절차를 갖출 경우, 진정한 양심적 병역거부자와 그렇지 않은 자를 가려내는 데 큰 어려움은 없을 것으로 보인다. 즉 대체복무를 신청할 때 그 사유를 자세히 소명하고 증빙자료를 제출하게 하고, 신청의 인용 여부는 학계·법조계·종교계·시민사회 등 전문분야의 위원으로 구성된 중립적인 위원회에서 결정하도록 하며, 필요한 경우 서면심사뿐만 아니라 대면심사를 통하여 신청인·증인·참고인으로부터 증언 또는 진술을 청취할 수 있도록 하는 등 위원회에 폭넓은 사실조사 권한을 부여하고, 신청인·증인·참고인 등의 자료나 진술이 허위인 것으로 사후에 밝혀지는 경우 위원회가 재심사를 통하여 종전의 결정을 번복할 수 있도록 하는 등의 제도적 장치를 마련한다면, 양심을 가장한 병역기피자를 가려낼 수 있을 것으로 보는 것이 법정의견의 관점인 것이다.

법정의견은 또, 현역복무와 대체복무 사이에 복무의 난이도나 기간과 관련하여 형평성을 확보해 현역복무를 회피할 요인을 제거한다면, 심사의 곤란성과 병역기피자의 증가 문제를 효과적으로 해결할 수 있다고 본다. 양심적 병역거부를 빙자하여 복무를 기피하는 것은 대체복무에의 종사가 개인적으로 이익이 된다고 판단하기 때문일 것이므로, 대체복무의 부담과 어려움이 커질수록 양심을 빙자한 병역기피자는 줄어들 수밖에 없을 것인바, 대체복무의 기간을 현역 복무 기간보다 어느 정도 길게 하거나, 대체복무의 강도를 현역복무의 경우와 최소한 같게 하거나 그보다 더 무겁고 힘들게 함으로써 양심을 가장한 병역기피자가 대체복무 신청을 할 유인을 제거한다면, 심사의 곤란성 문제를 상당 부분 극복하고 병역기피자의 증가도 막을 수 있을 것이라고 본다. 물론 대체복무의 기간이나 고역의 정도가 과도하여 양심적 병역거부자라 하더라도 도저히 이를 선택하기 어렵게 만드는 것은, 대체복무제를 유명무실하게 하거나 징벌로 기능하게 할 수 있으며 또 다른 기본권 침해 문제를 발생시킬 수 있다는 점을 유의할 필요가 있다는 점도 덧붙이고 있다.

　한편, 한반도는 6·25 전쟁 이후 남북으로 분단되어 60년이 넘는 세월 동안 휴전상태로 대치하여 왔는데, 최근 이러한 상황에 대한 변화의 토대가 마련되었으나 항구적인 평화의 정착을 위해서는 아직 해결해야 할 과제가 많고, 우리나라 및 주변국들을 둘러싼 국제정세도 예측하기 어려운바, 이와 같은 한반도의 특수한 안보상황을 고려할 때 대체복무제를 도입하기 어렵다는 주장에 대해서 법정의견은 대체복무제의 도입이 우리나라의 국방력에 유의미한 영향을 미친다거나 병역제도의 실효성을 떨어뜨린다고 보기 어려운 이상, 위와 같은 특수한 안보상황을 이유로 대체복무제를 도입하지 않거나 그 도입을 미루는 것이 정당화된다고 할 수는 없다는 반론을 제기한다. 이하 법정의견을 인용한다.

　법익의 균형성 관점에서 병역종류조항이 추구하는 국가의 존립과 모든 자유의 전제조건인 '국가안보' 및 '병역의무의 공평한 부담'이라는 공익이 대단히 중요한 것이기는 하지만, 병역종류조항에 대체복무제를 도입한다고 하더라도 위와 같은 공익은 충분히 달성할 수 있다고 판단되는 반면, 병역종류조항이 대체복무제를 규정하지 아니함으로 인하여 양심적 병역거부자들이 감수하여야 하는 불이익이 심대하다는 사정은 병역종류조항이 기본권 제한의 한계를 초과하여 법익의 균형성 요건을 충족하지 못한 것으로 판단하게 한다는 것이 법정의견의 입장이다. 우선 양심적 병역거부자들은 현재의 대법원 판례에 따라 처벌조항에 의하여 대부분 최소 1년 6월 이상의 징역형을 선고받는다. 또 형 집행이 종료된 이후에도 일정기간 공무원으로 임용될 수 없고(국가공무원법 제33조 제3호, 지방공무원법 제31조 제3호), 병역기피자로 간주되어 공무원 또는 일반 기업의 임·직원으로 근무하고 있었던 경우에는 해직되어 직장을 잃게 되고(병역법 제76조 제1항 제2호, 제93조 제1항), 이전에 취득하였던 각종 관허업의 특허·허가·인가·면허 등도 모두 상실한다(같은 법 제76조 제2항). 게다가 병역의무 기피자로서 인적사항과 병역의무 미이행 사항 등이 병무청 인터넷 홈페이지 등에 공개될 수 있다(같은 법 제81조의2 제1항 제3호). 이러한 법적인 불이익과는 별도로, 처벌 이후 사회생활에서는 징역형을 선고받은 전과자로서 여러 가지 유·무형의 냉대와 취업곤란을 포함한 불이익 역시 감수하여야 한다. 더구나 우리 나라에서는 병역거부에 관한 종교적 신념을 가족들이 공유하는 경우 위와 같은 피해가 해당 양심적 병역거부자 개인에게 그치지 아니하며, 형제들 모두가 형사처벌 받거나 아버지와 아들이 대를 이어서 처벌되는 가혹한 사례도 발생하고 있는 상황이다. 양심적 병역거부행위는 사회공동체의 법질서에 대한 적극적인 공격행위가 아니라 자신의 양심을 지키려는 소극적이고 방어적인 행위이며, 양심적 병역거부자들은 집총 등 병역의무 이외의 분야에서는 국가공동체를 위한 어떠한 의무도 기꺼이 이행하겠다고 지속적으로 호소한다. 따라서 비록 이들의 병역거부 결정이 국가공동체의 다수의 가치와 맞지 않는다고 하더라도,

양심의 자유를 기본권으로 보장하고 있는 헌법질서 아래에서는 그 결정이 국가가 동원할 수 있는 가장 강력한 수단인 형벌권을 곧바로 발동하여야 할 정도의 반사회적인 행위라고 할 수는 없다. 양심의 자유에서 보호하는 양심은 그 어느 것으로도 대체되지 아니하며, 그에 따라 행동함으로써 자기를 표현하고 인간으로서의 존엄과 가치를 확인하는 의미를 가지는 것이다. 따라서 강요에 의하여 그러한 신념을 의심하고 그 포기 여부를 선택해야 하는 상황에 처하는 것만으로도 개인의 인격에는 큰 타격이 될 수 있다. 자신이 전 인격을 걸고 옳은 것이라고 믿는 신념을 변경하지 않을 경우 형벌과 사회생활에서의 제약 등 커다란 피해를 입는 것이 예정되어 있는 상황에 처하면, 개인은 선택의 기로에서 자신의 인격적 존재가치에 회의를 느끼지 않을 수 없고, 이는 결국 인간의 존엄성에 대한 손상으로 이어질 수밖에 없기 때문이다.

한편, 양심적 병역거부자를 처벌하는 것보다 이들에게 대체복무를 부과하는 것이 넓은 의미의 국가안보와 공익 실현에 오히려 더 도움이 된다고 할 수 있다. 양심적 병역거부자들을 억지로 입영시키거나 소집에 응하게 할 수 있는 방법은 사실상 없다고 볼 수 있으므로, 현 상황에서는 오로지 이들을 처벌하여 교도소에 수용하는 것만이 가능할 뿐이다. 그런데 양심적 병역거부자들이 오랜 기간 형사처벌 및 이에 뒤따르는 유·무형의 막대한 불이익을 겪으면서도 꾸준히 입영이나 집총을 거부하여 왔다는 사실을 고려하면, 형사처벌이 그들에게 특별예방효과나 일반예방효과를 가지지 못한다고 볼 수 있으므로, 병역자원을 단순히 교도소에 수용하고 있는 것은 국가안보나 공익에 거의 아무런 도움이 되지 않는 조치라고 할 수 있다. 앞서 보았듯이, 국방의 의무의 내용은 군사적 역무에 국한되는 것이 아니라 비군사적 역무까지 포함한다고 할 수 있고, 오늘날 국가안보의 개념은 군사적 위협과 같은 전통적 안보 위기뿐만 아니라, 자연재난이나 사회재난, 테러 등으로 인한 안보 위기에 대한 대응을 포함하는 포괄적 안보 개념으로 나아가고 있으며, 현대 국가에서는 후자의 중요성이 점점 더 커지고 있다. 따라서 양심적 병역거부자들에게 소방·보건·의료·방재·구호 등의 공익 관련 업무에 종사하도록 한다면, 이들을 일률적으로 처벌하여 단순히 교도소에 수용하고 있는 것보다는 넓은 의미의 안보에 실질적으로 더 유익한 효과를 거둘 수 있을 것이다.

나아가 우리 사회에는 공익을 위하여 누군가는 반드시 해야 할 일이지만, 힘들거나 위험하다는 이유로 대부분의 사람들이 기피하여 인력 부족에 시달리는 업무들이 많이 있다. 예를 들어 노인·장애인·중증환자 등의 보호·치료·요양 등 사회복지 관련 업무가 그런 업무에 속할 수 있을 것이다. 양심적 병역거부자들로 하여금 위와 같이 어렵고 힘든 공익업무를 수행하도록 하거나 그 중 전문적인 지식과 능력을 가진 사람들의 경우 그것을 활용하여 또 다른 공익업무에 복무하도록 한다면, 이는 우리 사회에 큰 혜택이 될 것이다. 현행 제도에서도 이와 유사한 병역의무 이행방식을 찾아볼 수 있다. 병역법은 사회복무요원(제26조 제1항), 예술·체육요원(제33조의7), 공중보건의사(제34조), 공익법무관(제34조의6) 등으로 복무할 수 있는 보충역 복무규정을 두고 있다. 사회복무요원의 경우를 보면, 이들은 국가기관·지방자치단체·공공단체 및 사회복지시설의 공익목적에 필요한 사회복지, 보건·의료, 교육·문화, 환경·안전 등 사회서비스업무의 지원업무, 국가기관·지방자치단체·공공단체의 공익목적에 필요한 행정업무 등의 지원업무 등에 종사한다(제26조 제1항). 이러한 사회복무요원의 복무는 30일 이내의 군사교육소집(제29조 제3항, 제55조 제1항, 병역법시행령 제108조)을 받는다는 점을 제외하면 양심적 병역거부자가 하게 될 대체복무와 그 복무 내용이 크게 다르지 않을 것이다.

결국 양심적 병역거부자들은 대체복무제를 통해 이 사회의 일원으로서 떳떳하게 공익에 기여할 수 있게 되어 국가와 사회에 대한 소속감을 키우고 스스로에 대한 자긍심을 가질 수 있게 될 것이다. 동시에 우리 사회는 이들을 공동체 구성원으로 포용하고 관용함으로써 국가와 사회의 통합과 다양성의 수준도 높아지게 될 것이다. 양심적 병역거부자에 대한 관용은 결코 병역의무의 면제와 특혜의 부여에 대한 관용이 아니다. 대체복무제는 병역의무의 일환으로 도입되는 것이고 현역복무와의 형평을 고려하여 최대한 등가성을 가지도록 설계되어야 하는 것이기 때문이다.

이상과 같이 병역종류조항에 대체복무제를 도입한다고 하더라도 병역종류조항을 통해 달성하고자 하는 공익은 충분히 달성할 수 있다고 판단되는 반면, 병역종류조항에 대체복무제가 규정되지 않음으로 인하여 양심적 병역거부자가 감수하여야 하는 불이익은 심대하고, 이들에게 대체복무를 부과하는 것이 오히려 넓은 의미의 국가안보와 공익 실현에 더 도움이 된다는 점을 고려할 때, 병역종류조항은 기본권 제한의 한계를 초과하여 법익의 균형성 요건을 충족하지 못한 것으로 판단되는 이상, 양심적 병역거부자에 대한 대체복무제를 규정하지 아니한 병역종류조항은 과잉금지원칙에 위배하여 양심적 병역거부자의 양심의 자유를 침해한다. 국가는 이 문제의 해결을 더 이상 미룰 수 없으며 대체복무제를 도입함으로써 병역종류조항으로 인한 기본권 침해 상황을 제거할 의무가 있음이 분명해진다. 양심의 자유와 국가안보라는 공익을 조화시킬 수 있는 대안이 존재하며 그에 관한 우리 사회의 논의가 성숙하였음에도 불구하고, 오로지 개인에게만 책임을 전가하는 것은 국가의 중대한 임무 해태라고 하지 않을 수 없다. 다수결을 기본으로 하는 민주주의 의사결정구조에서 다수와 달리 생각하는 이른바 '소수자'들의 소리에 귀를 기울이고 이를 반영하는 것은 관용과 다원성을 핵심으로 하는 민주주의의 참된 정신을 실현하는 길이 될 것이다.

마) 잠정적용의 필요성

법정의견은 병역종류조항의 위헌성은 양심적 병역거부자에 대한 대체복무제를 규정하지 아니한 부작위에 있다고 보면서 이와 같은 부작위의 위헌성을 이유로 병역종류조항에 대해 단순위헌 결정을 할 경우 병역의 종류와 각 병역의 구체적인 범위에 관한 근거규정이 사라지게 되어 일체의 병역의무를 부과할 수 없게 되므로, 용인하기 어려운 법적 공백이 생기게 되는 것을 우려한다. 더구나 입법자는 대체복무제를 형성함에 있어 그 신청절차, 심사주체 및 심사방법, 심사결과에 대한 이의신청절차, 복무분야, 복무 기간 등을 어떻게 설정할지 등에 관하여 광범위한 입법재량을 가지므로 병역종류조항에 대하여 단순위헌 결정을 하는 대신 헌법불합치 결정을 선고하되, 다만 입법자에게 늦어도 2019년 12월 31일까지는 개선입법을 이행하도록 명하면서 그와 같은 개선입법이 이루어질 때까지 계속적용을 명하고 그때까지 개선입법이 이루어지지 않으면 병역종류조항은 2020년 1월 1일부터 효력을 상실한다고 천명한다.

5) 재판관 서기석의 법정의견 보충의견

재판관 서기석은 위와 같은 법정의견의 논거에 더하여 현재까지의 대법원 판례의 태도에 비추어 양심적 병역거부자에 대한 처벌이 계속되는 것은 헌법에 반하는바, 그렇다고 해서 양심적 병역거부자에 대하여 무죄판결을 선고하게 되는 경우에는 양심적 병역거부자는 대체복무도 없이 병역의무를 면제받는 부당한 결과를 얻게 되므로 이와 같은 부당한 결과가 생겨나는 것을 방지하기 위해서라도 대체복무제의 도입이 필요하다는 취지로 보충의견을 개진하였다. 즉, 병역종류조항에 대체복무제가 규정되지 아니한 상황에서 현재의 대법원 판례에 따라 양심적 병역거부자를 처벌한다면, 이는 과잉금지원칙을 위반하여 양심적 병역거부자의 양심의 자유를 침해하므로 대체복무제를 규정하지 아니한 현행 병역종류조항에 대하여 헌법불합치 결정을 선고함으로써 대체복무제가 도입되도록 할 필요가 있는데 다른 한편으로는, 대체복무제가 도입되지 아니한 현 상황에서 법원이 현재의 견해를 변경하여 양심적 병역거부를 처벌조항의 '정당한 사유'에 해당한다고 보아 양심적 병역거부자에 대하여 무죄 판결을 선고한다면, 양심적 병역거부자는 결과적으로 병역의무도 면제받고 대체복무도 이행하지 않게 됨으로써, 군 복무를 이행하는 사람과 비교하여 형평에 어긋나는 위헌적인 결과를 초래하게 된다. 따라서 이러한 위헌적인 결과가 발생하는 것을 막기 위해서도 대체복무제를 규정하지 아니한 현행 병역종류조항에 대하여 헌법불합치 결정을 선고하여야 할 필요성이 있게 된다. 이와 같이 양심적 병역거부자를 처벌조항에 의하여 처벌하든지, 처벌하지 않든지 간에 위헌적인 상황이 발생하는 것을 막기 위해서는 대체복무제가 도입되어야 하므로, 병력종류조항에 대하여는 헌법불합치 결정이 선고되어야 한다는 것이다.

(3) 처벌조항의 헌법 위반 여부 쟁점

처벌조항의 헌법 위반 여부에 관해서는 재판관 김창종이 부적법 각하의견을, 재판관 강일원, 서기석, 안창호, 조용호가 각 합헌의견을, 나머지 재판관 이진성, 김이수, 이선애, 유남석이 각 일부위헌의견을 개진하였다. 이와 같이 위헌의견이 4인에 그침으로써 위헌정족수 미달로 처벌조항은 헌법에 위배되지 않는다는 입장이 유지되었다. 각 의견의 요지는 다음과 같다.

(가) 재판관 김창종의 부적법 각하 의견

재판관 김창종은 병역종류조항에 관한 입장과 마찬가지로 처벌조항의 경우에도 청구인들의 처벌조항에 대한 이 사건 심판청구는 법원의 처벌조항에 대한 해석·적용이나 재판결과를 다투는 경우에 해당하

여 부적법하고, 제청법원들의 처벌조항에 대한 위헌법률심판제청은 법
원의 합헌적 법률해석 권한을 침해하는 것이거나 위헌법률심판제청의
보충성을 넘어서는 것이므로 역시 부적법하다는 입장을 취한다.

　먼저 청구인들의 헌법소원에 대한 재판관 김창종의 부적법 의견
의 요지는 이와 같다. 헌법재판소법 제68조 제2항에 따른 헌법소원은
당해 사건 법원에 법률의 위헌 여부 심판 제청신청을 하였으나 그 신
청이 기각된 때에 그 신청 당사자가 헌법재판소에 청구하는 것으로서
그 본질이 헌법소원이라기보다는 위헌법률심판의 일종인바(헌재 1997.
7. 16. 96헌바36 등 참조), 법원의 재판규범인 법률을 위헌법률심판절차
의 심판대상으로 삼아 헌법에 위반되는지 여부를 다투는 경우가 아닌
한, 단순히 법률의 해석 · 적용을 다투는 것은 헌법재판소의 심판대상
이 될 수 없고, 그 최종적인 사법적 해석권한은 법원에 있는 것이므로
(헌재 2004. 10. 28. 99헌바91; 헌재 2005. 9. 29. 2001헌바60), 헌법재판소법
제68조 제2항에 따른 헌법소원을 청구한 당사자가 그 법률조항 자체
의 위헌성을 다투는 것이 아니라 그 주장의 실질적인 내용에 비추어
볼 때 법원에 의한 사실관계의 판단과 법률의 해석 · 적용의 부당함을
주장하는 등 사실상 법원의 재판을 다투는 것일 때에는 원칙적으로 부
적법하고, 그러한 헌법소원심판청구는 재판소원을 금지하는 헌법재판
소법 제68조 제1항의 취지에 비추어 허용되지 않는다고 본다(헌재
2002. 10. 31. 2000헌바76; 헌재 2012. 12. 27. 2011헌바117; 헌재 2013. 5. 30.
2012헌바74; 헌재 2018. 1. 25. 2016헌바357 등 참조). 재판관 김창종에 따르
면 청구인들 청구의 주된 요지는 결국 대체복무 제도와 같은 예외를
두지 않은 채 양심상의 결정을 내세워 입영을 거부하는 행위를 처벌하
는 것은 청구인들의 양심의 자유 등을 침해하는 것이 되므로 그 처벌
근거 규정인 처벌조항이 헌법에 위반된다는 것으로서 청구인들의 위
와 같은 주장은 양심상의 결정을 내세워 입영을 거부하였을 경우 '정

당한 사유'에 해당하지 않는다고 보는 대법원이나 당해 사건 법원의
법령 해석·적용은 잘못된 것이고, 그렇게 해석하면 청구인들의 양심
의 자유 등을 침해하여 헌법에 위반되므로 이를 다툰다는 취지에 불과
한 것이어서, 비록 처벌조항 자체의 위헌 여부를 다투는 것과 같은 형
식을 취하여 이 사건 헌법소원심판을 청구하였으나, 그 실질적인 주장
내용은 처벌조항에 대하여 가능한 해석내용 중 대법원판결에서 일관
되게 양심을 이유로 한 입영거부는 정당한 사유에 해당하지 않는다고
판시하였고 당해 사건 법원 역시 대법원 판결과 같은 해석을 취하고
있는데 그렇게 해석하는 것이 위헌이라고 주장하고 있는 것으로서 이
는 결국 구체적 사건에서 법원의 처벌조항에 대한 해석·적용을 다투기
위한 방편으로 헌법소원심판을 청구한 것에 지나지 않는다는 것이다.

　다음으로 당해 법원의 위헌제청사건이 부적법하다는 이유의 요지
는 다음과 같다. 우리 헌법재판소는 한정위헌 결정을 구하는 한정위헌
청구도 원칙적으로 적법하나, 재판소원을 금지하는 헌법재판소법 제68
조 제1항의 취지에 비추어, 개별·구체적 사건에서 단순히 법률조항의
포섭이나 적용의 문제를 다투거나 의미 있는 헌법문제에 대한 주장 없
이 단지 재판결과를 다투는 헌법소원심판청구는 허용되지 않는다고
보고 있으므로(헌재 2012. 12. 27. 2011헌바117 참조), 제청법원이 법률이
나 법률조항 자체의 고유한 위헌성에 관한 헌법문제를 주장하지 않은
채 개별적·구체적 사건에서 단순히 법률조항의 포섭이나 적용의 문제
만을 위헌이라고 해석되는 이유로서 주장하는 경우 그와 같은 위헌법
률심판제청도 부적법하다. 위헌법률심판제청이나 헌법재판소법 제68
조 제2항에 의한 헌법소원은 헌법재판소에 위헌심판을 청구하는 주체
에 차이가 있을 뿐 그 법적 성질이 '위헌법률심판절차'라는 점에서는
동일하므로, 개별적·구체적 사건에서의 법률조항의 단순한 포섭·적용
에 관한 문제만을 다투는 헌법재판소법 제68조 제2항에 의한 헌법소

원심판청구가 부적법한 것처럼, 제청법원의 그러한 위헌법률심판제청
도 역시 부적법하다고 보아야 하기 때문이다. 그런데 제청법원들의 제
청이유를 살펴보면, 처벌조항 자체의 고유한 위헌성에 관한 주장(예컨
대, 죄형법정주의의 명확성원칙 위배, 책임과 형벌의 비례원칙 위배, 평등원칙
위배 등)을 찾아볼 수 없고, 양심상의 결정을 내세워 입영을 거부하는
것은 처벌조항의 '정당한 사유'에 해당하지 않는다는 전제 아래 대체복
무제와 같은 예외를 두지 않은 채 이를 처벌하는 처벌조항이 위헌이라
는 것인바, 이는 결국 대법원 판결과 같이 양심적 입영거부를 처벌조
항의 '정당한 사유'에 해당하지 않는 것으로 해석하는 한 처벌조항이
위헌이라는 취지이므로 이 사건 제청법원들의 위헌법률심판제청은 처벌
조항 자체의 위헌 여부 심판을 제청한 것이 아니라, 실질적으로 개별·
구체적 사건에서 처벌조항 중 '정당한 사유'의 포섭이나 해석·적용의
문제에 관하여 헌법재판소의 해명을 구하는 것에 불과하다는 것이다.
    위와 같은 논지 외에도 피고인의 신속한 재판을 받을 권리를 보장
하는 관점에서도 제청법원의 위헌제청심판은 부적법하다는 것이 재판
관 김창종의 의견이다. 그 논거는 이와 같다. 우리 헌법재판소는 구체
적 규범통제를 하는 권한밖에 없고(헌법 제107조 제1항, 제111조 제1항 제
1호, 헌법재판소법 제41조 제1항, 제68조 제2항), 구체적 규범통제는 당해
사건의 재판을 위한 것이므로 위헌법률심판제청은 구체적 소송사건의
해결을 위하여 반드시 필요한 경우에만 정당화되며, 법원이 헌법재판
소에 위헌법률심판제청을 하면 당해 사건의 재판은 헌법재판소의 결
정이 있을 때까지 정지된다는 점을 고려할 때 당해 사건의 피고인의
신속한 재판을 받을 권리(헌법 제27조 제3항)를 보장하기 위해서도 법원
은 당해 사건 재판 해결에 반드시 필요한 경우에만 위헌법률심판제청
을 할 수 있다고 하여야 한다. 이러한 관점에서 법관이 당해 사건에
적용되는 법률이나 법률조항에 대하여 위헌의 의심을 가지고 있으나

이를 헌법과 합치하는 방향으로 해석할 수 있고, 이러한 방법으로 해당 법률이나 법률조항에 대한 위헌확인을 피하고 당해 사건을 충분히 해결할 수 있는 경우에는 위헌법률심판제청을 할 수 없다고 보아야 한다. 제청법원들은 양심의 결정에 따른 입영거부가 처벌조항의 '정당한 사유'에 해당한다고 스스로 판단한다면, 헌법재판소에 처벌조항에 대한 위헌법률심판제청을 하여 헌법재판소의 결정을 받지 않더라도, 처벌조항의 '정당한 사유'의 합헌적 해석을 통하여 양심적 병역거부자들에 대하여 무죄를 선고함으로써 당해 사건을 해결할 수 있고, 얼마든지 그들의 기본권 침해를 방지할 수 있다. 그럼에도 제청법원들은 처벌조항에 관한 합헌적 법률해석의 의무를 회피한 채 처벌조항에 대한 대법원의 합헌적 법률해석이 부당하다거나 양심의 결정에 따른 입영거부를 처벌해서는 안 된다는 자신의 합헌적 법률해석에 일반적 구속력을 얻기 위해 헌법재판소에 위헌법률심판제청을 한 것에 불과하므로 제청법원들의 이 사건 위헌법률심판제청은 부적법하다.

㈔ 재판관 이진성, 김이수, 이선애, 유남석의 일부위헌의견

재판관 이진성, 김이수, 이선애, 유남석은 병역종류조항이 처벌조항의 의미를 해석하는 근거가 되고 처벌조항은 병역종류조항의 내용을 전제로 하므로, 병역종류조항의 위헌 여부는 처벌조항의 위헌 여부와 불가분적 관계에 있는 것이어서 병역종류조항에 대하여 양심적 병역거부자에 대한 대체복무제를 규정하고 있지 않다는 이유로 헌법불합치 결정을 하는 이상, 처벌조항 중 양심적 병역거부자를 처벌하는 부분에 대하여도 위헌 결정을 하는 것이 자연스러운 결론이라고 주장한다.

나아가 처벌조항 자체가 가지는 위헌성은 병역거부 행위를 처벌하는 것 자체에 있는 것이 아니라, 양심적 병역거부자에 대하여 대체복무의 기회를 부여하지 아니한 채 처벌하는 데 있는 것으로서, 처벌

조항 중 '양심적 병역거부자를 처벌하는 부분'은 목적의 정당성이나 수
단의 적합성은 인정되지만 침해의 최소성 원칙과 법익의 균형성에 반
하여 헌법에 위반된다고 주장한다. 그 논거를 요약하면 다음과 같다.
처벌조항은 국방의 의무의 이행을 강제하고 관철함으로써 징병제를
근간으로 하는 우리의 병역제도 하에서 병역자원의 확보와 병역부담
의 형평을 기하고 궁극적으로 국가의 안전보장이라는 헌법적 법익을
실현하고자 하는 것으로 그 입법목적이 정당하고(목적의 정당성), 현역
입영 또는 소집 통지서를 받은 사람이 정당한 사유 없이 입영하지 아
니하거나 소집에 응하지 아니한 경우 형벌을 부과함으로써 병역의무
의 이행을 강제하는 것은 위와 같은 입법목적을 달성하기 위한 적합한
수단이라고 할 수 있으나(수단의 적합성), 대체복무제를 도입하지 아니
한 채 양심적 병역거부자에게 오로지 가장 강력한 제재수단인 형사처
벌만을 부과하는 처벌조항은 침해의 최소성 원칙에 어긋나며(침해의 최
소성 위반), 처벌조항이 추구하는 공익은 대단히 중요한 것이기는 하나,
양심적 병역거부자를 처벌하는 것이 그러한 공익에 그다지 기여한다
고 보기 어려운 반면, 처벌조항에 따른 형사처벌로 인하여 양심적 병
역거부자가 감수하여야 하는 불이익은 심대하다는 점을 고려할 때, 처
벌조항은 기본권 제한의 한계를 초과하여 법익의 균형성 요건을 충족
하지 못한 것으로 판단된다(법익 균형성 위반). 여타의 병역기피자들이
아닌 양심적 병역거부자에 한정하여 볼 때에는, 양심적 병역거부자들
이 오랜 기간 형사처벌 및 이에 뒤따르는 막대한 불이익을 겪으면서도
꾸준히 입영이나 집총을 거부하여 왔다는 사실은, 형사처벌이 그들에
게 특별예방효과나 일반예방효과를 가지지 못한다는 점에서 처벌조항
이 국가의 존립과 모든 자유의 전제조건인 '국가안보' 및 '병역의무의
공평한 부담'이라는 공익 달성에 기여하는 정도는 그다지 크다고 하기
어렵다. 반면에 처벌조항에 따른 형사처벌로 인하여 양심적 병역거부

자들이 감수하여야 하는 불이익은 최소 1년 6월 이상의 징역형과 그에 따른 공무원 임용 제한 및 해직, 각종 관허업의 특허·허가·인가·면허 등 상실, 인적사항 공개, 전과자로서의 각종 유·무형의 불이익 등 심대하기 때문이라는 것이다.

⒟ 재판관 강일원, 서기석의 합헌의견

재판관 강일원, 서기석에 따르면 병역법상 처벌조항은 국민의 의무인 국방의 의무의 이행을 강제하고 관철함으로써 징병제를 근간으로 하는 우리의 병역제도 하에서 병력자원의 확보와 병역부담의 형평을 기하고 궁극적으로 국가의 안전보장이라는 헌법적 법익을 실현하고자 하는 것으로서 그 입법목적이 정당하고(목적의 정당성), 정당한 사유 없는 병역의무 불이행에 대하여 형벌을 부과함으로써 병역의무의 이행을 강제하는 것은 위와 같은 입법목적을 달성하기 위한 적합한 수단이며(수단의 적합성), 현역병을 기준으로 할 때, 병역의무를 이행하려면 대부분 20대 초반의 나이에 약 2년간 학업을 중단하거나 안정적 직업 및 직업훈련의 기회를 포기하여야 하고, 열악한 복무여건 속에서 각종 총기사고나 폭발물사고 등 위험에 노출되어 생활하여야 하는 등 병역의무 이행에 따른 부담이 막중하며, 그러한 부담을 회피하기 위해 병역의무자가 각종 불법행위를 저지르는 경우도 있으므로, 형사처벌 이외에는 병역기피행위를 방지할 수 있는 다른 효과적인 수단을 찾기 어려운 한편, 처벌조항은 '정당한 사유 없이' 입영하지 아니하거나 소집에 응하지 아니하는 경우를 처벌하도록 하고 있을 뿐, 양심적 병역거부를 처벌하는 내용을 규정하고 있지 않은바, 양심적 병역거부자가 처벌되는 것은, 병역종류조항이 대체복무제를 규정하지 않고 있고 그에 따른 양심적 병역거부자들의 입영거부나 소집 불응에 대하여 법원이 그러한 행위는 처벌조항의 정당한 사유에 해당하지 않는다고 판단하고 있기 때문일 뿐 처벌조항 자체에서 비롯된 문제가 아니라고 본

다. 향후 병역종류조항에 대한 헌법불합치 결정을 통하여 병역종류조
항에 양심적 병역거부자의 양심의 자유를 침해하지 않는 대체복무제
가 도입된다면, 양심적 병역거부자들은 더 이상 대체복무의 이행을 거
부하지 않을 것이며 법원도 대체복무제가 도입되기 전이라 하더라도
더 이상 처벌조항에 따라 양심적 병역거부자를 처벌하지 않고 입영거
부 또는 소집불응 행위에 '정당한 사유'가 있음을 이유로 무죄를 선고
하거나, 개선입법이 될 때까지 재판절차를 정지하였다가 병역법이 개
정되어 대체복무제가 도입되면 개정법이 정한 절차에 따라 사건을 처
리할 수 있을 것이라는 것이다. 결국 양심적 병역거부자에 대한 형사
처벌은 처벌조항 자체에서 비롯되는 문제가 아니고 이는 병역종류조
항에 대한 헌법불합치 결정과 그에 따른 입법부의 개선입법 및 법원의
후속 조치를 통하여 해결될 수 있는 문제이므로 처벌조항은 정당한 사
유 없이 병역의무를 거부하는 병역기피자를 처벌하는 조항으로서, 침
해의 최소성 원칙에 반한다고 볼 수도 없다(침해의 최소성). 한편 처벌
조항이 추구하는 '국가안보' 및 '병역의무의 공평한 부담'이라는 공익은
대단히 중요하고, 처벌조항으로 인하여 병역기피자가 3년 이하의 징역
에 처해진다고 하더라도 그러한 불이익이 위와 같은 공익에 비하여 결
코 크다고 할 수 없으므로, 처벌조항은 법익의 균형성도 갖추었다(법익
의 균형성). 따라서 처벌조항이 과잉금지원칙을 위반하여 양심적 병역
거부자의 양심의 자유를 침해한다고 볼 수는 없다는 것이 재판관 강일
원, 서기석의 입장이다.

　　그러나 이와 같은 입장은 처벌조항의 헌법 위반에 관한 헌재 2004.
10. 28. 2004헌바61 등 결정에서의 입장에서 후퇴한 것으로 수긍하기
어렵다. 처벌조항이 병역종류조항과 결합하여 양심적 병역거부자에게
대체복무의 길을 열어주지 않고 오로지 형사처벌만을 부과하고 있는
이상 양심적 병역거부가 병역을 거부할 정당한 사유에 해당하지 않는

다고 해석하는 입장은 헌법에 합치되지 않는다고 보는 것이 상당하다. 처벌조항이 헌법에 합치되지 않는다고 판단하더라도 소급효를 제한하는 헌법불합치 결정을 내린다면, 그다지 불합리할 문제도 없다고 할 수 있다. 헌법불합치 결정과 함께 대체복무 제도를 도입하게 된다면, 지금까지 유죄로 처벌받은 이들이 소급적으로 무죄가 되거나, 현재 재판 중인 양심적 병역거부자들은 물론 앞으로 마찬가지 사유로 병역을 거부할 수밖에 없는 이들에 대해서는 대체복무제의 이행을 통하여 국방의 의무 이행이 가능하게 될 것이기 때문이다.

㈑ 재판관 안창호, 조용호의 합헌의견[30]

1) 양심의 자유 관련 쟁점

국가의 안전보장이란 기본적으로 외부의 위협이나 침략으로부터 국가의 존립과 안전을 지키는 것을 의미하고, 국가의 독립, 영토의 보전, 국가적 안전을 확보하는 것을 말하며, 국토방위란 외부의 위협이나 침략으로부터 영토를 보전하는 것을 의미한다. 국가의 안전보장과 국토방위는 국가의 존립과 안전을 지키기 위한 필수적 요건이자, 헌법의 핵심적 가치와 질서를 확보하고 국민의 생명과 자유, 안전과 행복을 보장하며 인간의 존엄과 가치를 실현하기 위한 전제조건으로서 헌법상 인정되는 중대한 법익이며, 국가공동체의 구성원인 국민은 그 공동체의 존립과 영토보전, 국가공동체가 가지는 헌법의 핵심적 가치와 질서의 확보를 위해서 기본의무를 부담한다. 헌법 제39조 제1항은 "모든 국민은 법률이 정하는 바에 의하여 국방의 의무를 진다"고 규정하고 있다. 여기서 국방의무란, 외부 적대세력의 직·간접적인 침략행위로부터 국가의 독립을 유지하고 영토를 보전하기 위한 의무로서, 현대전이 고도의 과학기술과 정보를 요구하고 국민전체의 협력을 필요로

---

30 재판관 안창호와 조용호의 처벌조항 합헌의견은 병역종류조항 반대의견과 함께 개진되어 있으나 쟁점별로 살펴보기 위해 이를 나누어 설명하는 것이다.

하는 이른바 총력전인 점에 비추어 단지 병역법에 의하여 군 복무에 임하는 등의 직접적인 병력형성 의무만을 가리키는 것이 아니라, 병역법, 향토예비군설치법, 민방위기본법, 비상대비자원 관리법등에 의한 간접적인 병력형성 의무 및 병력형성 이후 군 작전명령에 복종하고 협력하여야 할 의무도 포함하는 개념이다(헌재 1995. 12. 28. 91헌마80; 헌재 2002. 11. 28. 2002헌바45). 이와 같은 국방의무 가운데 외부 적대세력의 직·간접적인 침략행위로부터 국가의 독립을 유지하고 영토를 보전하기 위한 활동을 가장 직접적으로 규율하고 있는 것은 대한민국 국민의 병역의무에 관하여 규정함을 목적으로 하는 병역법이다(제1조). 병역법은 대한민국 국민인 남성이 병역법에 따른 병역의무를 이행하도록 규정하고(제3조 제1항), 병역종류조항을 통하여 구분되는 병역의 종류에 따라 병역의무의 내용을 구체화하고 있다. 헌법에 규정된 국방의무와 그 의무의 가장 직접적인 내용으로 병역법에 따라 부과되는 병역의무는 국가의 안전보장과 국토방위를 통하여 대한민국 헌법의 핵심적 가치와 질서를 확보하고 국민의 생명과 자유, 안전과 행복을 보장하며 인간의 존엄과 가치를 실현하기 위한 것으로 정당성과 보편성을 가진다. 양심의 자유는 내심의 자유인 '양심형성의 자유'와 양심적 결정을 외부로 표현하고 실현하는 '양심실현의 자유'로 구분되는데, 양심형성의 자유는 외부로부터의 부당한 간섭이나 강제를 받지 않고 개인이 내심영역에서 양심을 형성하고 양심상의 결정을 내리는 자유를 말한다. 양심실현의 자유는 형성된 양심을 외부로 표명하고 양심에 따라 삶을 형성할 자유, 구체적으로는 양심을 표명하거나 또는 양심을 표명하도록 강요받지 아니할 자유(양심표명의 자유), 양심에 반하는 행동을 강요받지 아니할 자유(부작위에 의한 양심실현의 자유), 양심에 따른 행동을 할 자유(작위에 의한 양심실현의 자유)를 모두 포함한다. 여기서 양심형성의 자유는 내심에 머무르는 한 절대적으로 보호되는 기본권인 반면,

양심실현의 자유는 법질서에 위배되거나 타인의 권리를 침해할 수 있기 때문에 법률에 의하여 제한될 수 있는 상대적인 자유이다(헌재 1998. 7. 16. 96헌바35 등 참조). 처벌조항은 국민개병제도와 징병제를 근간으로 하는 병역 제도 아래에서 병역자원의 확보와 병역부담의 형평을 기하고 국가의 안전보장과 국토방위를 통해 헌법상 인정되는 중대한 법익을 실현하고자 하는 것으로 입법목적이 정당하다. 그리고 병역법에 의하여 직·간접의 병력형성 의무, 군 작전명령에 복종·협력할 의무, 군사훈련 및 군사업무지원 등 병역의무에 관한 사항이 구체화됨에 따라, 처벌조항은 병역의무의 이행에 관한 입영기피 내지 소집불응자를 형사처벌을 하고 있는데, 이는 병역기피를 방지하고 병역의무의 이행을 강제하는 것으로서 위와 같은 입법목적을 달성하기 위한 적절한 수단이 된다(헌재 2011. 8. 30. 2008헌가22등 참조). 한편 우리나라와 같이 국민개병제도와 징병제를 근간으로 하는 병역제도 아래에서는 병역의무 이행의 실효성을 담보하기 위해 공평하고 공정한 징집이라는 병역상의 정의를 실현하는 것이 무엇보다도 중요하다. 이러한 병역상의 정의를 실현하려면 의무부과가 평등하게 이루어져야 하고, 병역의무의 이행을 확보하는 수단 또한 마련되어야 한다. 병역의무의 이행확보 수단은 복무여건이 어떤가에 따라 강도가 달라질 수 있는데, 복무여건이 위험하고 열악할수록 의무이행을 회피하는 행위에 대하여 강력한 제재가 사용될 수밖에 없다(헌재 2011. 8. 30. 2008헌가22등 참조). 우리나라에서 병역의무를 이행하는 사람들은 대부분 20대의 나이에 2년 내지 3년(일부 복무 기간의 조정이 가능하고, 훈련기간이 추가되기도 한다)의 의무복무 기간 동안 학업을 중단하거나 안정적 직업과 직업훈련의 기회를 포기한 채 병역에 복무해야 한다. 특히 현역병은 상명하복의 엄격한 규율과 열악한 복무환경(특히 우리나라에서는 하향식 의사결정문화가 뿌리 깊게 자리하고 있어 군대의 엄격한 규율과 결합해 열악한 복무환경의 주요 요인이

기도 하다)에서 훈련과 총기 취급에 따른 각종 총기사고나 폭발물사고와 같은 위험에 노출되어 있다. 뿐만 아니라 복무 기간 동안 군부대 내에서 거주함에 따라(병역법 제18조 제1항), 신체의 자유, 거주이전의 자유, 사생활의 자유 등의 다양한 기본권도 제한받게 된다. 이러한 부담을 회피하기 위해 병역의무를 지게 되는 사람들 가운데 일부는 외국 국적을 자진 취득함으로써 국적을 이탈하거나, 스스로 신체를 훼손하거나 또는 의료기록을 조작하는 등 병역기피를 위한 각종 탈법·불법행위를 자행하기도 한다. 이와 같은 현실에서 병역기피를 방지하고 군병력을 일정 수준으로 유지시켜 국가의 독립을 유지하고 영토를 보존하기 위해서는 병역기피행위에 대한 일반적인 강제수단으로서의 형사처벌은 불가피하다(헌재 2011. 8. 30. 2008헌가22등 참조). 직·간접의 병력형성의무, 군 작전명령에 복종·협력할 의무 등을 전혀 포함하지 아니하는 대체복무는 국가의 안전보장과 국토방위를 위한 국방의무 및 병역의무의 범주에서 벗어난 사회봉사의무를 부과하는 것이며, 병역의무의 조건부 면제로 평가될 수 있을 뿐이지만 양심적 병역거부자의 기본권 침해를 제거하는 수단으로 대체복무제가 논하여지는 이유는, 일정한 불이익이나 부담의 부과가 양심상의 결정을 확인하는 간접적인 지표로 활용될 수 있고 일정한 의무의 부과를 통해 병역기피를 예방할 수 있으며 병역의무를 이행하는 사람과 양심적 병역거부자 사이에 발생하는 부담의 형평에 관한 문제를 완화하는 방편이 될 수 있기 때문이다. 국방의무의 한 내용으로 병역법에 따라 부과되는 병역의무는 대한민국이라는 국가공동체의 존립을 유지하고 그 영토를 보전함으로써 그 구성원인 국민의 생명과 자유, 안전과 행복을 지키고, 인간의 존엄과 가치의 실현의 바탕이 되는 토대를 굳건히 하고자 하는 것으로 정당성과 보편성을 가지는 반면, 자신의 종교관·가치관·세계관에 의해 전쟁과 인간의 살상에 반대하는 진지한 양심이 형성되었고 양심에 따라 병역의무의 이행을 거부한다 하더라도, 이러한 양심은 지극히 개인적·주관적인 것이고, 이에 기초한 병역거부는 보편적으로 받아들여질 수 있는 양심실현행위라고 할 수 없다는 것이다.

재판관 안창호, 조용호는 한반도의 특수상황을 고려할 때 대체복무제를 도입하고 있는 외국의 사례는 크게 참고할 것이 되지 못하며, 국민들 사이에 이념적인 대립과 갈등을 심화하고 우리나라의 안보상황을 더욱 악화시킬 우려가 있다는 의견을 피력한다. 즉, 남·북한은 정전 이후 현재까지도 이념대립 속에서 적대적 군비경쟁을 통하여 군사력을 축적하고 이를 바탕으로 군사적·정치적 대치상태에 있는 분단국가이며, 북한의 핵무기 개발, 미사일 발사 등으로 초래되는 한반도의 위기상황은 주변국의 외교·안보 상황에도 큰 영향을 미치고 있으며, 얼마 전까지도 계속된 바 있는 각종의 무력 도발에서 보는 바와 같이 북한의 군사적 위협은 간접적·잠재적인 것이 아니라 직접적·현실적인 것이고(헌재 2011. 8. 30. 2008헌가22등 참조), 북한은 조선노동당에 의한 일당독재 및 세습수령에 의한 일인지배를 정당화하고 주체사상과 선군(先軍)사상에 의해 지배되는 유일지도 이념체제로서 수령을 비롯한 노동당의 의사에 의하여 국가의 주요 정책이 결정되는 비민주주의 체제이며(헌재 2014. 12. 19. 2013헌다1 참조), 또한 세계 최강의 군사력을 가진 미국, 중국, 러시아, 일본은 한반도를 중심으로 육지 또는 바다로 직·간접으로 인접해 있고, 한반도 주변에서 이들 강대국의 패권(覇權) 경쟁 및 이해관계에 따라 언제라도 충돌할 수 있는 상황에 놓여 있는 사정 등 한반도의 특수한 상황을 고려한다면 다른 나라에서 이미 대체복무제를 시행하고 있다는 것이 우리나라가 대체복무제를 도입해야 하는 근거가 될 수 없다는 것이다. 오히려 우리나라의 특수한 안보상황을 무시하고 양심이라는 주관적인 사유로 병역의무의 예외를 인정하는 경우, 국민들 사이에 이념적인 대립과 갈등을 심화하고

우리나라의 안보상황을 더욱 악화시킬 우려가 있다는 것이 이들 두 재
판관의 입장이다.

한편 재판관 안창호, 조용호는 또 대체복무제 도입이 군의 전투력
등에 미치는 영향을 고려할 때, 단지 양심적 병역거부자의 숫자만을
놓고 본다면, 우리나라의 전체적인 병력규모나 현대전의 특성에 비추
어 양심적 병역거부자에 대한 대체복무제의 도입이 국가의 안전보장
에 중대한 영향을 미치지 않을 것이라는 주장이나 전망도 이해하지 못
할 바는 아니지만, 우리나라의 안보상황은 미국이나 서구 선진국 등과
같이 안정적이라고 할 수 없고 엄중하다고 할 것인 점, 나아가 병역의
무를 이행하는 군인은 전시는 물론이고 전시가 아니더라도 총기와 폭
발물의 취급으로 인해 상시 생명과 신체의 안전이 위험에 노출되어 있
으며, 상명하복의 엄격한 규율과 열악한 복무환경에서 신체의 자유,
거주이전의 자유, 사생활의 자유 등 기본권이 제한된 상태로 근무하고
있는 점들과 함께 대체복무제의 도입은 양심적 병역거부에 대해 합법
성과 정당성을 인정하는 의미를 가지는 점에 비추어 볼 때, 대체복무
제를 도입할 경우에는 양심적 병역거부자의 대부분이 특정 종교의 신
도였던 지금까지의 현상과 달리, 병역의무를 면제받기 위하여 특정 종
교로 개종하거나 대부분의 종교가 내포하고 있는 생명존중의 사상을
이유로 또는 종교와 관계없이 자신의 가치관과 세계관을 이유로 병역
거부를 정당화하고자 하는 사람 역시 그 수가 대폭 증가할 가능성을
배제하기 어렵다고 주장한다. 독일이나 대만 등 다른 나라에서는 대체
복무제 도입 이후 특정 종교와 관계없이 대체복무자 수가 크게 증가한
사실이 확인된다고 주장한다. 그리고 국가공동체에 대한 구성원의 가
치관과 공동체의식, 국방의무에 대한 국민의 법 감정, 국방의무와 관
련된 역사적·사회적·종교적·문화적 가치와 환경 등에 따라, 대체복
무제의 도입이 국가공동체의 안보상황에 미치는 영향은 크게 달라질

수 있는데, 현행 헌법은 군인·군무원 등이 전투·훈련 등 직무집행과 관련하여 받은 손해에 대하여는 법률이 정하는 보상 이외에 국가 등에 대하여 공무원의 직무상 불법행위로 인한 배상을 청구할 수 없다고 하고 있으며(헌법 제29조 제2항), 과거뿐 아니라 현재까지도 국가공동체를 위해 희생·헌신한 사람들에 대한 보상 및 예우와 관련된 각종 법령과 법체계에 대한 평가가 반드시 긍정적인 것만은 아니라는 사정, 상대적으로 길지 아니한 민주주의의 역사 속에서 적지 않은 사람들이 병역기피를 위해 탈법·불법 행위를 자행하거나 심지어는 대한민국 국적을 이탈하는 등, 국가공동체를 위한 그 구성원의 연대의식이 제대로 자리를 잡았다고 보기 어려운 측면이 있다는 사정, 나아가 우리 사회에서 최근까지도 정치인, 기업인, 고위 공직자 등 소위 사회지도층과 그 자녀의 병역기피가 사회문제가 되고 있고, 점증하는 국가적 위기 앞에서도 국민들 사이에는 이념·지역·세대 간의 갈등이 표출되고 있으며, 장애인 학교의 설립이 지역주민들의 반대로 무산되기도 하는 등, 국민의 공동체의식, 즉 '국가공동체의 구성원이라면 누구라도 그 공동체의 존립과 안전을 위해 명예롭게 헌신하고 다른 구성원을 위해 자신을 희생할 수 있다'는 연대의식이 충분히 성숙하였다고 볼 수 있는지 의문인 상황 하에서, 양심적 병역거부자에 대한 대체복무제의 도입은 국가공동체의 구성원인 국민의 공동체에 대한 책임의식을 치명적으로 훼손할 수 있고, 병역의무를 이행하는 군인 등의 안보관과 사기에 매우 부정적인 영향을 줄 수 있으며, 특히 전시·사변 또는 이에 준하는 국가비상사태 상황에서는 양심적 병역거부자에 대한 대체복무제의 도입이 국가의 안전보장과 국토방위에 미칠 부정적 영향은 더욱 엄중할 수 있다고 본다. 결국 양심적 병역거부자에 대한 대체복무제의 도입은 '국가공동체는 반드시 우리 손으로 지켜야 한다'는 국가공동체 구성원의 책임의식과 병역의무를 이행하고 있는 군인 등의 안보관에 부정적 영향을 주어 양심적 병역거부자와 양심을 빙자한 병역기피자의 급격한 증가를 초래할 수 있고, 나아가 대체복무제의 도입은 이와 같은 병력자원의 감소와 함께 병역의무를 이행하는 군인 등의 사기를 심각하게 훼손하고, 국가가 안보를 위해 필요한 시기에 병력수급을 적절하게 결정할 수 없게 하는 등 군의 전투력에 막대한 손실을 가져와 대한민국의 안보상황에 엄중한 결과를 가져올 수 있다고 주장한다.

재판관 안창호, 조용호는 또 처벌조항의 양심의 자유 침해 여부를 판단함에 있어서는 헌법 제19조에서 보호되는 양심은 지극히 개인적·주관적일 뿐만 아니라 가변적일 수 있는 내적 확신 내지 신념이라는 점, 헌법 제39조 제1항과 제5조 제2항에서 국민의 기본의무로서 국방의무를 규정하고 이를 신성한 의무라고 선언하고 있는 점, 국가의 안전보장 및 국토방위와 관련된 작은 실수나 오판은 국가공동체의 존립과 안전을 치명적으로 훼손할 수 있으며, 그 회복은 영구히 불가능할 수 있다는 점 등이 고려되어야 한다고 주장하면서, 처벌조항은 국민개병제도와 징병제를 근간으로 하는 병역제도 아래에서 병역자원의 확보와 병역부담의 형평을 기하고 국가의 안전보장과 국토방위를 통해 헌법상 인정되는 중대한 법익을 실현하고자 하는 것으로 입법목적이 정당하고, 병역법에 의하여 직·간접의 병력형성의무, 군 작전명령에 복종·협력할 의무, 군사훈련 및 군사업무지원 등 병역의무에 관한 사항이 구체화됨에 따라, 처벌조항은 병역의무의 이행에 관한 입영기피 내지 소집불응자를 형사처벌하고 있는데, 이는 병역기피를 방지하고 병역의무의 이행을 강제하는 것으로서 위와 같은 입법목적을 달성하기 위한 적절한 수단이 된다(헌재 2011. 8. 30. 2008헌가22등 참조)고 보면서, 병역의무의 부담을 회피하기 위해 병역의무를 지게 되는 사람들 가운데 일부는 외국국적을 자진 취득함으로써 국적을 이탈하거나, 스스로 신체를 훼손하거나 또는 의료기록을 조작하는 등 병역기피를 위한 각종 탈법·불법행위를 자행하기도 하는 현실에서 병역기피를 방지하고 군 병력을 일정 수준으로 유지시켜 국가의 독립을 유지하고 영토를 보존하기 위해서는 병역기피행위에 대한 일반적인 강제수단으로서의 형사처벌은 불가피하다(헌재 2011. 8. 30. 2008헌가22등 참조)고 주장한다.

한편 양심적 병역거부의 심사와 관련하여 헌법이 보호하는 양심은 그 주체의 주관적인 관점에서 판단될 수밖에 없는데, 지금까지 양심적 병역거부자의 대부분이 특정한 종교의 신도였으므로 그간의 종교활동 등을 근거로 양심적 병역거부자와 병역기피자를 구분할 수 있었을 것이지만 앞서 본 바와 같이, 양심의 자유에서 보장하는 양심이 반드시 종교적인 신념에 기초한 것을 요하지 않고, 그 밖의 세계관과 가치체계에 기초할 수 있으며, 후천적·경험적으로 체득한 지식이나 깨달음에 의해 형성될 수도 있는 사정을 고려할 때, 비종교적 양심을 빙자한 병역기피자를 심사단계에서 가려내는 것은 지극히 개인적·주관적인 양심의 형성과정을 추적해야 하는 쉽지 않은 일이라고 주장한다. 조건부 병역거부의 경우, 그 자체는 양심의 실현 문제는 아니라고 볼 수 있으나, 현실적으로는 이를 양심적 병역거부와 구분하는 것이 곤란할 수 있다는 점도 제기한다. 더욱이 헌법상 양심의 자유에 의해 보호되는 양심은 시대적·문화적 맥락에 따라 전혀 달리 취급되기도 하며 개인에 있어서도 고정불변이 아니라 변할 수 있는 것인데, 특정한 경험으로부터 양심이 형성되거나 '양심상의 결정'을 한 시기가 병역거부의 의사를 표시한 때로부터 시간적으로 근접해 있다면, 양심형성의 인과관계나 진지성 등에 관하여 파악할 수 있는 객관적 자료를 얻는 것이 과연 가능한 것인지 의문인데, 만일 양심적 병역거부자에 대한 대체복무제를 도입한 후, 양심적 병역거부의 심사과정에서 판단 자료가 부족하다거나 그 판단이 쉽지 아니하다는 이유로 또는 양심의 형성이 상당기간에 걸쳐 형성된 것이 아니라는 이유로 양심적 병역거부를 인정하지 않게 된다면, 양심적 병역거부자에 대한 대체복무제를 도입한 의미가 없어지며, 실질적으로는 특정 종교의 신도만을 보호하는 방편으로 전락할 수 있으며, 또 양심적 병역거부의 심사가 지나치게 엄격하게 진행된다면, 이는 또 다른 양심의 자유 침해라는 논란을 야기할 수 있다고 주장한다. 이러한 헌법적 문제를 초래하지 아니하고 진정한 양심적 병역거부자를 특정하는 것은 사실상 불가능하거나 매우 까다로운 일이라고 할 수 있으므로, 양심적 병역거부자에 대한 대체복무제 도입이 이 제도를 악용한 대규모 병역기피로 이어질 가능성을 배제할 수 있는지 의문이라는 것이다.

두 재판관은 병역의무와 대체복무 사이의 형평성 확보 가능성에 대해서도 의문을 제기한다. 대체복무의 복무 기간 및 강도 등을 현역복무의 그것보다 길고 무겁게 하여 양심을 가장한 병역기피자가 대체복무를 신청할 가능성을 줄이려 하는 경우, 대체복무가 너무 무거우면, 이는 양심의 자유를 침해한다거나 형평에 어긋난다는 또 다른 논란을 불러올 수 있기 때문에 생명과 신체에 대한 위험 속에서 이행하는 병역의무와 등가성이 확보된 대체복무를 설정하는 것은 매우 까다로운 일이며, 그 기준을 설정함에 있어 국민적 합의가 전제되지 않는다면 사회통합을 해하고 자의적이라는 비판을 면하기 어렵다는 것이다. 군 작전명령 등과 관계없는 공익 관련 업무를 내용으로 하는 대체복무를 상명하복의 엄격한 규율과 열악한 복무환경에서 각종 총기사고나 폭발물사고와 같은 위험에 노출되어 생명과 신체가 상시적으로 위협받고 있는 군인 등의 병역의무와 어떠한 방법으로 등가성을 확보할 수 있는지 회의적이라는 것이다. 더욱이 전시·사변 또는 이에 준하는 국가비상사태의 경우, 군인 등은 정당한 사유 없이 수소(守所) 또는 직무를 이탈하거나, 상관의 정당한 명령에 반항 또는 복종하지 아니할 때에는, 법정형이 최고 사형에 이르는 엄중한 법적 책임을 지게 되는 등 그 무엇과도 바꿀 수 없는 생명을 담보로 병역의 의무를 이행하게 되는 상황에서 병역의무와 그러하지 아니한 대체복무 사이에는 등가성이 확보될 수 없다고 한다.

　두 재판관은 마지막으로 양심적 병역거부자에 대한 대체복무제의 도입은 국가공동체가 양심적 병역거부에 대한 합법성과 정당성을 인정하는 문제이고, 국방의무는 외부 적대세력의 침략과 위협으로부터 대한민국이라는 국가공동체의 존립과 안전을 수호하는 문제이며, 국가공동체의 정체성을 확보하고 그 구성원의 생명과 자유, 안전과 행복을 보장하는 문제이므로, 대체복무제의 도입여부는 규범적 평가 이전에 국민적 합의가 선행되어야 할 영역이라고 하면서, 우리나라는 국민개병제도와 징병제를 채택함으로써 병역문제와 관련하여 국민 모두가 직·간접적으로 연관되어 있다는 점에서, 병역부담의 형평에 대한 사회적 요구가 다른 어떤 나라보다 강력하고 절대적인데, 국민적 합의가 전제되지 않는 대체복무제의 도입은 사회통합을 저해하여 국가 전체의 역량에 심각한 손상을 가할 수 있고, 나아가 국민개병제도에 바탕을 둔 병역제도의 근간을 흔들 수도 있다(헌재 2011. 8. 30. 2008헌가22등 참조)고 주장한다. 사법기관인 헌법재판소가 이러한 문제의 해결에 있어 전면에 나서서 국회로 하여금 대체복무제의 도입을 실질적으로 강제하는 것은 권력분립의 원칙이나 헌법재판소의 기능적 한계를 벗어난 것이며, 국회의 입법 등을 통한 양심적 병역거부자에 대한 문제 해결을 기대하기 어려우므로 헌법재판소가 그 역할을 담당할 수밖에 없다는 주장은, 그 주장 자체로 아직은 대체복무제의 도입에 대한 국민적 합의가 이루어지지 않았음을 방증하는 것이라고 주장한다.

　2) 그 밖의 쟁점

　재판관 안창호, 조용호는 병역법상 처벌조항이 책임과 형벌 간의

비례원칙을 위반하지 않았으므로 헌법에 위배되지 않는다는 주장도
개진한다. 즉, 병역의무의 이행으로서 현역병의 복무는 2년 내지 2년
4개월의 범위 내에서 이루어지고(병역법 제18조 제2항, 제19조에 따라 복
무 기간의 조정이 가능하다), 보충역으로서 사회복무요원, 예술·체육요
원, 공중보건의사, 공익법무관, 공중방역수의사, 전문연구요원 등의 복
무 역시 2년 2개월 내지 3년의 범위 내에서 이루어지며(병역법 제30조
제1항, 제33조의8 제1항, 제34조 제2항, 제34조의6 제2항, 제34조의7 제2항, 제
39조 제1항), 병역의무를 이행하는 장교의 의무복무 기간은 3년이고(군
인사법 제7조 제1항 제4호), 공중보건의사, 공익법무관, 공중방역수의사
등과 함께 군사교육기간은 의무복무 기간에 포함되지 아니하여 그 기
간만큼 의무복무 기간이 연장되는 점(병역법 제34조 제3항, 제34조의6 제3
항, 제34조의7 제3항, 제58조 제4항), 현역병은 복무 기간 중 생명·신체가
위험에 노출되어 있고 다양한 기본권, 즉 신체의 자유, 거주·이전의
자유, 사생활의 자유, 언론·출판·집회·결사의 자유, 직업선택의 자유,
교육을 받을 권리, 근로의 권리 등을 현실적으로 제한받는 점, 보충역
의 경우에도 전시·사변 또는 이에 준하는 국가비상사태에는 부대편성
이나 작전수요를 위한 병력동원소집의 대상이 되어 현역과 같이 복무
하여야 하고, 병력동원소집을 위한 병력동원훈련소집의 대상이 되어
현역에 준하여 복무하며, 군사교육을 위하여 일정기간 교육소집의 대
상이 되는 등 현역에 비하여 정도가 덜하기는 하지만 위와 유사한 기
본권 제한이 따르고 있는 점(병역법 제44조, 제48조, 제49조, 제52조, 제55
조 제1항), 병역자원의 확보와 병역부담의 형평을 위하여 병역의무를
이행하지 아니하는 사람에 대해 엄히 처벌할 필요가 있는 점 등을 종
합적으로 살펴보면, 병역법상 처벌조항이 그 법정형으로 3년 이하의
유기징역형을 규정하고 있는 것이 입법형성권의 재량을 벗어난 것이
라고 할 수 없으므로 처벌조항이 책임과 형벌 간의 비례원칙에 위반된

다고 할 수 없다는 것이다.

한편 "헌법에 의하여 체결·공포된 조약과 일반적으로 승인된 국
제법규는 국내법과 같은 효력을 가진다"라고 규정함으로써 국제법질
서 존중의 원칙을 선언하고 있는 헌법 제6조 제1항과 관련하여서는,
우리나라가 1990. 4. 10. 가입(효력발생은 1990. 7. 10.)한 시민적·정치적
권리에 관한 국제규약(International Covenant on Civil and Political Rights,
이하 '규약'이라 한다) 제18조가 "① 모든 사람은 사상, 양심 및 종교의
자유를 향유할 권리를 가진다. 이러한 권리는 스스로 선택하는 종교나
신념을 가지거나 받아들일 자유와 단독으로 또는 다른 사람과 공동으
로, 공적 또는 사적으로 예배, 의식, 행사 및 선교에 의하여 그의 종교
나 신념을 표현할 자유를 포함한다. ② 어느 누구도 스스로 선택하는
종교나 신념을 가지거나 받아들일 자유를 침해하게 될 강제를 받지 아
니한다. ③ 자신의 종교나 신념을 표현하는 자유는, 법률에 규정되고
공공의 안전, 질서, 공중보건, 도덕 또는 타인의 기본적 권리 및 자유를
보호하기 위하여 필요한 경우에만 제한할 수 있다"라고 규정하고 있
으며, 위 조항의 해석과 관련하여 국제연합 인권이사회(Human Rights
Committee)와 국제연합 인권위원회(United Nations Commission on Human
Rights)는 이미 여러 차례 양심적 병역거부권이 규약 제18조에 기초한
정당한 권리행사라는 점을 분명히 하고, 이 권리를 인정하지 않는 국
가는 양심적 병역거부자의 신념의 본성을 차별하지 말고, 특정 사안에
서 양심적 병역거부가 진지하게 이루어졌는지를 결정하기 위한 독립
적이고 공정한 의사결정기구를 만들 것을 호소하고 있으며, 또한 징병
제를 채택하고 있는 국가의 경우 비전투적 또는 민간적 임무를 수행하
고 '징벌적 성격'을 띠지 않는 대체복무제를 실시할 것을 권고하고 있
기는 하나, 규약 제18조는 물론, 규약의 다른 어느 조문에서도 양심적
병역거부권(right of conscientious objection)을 기본적인 인권의 하나로

명시하고 있지 않은 점, 위와 같은 국제인권기구의 해석은 각국에 권고적 효력만 있을 뿐 법적 구속력을 갖는 것은 아닌 점, 양심적 병역거부권의 인정 문제와 대체복무제의 도입 문제는 어디까지나 규약 가입국의 역사와 안보환경, 사회적 계층 구조, 정치적·문화적·종교적 또는 철학적 가치 등 국가별로 상이하고도 다양한 여러 요소에 기반한 정책적인 선택이 존중되어야 할 분야로 가입국의 입법자에게 형성권이 인정되는 분야인 점 등을 고려하면 규약에 따라 바로 양심적 병역거부권이 인정되거나, 양심적 병역거부에 관한 법적인 구속력이 발생한다고 볼 수 없다(헌재 2011. 8. 30. 2008헌가22 등 참조)는 입장을 표명한다.

이와 더불어 우리나라가 가입하지 않았지만 일반성을 지닌 국제조약과 국제관습법에서 양심적 병역거부권을 인정한다면 우리나라에서도 일반적으로 승인된 국제법규로서 양심적 병역거부의 근거가 될 수 있으나, 유럽연합 기본권헌장(Charter of Fundamental Rights of the European Union)과 유럽국가 등 일부국가의 법률 등에서 양심적 병역거부권이 보장된다고 하더라도, 전 세계적으로 양심적 병역거부권의 보장에 관한 일반적으로 승인된 국제법규가 존재한다거나 국제관습법이 형성되었다고 할 수는 없으므로, 양심적 병역거부가 일반적으로 승인된 국제법규로서 우리나라에 수용될 수는 없다는 종래 헌법재판소의 판단(헌재 2011. 8. 30. 2008헌가22 등 참조)도 그대로 유지하고 있다.

"모든 국민은 인간으로서의 존엄과 가치를 가지며, 행복을 추구할 권리를 가진다"고 규정한 헌법 제10조와 관련하여 국민의 자유와 권리의 보장은 1차적으로 개별적 기본권규정을 매개로 이루어지지만, 기본권제한에 있어서 인간의 존엄과 가치를 침해한다거나 기본권형성에 있어서 최소한의 필요한 보장조차 규정하지 않음으로써 결과적으로 인간으로서의 존엄과 가치를 훼손한다면, 헌법 제10조 전문에서 규정

한 인간의 존엄과 가치에 위반된다(헌재 2000. 6. 1. 98헌마216 참조)는 헌
법의 기본원리로서의 보충성을 고려할 때 처벌조항의 양심의 자유 침
해 여부를 판단함에 있어 고려하는 것으로 충분하고 별도의 판단을 필
요로 하지 않는다고 보았다.

　헌법 제10조 후문의 "국가는 개인이 가지는 불가침의 기본적 인권
을 확인하고 이를 보장할 의무를 진다"는 규정과 관련해서도, 기본권
보호의무란 기본권적 법익을 기본권 주체인 사인에 의한 위법한 침해
또는 침해의 위험으로부터 보호하여야 하는 국가의 의무를 말하며, 주
로 사인인 제3자에 의한 개인의 생명이나 신체의 훼손에서 문제되는
것인바(헌재 2009. 2. 26. 2005헌마764 참조), 이 사건은 제3자에 의한 개
인의 생명이나 신체의 훼손이 문제되는 사안도 아닐 뿐만 아니라, 양
심의 자유라는 기본권 침해 여부를 판단하는 것으로 충분하므로 역시
별도의 판단을 필요로 하지 않는다고 보았다.

　㈐ 재판관 안창호의 처벌조항 합헌의견 보충의견

　재판관 안창호는 병역종류조항이 헌법에 위반된다는 법정의견에
대하여 반대 입장을 표명하면서, 양심적 병역거부자에 대한 대체복무
제가 국민적 합의 없이 도입될 수 있는지, 그 도입 시 고려할 사항이
무엇인지를 위 합헌의견을 토대로 추가하여 검토한 다음, 양심적 병역
거부자에 대한 불이익 경감방안에 대해서도 보충의견을 제시하였다.
그에 따르면 대체복무제의 도입이 병역기피를 방지하고 병역의무의
공평한 부담을 실현해 국가의 존립과 안전을 수호하기에 충분하지 않
다고 본 입법자의 판단이 부당하다거나 처벌조항이 헌법에 위반된다
고 할 수 없다고 한다. 그러면서도 재판관 안창호는 병역의무의 이행
을 거부하는 양심상의 결정은 대부분 생명존중과 평화주의 등의 가치
관에 바탕을 둔 것이므로, 양심적 병역거부자의 기본권 제한을 최소화
하려는 노력의 일환으로, 앞서 본 바와 같이 평상시에는 양심적 병역

거부자에 대하여 형사처벌 이외의 법적 제재를 완화하는 방안을 검토할 수 있다는 입장을 표명한다. 재판관 안창호의 입장을 구체적으로 살펴보면 다음과 같다.

대한민국은 인간으로서의 존엄과 가치를 존중하고 국민의 기본권을 최대한 보장함으로써, 그 구성원 모두가 자유롭고 평등하며 안전하고 행복한 삶을 영위하도록 하는 국가공동체로서(헌법 제10조), 이와 같은 대한민국이 추구하는 이념과 가치는 인류가 보편적으로 지향하는 공동선과 공통의 가치에 부합하므로, 대한민국이라는 국가공동체의 구성원인 국민이 외부 적대세력의 직·간접의 위협이나 침략으로부터 대한민국을 수호하고 그 이념과 가치를 지키는 것은 정당성과 보편성을 가진다. 대한민국은 평화통일과 국제평화주의를 지향한다(헌법 전문, 제4조, 제6조). 평화는 인류가 지향해야 할 숭고한 가치이고, 전쟁 및 무기사용의 금지는 평화라는 숭고한 가치를 실현하기 위한 중요한 방법이 될 수 있다. 그러나 전쟁 없는 사회가 이상일 수 있으나 현실에서는 그 실현이 불가능하고, 자유와 평화가 공격받을 때에는 무장해제가 아니라 물리력을 통해서라도 지켜내야 한다. 인류의 반복된 역사적 경험은 이러한 사실을 확인해 준다. 대한민국과 국제사회는 침략전쟁을 부인하고 있으나 방위전쟁까지 금지하는 것은 아니다(헌법 제5조 제1항, 국제연합헌장 제51조). 대한민국은 모든 국민이 신성한 국방의무를 가진다고 선언하고 있다(헌법 제39조 제1항, 제5조 제2항). 이런 국방의무는 침략전쟁이나 평화파괴를 목적으로 하는 것이 아니라 국가의 안전보장과 국토방위를 통해 헌법의 핵심적 가치를 수호하고 국민의 기본권을 최대한 보장하며 인간의 존엄과 가치를 실현하기 위한 것이다. 국가의 안전보장과 국토방위는 국가공동체의 존재와 정체성에 관한 엄중한 사안이므로, 항상 '최악의 사태'를 가정하고 이를 대비해야 한다. 국가의 안전보장 및 국토방위와 관련된 작은 실수나 오판은 국가공동체의 존립과 안전을 치명적으로 훼손할 수 있으며, 그 회복은 영구히 불가능할 수 있다. 대체복무제의 도입은 국가의 안전보장 및 국토방위와 직결되는 문제이고 이와 관련된 실수나 오판은 국가공동체의 존립과 안전에 치명적일 수 있으므로 신중하게 결정되어야 한다. 합헌의견에서 본 바와 같이, 한반도의 역사적·정치적 환경 및 지정학적 특수성에 비추어 보면 대한민국의 안보상황이 엄중하다 아니할 수 없다. 더구나 지금과 같이 한반도의 안보환경이 급변할 수 있는 상황에서, 국민적 합의 없이 대체복무제를 도입하는 것은 국가안보와 직결된 법체계를 변경하는 것으로 국가안보에 엄중한 결과를 초래할 수 있을 뿐만 아니라 사회통합에도 저해요인이 될 수 있다. 또한 국가와 관련된 공동체 의식과 법 감정, 국방의무와 관련된 역사적·사회적·종교적·문화적 가치와 환경 등에 비추어 볼 때, 대체복무제의 도입이 국가의 안전보장과 국토방위에 부정적 영향을 주지 아니한다는 확실한 보장이 없다. 특히 전시·사변 또는 이에 준하는 국가비상사태의 경우에는, 대체복무제의 도입은 국가공동체가 양심적 병역거부에 대해 합법성과 정당성을 부여하는 의미를 가지는 것이므로, 양심적 병역거부자가 대폭 증가하지 아니한다고 장담할 수 없는 등 군의 전투력에 막대한 손실을 가져와 우리나라의 안보상황에 엄중한 결과를 초래할 수 있다. 또한 합헌의견에서 본 바와 같이, 대체복무제를 도입하지 아니하고 처벌조항에 의해 양심적 병역거부자를 처벌한다고 하여 개인의 기본권을 과도하게 제한한다고 단정할 수 없다. 대체복무제를 도입함으로써 보호되는 양심적 병역거부자의 양심의 자유가 그 도입으로 인해 침해될 수 있는 국민 모두의 기본권 및 헌법의 가치와 질서보다 우위에 있다고 할 수 없다. 국가공동체가 외부 적대세력의 위협과 침략을 방지하고 평화를 지키기 위해서는 평화를 지키려는 의지와 능력이 있어야 한다. 현재와 같은 대한민국의 안보상황에서 대체복무제를 도입하지 아니하고 양심적 병역거부자를 처벌하는 것이 헌법에 위반되지 않는다는 견해라고 하여, 북한 및 국제사회와 공조하여 평화를 위한 노력을 하지 말자는 것이 아니다. 오히려 현 단계에서 이러한 견해를 취하는 것은 튼튼한 대한민국의 안보에 기반하여, 한반도와 동북아시아의 평화체제를 공고히 하기 위한 것이다. 그리고 합헌의견은 양심적 병역거부자의 양심의 자유가 개인에게 있어 마땅히 보호되어야 한다는 것을 인정하지만, 대한민국이라는 국가공동체의 존립과 안전을 지키고 대한민국 헌법의 핵심적 가치와 질서를 확보하여 그 구성원인 국민 '모두'의 생명과 자유, 안전과 행복을 보장하고 인간의 존엄과 가치를 실현하는 것 또한 소중하기에 이러한 의견을 취하는 것이다. 또한 합헌의견은 민주주의의 포용성과 다양성을 포기하려는 것이 아니라, 민주주의의 가치와 질서를 수호하여 이를 바탕으로 그 포용성과 다양성을 확대하기 위한 것이며, 이를 통해 우리와 우리 자손들이 자유롭고 평등한 가운데 안전하고 행복하게 살 수 있는 터전을 마련하기 위한 것이라고 주장한다.

재판관 안창호는 또 국방의무 및 대체복무의 의의와 관련하여, 사람은 정치공동체인 국가에서 다른 사람과 어울려 살 수밖에 없는 존재이며, 국가공동체는 사람이 살아가는 삶의 근본 터전으로, 가정 및 사회공동체와 더불어 인간의 가장 기본적인 공동체로서 국가공동체는 외부 적대세력의 위협과 침략으로부터 그 구성원의 생명과 자유, 안전과 행복을 지키는 보루이므로 국가공동체의 존립과 안전이 지켜지지 않는다면, 국가공동체의 핵심적 가치와 질서를 확보할 수 없고 그 구성원의 생명과 자유, 안전과 행복은 보장될 수 없으며 인간의 존엄과 가치는 실현될 수 없다고 전제하고, 국방의무는 국민의 기본의무로서 국가공동체의 인적·물적 토대를 수호하기 위한 것이며, 국방의무는 국가공동체를 유지·존속시킴으로써 그 정체성을 확보하고 그 구성원

의 생명과 자유, 안전과 행복을 보장하며 인간의 존엄과 가치를 실현
하는 전제가 되므로 국방의무는 헌법의 핵심적 가치·질서의 수호와
국민의 기본권 보호를 위하여 양보할 수 없는 헌법적 가치라고 주장한
다. 이에 따라 우리나라는 한반도의 역사적·정치적 환경 및 지정학적
특수성, 국방의무에 대한 국민의 법 감정, 병력수급상황 등을 고려하
여 국민개병제도와 징병제에 바탕을 둔 병역제도를 채택하고 있다는
것이다. 헌법상 보호되는 '양심'은 그렇게 행동하지 아니하고는 자신의
인격적인 존재가치가 허물어지고 말 것이라는 강력하고 진지한 마음
의 소리로서 절박하고 구체적인 것이자 이에 무조건적으로 따라야 하
는 것으로 받아들이기에 그에 반하여 행동할 수 없는 것을 말하는바,
양심을 상대화 하는 것은 이러한 양심의 본질과 부합할 수 없고(헌재
2004. 8. 26. 2002헌가1 참조), 실제로 이 사건 청구인 등의 대부분을 차
지하는 '여호와의 증인' 신도들은 직·간접의 병력형성과 군 작전명령
에 대한 복종·협력뿐만 아니라, 군사훈련 및 군사업무지원을 거부하
고, 군과 관련된 조직의 지휘를 받거나 감독을 받는 민간영역에서의
복무도 거부하고 있는바, 이들에게는 현행 병역법상 병역의무의 일부
를 줄이는 것만으로는 양심의 자유의 제한을 전혀 완화하지 못하므로,
그 의무가 모두 면제되어야 양심의 자유의 제한이 제거될 수 있는 것
으로 본다. 따라서 만일 현행 병역법상 병역의무의 일부만을 제외하는
대체복무제를 도입한다면, 이들은 이러한 내용의 대체복무에 대해서도
양심상 결정을 이유로 거부하고 지금과 같이 형사처벌을 받을 수밖에
없을 것이므로 결국 일부에서 제기하는 현행 병역법이 규정하고 있는
병역의무 중 일부(예를 들면 집총훈련)의 이행을 거부하는 행위도 포함
된다는 주장이나 이에 따라 병역의무의 일부만을 제외하는 대체복무
제의 도입은 그 도입의 의미를 형해화하고 그 도입의 당위성을 부정하
는 것이 될 수 있다고 본다. 따라서 현행 병역법상 병역의무의 전부를

배제하는 것을 내용으로 하는 대체복무제의 도입이 문제될 뿐이라는 것이다. 그러면서 재판관 안창호는 현행제도 가운데 사회복무요원, 예술·체육요원, 공중보건의사, 공익법무관 등은 대체복무제와 유사한 제도라고 주장하는 병역종류조항에 대한 헌법불합치의견(이하 '헌법불합치 의견'이라 한다)의 입장에 대해 이와 같이 비판한다. 사회복무요원 등은 전시·사변 또는 이에 준하는 국가비상사태의 경우에는 언제든지 부대 편성이나 작전수요를 위한 병력동원 또는 군사업무지원을 위한 소집 대상이 되고 일정한 경우 군사교육을 위한 소집 대상이 된다는 점에서 이런 의무를 전혀 부담하지 아니하는 양심적 병역거부자의 대체복무 와는 본질적인 차이가 있다(병역법 제44조, 제53조, 제55조). 이러한 대체복무는 국방의무 및 그 의무의 가장 직접적인 내용인 병역의무의 범주에 포섭될 수 없는 것이므로 사회봉사 의무에 해당할 뿐이고, 실질적으로는 사회봉사 의무의 부담을 조건으로 한 국방의무 및 병역의무의 면제라고 할 수 있다. 그런데 병역법에 따라 병역의무를 이행하는 사람이 어떠한 종류의 병역에 복무할지는 국가가 신체등급 등 객관적·구체적으로 확인이 가능한 자료와 병력수급 상황 등을 고려하여 결정하는 것으로 병역의무를 부담한 사람이 선택할 수 있는 것이 아닌 반면, 대체복무는 양심적 병역거부자의 개인적·주관적인 내적 확신 내지 신념에 의해 결정되는 것이므로 실질적으로 양심적 병역거부자가 스스로 병역의 종류를 결정하는 것이 된다. 이러한 사정과 함께, 전시·사변 또는 이에 준하는 국가비상사태의 경우에는 병역의무와 대체복무 사이에 등가성이 확보될 수 없다는 점 등을 고려하면, 대체복무제의 도입은 양심적 병역거부자가 병역법에 따라 병역의무를 이행하는 사람에 비하여 특혜를 부여받는 것이 될 수 있다는 것이다.

　　한편 양심적 병역거부를 인정할 필요성이 있다는 규범적 요청을 이유로 대체복무제를 도입해야 한다고 주장하는 헌법불합치 의견에

대해서는 다음과 같이 비판한다. 양심적 병역거부자에 대한 대체복무
제의 도입 여부는 단순히 규범적인 문제만이 아닌 것으로서, 대체복무
제의 도입 여부는 옳고 그름이나 좋고 나쁨만의 문제가 아니라, 대한
민국이라는 국가공동체의 존립·안전과 헌법가치의 수호와 직결되는
문제이며, 또한 대체복무제의 도입 여부는 대한민국 국민의 생명과 자
유, 안전과 행복을 확보하고 인간의 존엄과 가치를 실현하는 문제와
밀접한 관련을 가지고 있다. 한편 대체복무제의 도입은 그 제도의 도
입 후에 구체적으로 내용을 형성하는 문제와는 달리, 국가공동체가 양
심적 병역거부에 대해 합법성과 정당성을 인정하는 의미를 가지므로
결국 대체복무제의 도입 여부는 규범적 평가 이전에 국민적 결단이 선
행되어야 할 영역이라고 할 것이다. 헌법 제5조 제2항이 "국군은 국토
방위의 신성한 의무를 수행함을 사명으로 한다"고 규정한 것은 절대자
와 같이 고결하고 신성한 국가공동체의 존재를 전제로 희생을 강요하
는 것이 아니라, 그 구성원의 국방의무의 숭고함을 선언한 것이고, 헌
법 제39조 제1항이 국방의무를 모든 국민의 의무로 규정한 것은, 국방
의무가 국가의 안전보장과 국토방위를 통해 헌법의 핵심적 가치와 질
서를 확보하고 국민의 기본권을 보장하기 위한 불가결한 공동체적 헌
법의 가치임을 국민적 합의로 확인한 것이다. 그런데 위에서 본 바와
같이, 청구인 등 양심적 병역거부자들이 주장하는 대체복무는 국방의
무 및 그 의무의 한 내용으로 규정될 수 있는 병역의무의 범주에 포섭
될 수 없으며, 이는 국민적 합의로 확인된 국방의무 및 병역의무의 조
건부 면제에 해당하는 것이므로 이 역시 국민적 합의로 결정되어야 한
다. 한편 양심의 결정이 진실하고 진지한 것이라면 어떠한 종교관·세
계관 또는 그 밖의 가치체계에 기초하고 있는지와 관계없이, 또한 선
천적으로 타고난 어떤 소질에 기한 것이거나, 후천적·경험적으로 습
득하거나 지각하여 형성된 식견에 기초한 것인지와 관계없이, 모든 내

용의 양심상 결정이 양심의 자유에 의하여 보호되는 영역에 포섭될 수 있으므로(헌재 2011. 8. 30. 2008헌가22등 참조), 헌법에 의해 보호되는 '양심의 결정'은 무한히 확대될 수 있다. 만일 병역종류의 한 내용으로 양심적 병역거부자에 대하여 대체복무가 인정되고, 모든 병역의무자가 개인적 현상으로서 지극히 주관적 사유인 자신의 양심을 이유로 대체복무를 선택한다면, 국방의무를 이행할 사람이 없는 것이 되는바, 결국 병역의 한 종류로서 양심적 병역거부자에 대해 대체복무제를 도입한다는 것은, 불가결한 헌법적 가치인 국방의무와 정면으로 충돌하고 이를 배제함으로써 국가공동체의 해체라는 의미를 가지는 것이 될 수 있으므로 국민적 합의가 전제되어야 한다. 아울러, 국민의 기본권은 국가공동체를 통해 비로소 보장되고 실현될 수 있으므로, 국가공동체의 구성원인 국민은 공동체의 존립과 영토보전을 통해 스스로의 기본권을 보장하기 위해서 기본의무를 부담한다. 인간존엄의 절대적 평등성과 국민주권의 일반성에 비추어 보더라도, 평등한 기본권을 가지는 국민 모두는 국민의 기본의무인 국방의무를 공평하게 부담해야 한다. 그런데 누군가에게 국방의무 및 병역의무의 예외를 인정하는 것은 국가공동체의 존립과 헌법질서를 확보하고 국민의 기본권을 보장하는 것에 역행할 수 있으며, 사회통합을 저해하고 국민개병제도와 징병제에 바탕을 둔 병역제도의 근간을 흔들 수 있다. 뿐만 아니라, 이는 병역의무를 이행하는 사람에게 가중된 희생을 요구하는 것이 될 수 있으므로, 국방의무 및 병역의무의 조건부 면제 내지 특혜인 대체복무제의 도입은 국민적 합의가 있어야 한다. 이러한 사정에 비추어 보면 대체복무제의 도입여부는, 헌법재판소에서 규범적으로 판단하기에 앞서 대한민국의 구성원인 국민의 현실인식과 법 감정에 기초한 국민적 합의에 의하여 결정되고 평가되어야 한다. 헌법은, 대통령과 국회는 헌법개정을 발의할 수 있고(제128조 제1항), 대통령은 필요하다고 인정할 때

에는 외교·국방·통일 기타 국가안위에 관한 중요정책을 국민투표에
붙일 수 있다고 규정하고 있다(제72조). 양심적 병역거부자에 대한 대
체복무제의 도입여부는 국방·통일 기타 국가안위에 관한 중요사항이
므로, 그 제도의 도입은 헌법 개정이나 국민투표에 의하여, 그 구체적
내용은 국회에 의하여 결정하는 것도 대체복무제 도입을 위한 국민적
합의의 방법이 될 수 있다. 참고로 독일은 기본법에서 양심적 병역거부
를 인정하고 대체복무제를 도입하였으며, 양심적 병역거부를 인정하는
거의 모든 나라에서는 헌법 또는 법률에 의해 대체복무제를 도입하였지
사법기관이 먼저 대체복무제의 도입을 결정한 사실이 없다는 것이다.

　　재판관 안창호는 이와 같이 양심적 병역거부자에 대한 대체복무
제는 국민적 합의에 기초하여 도입되어야 하고, 그 도입을 위해서는
다음과 같이 일정한 전제가 충족되고 양심적 병역거부자와 병역기피
자를 구분하는 합리적 기준 등이 마련되어야 한다고 주장한다. 재판관
안창호가 제시하는 대체복무제 도입의 전제요건은 ⅰ) 병역기피를 초
래하는 환경에 대한 개선, ⅱ) 병역거부자를 병역기피자와 구분해내는
합리적 기준의 마련과 대체복무와 병역의무 사이의 형평성 담보, ⅲ)
전시·사변 또는 이에 준하는 국가비상사태 등 국가안보가 매우 엄중
하고 긴박한 시기의 특칙 마련 등이다. 그 내용을 좀 더 구체적으로
살펴보면 다음과 같다. 먼저 대체복무제를 도입하기 위해서 선행되어
야 할 병역기피를 초래하는 환경에 대한 개선사항은 이와 같다. 한반
도의 역사적·정치적 환경 및 지정학적 특수성에 비추어 보면 대한민
국의 안보상황이 엄중하므로, 대체복무제의 도입은 국가의 안전보장
및 국토방위와 직결되는 문제이므로, 그 제도의 도입에 앞서 북한의
올바른 선택을 유도하고, 미국·중국·일본·러시아 등 주변 강대국들
과 긴밀한 협력을 유지하는 가운데, 국제사회와 공조하여 한반도를 중
심으로 하는 동북아시아의 평화체제를 공고히 구축해 나가야 하며, 사

회 지도층의 국가공동체를 위한 희생과 봉사의 실천으로 '국가공동체의 자유로운 구성원이라면 누구라도 국가공동체의 존립과 안전을 위해 명예롭게 헌신하고 다른 구성원을 위하여 자신을 희생할 수 있다'는 연대의식을 확산·정착시키고, 공동체 정신을 함양하여 양심을 빙자한 병역기피자의 발생을 막아야 한다. 나아가 국가공동체를 위하여 희생·헌신한 사람들에 대한 보상 및 예우와 관련한 각종 법령을 정비하고 의무복무를 하는 군인에 대한 처우를 획기적으로 개선하여야 한다. 또한 군대의 특성상 엄격한 규율이 필요하다 하더라도 병영 내에서 발생할 수 있는 인권 침해를 예방·억제하고, 시정되어야 할 군대문화를 대폭 개선해야 한다. 이러한 개선조치와 함께, 병력자원의 적재적소 배치, 전략·전술의 개발 및 첨단 무기 도입을 통해 병역의무의 질적 변화방안도 마련하여야 하며, 그밖에 구체적 병역처분을 하는 과정에서 부정이 발생하지 않도록 투명한 절차를 형성하여 병역의무의 이행에 대한 공정성을 강화해야 함은 물론이다.

다음으로, 병역거부자를 병역기피자와 구분해내는 합리적 기준에 관한 재판관 안창호의 의견은 이와 같다. 양심이란 어떤 일의 옳고 그름을 판단함에 있어서 그렇게 행동하지 아니하고는 자신의 인격적인 존재가치가 허물어지고 말 것이라는 강력하고 진지한 마음의 소리라고 추상적으로 정의되고 있으나, 병역의무의 이행 거부가 양심에 근거한 것인지 여부를 판단하는 것은 구체적 병역처분을 하여야 하는 행정주체에게도, 그러한 처분의 위법·무효 여부나 병역기피자에 대한 형사처벌 여부를 판단하여야 하는 재판기관에게도 쉽지 않은 일이다. 특히 대체복무제가 도입된 이후에는 양심적 병역거부자를 사칭하는 자들이 대폭 증가할 수 있고, 그 경우 이들을 진정한 양심적 병역거부자와 구분하는 것은 더욱 어려운 작업이 될 수 있다. 따라서 현재까지의 양심적 병역거부자의 현황과 병역거부에 이른 사유에 대한 면밀한 분

석과 함께, 앞서 양심적 병역거부자에 대한 대체복무제를 도입한 국가
들의 경험을 바탕으로 양심적 병역거부자와 병역기피자를 구분하는
합리적 기준을 마련하여야 한다고 주장한다.

　그리고 대체복무와 병역의무 사이의 형평성 담보와 관련하여서는,
국민 모두가 공평하게 부담하여야 할 의무를 누군가는 부당하게 회피
하였거나 회피하려 한다는 인식의 확산은 국가공동체의 결속을 저해
한다는 측면에서 바람직하지 않을 뿐만 아니라, 대체복무제의 도입을
포함한 새로운 병역제도의 형성에 관하여 열린 토론의 장을 마련하는
것 자체를 힘들게 하기도 하므로, 대체복무제 도입 시 양심적 병역거
부자를 병역기피자와 구분해내는 합리적 기준을 마련하고 대체복무와
병역의무 사이에 형평성이 있어야 한다고 주장한다. 현재까지 양심을
빙자한 병역기피자가 폭증하고 있지 않은 것은 처벌조항에 의한 형사
처벌 및 추가적 법적 제재 등이 병역의무의 이행보다 적지 않은 부담
으로 작용하는 것도 그 원인이 된다 할 수 있다. 이를 감안하면 대체
복무가 병역의무에 비해 가벼워서는 아니 된다. 반대로 그것이 지나치
게 무거운 부담이 되는 것은 또 다른 양심의 자유의 침해 및 형평성
논란을 불러올 수 있으므로, 병역의무와 대체복무 사이에 등가성이 확
보되어야 한다. 다만, 병역의무의 이행은 신체의 자유, 거주이전의 자
유, 사생활의 자유 등 각종 기본권이 제한되는 것을 의미하고, 나아가
생명과 신체가 직접적인 위험에 노출되는 것을 의미하기도 하는 것이
므로 이를 등가적으로 대체할 만한 복무를 상시적으로 마련하기란 말
처럼 쉬운 것이 아니다. 따라서 특정한 종교관·가치관 및 세계관을 가
진 사람들에 대한 특혜가 되거나, 또는 반대로 지나치게 대체복무자에
게 정신적·육체적 고통을 가하는 것이 되지 않도록 그 부담의 내용을
세밀하게 검토하고, 대체복무제의 운영에 따를 수 있는 부작용을 예측
하여 그 대책을 마련해야 한다고 역설한다.

마지막으로 전시·사변 또는 이에 준하는 국가비상사태의 경우에는, 대체복무제의 도입이 국가의 안전보장과 국토방위에 심각하게 부정적인 결과를 초래할 수 있고, 양심적 병역거부자와 병역기피자를 구분하는 심사뿐만 아니라 병역의무와 대체복무 사이의 등가성 확보가 사실상 불가능하거나 매우 까다로운 일이 될 것인바, 이러한 경우에는 국가안보가 매우 엄중하고 긴박한 시기이므로 '특칙'을 두어 대체복무제의 도입에 따른 국가의 안전보장과 국토방위에 소홀함이 없도록 해야 한다고 한다.

재판관 안창호는 이상과 같이 양심적 병역거부에 관한 병역종류조항에 대하여 합헌이라는 입장을 고수하면서도, 대체복무의 도입을 위한 전제요건을 제시하고 이러한 전제요건들이 선결적으로 갖추어진다면 대체복무를 도입할 수 있을 것이라는 입장을 표명함과 아울러, 현재와 같이 대체복무가 도입되지 않은 상황에서 양심적 병역거부자가 입게 되는 불이익을 경감시킬 수 있는 방안에 대해서도 언급하고 있다. 그 구체적인 내용은 이와 같다. 먼저 불이익 경감 방안을 모색하여야 할 필요성에 관하여 이와 같이 설명한다. 국가안보에 대한 위험이 상존하고, 복무여건이 열악한 현실에서도 대다수 병역의무자들은 기꺼이, 그리고 묵묵히 병역의무를 다하고 있다. 그러나 탈법적이거나 불법적인 방법을 통해서 병역기피를 시도하는 사람들 역시 상당수 존재하는 것이 현실이고, 이들의 병역기피가 모두 적발된다고 보기도 어렵다. 우리 국민이 공유하는 위와 같은 현실인식과 병역의무 이행의 부담을 고려할 때, 병역의무를 면하였거나 면하려고 하는 특정인이나 특정집단에 대한 '모든' 국민의 법 감정이 우호적일 것을 기대하는 것은 쉬운 일이 아니다. 따라서 양심적 병역거부에 대해 합법성과 정당성을 인정하는 것에 대한 국민적 합의를 도출하는 것은 매우 어려운 과정일 수 있다. 그리고 양심은 지극히 개인적·주관적이고 가변적일 수 있으므로 과연 양심적 병역거부자와 양심을 빙자한 병역기피자를 구분할 수 있는지 의문이고, 생명의 위험 속에서 근무하는 병역의무와 대체복무 사이에 등가성을 확보하는 것도 말처럼 그리 쉬운 일이 아니다. 특히 전시·사변 또는 이에 준하는 국가비상사태의 경우에는, 전쟁의 참혹한 현상을 보고 갑자기 생긴 '병역거부의 양심'에 대한 심사가 가능할지도 의문이다. 또한 개인에게 있어서는 자신의 생명은 전체 우주보다도 소중한 것이므로, 생명과 신체가 직접적·구체적으로 위협받는 전시 등의 상황에서 생명을 담보로 의무를 이행하는 병역의무와, 일체의 군 관련 의무를 부담하지 아니하는 대체복무 사이에 등가성이 확보된다고 할 수 없다. 더욱이 전시·사변 또는 이에 준하는 국가비상사태의 경우에는 특칙을 만들어 대체복무의 예외를 두는 방안은 양심적 갈등이 가장 첨예하고 현실화된 상황에서 양심적 병역거부를 부정하는 것이므로, 양심적 병역거부를 인정하고 대체복무제의 도입을 주장하는 견해는 이 방안을 채택할 수 없기 때문에 우선 현재 양심적 병역거부자가 입게 되는 불이익을 경감시키기 위한 방안을 모색할 필요가 있다는 것이다.

재판관 안창호는 양심적 병역거부자가 입게 되는 처벌조항에 의한 형사처벌 이외의 제재 — 공무원 임용 및 기업의 임·직원 취임 제한, 각종 관허업의 특허·허가·인가·면허·등록 또는 지정 등의 제한, 형사처벌에 따른 공직 임용과 변호사의 직업수행의 제한(병역법 제76조 제1항, 제2항, 국가공무원법 제33조 제3호, 지방공무원법 제31조 제3호, 변호사법 제5조) 등의 법적 제재 — 와 형사처벌로 인한 부정적인 사회적 평가는 병역의무를 이행하는 사람과 달리 양심적 병역거부자만 받게 되는 불이익인데, 양심적 병역거부자에 대한 형사처벌과 그로 인한 부정적인 사회적 평가 및 추가되는 법적 제재는 모두 국민적 합의에 기초하여 경감될 수 있는 것이지만, 국가공동체가 양심적 병역거부에 대해 합법성과 정당성을 인정하기 전에라도(양심적 거부자에 대한 형사처벌로 인한 부정적인 사회적 평가는 양심적 병역거부가 합법성을 인정받으면 당연히 부수적으로 해소될 수 있다) 양심적 병역거부자에 대해 형사처벌 이외의 법적 제재를 완화함으로써 그에 대한 기본권 제한을 경감하는 방안을 검토해 볼 수 있다고 한다. 제재 완화 방안 중 형사처벌을 완화하는 방안을 고려할 수 없는 이유는 양심적 병역거부자에 대해 처벌조항에 의한 형사처벌은 불가피하고, 형사처벌의 내용은 현역병의 병역의무의 기간과 내용 등에 비추어 보면 헌법적으로 용인할 수 없을 정도로 과도한 제한이라고 할 수 없다는 관점을 취하기 때문이다. 즉, 처벌조항은 현역입영 또는 소집통지서를 받은 사람이 '정당한 사유' 없이 입영 또는 소집일로부터 정하여진 기간 내에 입영하지 아니하거나 소집에 불응한 경우 3년 이하의 징역형으로 처벌하도록 규정하고 있는데, 실제 법원 형사재판의 실무에서 양심적 병역거부자들은 전시근로역에 편입될 수 있는 최소한의 실형(제65조 제1항 제2호, 병역법 시행령 제136조 제1항 제2호 가목), 즉 징역 1년 6개월의 실형을 선고받고 있는바, 이는 현역병의 병역의무의 기간과 내용 등에 비추어 보면 헌법적으로 용인할 수 없을 정도로 과도한 제한이 아니라는 것이다. 이러한 관점에서 제재 완화를 고려할 수 있는 부분은 결국 형사처벌 이외의 제재 부분으로 귀결될 수밖에 없게 되는 것이다. 양심적 병역거부자에 대하여, 현재와 같이 처벌조항에 의하여 형사처벌을 하는 것을 전제로 그 외의 법령에 의한 제재가 경감되는 방안은 다음과 같다. 예컨대 학계·법조계·종교계 등으로 구성된 전문위원회가 형 집행 종료 즈음에 수형자에 대한 형 집행 과정에서 취득한 자료 등에 기초하여 진정한 양심에 따른 병역거부인지 여부를 판정하고, 양심적 병역거부자인 경우에는 사면을 통하여 형 집행이 종료된 이후에도 계속될 수 있는 불이익을 완화하거나, 공직 임용과 기업의 임·직원 취임, 각종 관허업의 특허 등 취득 등과 관련하여 양심적 병역거부자에 대한 불이익의 예외를 인정하는 방법이 고려될 수 있으며, 이에 더하여 양심적 병역거부자가 징역형을 선고받고 정역에 복무할 때(형법 제67조), 그 정역을 대체복무에서 고려될 수 있는 내용으로 함으로써 대체복무제를 도입하지 아니한 상황이라고 하더라도 일정부분 대체복무제를 도입한 효과를 거둘 수 있게 하는 방법도 고려될 수 있다는 것이다. 이런 불이익 완화 조치는 병역의무와 양심적 병역거부자의 '양심의 자유'와의 조화를 모색하는 가운데, '평상시'에만 양심적 병역거부자에 대한 법적 제재를 완화하여 국가안보의 위험성을 최소화 할 수 있으며, 양심적 병역거부에 대해 합법성과 정당성을 인정하는 것은 아니더라도 실질적으로 그 정당성을 일정부분 확보하는 의미가 될 수 있다. 나아가 이러한 완화 조치는 현 단계에서 양심적 병역거부에 대하여 합법성과 정당성을 인정하는 것은 아니므로 국민적 합의가 필요하다 하더라도 그 합의는 상대적으로 쉽게 이루어질 수 있는 것으로 보인다. 다만 이러한 완화 조치 역시 병역기피를 유발할 위험이 없다고 단언하기 어렵고 국방의무를 이행하지 아니한 사람에 대해 공직 임용 등을 허용할 것인가와 관련해서 논란이 있을 수 있으므로, 양심적 병역거부자에 대한 불이익 완화 조치 역시 국민적 합의를 전제로 가능한 것이라는 내용이 재판관 안창호의 제재 감경 방안의 요지인 것이다.

2. 대법원의 입장

가. 개 요

양심적 병역거부에 관하여 대법원 판례로 확인될 수 있는 사안은 병역법 제88조에 관한 대법원 2004. 7. 15. 선고 2004도2965 전원합의체 판결, 대법원 2007. 12. 27. 선고 2007도7941 판결 및 군 복무 중 상관의 집총 명령 거부[31]에 관한 대법원 1992. 9. 14. 선고 92도1534

---

31 전술한 바와 같이 이 경우는 병역법상 병역기피죄가 아니라 군형법상 항명죄가 문제된다.

판결, 향토예비군설치법[32]위반에 관한 대법원 1985. 7. 23. 선고 85도
1094 판결, 대법원 2009. 10. 15. 선고 2009도7120 판결 등이 있다. 대
법원의 태도는 양심적 병역거부에 관하여 병역법상 범죄성립 조각사
유인 정당한 사유로 볼 수 없다는 입장을 고수하고 있다. 대법원 심리
단계에서 위헌심판이 제청된 사례도 없다. 차례대로 살펴본다.

나. 대법원 1969. 7. 22. 선고 69도934 판결

이 사안은 대법원이 제공하는 종합법률정보 사이트에서 양심적 병역
거부와 관련하여 확인할 수 있는 최초의 판례이다. 대법원은 특정한 종교
를 신봉하면서 그 종교에 따른 양심상의 결정에 따라 군 복무를 거부하
는 행위는 헌법이 보장하는 양심의 자유에 속하지 않는다고 판시하였다.

다. 대법원 1985. 7. 23. 선고 85도1094 판결

이 사안은 종교상의 교리를 이유로 향토예비군설치법에 따른 병
역의무를 거부한 사안에 관한 것으로서 역시 대법원은 이와 같은 병역
의무 거부는 종교와 양심상의 자유에 속하지 않는다고 보았다.

라. 대법원 1992. 9. 14. 선고 92도1534 판결

대법원은 이 판결에서도 병역의무를 거부하는 것은 헌법상 종교와
양심의 자유에 속하지 않는다고 보았다. 이에 따라 상관으로부터 집총
을 하고 군사교육을 받으라는 명령을 수회 받고도 그때마다 이를 거부
한 경우에는 그 명령 횟수만큼의 항명죄가 즉시 성립한다고 보았다.[33]

---

32 현행 예비군법.
33 이 시기 병역거부의 양상이 입영거부에서 집총거부로 변화된 것은 정부의 입
　영정책 변화가 원인이 되었다. 즉, 1972년 10월 유신 이후, 박정희 대통령의
　입영률 100% 지시로 시작된 병역기피자 근절 정책의 일환으로 '병역법위반
　등의 범죄처벌에 관한 특별조치법'을 만드는 한편, 1975년 3월 9일 부산지방
　병무청에서 63명의 병역 연령의 여호와의 증인 남자들을 체포하여 훈련소에
　강제로 입영시켜 그곳에서 징집영장을 발부한 것을 시작으로, 병무청 직원들
　이 입영거부자를 체포하여 강제로 훈련소로 입영시키는 관행이 시작되었고,
　그에 따라 병역거부의 양상이 강제입영을 당한 후 총기 수여식을 거부하는
　집총거부로 변화되기에 이른 것이다.

마. 대법원 2004. 7. 15. 선고 2004도2965 전원합의체 판결

대법원 2004. 7. 15. 선고 2004도2965 전원합의체 판결에서 다수 의견은 병역법 제88조가 규정한 정당한 사유란 구체적 병역의무의 이행을 거부하는 사유가 헌법에 의하여 보장되고 나아가 병역법 제88조의 입법목적을 능가하는 우월한 헌법적 가치를 가지고 있다고 인정되는 경우라고 전제하면서 헌법상 양심의 자유에는 국가에 대하여, 개인의 양심의 형성 및 실현 과정에 대하여 부당한 법적 강제를 하지 말 것을 요구하는, 소극적인 방어권으로서의 성격이 포함되어 있으나, 그 제한을 정당화할 헌법적 법익이 존재하는 경우에는 헌법 제37조 제2항에 따라 법률에 의하여 제한될 수 있는 상대적 자유라고 보면서, 병역법 제88조는 국방의 의무를 구체화하기 위한 규정으로서 병역의무는 궁극적으로 국민 전체의 인간으로서의 존엄과 가치를 보장하기 위한 것이라 할 것이고, 양심적 병역거부자의 양심의 자유가 위와 같은 헌법적 법익보다 우월한 가치라고는 할 수 없으므로 헌법 제37조 제2항에 따라 피고인의 양심의 자유를 제한한다 하더라도 이는 헌법상 허용된 정당한 제한이라는 입장이다. 이에 따라 양심적 병역거부자에 대하여 대체복무 제도를 허용하지 않고 형벌부과 규정만 두고 있다고 하더라도 이는 입법자에게 부여된 광범위한 재량권에 따른 것으로서 과잉금지 또는 비례의 원칙에 위반된다거나 종교에 의한 차별금지 원칙에 위반된다고 볼 수 없다는 입장이다. 한편 법규범은 개인으로 하여금 자기의 양심의 실현이 헌법에 합치하는 법률에 반하는 매우 드문 경우에는 뒤로 물러나야 한다는 것을 원칙적으로 요구하기 때문에 양심적 병역거부자의 경우에도 그의 양심상의 결정에 반하는 행위에 대한 기대가능성이 있다고 보았다.

이와 같은 다수의견에 대해서는 대법관 유지담, 윤재식, 배기원, 김용담의 보충의견과 조무제의 보충의견이 부가되어 있다. 대법관 유지담, 윤재식, 배기원, 김용담은 대체복무제 도입은 입법정책상 바람직한 것이기는 하지만, 이를 국가의 헌법적 의무라고 보기는 어렵다고 하면서, 국방의 의무를 구체적으로 형성하는 일은 그 목적이 국가의 안전보장과 직결되어 있고, 변화하는 국내외의 안보 상황을 정확하게 반영하여 최고의 국방능력을 갖춘 국군이 구성되도록 합목적적으로 대처하여야 할 영역이어서 이에 관한 한 입법자에게 광범위한 입법형성권이 주어져 있다고 할 것이므로, 병역법이 구체적 병역의무를 부과하면서 종교적인 이유 등으로 양심상의 갈등에 처하게 되는 일부 국민에게 이러한 갈등을 완화할 수 있는 대안을 제공하지 않고 있다고 하여 그것을 들어 바로 양심 및 종교의 자유를 침해하였다거나 평등의 원칙에 반하여 위헌이라고 할 수는 없다고 할 것이고, 국가가 양심의 자유와 병역의무를 합리적으로 조정하여야 할 헌법적 의무를 다하지 못하였음을 전제로 병역법 제88조 제1항의 적용을 배제할 '정당한 사유'가 있다는 해석론도 받아들일 수 없다고 하였다. 대법관 조무제는 병역의무행위 중 집총행위는 피고인의 종교적 양심상의 신조에 어긋나는 것이라고 전제하더라도, 피고인이 이행하여야 할 '입영'이라는 구체적 의무행위는 인명을 살상하거나 사람에게 고통을 주기 위한 집총훈련행위(그의 거부행위는 병역법이 아닌 군형법에 의해 규율된다)의 앞선 단계의 행위이기는 하지만 집총훈련행위 그 자체는 물론 그와 유사한 성질의 행위라 할 수도 없어서 입영행위를 피고인의 종교적 양심상의 신조에 어긋나는 행위라고 하여 기대할 수 없다고 단정할 것은 아니라고 하였다. 한편, 후에 헌법재판소장이 된 당시 대법관 이강국은 다수의견에 대하여 반대의견을 표명하였다. 절대적이고도 진지한 종교적 양심의 결정에 따라 병역의무를 거부한 피고인에게 국가의 가장 강력한 제재 수단인 형벌을 가하게 된다면 그것은, 피고인의 인간으로서의 존엄성을 심각하게 침해하는 결과가 될 것이고 형벌 부과의 주요 근거

인 행위자의 책임과의 균형적인 비례관계를 과도하게 일탈한 과잉조
치가 될 것이며, 또한, 피고인에 대한 형벌은 그 정도에 상관없이 범죄
에 대한 응징과 예방, 피고인의 교육 등 그 어떠한 관점에서도 형벌의
본래적 목적을 충족할 수 없음이 명백해 보이고, 특히 보편적 가치관
을 반영한 집총병역의무와 종교적 양심의 명령 사이의 갈등으로 인한
심각한 정신적 압박 상황에서 절박하고도 무조건적인 종교적 양심의
명령에 따른 피고인에게는 실정 병역법에 합치하는 적법한 행위를 할
가능성을 기대하기가 매우 어렵다는 것이다.

　　이상과 같은 전원합의체 판결은 양심적 병역거부가 헌법상 양심
의 자유에 포함되지 않는다는 종래의 견해를 변경하여 양심적 병역거
부를 헌법적 논의의 장으로 끌어올렸다는 점에서 의의를 찾을 수 있
다. 다수의견과 소수의견의 차이는 동일한 양태에 대한 평가의 차이
즉, 논리의 옳고 그름의 문제가 아니라 법관의 양심에 따른 결단의 문
제에서 비롯된 차이라고 할 수 있다. 이에 비하여 대법관 조무제의 입
장은 양심적 병역거부가 포섭하는 대상은 집총행위로 제한되는 것이
고, 병역의무의 이행 그 자체는 아니라는 입장인바, 이는 양심적 병역
거부의 여러 유형 중 가장 좁은 유형만을 양심적 병역거부의 양태로
파악하려는 입장이라고 할 수 있다. 그와 같은 판단을 하지 못하라는
법은 없겠으나, 양심적 집총거부만을 양심적 병역거부의 범주에 포섭
시키고 그밖에 다른 양심적 병역거부 유형을 양심적 병역거부의 범주
에서 제외시키는 판단에 이르게 된 구체적 논거가 전혀 제시되어 있지
아니한 아쉬움이 있다.

　　바. 대법원 2007. 12. 27. 선고 2007도7941 판결

　　이 판결은 병역법 제88조가 국제규범인 '시민적·정치적 권리에
관한 국제규약(International Covenant on Civil and Political Rights)'에 위반
하는 것인지 여부가 쟁점이 된 사건이었다. 대법원은 위 '시민적·정치

적 권리에 관한 국제규약(International Covenant on Civil and Political Rights)'으로부터 양심적 병역거부권이 당연히 도출되는 것은 아니지만, 위 규약 제18조 제1항에는 종교나 신념에 기한 결정을 외부로 표현하고 실현할 수 있는 자유도 함께 포함되어 있음이 문면상 명백하다고 하면서도, 대체복무 제도를 두지 아니한 것 그 자체를 규약 위반으로 평가할 수는 없고, 대체복무 제도의 도입 여부 등에 관하여는 가입국의 입법자에게 광범위한 재량이 부여되어야 하는바, 현재로서는 대체복무제를 도입하기는 어렵다고 본 입법자의 판단이 현저히 불합리하다거나 명백히 잘못되었다고 볼 수 없으며, 또한, 양심적 병역거부자에게 병역의무 면제나 대체복무의 기회를 부여하지 아니한 채 병역법 제88조 제1항 위반죄로 처벌한다 하여 규약에 반한다고 해석되지 않는다고 보았다.

　　시민적·정치적 권리에 관한 국제규약이라는 국제규범의 국내법적 효력을 전면 부정하지 않는 입장을 취하였다는 점에서 종전의 태도보다는 한 걸음 진전된 판결이라고 할 수 있다. 다만 국제규범으로부터 직접적인 권리가 도출되지 않고 여전히 국내 입법을 필요로 한다는 입장을 취한 한계에 머무르고 있는 점은 아쉬운 부분이다.

　　사. 대법원 2009. 10. 15. 선고 2009도7120 판결

　　이 사안은 종교상의 이유로 향토예비군 훈련소집통지를 받고서도 이에 응하지 않은 사안이다. 위 전원합의체 판결 이전인 대법원 1985. 7. 23. 선고 85도1094 판결에서는 향토예비군 소집거부도 양심의 자유에 속하지 않는다고 보았으나, 이 사안에서 대법원은 위 전원합의체 판결의 이유를 인용하여 정당한 사유에 해당하지 않는다고 판단하였다.

3. 하급심의 입장

가. 개 요

하급심 판결의 대다수는 양심적 병역거부에 대하여 병역법 위반을 이유로 유죄의 실형을 선고하는 입장이다. 비록 근래에 하급심에서 양심적 병역거부에 대하여 무죄 판결을 선고하는 사례가 증가하고 있기는 하지만, 이와 같은 최근의 경향 이전까지 절대 다수의 하급심 판결은 양심적 병역거부에 대하여 1년 6월의 실형을 선고하여 왔다. 1년 6월의 실형 선고 관행 이전에는 2년의 실형을 선고하는 관행이 존재하였다. 양심적 병역거부자를 강제로 입영시키던 시기에는 항명죄를 적용하여 항명죄의 법정형 상한인 징역 2년을 선고하다가, 총기수여 거부를 경합범으로 취급하여 3년으로 처벌하는 관행이 오랫동안 유지되기도 하였다. 경합범 적용의 문제점에 대한 지적이 일자 다시 2년 '정찰제' 형량으로 회귀하기도 하였으나, 1994년 군형법의 개정으로 항명죄의 법정형 상한이 3년으로 상향되면서 다시 병역거부에 대해서는 3년 형이 선고되어 오기도 하였다.

이와 같이 양심적 병역거부를 이유로 하는 병역법 위반 사건에 대하여 법원이 이른바 '정찰제' 형량을 선고하는 배경에는 형 선고에 따른 병역 편입 기준이 자리하고 있다. 즉, 1997. 5. 27. 대통령령 제15380호로 병역법시행령이 개정되기 전까지는 2년 이상의 징역을 선고받은 경우라야 제2국민역 편입이 가능하였고, 1999. 5. 27. 병역법시행령이 개정되어 1999. 12. 31. 대통령령 제16668호로 다시 개정되기 전까지는 1년 이상 2년 미만의 징역 또는 금고의 형을 선고받은 사람을 보충역 소집 대상으로 규율하고 있었고(당시 병역법시행령 제136조 제1항 제1호), 1999. 12. 31. 대통령령 제16668호로 개정되어 즉시 시행된 병역법시행령은 위 기준을 6개월 이상 1년 6개월 미만의 징역 또는 금고의 형을 선고받은 사람으로 하향 조정하였다. 이에 따라 일정 기간 미만의 형을 받은 경우에는 형기를 마친 후 다시 현역병으로 복무를 마친 후 예비군에 편입되거나(1997년 개정 이전), 또는 보충역에 편입 (1997년 개정 이후)되게 되어 있었다. 보충역 편입 대상이 되는지 여부 는 예비군 편성 대상이 되는지 여부와 밀접한 관련이 있다. 예비군은 예비역과 보충역을 편성대상으로 하였기 때문에[34] 양심적 병역거부로 형기를 마친 후 예비군에 편입되면 다시 예비군 훈련을 거부해서 처벌 받아야 하는 문제점의 발생 가능성을 차단하고자 했던 '배려 아닌 배 려'가 자리하고 있는 것이다. 양심적 병역거부에 대한 위와 같은 '정찰 제 양형'에 대해서는 책임주의에 반하는 양형이며, 법률에 따라 처벌이 이루어지는 것이 아니라 하위법령인 대통령령에 따라 처벌이 이루어 지는 결과를 초래하여 죄형법정주의에 반하는 것이라는 비판이 있기 도 하지만,[35] 당시 법원 판사들의 입장에서는 양심적 병역거부자들이 병역법 위반으로 실형을 복역하고 난 후에도 다시 현역복무를 마쳐야 하거나(1997년 개정 이전), 보충역 편입 후 예비군에 편입(1997년 개정 이 후)된다면 예비군 소집훈련을 거부하여 또 다시 처벌받아야 하는 가혹 한 현실을 고려한 것으로 반드시 비판의 시각으로만 바라볼 것은 아니 라고 할 수 있다. 현재는 전시근로역으로 편입되기 때문에 예비군 편 성 대상에서 제외된다.

나. 하급심의 입장 변화

양심적 병역거부를 이유로 하는 병역법 위반 사건에 대한 하급심 의 태도는 2015년을 기점으로 획기적인 변화를 보이고 있다. 그러한 변화의 양상은 두 가지 측면으로 나타나고 있는데, 하나는 심리의 현

---

34 1999. 1. 29. 일부개정되어 1999. 7. 1.부터 시행된 법률 제5704호 향토예비군 설치법 제3조 참조.
35 제주지방법원 2017. 8. 11. 선고 2017고단55 판결 참조.

저한 지체 양상이고, 다른 하나는 무죄판결의 급격한 증가 양상이다.

2000년대 이후 대체로 연 평균 600여 명의 양심적 병역거부자 수감자 수[36]가 2018년 2월 기준으로는 281명[37]에 그치고 있어 절반 이하로 줄어들어 있는 현상은 징집대상자의 감소라는 일반적 현상 이상의 함의를 담고 있다고 볼 수 있는데, 그것은 양심적 병역거부로 인한 수감자의 수가 지속적으로 감소하고 있는 배경에 바로 하급심 법원에서 양심적 병역거부에 대한 심리를 의도적으로 지체[38]시키는 태도가 자리하고 있기 때문이다. 이와 같은 하급심 법원의 현저한 심리 지연 양상은 표면상으로는 헌법재판소의 위헌심판 결과[39]를 지켜보기 위해서라고 할 수 있다. 그러나 양승태 대법원장 체제의 대법원이 계속해서 양심적 병역거부 사건에 대하여 유죄판결을 선고하고 있는 태도[40]와 비교하여 본다면, 하급심의 심리 지연 태도가 반드시 헌법재판소의 심판 결과를 지켜보기 위함 때문만은 아니라고 볼 수 있다. 그보다는 양승태 대법원장 체제의 대법원과 다른 관점으로 양심적 병역거부 사건을 바라보려는, 상대적으로 젊은 법관들의 직업적 양심이 투영되어 있는 결과라고 보는 것이 합당한 평가라고 할 수 있을 것이다.

한편 하급심의 무죄판결 선고 건수 역시 2015년을 기점으로 급격히 증가하여 2017년에는 45건의 무죄판결이 선고되었으며, 2016년에

---

36 연합뉴스 2017. 10. 7.자 기사 참조, http://www.yonhapnews.co.kr/bulletin/ 2017/09/29/0200000000AKR20170929206000061.HTML?from=search (2017. 12. 25. 최종방문).

37 여호와의 증인에 따르면 2018. 9. 기준으로는 117명이라고 한다. https:// download-a.akamaihd.net/files/content_assets/4f/1012733_E_cnt_1.pdf 참조 (2018. 9. 25. 최종방문).

38 2018년 2월 기준으로 현재 법원에 계속 중인 양심적 병역거부 사건은 711건 인데, 그 중 710건이 특정 종교(여호와의 증인) 관련이고 기타가 1건이다.

39 2018년 6월 28일 헌법재판소 결정을 의미한다.

40 법률신문 기사 참조. https://m.lawtimes.co.kr/Content/Case-Curation?serial =119151 (2018. 3. 1. 최종 방문).

는 항소심에서 유죄 취지의 제1심을 파기하고 무죄 판결을 선고하기도
하였다. 양심적 병역거부의 경우 병역을 거부할 정당한 사유가 존재한
다고 정면으로 판시한 사례[41]와 정당한 사유가 존재하지 아니한다는
증명이 충분하지 않다고 판시한 사례[42]로 나뉘기는 하지만, 무죄판결
의 이유는 대체로 다음과 같은 구조라고 할 수 있다. 즉, 국가의 안전
보장도 국민의 기본적 인권을 보장하기 위한 목적을 달성하고자 하는
수단이라는 전제 하에 진정한 양심적 병역거부와 양심적 병역거부를
가장한 병역회피를 심사하여 진정한 양심적 병역거부자에 대해서는
현역복무와 비교하여 형평성이 보장되는 수준에서 구제활동, 환자수
송, 소방업무, 장애인 지원, 교정시설 및 갱생기관 근무 등의 민간대체
복무 제도를 설계하여 실시하는 것이 국가의 책무라고 할 것인데, 국
가가 이러한 책무를 방기한 채 병역의무 이행에 갈음하는 수단으로 형
벌만을 강요하는 것은 양심상의 이유로 병역을 거부할 수밖에 없는 이
들에게 병역을 거부할 정당한 이유가 있는 경우에 해당할 수 있다는

---

41 예컨대, 광주지방법원 2015. 5. 12. 선고 2015고단108 판결, 위 같은 법원이
　같은 날 선고한 2014고단4820 판결 및 이 사건에 대한 항소심인 같은 법원
　2016. 10. 18. 선고 2015노1181 판결, 수원지방법원 2015. 8. 13. 선고 2015고
　단1776 판결, 청주지방법원 2016. 8. 9. 선고 2016고단64 판결, 부산지방법원
　2016. 12. 27. 선고 2016고단6148 판결, 전주지방법원 2017. 1. 5. 선고 2016
　고단1507 판결, 청주지방법원 2017. 1. 10. 2016고단1332 판결, 위 같은 법원
　이 같은 날 선고한 2016고단1121 판결, 인천지방법원 2017. 2. 6. 선고 2016
　고단5974 판결, 서울북부지방법원 2017. 4. 6. 선고 2016고단5123 판결, 서울
　동부지방법원 2017. 5. 12. 선고 2017고단499 판결, 위 같은 법원 2017. 5.
　24. 선고 2017고단191 판결, 대구지방법원 김천지원 2017. 6. 8. 선고 2016
　고단1874 판결, 제주지방법원 2017. 8. 11. 선고 2017고단16, 2017고단55(병
　합) 판결, 부산지방법원 2017. 11. 14. 2016고단8059 판결 등은 정당한 사유
　가 있는 경우라고 판단하였다.
42 예컨대, 인천지방법원 부천지원 2016. 6. 9. 선고 2016고단78 판결, 의정부지
　방법원 2017. 11. 14. 선고 2017고단3631 판결은 정당한 사유의 존재가 충분
　히 증명되지 않았다고 판단하였다.

것이다. 정당한 사유가 없다는 증명이 충분하지 않다는 판시의 취지는 정당한 이유의 존부는 위법성 조각사유에 해당하는 것이기는 하지만, 형사소송법상 범죄의 성립요건에 대해서는 소추권자가 입증책임을 부담하여야 하므로 범죄성립 조각사유가 존재하지 아니한다는 점에 대해서도 소추권자가 입증하여야 할 것인데, 그러한 입증이 충분하지 않다는 것이다.

다. 평 가

비록 추세라고까지 평가할 수 있는 단계에 이르렀는지는 명확하지 않지만, 하급심이 보여 주는 최근의 경향은 병역법 제88조에 대한 위헌심판 제청보다는 직접적으로 무죄판결을 선고하는 입장이라고 볼 수 있다. 무죄판결 이유의 기본적인 구조는 양심적 병역거부자가 병역을 거부하는 것에 정당한 사유가 없음을 소추권자가 증명하여야 하는데 그 증명이 충분하지 않다는 것이다. 하급심의 이와 같은 태도가 헌법재판소에서 계속해서 합헌 결정을 내리고 있는 점을 고려한 때문인지 아니면 다른 배경이 작용한 것인지는 분명하지 않다. 다만 헌법재판소가 한정위헌 결정을 내린다고 가정할 경우에는, 실제로 양심적 병역거부자에게 미치는 효과의 측면에서는 헌법재판소의 결정보다는 법원의 무죄판결이 훨씬 더 유리하다고 할 수 있다. 그러나 하급심의 이와 같은 태도가 대법원에 어떤 영향을 미칠 것인지 확실하지 않다는 점에서 한계를 내포하고 있다고 할 수 있다.

4. 정 리

양심적 병역거부와 관련한 헌법상 쟁점은 크게 세 가지 정도로 나누어 볼 수 있다. 첫 번째는 양심적 병역거부를 처벌하는 것이 헌법상 양심의 자유를 침해하는 것인지 여부라는 쟁점이고, 두 번째는 양심적 병역거부자와 병역기피자를 동일하게 처벌하는 것은 다른 것을 동등하게 취급하는 것이어서 헌법상 평등 원칙에 반하는 것인지 여부라는 쟁점이며, 세 번째는 양심적 병역거부를 처벌하는 것은 이를 허용하고 있는 국제규범에 비추어 헌법이 보장하고 있는 국제법 존중의 원칙에 반하는 것인지 여부라는 쟁점이다.

첫 번째 쟁점인 양심의 자유 침해 여부를 판단하는 기준에 관한 헌법재판소의 태도는 크게 세 단계로 나누어 볼 수 있다. 초기에는 양심의 자유 침해 여부를 판단함에 있어서 일반적인 기본권 제한 요건인 헌법 제37조 제2항에 따른 심사를 엄격하게 요구해서는 아니 되므로 헌법 위반이 아니라는 입장(이른바 완화된 심사기준의 적용 입장)을 취한 반면, 그 이후의 결정례에서는 완화된 심사기준을 적용하지 않은 채 병역법 제88조의 요건이 헌법 제37조 제2항에 따른 비례성 원칙을 충족한다고 판단하는 입장을 취하고 있음을 알 수 있다. 그러다가 2018년 6월 28일 헌법불합치 결정에 이르러 마침내 법정의견이 양심적 병역거부를 처벌하는 것은 비례성 원칙을 충족하지 않는다는 판단에 이르게 되었다.

평등원칙 위반의 쟁점에 관하여 2004. 10. 28. 2004헌바61, 2004헌바62, 2004헌바75(병합) 결정 이후에는 오히려 종래의 입장에서 후퇴하여 평등원칙 위반의 쟁점을 정면으로 다루지 않고 있음은 위에서 지적한 바와 같다. 또 국제법규의 문제에 있어서도 헌법재판소의 입장은 양심적 병역거부를 일반적으로 용인하는 국제조약이나 국제관습법은 존재하지 않는다는 입장이다.

2018년 6월 28일 헌법불합치 결정 이전까지 헌법재판의 쟁점에 있어서 중요하게 보아야 할 부분은 양심적 병역거부를 헌법위반으로 보는 입장이든 헌법에 합치되는 것으로 보는 입장이든 불문하고, 이른바 대체복무제의 도입 자체를 직접적으로 반대하는 입장은 존재하지 않는다는 점이다. 즉 헌법 위반의 입장에서는 양심적 병역거부자에 대

하여 대체복무 제도를 허용하지 않은 채 처벌로만 일관하고 있는 태도
는 헌법과 합치되지 않는다는 입장이라고 할 수 있다. 향후에도 이러
한 입장이 유지된다면 양심적 병역거부를 처벌하는 병역법 제88조에
대해서 위헌심판이 내려질 가능성은 높지 않다고 볼 수 있고 한정위헌
이라는 변형결정이 내려질 가능성이 높다고 볼 수 있는 상황이었다.[43]
2018년 6월 28일 결정 이전까지 양심적 병역거부에 관한 헌법재판소
의 가장 최근의 입장이라고 할 수 있는 헌재 2011. 8. 30. 2008헌가22,
2009헌가7, 2009헌가24, 2010헌가16, 2010헌가37, 2008헌바103, 2009
헌바3, 2011헌바16(병합)에서 헌법재판관 이강국과 송두환이 위헌의견
이 아닌 한정위헌 의견을 개진한 것은 이와 같은 맥락에서 이해할 수
있다. 반면에, 헌법 합치의 입장에서도 대체복무 제도의 도입이 바람
직하지만 이를 도입할지 여부는 입법자의 광범위한 재량권의 영역에
속하는 것이므로 대체복무 제도가 도입되지 않고 있다는 사정이 양심
적 병역거부자에 대한 처벌을 헌법위반으로 보게 만드는 사정은 될 수
없다는 입장이다. 이를 종합한다면, 헌법재판소의 판단 중에는 양심적
병역거부 자체를 헌법상 용인되는 양심의 자유에 포섭하는 견해(순수
한 헌법위반의 입장)는 존재하지 않는다고 정리할 수 있다. 이와 같은 태
도가 2018년 6월 28일 헌법불합치 결정에서도 처벌조항의 헌법위반
판단을 이끌어내지 못한 원인으로 작용했을 가능성을 배제할 수 없다.

　양심적 병역거부에 대한 대법원의 태도는 2004. 7. 15. 선고 2004
도2965 전원합의체 판결 이전과 이후로 나누어 볼 수 있다. 위 전원합
의체 판결 이전까지는 양심적 병역거부는 헌법상 양심의 자유에 포함
되지 않는다는 입장을 고수하였다. 그러나 위 전원합의체 판결에서 양
심적 병역거부는 헌법상 양심의 자유에 속하는 것으로 보는 입장으로

---

43 이 부분은 애초에 2018년 6월 28일 헌법재판소 결정 이전에 정리했던 부분으
　로 헌법재판소 결정에 따라 시제(時制)를 변경하였다.

전환하면서, 그럼에도 불구하고 양심의 자유에 대해서는 헌법 제37조 제2항에 따라 제한이 가능하다고 보고 병역법 제88조가 양심적 병역거부를 처벌하는 것은 정당한 제한에 해당한다는 입장을 취하게 되었다. 차별금지의 쟁점과 관련해서는, 대체복무 제도를 도입하지 않고 양심적 병역거부자를 처벌한다고 하더라도 이는 입법자에게 허용된 광범위한 재량의 범주에 속하는 문제이므로 양심적 병역거부자를 차별하는 것이 아니라는 입장이다. 양심적 병역거부가 병역을 거부할 정당한 이유에 해당하는지 여부에 관해서는, 헌법이 양심의 자유가 뒤로 물러나야 한다고 요구하는 경우이므로 양심상의 결정에 따라 병역을 거부하지 않을 기대가능성이 있다는 입장이다. 한편 대체복무 제도를 도입하지 않는 것이 국제자유권규약에 반하는 것도 아니라는 입장이다.

이에 반하여, 양심적 병역거부에 대하여 무죄판결을 선고하고 있는 하급심의 입장은 대체복무 제도가 마련되어 있지 아니한 상황 하에서의 양심적 병역거부는 병역을 거부할 정당한 사유에 해당한다는 것이다. 이는 헌법재판소의 판단을 받아야 하는, 양심적 병역거부가 합헌이냐 위헌이냐의 논증을 벗어나서, 법원이 법관에게 주어진 법령해석의 권한 범위 하에서 양심적 병역거부 사건을 다루겠다는 입장으로 받아들여진다. 앞에서도 지적한 것처럼 헌법재판소에서 병역법 제88조에 대하여 헌법불합치 결정이 아닌 한정위헌 결정을 내릴 경우에는 종래 병역법 위반으로 처벌을 받은 양심적 병역거부자들의 예비군법 위반 문제가 계속 제기될 가능성을 배제할 수 없는바, 병역법 및 일반 형사법의 해석론을 바탕으로 실체법적 무죄판결을 선고하는 하급심의 태도는 양심적 병역거부자의 입장에서는 매우 고무적인 태도라고 할 수 있을 것이다.

그러나 다른 한편으로는 대체복무 제도가 마련되지 않은 상태에서 무죄판결은 결국 양심적 병역거부자는 아무런 대체적 복무도 이행하지 않은 채 병역의무만을 면하는 결과를 가져오게 된다. 이와 같은 결과를 일반인들이 쉽게 받아들일 수 있을 것인지는 의문이다. 일반에서 쉽게 받아들이기 어려운 결과라면, 과연 법원에서 종래의 입장을 선뜻 변경하여 양심적 병역거부는 병역법 위반이 아니라는 최종적 결론을 표명하게 될 수 있을지 역시 의문이다. 얼마 전 공개변론을 거친 대법원이 과거의 태도를 계속 유지할지 아니면 헌법재판소 2018년 6월 28일 헌법불합치 결정이나 그동안의 변화된 사회환경을 고려하여 새로운 입장으로 선회할지 귀추가 주목된다. 이런 측면에서도 대체복무 제도의 도입은 더 이상 미룰 수 없는 시급한 과제가 된다고 할 것이다.

제 5 절 대체복무제 도입의 필요성

1. 총 론

   결론부터 먼저 제시하자면, 이 연구에서는 양심적 병역거부자들에 대하여 지금까지와 같이 형사처벌이라는 방식으로 대응하는 것은 적절하지 아니하며 이들이 우리 사회의 구성원으로서 정당하게 자신에게 주어진 국방의 의무를 이행할 수 있는 대체복무제의 도입이 필요하다는 입장을 따른다. 그와 같은 결론에 이르게 된 경과는 아래 2.에서 보는 바와 같이 대체복무제의 도입을 반대하는 논거가 더 이상 설득력을 유지하기 어렵다는 점, 국제 사회의 일원으로 활동하고 있는 대한민국의 위상을 고려하더라도 일반적으로 승인된 국제규범의 효력을 부정하는 입장을 계속 밀고 나가는 것은 적절하지 않다는 점 때문이다.

   대체복무제 도입의 논거에 관한 검토에 있어서 양심적 병역거부 처벌 여부를 둘러싼 위헌론과 합헌론의 논쟁에 관한 검토는 배제하고

자 한다. 2018년 6월 28일 헌법재판소의 헌법불합치 결정으로 더 이상 대체복무제 도입 여부를 둘러싼 논쟁은 의미가 없어지기도 하였거니와, 헌법재판소 2018년 6월 28일 결정 이전의 헌법재판소 결정에서 양심적 병역거부를 처벌하는 것이 합헌이라는 입장을 취하는 경우에도 대체복무제 도입 자체를 반대하지 않는 입장이 오히려 다수라는 점은 명확하기 때문이다.

헌법재판소 2018년 6월 28일 결정에서 각 재판관들이 취한 입장에 관해서는 제4절에서 자세히 살펴보았다. 그러나 워낙 다양한 쟁점에 대하여 매우 풍부한 논거를 제시하면서 논리를 전개하였기 때문에 쟁점이 일목요연하게 눈에 들어오지 않는다. 3.에서 그 쟁점을 간략하게 정리하게 될 것이다.

법리적으로는 병역거부권이 헌법이 보장하는 양심의 자유에 포함되는 것으로 이해할 것인지 여부에 관하여 관점의 차이가 있을 수 있으며 어느 하나의 관점이 정당하고 다른 관점은 틀렸다고 단정하기는 어렵다고 볼 수도 있을 것이다. 그러나 적어도 관점이 다르다는 이유로 양심적 병역거부자에 대하여 형사처벌만으로 일관하는 태도는 어떤 법리적 관점에서도 적절하고 타당한 태도라고 보기 어려울 것이다. 법리적인 관점에서 이 문제를 다루었던 그동안의 헌법재판소 결정이나 대법원 판례의 입장에서도 대체복무제 도입의 필요성에 대해서는 이를 긍정하는 입장이 다수였다는 점은 대체복무제 도입의 법리적 정당성을 뒷받침하는 중요한 논거가 될 수 있을 것이다.

그러나 대체복무제 도입 여부의 판단은 법리적인 판단보다는 현실적인 상황의 판단이 더 중요한 잣대가 되어야 할 것이다. 아마도 대체복무제 도입 반대의 가장 주된 논지는 북한과의 군사적 대치상황이라고 할 수 있을 것이다. 그러나 대한민국 못지않게 인접국가와 대치상황에 놓여 있는 이스라엘이나 대만에서도 대체복무제를 시행하고

있다는 사정은 국제사회의 거듭된 비판을 무릅쓰면서 아직도 대체복
무제 도입을 미루어야 할 정당성을 수긍하기 어렵게 한다. 문제는 대
체복무제의 도입과 같은 중요한 국가정책은 국민적 합의를 필요로 하
는 중요한 정책이라고 할 수 있는데, 아직은 그러한 국민적 합의가 성
숙되지 않았다는 사정 — 여론조사 결과 — 이라고 할 수 있다. 이에 관
해서도 아래 4.에서 검토하도록 한다.

2. 대체복무제 도입 반대론의 논거에 대한 검토

　　대체복무제를 도입하는 것에 반대하는 입장에서 제시하는 논거[44]
로는 대체로 ① 양심적 병역거부를 처벌하는 병역법 제88조에 관하여
헌법위반이 아니라는 수차례의 대법원 판결과 헌법재판소 결정이 있
었던 점, ② 국제규범의 국내적 효력의 한계, ③ 우리나라의 특유한
안보상황, ④ 병력자원의 손실 우려, ⑤ 양심적 병역거부 여부 판정의
곤란성, ⑥ 사회통합의 저해 우려, ⑦ 국민적 공감대의 미형성 등을
들 수 있다. 이에 관하여 차례로 살펴보도록 한다.

가. 2018. 6. 28. 헌법불합치 결정 이전 대법원과 헌법재판소의 태도에 대한 검토

　　종래 대법원과 헌법재판소의 다수의견이 병역법 제88조에 따라
양심적 병역거부자를 형사처벌하는 것은 헌법에 위반되지 않으며, 헌
법상 양심의 자유를 이유로 병역거부가 정당화되지 않는다는 일관된
입장을 취하고 있음은 이미 살펴보았다. 그러나 대법원이나 헌법재판

---

44 문헌적으로는 부득이 그동안의 각종 토론회에서 제시되었던 국방부측 토론자의
　입장을 토대로 도입 반대론의 논거를 정리하였다. 해당 토론회로는 2014. 12.
　20. 대한변협 인권위원회와 법원 국제인권법연구회 공동으로 열린 "양심적 병
　역거부의 문제점과 대체복무제도의 필요성" 토론회, 2015. 11. 전해철 의원 주
　최로 열린 정책토론회 "양심적 병역거부자에게 대체복무를 許하라", 2016. 12.
　7. 화우공익재단에서 개최한 "양심적 병역거부에 관한 쟁점토론" 등이 있다.

소의 이와 같은 태도가 대체복무제 도입을 반대하는 입장인 것으로 오해하는 것은 정당하지 않다. 특히 헌법재판소의 다수의견은 비록 현행 병역법이 대체복무제를 도입하고 있지 않다고 하더라도 이는 입법자에게 광범위한 재량권을 부여하고 있기 때문일 뿐이므로, 정책적으로 대체복무제를 도입하는 것이 바람직하다는 입법 권고의견을 제시하고 있다. 이 점을 보더라도 대법원이나 헌법재판소에서 양심적 병역거부를 처벌하는 것에 손을 들어주었다고 하더라도 그것이 곧바로 대체복무제 도입을 반대하는 입장이 될 수 없다는 점은 분명한 것이다. 대체복무제의 도입은 양심적 병역거부 형사처벌의 헌법적합성 여부를 둘러싼 논란과는 별개의 차원에서 양심적 병역거부를 더 이상 형사처벌의 문제로 처리하지 않고 합법적으로 대체복무를 할 수 있는 길을 열어주겠다는 정책적 전환을 의미하는 것이다. 그러므로 대체복무제 도입에 반대하는 논거로 종래의 대법원이나 헌법재판소의 태도를 거론하는 것은 적절한 반론이 될 수 없다.

나. 국제규범의 국내법적 효력의 한계론에 대한 검토

일반적으로 승인된 국제규범이나 국제연합 인권위원회를 비롯한 다양한 국제기구에서 대한민국에 대하여 대체복무제 도입을 촉구하고 있다고 하더라도, 그러한 국제규범이 국내법적으로 직접적 효력을 갖지 않는 이상, 대한민국의 국내법에 따라 양심적 병역거부자를 처벌하는 것에 대하여 국제규범을 근거로 부당하다고 볼 수는 없다고 할 수 있다. 이는 법리적으로는 타당한 주장이라고 할 수 있다. 그러나 양심적 병역거부자를 처벌하는 현재의 법제를 국제규범을 근거로 무효화시킬 수 없다고 하더라도, 그러한 이유가 곧바로 대체복무제를 도입할 수 없다는 반대논리로 이어질 수는 없는 것이다.

국제규범이나 국제관행에도 불구하고 대한민국에서 대체복무제를 도입하는 것이 적절하지 않다는 반론은 위와 같은 법리적 관점의 접근

보다는 오히려 대한민국이 처한 안보적 상황에서 대체복무제를 도입하는 것이 적절한지 여부라는 정치적·사회적 관점의 접근이 필요한 쟁점이라고 할 수 있다. 이에 관해서는 아래에서 별도로 살펴보게 될 것이다.

다. 대한민국의 특수한 안보상황론에 대한 검토

대한민국의 안보상황을 고려할 때 병역의무에 대한 예외를 허용하는 대체복무제 도입은 적절하지 않다는 입장에서는 대한민국의 안보상황을 이렇게 표현한다. "남한만이라도 독립된 민주국가를 세울 수밖에 없었던 헌법 제정 당시의 특수한 상황이 있었고, 또 동족 간에 전면전을 했던 6·25 전쟁의 생생한 기억과 더불어 휴전상태 이후 좌우의 극심한 이념대립 속에서 군비경쟁을 통하여 축적한 막강한 군사력을 바탕으로 아직까지도 남북이 적대적 대치상태에 있는 세계 유일의 분단국인 사정이 있다. 세계적으로 냉전시대가 막을 내리고 국가적 실리에 따라 다자간의 협력시대로 나아가고 있는 지금에도, 국방·안보·북한문제에 관하여 국민들 사이에서 이념적 대립이 극심할 뿐만 아니라, 북한의 핵무기 개발, 미사일 발사 등으로 초래되는 한반도의 위기상황은 미국, 중국, 일본을 비롯한 주변국들의 외교·안보적 상황에도 큰 영향을 미치고 있으며, 특히 각종의 무력 도발에서 보는 바와 같이 북한의 군사적 위협은 이제 간접적·잠재적인 것이 아니라 직접적·현실적인 것이 되고 있는 상황이다."[45]

안보상황에 대한 위협의 정도를 상대적으로 평가하여야 한다는 주장 역시 이와 유사한 맥락이라고 할 수 있다. 안보상황 상대평가론은 "안보상황에 대한 위협의 정도는 상대적으로 평가될 필요가 있다. 즉 전쟁가능성이 높고, 약소국에 가까워질수록 처해있는 상대적 환경에서 상대적 생존성과 국가의 지속 가능성을 모든 수단을 동원해 최대

---

45 임천영, 전게 토론문, 138면.

화하려는 경향을 분명하게 드러낼 것으로 예상되고, 전쟁가능성이 낮고 강대국에 가까워질수록 국민의 전체적, 일반적 동원으로 인한 정치적 부담을 피하고자 하는 노력을 기울이고, 징병과 같은 강제적 의무를 사회적 혜택이나 금전적 보상을 통해 해결할 수 있는 여지가 있다면 그런 방향으로 해결하려는 경향을 가지게 될 것인바, 인도법의 준수의무와 혹독한 현실에서 생존가능성의 확보라는 딜레마를 법적, 도덕적 테두리 내에서 해결하려는 시도는 적절하지 않다"는 것이다.[46]

그러나 특수한 안보상황론의 주장은 안보적으로 대한민국과 유사한 상황에 놓여 있다고 볼 수 있는 이스라엘이나 대만에서도 대체복무제를 도입하여 시행하고 있다는 사정과 비교하여 과연 대한민국의 안보적 상황이 이들 국가들과 비교하여 더 위태롭다고 할 수 있을 것인지를 명쾌하게 설명하지 못하는 문제점이 있다. 안보상황 상대적 평가론 역시 전쟁의 위협에 관한 부분에서는 이스라엘이나 대만의 경우를 설명하기 곤란하고, 대한민국의 지위를 약소국으로 파악해야 하는지에 대한 근본적 의문을 해결하지 못하고 있다. 핵전쟁이나 미사일 등 신형 무기 개발의 위협은, 수적 우위를 기반으로 하는 전통적인 군사전략의 수정을 필요로 하는 상황이라는 점에서 오히려 병력 확보를 목적으로 하는 대체복무제 도입 반대론의 명분을 약화시키고 있다.

라. 병력자원의 손실 우려론에 대한 검토

도입 반대론에서는 "국방력에 있어 인적 병력자원이 차지하는 비중은 여전히 무시할 수 없을 뿐 아니라, 최근의 급격한 출산율 감소로 인한 병력자원의 자연감소도 감안하여야 하고, 정보전·과학전의 발달로 병력수요를 줄일 수 있다 해도 그 감축 규모와 정도는 군의 정보화·과학화의 현실적 실현에 달려 있으므로, 군의 정보화·과학화에 대한 기대만으로 병력자원의 손실을 감수할 수는 없다"[47]고 재반론한다. 그러

---

46 화우 토론회 중 이민영의 발표 부분, 위 토론회 자료집, 92면.

나 재반론 역시 설득력이 부족하다. 대체복무제를 도입하더라도 대체
복무에 편입될 것으로 예상되는 비율이 현재의 병력 체제에서 차지하
게 될 비중을 고려할 때, 인적 병력자원의 비중을 현저하게 낮출 정도
의 수준에 이를 것이라고 보기는 어렵기 때문이다. 군의 정보화·과학
화는 현실이고 정부가 계속적으로 추진해 오고 있는 국방정책이다. 막
연한 기대가 아닌 것이다. 정보화·과학화는 어느 수준에 도달하여야
한다는 목표가 설정되는 것이 아니라 계속적으로 추진되고 향상되어
나가는 정책목표이므로, '정보화·과학화의 현실적 실현'이라는 명제는
공허한 수사에 불과하다.

마. 양심적 병역거부 여부 판정의 곤란성론에 대한 검토

　　도입 반대론에서는, 양심상의 이유로 병역을 거부하는 것인지 여
부를 논리적으로 설명하고 증명하는 것은 불가능하므로, 대체복무 심
사 제도는 결국 신청인의 인성(人性)에 대한 판단이 법적 판단을 대체
하는 결과를 가져오게 될 것[48]이라고 비판한다. 그러나 양심적 병역거
부의 판단 기준이 되는 '양심'은 인성적 표지인 동시에 법적 표지이다.
병역거부가 진지한 고뇌에 따른 양심상의 결정인지 여부를 판단하는
절차는 병역거부자의 인성을 판단하는 절차가 아니라 병역거부자의
결정이 법적으로 의미 있고 가치 있는 결정인지 여부를 판단하는 법
적 절차인 것이다. 어떠한 결정이 양심상의 진지한 고뇌를 거친 신중
한 결단에 기초한 것인지 여부는 대체복무를 신청한 신청인의 진술이
나 대체복무 신청 이전의 활동경력 등 정황자료를 통하여 충분히 판
정할 수 있는 법적 판단사항이다. 우리보다 앞서 대체복무제를 도입하
고 있는 국가들은 모두 이러한 취지에서 양심적 결정에 따른 병역거
부인지 여부를 판정하는 절차를 두고 일정한 심사기준을 마련하여 시

---

47 임천영, 전게 토론문, 138면.
48 이민영, 전게, 93면.

행하고 있다. 형사사건에서도 행위 전후의 상황을 종합적으로 검토하여 고의나 과실이라는 행위자의 내면의 주관적 요소에 대해서 규범적인 판단을 내리는 것이 일반화되어 있는 이상, 양심적 병역거부자에 대한 심사에서 대상자의 양심을 심사할 수 없다는 주장은 납득하기 어렵다.

바. 사회통합의 저해 우려론에 대한 검토

도입반대론에서는 국민개병제와 징병제를 실시하고 있는 대한민국에서는 국민 모두가 직·간접적으로 병역 문제와 관련성을 갖고 있기 때문에 공평한 병역부담에 대한 사회적 요구가 다른 어떤 나라보다 강력하고 절대적이고, 이런 상황에서 대체복무제의 도입에 관한 사회적 여론이 여전히 비판적임에도 병역의무에 대한 예외를 허용함으로써 의무이행의 형평성 문제가 사회적으로 야기된다면 대체복무제의 도입은 사회 통합을 저해하여 국가 전체의 역량에 심각한 손상을 가할 수 있고, 나아가 국민개병 세도에 바탕을 둔 병역제도의 근간을 흔들 수도 있다는 우려를 반대론의 논거로 제시한다. 그러나 이와 같은 주장은 헌법상 국민의 의무는 '병역의 의무'가 아닌 '국방의 의무'로서 그 의무의 주체는 성년 남성만이 아닌 '모든 국민'이라는 사실을 간과하고 있다. 헌법재판소는 이미 "국방의 의무는 외부 적대세력의 직·간접적인 침략행위로부터 국가의 독립을 유지하고 영토를 보전하기 위한 의무로서, 현대전이 고도의 과학기술과 정보를 요구하고 국민 전체의 협력을 필요로 하는 이른바 총력전인 점에 비추어 ① 단지 병역법에 의하여 군 복무에 임하는 등의 직접적인 병력형성 의무만을 가리키는 것이 아니라, ② 병역법, 향토예비군설치법, 민방위기본법, 비상대비자원관리법 등에 의한 간접적인 병력형성 의무 및 ③ 병력형성 이후 군작전명령에 복종하고 협력하여야 할 의무도 포함하는 개념"이라고 천명함으로써 이와 같은 입장을 분명하게 표명한 바 있다.[49] 이와 같이 병

역의무는 법률상의 의무로서 그 구체적인 내용은 입법자에게 위임되
어 있는 것이며, 이미 병역법상 여러 가지 다양한 방법으로 병역의무
를 대체할 수 있는 제도가 마련되어 있는 현실에서 양심적 병역거부자
에 대한 대체복무만이 사회통합을 저해할 것이라는 우려는 논리적 타
당성을 결하고 있다. 아울러 이와 같은 우려는 이미 대한민국보다 앞
서 대체복무제를 도입한 외국의 사례에서 대체복무 제도가 국민통합
을 저해하는 요인이 되지 않았다는 경험적 결과를 설명하지 못하는 문
제점이 있다. 사회통합을 저해하는 요인은 양심적 병역거부자에 대한
대체복무제의 도입이 아니라, 정치적 권력이나 경제적 우위를 이용한
불공정한 병역회피의 만연화에 있는 것이다. 그러므로 사회통합을 위
한 관건은 대체복무 편입 여부를 포함하여 병역 판정 절차를 엄격하고
공정하게 실시하는 것이지 대체복무제 자체에 있는 것이 아닌 것이다.

사. 국민적 공감대의 미형성론에 대한 검토

　　대체복무제 도입에 관한 여론조사의 결과를 보면 아직도 상당수 —
조사결과에 따라서는 3분의 2에 가까운 — 의 국민들이 대체복무제 도
입에 대해 거부감을 갖고 있는 것으로 나타나고 있다. 2007년 대체복
무제 도입을 표방하였던 국방부조차 2008년 여론조사 결과를 토대로
대체복무제 도입에 관한 국민적 합의가 이루어지지 아니하였음을 이
유로 이를 백지화한 전례에서도 알 수 있듯이, 국민 여론이 나뉘고 있
는 이러한 상황이 대체복무제 도입을 주저하게 만드는 가장 강한 요인
이라고 할 수 있다. 여론조사 결과의 추이를 보면 일정한 경향조차 가
늠하기 어려울 정도로 조사시점이나 방법에 따라 커다란 편차를 보여
주고 있음을 알 수 있다. 확실히 이 부분은 대체복무제 도입을 반대하
는 입장에서 내세울 수 있는 가장 강력한 논거라고 할 수 있다. 이에
관해서는 항을 달리하여 아래 4.에서 별도로 살펴보고자 한다.

| 49 헌재 2002. 11. 28. 2002헌바45.

3. 헌법재판소 2018. 6. 28. 헌법불합치 결정의 검토

결국 최종적으로 헌법재판소의 2018년 6월 28일 결정에서는 마침내 대체복무 제도를 규율하지 않은 병역법 조항이 헌법에 합치되지 않는다는 결정이 나오기에 이르렀다. 이 결정에서 제시된 여러 가지 쟁점들에 관하여 검토한다면 대체복무제 도입 여부나 그 모델이 여하해야 할 것인지 여부에 관한 도움을 얻을 수 있을 것이다.

가. 진정입법부작위 여부

병역종류조항의 위헌성을 다투는 것이 진정입법부작위에 해당하는 것인지 아니면 부진정입법부작위에 해당하는 것인지 여부는 제4절에서 살펴본 것처럼 양심적 병역거부자들을 위한 대체복무 제도를 병역의무를 대체하는 수단으로 국방의 의무 범주에 포섭되는 복무제도로 이해할 것인지 아니면 국방의 의무 범주에는 포섭되지 아니하는 별개의 사회봉사적 복무제도로 이해할 것인지 여부에 따라 그 판단을 달리하게 된다. 결국 국방의 의무를 어떻게 이해하느냐 여부가 판단의 관건이 된다고 할 수 있는 것이다. 재판관 안창호, 조용호의 의견처럼 국방의 의무를 "직·간접의 병력형성의무, 군 작전명령에 복종·협력할 의무, 군사훈련 및 군사업무지원 의무 등을 포함"하여야 하는 의무로 파악하는 것은 국방의 의무를 지나치게 좁게 해석하는 것이어서 그 타당성을 수긍할 수 없다. 병역의 의무를 부담하지 않는 여성의 경우를 생각해 보더라도 국방의 의무를 반드시 '군(軍)'과 연관지을 필요는 없는 것이다. 이러한 관점에서 병역의 의무와 달리 국방의 의무는 "외부의 적대세력의 직접적·간접적인 위협으로부터 국가의 독립을 유지하고 영토를 보전하기 위한 의무로서 군에 복무하는 등의 군사적 역무에만 국한되어야 한다고 볼 수 없으며, 전시·사변 또는 이에 준하는 비상사태, 재난사태 발생 시의 방재(防災)·구조·복구 등 활동이나, 그러

한 재난사태를 예방하기 위한 소방·보건의료·방재(防災)·구호 등 비
군사적 역무 역시 입법자의 형성에 따라 국방의 의무에 포섭될 수 있
다"고 보는 법정의견의 관점이 타당하다고 생각한다.

　이와 같은 국방의 의무를 구체화하는 법률인 병역법이 국방의 의
무를 제대로 이행할 수 있도록 복무제도의 유형을 충분히 다양하게 마
련하지 못한다면 그와 같은 병역법의 입법 불비를 지적하는 것은 단순
한 진정입법부작위를 지적하는 것이 아니라 구체적인 입법의무가 있
음을 전제로 그 의무에 나아가지 아니하였음을 지적하는 부진정입법
부작위에 해당하는 것으로 이해하는 것이 타당할 것이다. 보다 근본적
으로는 뒤에서도 지적하는 것과 같이 병역종류조항과 처벌조항을 별
개로 나누어 헌법 위반 여부를 판단하는 태도보다 양자를 결합하여 하
나의 쟁점으로 헌법위반 여부를 판단하는 태도가 더 적절하였으리라
고 본다. 별도의 쟁점인 재판의 전제성 여부에 관한 부분에서 재판관
김창종이 지적한 바와 같이 병역종류조항에 대한 위헌 결정(헌법불합치
결정 포함)이 있다고 하여 그로 인하여 처벌조항이 당연히 위헌으로 귀
결되는 것으로 볼 수 없을 뿐 아니라, 당해 사건 재판에 직접 적용되
는 처벌조항에 대하여 별도의 위헌 결정이 없는 한, 병역종류조항에
대한 위헌 결정이 있었다는 점만으로는 당해 사건을 담당하는 법원이
청구인들에게 다른 내용의 재판, 즉 무죄를 선고하리라는 보장도 없다
는 지적은 경청할 필요가 있기 때문이다.

나. 재판의 전제성 여부

　병역종류조항에 대해서만 헌법위반의 결정을 내리는 경우에 양심
적 병역거부 형사사건에서 법원이 반드시 무죄를 선고하리라는 개연
성은 인정되지 않는다. 이 점에 관해서는 법정의견도 "무죄를 선고할
가능성이 있다"라고만 설시하고 있으므로 개연성이 인정되지 않음을
자인하고 있는 것으로 볼 수 있다. 개연성도 인정되지 않는 상황에서

병역종류조항의 위헌성이 재판의 전제성을 갖는다고 보는 것은 논리적으로는 다소 비약이다. 이 점에서는 병역종류조항의 위헌성 여부만으로는 재판의 전제성 요건을 충족시킬 수 없다는 재판관 김창종의 의견이 오히려 논리적인 것으로 보인다.

　　병역종류조항에서 대체복무 제도를 규정하지 않는 한편, 처벌조항에서 종래의 대법원이 취하고 있는 입장과 같이 양심상의 이유로 병역을 거부하는 것은 정당한 사유에 해당하지 않는다고 판단함으로써 병역종류조항과 처벌조항이 결합하여 양심적 병역거부를 용인하지 않는 결과를 초래하는 현재와 같은 상황 아래에서는 병역종류조항과 처벌조항이 결합하여 그 헌법 위반 여부가 재판의 전제가 된다고 보아야할 것이다. 이러한 관점에서 병역종류조항은 처벌조항과 함께 재판의 전제성 요건을 충족하는 것으로 보는 것이 상당하다. 즉 법정의견에 대한 재판관 이진성, 김이수, 이선애, 유남석의 보충의견에서 제시한 관점이 타당한 것으로 보인다.

다. 병역종류조항의 양심의 자유 침해 여부

　　양심의 자유는 일차적으로 국가에 대한 소극적 방어권, 즉 국가가 양심의 형성 및 실현 과정에 대하여 부당한 간섭이나 강요를 '하지 말 것'을 요구하는, 소위 국가에 대한 '부작위 청구권'일 뿐이고, 개인에게 자신의 사상과 결정에 따라 외부세계에 영향을 미치고 사회를 적극적으로 형성하는 광범위한 가능성을 보호하고자 하는 것은 양심의 자유의 헌법적 기능이 아니라는 반대의견의 입장은, 절대적 자유에 해당하는 양심 형성의 자유와 달리 양심 실현의 자유는 상대적인 자유라는 관념에 기초하고 있다. 국가공동체의 유지와 존속이라는 최우선의 가치를 위해 제한될 수 있다는 것이다. 그리고 이와 같은 최우선의 가치를 위해 가장 중요한 의무가 바로 국방의 의무라는 것이다.

　　그러나 이러한 관점에 대해서는 비록 법정의견의 관점에서도 별다른 이견을 제시하지 않을 듯하다. 반대의견과 법정의견의 중요한 차이는 헌법상 최고의 가치나 국방의 의무의 성격에 관한 관점에 있는 것이 아니라, 국방의 의무를 구현하는 구체적인 방법이 현재와 같은 군사적 성격의 병역의무 이행을 통해서만 구현될 수 있는 것인지 아니면 비군사적 성격의 대체복무 이행을 통해서도 구현될 수 있는 것인지 여부에 대한 관점의 차이에 있는 것이다.

재판관 조용호는 국방의 의무가 병역의무의 이행을 통해서만 구현될 수 있다고 보기보다는 국방의 의무를 구현하기 위한 광범위한 입법재량이 입법자에게 부여되어 있는 반면, 양심의 자유에서 파생하는 입법자의 의무는 단지 입법과정에서 양심의 자유를 고려할 것을 요구하는 '일반적 의무'이지 구체적 내용의 대안을 제시해야 할 헌법적 입법의무가 아니므로 자신의 주관적·윤리적 상황을 다른 국민과 달리 특별히 배려해 줄 것을 요구하는 권리를 원칙적으로 부여하지 않는다고 본다. 따라서 양심의 자유로부터 대체복무를 요구할 권리가 도출되지 않는다는 것이다. 헌법 스스로 이에 관하여 명문으로 규정하는 경우에 한하여 양심상의 이유로 병역의무의 이행을 거부할 수 있는 권리가 비로소 인정될 수 있다는 입장이다. 처벌조항과 달리 병역종류조항은 국방의 의무를 구체화하는 법률에 인정되는 입법자의 입법형성권의 범주에 포섭된다고 보는 것이다.

이에 반하여 법정의견은 양심의 자유와 국방의 의무라는 헌법적 가치가 상호 충돌함을 인정하면서도 그와 같은 충돌이 발생하는 경우 입법자는 두 가치를 양립시킬 수 있는 조화점을 최대한 모색해야 하고, 그것이 불가능하여 부득이 어느 하나의 헌법적 가치를 후퇴시킬 수밖에 없는 경우에도 그 목적에 비례하는 범위 내에 그쳐야 한다는 입장을 천명한다.

여기에서 법정의견과 합헌의견 사이에 근본적인 차이가 생겨나게 된다. 즉, 합헌의견은 충돌하는 가치를 어떻게 구체적으로 구현하느냐 여부를 입법자의 광범위한 재량에 속하는 것으로 보고 그에 관한 아무런 제한을 시도하지 않는 반면에 법정의견은 입법자에게 부여된 재량이라고 하더라도 그 재량은 무제한적인 것이 아니므로, 충돌이 발생하는 경우 입법자는 두 가치를 양립시킬 수 있는 조화점을 최대한 모색해야 하고, 그것이 불가능해 부득이 어느 하나의 헌법적 가치를 후퇴시킬 수밖에 없는 경우에도 기본권 제한의 기본 원칙인 비례의 원칙이 준수되어야 한다는 입장을 견지한다. 기본권 제한의 비례 원칙에 비추어 현행 병역종류조항은 목적의 정당성이나, 수단의 적합성은 인정되지만 침해의 최소성이나 법익의 균형성은 인정되지 않으므로 헌법위반이라는 것이 법정의견의 입장이다.

재판관 서기석은 법정의견에 대한 보충의견에서 양심적 병역거부자에 대한 처벌이 계속되는 것은 헌법에 반하는 반면, 대체복무 제도의 도입도 없이 양심적 병역거부자에 대하여 무죄판결을 선고하게 되는 경우에는 양심적 병역거부자는 대체복무도 없이 병역의무를 면제받게 되어 부당하므로 이러한 결과를 피하기 위해서도 대체복무제의 도입이 필요하다고 지적하는데, 법정의견의 관점에서는 현실적으로 절실한 부분을 적절하게 지적한 것으로 볼 수 있다.

병역종류조항에 관한 반대의견의 주된 논지는 주로 진정입법부작위에 해당한다는 점에 맞추어져 있기 때문에 법정의견의 논지에 대한 적절한 반론을 찾아보기 어렵다. 그러나 이 쟁점은 결국 처벌조항이 양심의 자유를 침해하는지 여부의 쟁점에 관한 의견에서 다시 한 번 다루어지게 되므로, 여기에서는 두 입장에 대한 검토는 생략하고 처벌조항에 관한 부분에서 한꺼번에 살펴보는 것이 적절할 것으로 생각한다.

라. 처벌조항의 양심의 자유 침해 여부

재판관 김창종은 청구인들의 심판청구는 법원의 처벌조항에 대한 해석·적용 — 구체적으로는 '정당한 사유'에 대한 해석·적용 — 이나 재판결과를 다투는 경우에 해당하고, 제청법원들의 처벌조항에 대한 위헌법률심판제청은 법원의 합헌적 법률해석 권한이나 위헌법률심판제청의 보충성에 반하는 것이므로 모두 부적법하다는 입장을 취한다.

　논리적으로는 상당히 명쾌하지만 양심적 병역거부가 헌법상 정당화될 수 있다는 관점에서 보자면, 받아들일 수 없는 논리이다. 양심적 병역거부자를 위한 비전투적 대체복무 제도를 도입하지 않은 채 전투적 병역의무 또는 전투적 대체복무 제도만을 규정하고 있는 현행 병역법은 헌법적 가치에 부합한다고 볼 수 없다. 그렇다고 해서 양심적 병역거부자들에 대해 병역을 거부할 정당한 이유가 있다고 무죄판결을 선고하는 경우에는 오히려 양심상의 이유를 가장한 병역회피가 횡행하게 될 우려가 매우 크다. 이는 국가의 존립을 위태롭게 함으로써 또 다른 관점에서 헌법적 가치에 부합하지 않는 결과를 가져오는 것이다. 법원으로 하여금 헌법적 가치를 구현하는 재판을 할 수 있도록 법률이 마련되어야 함에도 그에 이르지 못한 상황은 단순히 개별적인 사건에서 특정한 법률조항의 해석·적용에 국한되는 문제라고 볼 수 없다.

　이와 같은 관점을 취한다면 이 사건 심판청구나 위헌제청이 부적법하다는 재판관 김창종의 관점은 받아들일 수 없는 것이다.

　한편, 재판관 김창종이 추가적으로 제시하는 논지, 즉 제청법원의 이 사건 위헌법률심판제청이 피고인의 신속한 재판을 받을 권리를 침해하므로 부적법하다는 논지는 지나치게 형식논리에 그쳐 이 사건의 본질을 제대로 파악하지 못한 것으로 보인다. 이 사건 위헌법률심판제청이 궁극적으로 피고인이 부당하게 처벌받는 결과를 피하고자 함에 있다는 점에서 신속한 재판의 필요성을 피고인의 권리로 파악한다면, 위헌법률심판제청으로 말미암아 피고인의 권리가 침해되었다고 볼 수 없기 때문이다.

　다음으로 병역종류조항에 대하여 이 사건 심판청구 및 위헌제청이 진정입법부작위를 다투는 것으로서 부적법하다는 입장을 주로 개진했던 재판관 안창호와 조용호는 처벌조항에 대해서는 적극적으로 합헌론을 개진하고 있는바, 그 논지는 양심의 자유는 본질상 지극히 주관적이기 때문에 양심의 자유에 대한 침해도 필연적으로 개인적이며 이로써 법규정이 한 개인의 양심의 자유를 침해하였다고 하여 다른 개인의 양심의 자유를 침해하는 일반적 효과가 발생하는 것이 아니므로 입법자에게 법률의 제정 시 이와 같이 개인적이고도 일반화할 수 없는 양심상의 갈등의 여지가 발생할 수 있는 사안에 대하여 사전에 예방적으로 양심의 자유를 고려하는 일반조항을 둘 것을 요구할 수는 없다는 것이다.

　이 관점에 따르면 양심의 자유에서 파생하는 입법자의 의무는 단지 입법과정에서 양심의 자유를 고려할 것을 요구하는 '일반적 의무'이지 구체적 내용의 대안을 제시해야 할 헌법적 입법의무가 아닌 것이 된다. 이와 같은 논지는 위에서 살펴본 재판관 조용호의 병역종류조항에 대한 반대의견 보충의견에서 제시된 논지와 대동소이하다.

　이와 같은 논지는 입법자의 입법재량에 대한 헌법적 한계를 인정하지 않는 입장이어서 받아들이기 어렵다. 입법자에게 아무리 광범위한 입법재량이 부여되어 있다고 하더라도 그러한 재량권이 주권자인 국민의 위임에 기초한 것인 이상 그 재량권의 행사는 주권자인 국민이 주권을 표현한 결과물이라고 할 수 있는 헌법에 구현되어 있는 여러 가치들을 존중하는 바탕 위에서 행사되어야 한다. 만일 그와 같은 여러 가치들이 상호 충돌하는 것과 같은 외관을 띠게 되더라도 주권자의 위임을 받은 지위에 있는 입법자로서는 그 중 어느 하나의 가치가 다른 가치에 비하여 우월하다는 판단에 나아갈 수 없다. 여러 헌법적 가치들이 상호 조화를 이룰 수 있는 방안이 법률에 구현될 수 있도록 주어진 재량권을 최대한 발휘하는 것이 입법자의 책무이기 때문이다. 입법자가 주어진 재량권을 충분히 행사하지 아니하여 헌법적 가치들이 조화를 이루지 못하는 내용으로 법률이 만들어지게 된다면 헌법재판소는 이를 시정할 의무를 부담하게 된다.

재판관 안창호가 보충의견에서 제시한, 국방의무 및 병역의무의 조건부 면제 내지 특혜인 대체복무제의 도입은 국민적 합의가 선행되어야 한다는 논지에 대한 검토 의견은 이와 같다. 대체복무제의 도입은 국민적 합의를 바탕으로 해야 한다는 주장은 실질적으로 대체복무제 도입에 관한 가장 강력한 반대논거로 작용하여 왔다. 국가적으로 중요한 정책을 결정함에 있어서 국민의 여론을 수렴하고 그 여론을 반영할 필요가 있다는 요구는 정책결정의 민주적 정당성을 담보하기 위한 당연한 요구라고 할 것이므로, 국민적 여론의 향배가 어떠한지는 정책을 결정함에 있어서 중요한 변수가 되는 것임에 틀림없다. 그러나 사회적으로 소수자의 인권을 보호하고 신장시키기 위한 정책을 시행함에 있어서까지 민주적 의사결정방식을 고수하여야 하는 것인지는 의문이다. 민주적으로 다수가 지지하는 인권정책이라면 이미 그 인권정책은 '소수'를 위한 인권정책은 아닌 것이 되기 때문이다. 여론의 높은 반대에도 불구하고 양심적 병역거부를 합법화한 이후 그에 대하여 유의미한 개정논의가 제기되지 않은 채 양심적 병역거부 인정 체제를 안정적으로 유지하고 있는 독일의 사례는 우리에게 매우 중요한 시사를 주는 예라고 할 수 있을 것이다. 이와 같은 관점에서 법정의견이 "'양심상의 결정'이란 선과 악의 기준에 따른 모든 진지한 윤리적 결정으로서 구체적인 상황에서 개인이 이러한 결정을 자신을 구속하고 무조건적으로 따라야 하는 것으로 받아들이기 때문에 양심상의 심각한 갈등이 없이는 그에 반하여 행동할 수 없는 것을 말하는데, 이때의 양심은 민주적 다수의 사고나 가치관과 일치하는 것이 아니라, 개인적 현상으로서 지극히 주관적인 것이다. 양심은 그 대상이나 내용 또는 동기에 의하여 판단될 수 없으며, 특히 양심상의 결정이 이성적·합리적인가, 타당한가 또는 법질서나 사회규범·도덕률과 일치하는가 하는 관점은 양심의 존재를 판단하는 기준이 될 수 없고, 헌법에 의해 보호받는 양심은 법질서와 도덕에 부합하는 사고를 가진 다수가 아니라 이른바 '소수자'의 양심이 되기 마련이다"라고 기술하고 있는 것은 매우 적절한 기술이라고 할 수 있다.

한편 재판관 안창호가 양심적 병역거부자의 기본권 제한을 최소화하려는 노력의 일환으로 평상시에는 양심적 병역거부자에 대하여 형사처벌 이외의 법적 제재를 완화하는 방안을 고려할 수 있다고 제시하는 입장은 양심적 병역거부자에 대한 제재완화라는 목적만을 지나치게 강조한 나머지 전체적인 법질서의 조화를 무너뜨리는 문제를 초래한다. 양심적 병역거부자인 경우에는 학계·법조계·종교계 등으로 구성된 전문위원회의 심사를 거친 사면을 통하여 형 집행이 종료된 이후에도 계속될 수 있는 불이익을 완화하도록 하자는 방안은 양심적 병역거부자를 형사처벌하면서 그 형사처벌의 결과를 일부 부정하는 것이라는 점에서 논리적 일관성을 유지하지 못하고 있으며, 한편 다른 수형자의 경우를 배제한 체 양심적 병역거부자에 대해서만 그와 같은 조치를 취하는 이유를 합리적으로 설명하기 곤란하다. 공직 임용과 기업의 임·직원 취임, 각종 관허업의 특허 등 취득 등과 관련하여 양심적 병역거부자에 대한 불이익의 예외를 인정하도록 하자는 방안 역시 사면을 전제로 하지 않는다면 그 비합리성은 더욱 커지게 된다. 양심적 병역거부자들이 현재 시행하고 있는 형의 집행 및 수용자 처우 등에 관한 법률상 정역 제도에 대하여 거부하는 입장을 표명하는 것이 아닌 이상 양심적 병역거부자가 징역형을 선고받고 정역에 복무할 때 그 정역을 대체복무에서 고려될 수 있는 내용으로 대체하자는 방안 역시 무의미한 논의에 불과하다.

　　마지막으로 병역종류조항에 대하여 법정의견에 서서 헌법위반이라는 입장을 취했던 재판관 강일원, 서기석이 처벌조항에 대해서 합헌의견에 선 논거는 목적의 정당성과 수단의 적합성 외에 양심적 병역거부자에 대한 형사처벌은 처벌조항 자체의 문제가 아니라 병역종류조항의 문제에서 비롯되는 것으로서 정당한 사유 없이 병역의무를 거부하는 병역기피자를 처벌하기 위한 처벌조항은 침해의 최소성 원칙에 반하지 아니하고, 병역기피자에 대한 3년 이하의 징역은 처벌조항이 추구하는 '국가안보' 및 '병역의무의 공평한 부담'이라는 공익에 비추어 결코 무겁다고 할 수 없으므로 법익의 균형성 원칙에도 반하지 않는다는 것이다.

　　재판관 강일원과 서기석의 합헌의견은 병역기피자에 대해서는 적절한 판단일 수 있겠으나, 양심적 병역거부자에 대해서는 적절한 판단이라고 보기 어렵다. 현행 병역법의 조문 체제상 병역종류조항이 처벌조항의 의미를 해석하는 근거가 되고 처벌조항은 병역종류조항의 내용을 전제로 하므로, 병역종류조항의 위헌 여부는 처벌조항의 위헌 여부와 불가분적 관계에 있다고 보아야 한다. 처벌조항의 위헌성은 병역거부 행위를 처벌하는 것 자체에 있는 것이 아니라, 양심적 병역거부자에 대하여 대체복무의 기회를 부여하지 아니한 채 처벌하는 데 있는 것으로서 아무리 병역거부 처벌의 목적이 정당하고 수단이 적합하다고 하더라도 침해의 최소성 원칙과 법익의 균형성을 상실한 것이라고 보아야 한다. 만일 병역종류조항에서 양심적 병역거부자들을 위한 대체복무 제도를 규정하지 않는 것이 입법자의 결단이라면, 그 결단의 결과에 따라 양심상의 이유로 전투적 병역복무의 이행을 거부할 수밖에 없는 이들을 처벌하는 것은 헌법에 반하는 것이 되어야 하기 때문이다. 비록 이러한 결과가 법감정적으로 받아들이기 어려운 것이라고 하더라도 병역종류조항에 대한 입법자의 결단이 양심적 병역거부자에 대해서는 대체복무를 요구하지 않는 결과를 가져온 것으로 보아야 하기 때문이다.

이러한 결과의 문제점을 지적하면서 대체복무제 도입의 필요성을 제기한 재판관 서기석의 병역종류조항에 대한 보충의견이 적절했다고 보는 이유가 바로 여기에 있는 것이다. 이와 같은 이유에서 재판관 이진성, 김이수, 이선애, 유남석의 일부위헌 의견이 타당하다고 생각한다. 다만, 처벌조항이 헌법에 위반된다고 보아 양심적 병역거부자들의 병역거부 행위에 대하여 무죄판결을 선고하는 것은 병역의무를 이행하는 경우와 비교하여 형평성을 현저하게 상실하는 결과를 초래하게 되는바, 양심적 병역거부자가 전투적 병역의무를 이행하는 대신 국방의 의무를 이행할 수 있는 대체복무 제도를 도입하지 않고 있는 현행 병역법상 병역종류조항과 처벌조항은 그 한도 내에서 헌법에 합치되지 않는다고 본다. 이와 같은 관점에서는 양심적 병역거부자들을 대상으로 하는 대체복무 제도를 도입하는 것만이 헌법에 합치되는 국방의무의 실현 수단을 마련하는 방편이 되는 것이다.

4. 여론조사에 기반한 정책결정에 대한 비판론

여론조사 방식에 의한 정책결정 방법에 대해서는 비판적 입장을 개진하는 연구자들이 있다. 진석용은 비록 자신의 용역연구 수행에서 3분의 2를 넘는 응답자가 대체복무제 도입에 반대한다는 응답을 하였음에도 이에 대하여 비판적 분석을 제기한다. 그 논거는 대체로 세 가지인데, ⅰ) 찬반의 비율이 여론조사기관에 따라 큰 차이가 있는 경우에는 어느 쪽으로 공감대가 형성되어 있는지 단언하기 어렵다는 점, ⅱ) 우리 사회가 '소수자에 대한 관용'이 전반적으로 부족하다는 점을 고려할 때, 대체복무제 도입 문제를 '다수결'에 의지하여 해결하려는 것은 결코 바람직한 해법은 아니라는 점, ⅲ) 서울대학교 사회과학연구원에서 실시한 '전문가 의식조사'에서는 80% 이상이 대체복무 제도 도입에 찬성의견을 보이는 등 적어도 전문가 집단에서는 도입 찬성의견이 3분의 2 이상을 이루고 있다는 점[50]들이 그것이다. 제2절에서 소개한 서울지방변호사회 회원들을 대상으로 한 설문조사 결과 역시 이러한 관점을 뒷받침하는 결과라고 할 수 있을 것이다.

　2010년 11월 헌법재판소에서 열린 양심적 병역거부사건 변론에서 참고인진술을 한 이재승의 의견서 역시 이러한 입장을 개진하고 있다. 의견서의 해당 부분을 인용하면 이와 같다. "국민 과반수의 동의를 대체복무 제도의 도입의 조건으로 삼겠다는 태도는 부적절하고 무책임한 태도라고 봅니다. 국가안보, 군 복무의 문제에서, 더구나 징병제 국가에서 여론조사의 응답자들은 병역거부자에 대해 공정한 제3자가 아닙니다. 국민들은 과도한 자기관련성으로 인해 증오심을 가질 정도입니다. 남성뿐만 아니라 잠재적으로 모든 여성도 이 문제와 관련되어 있기 때문에 공정한 입장을 취할 수 없습니다. 병역거부자들은 사회문화적으로 소수자입니다. 징병제 사회에서 일반대중의 의사에 따라 대체복무제의 도입을 결정하겠다는 자세는 대체복무제를 도입하지 않겠다는 것과 동일합니다. 독일에서도 여론조사로 도입여부를 결정했다면 양심적 병역거부권을 인정하지 않았을 것이라고 추측합니다. 여론으로 양심적 병역거부권을 수립할 수는 없습니다. 따라서 과반수에 이르지 않더라도 대체복무제를 지지하는 비율이 유의미한 수준에 이른다면, 바로 대체복무제를 도입해야 합니다. 현재가 그 시점이라고 생각합니다."[51]

---

50 진석용, 전게보고서, 123~124면.
51 이재승, "양심적 병역거부를 처벌하는 병역법의 위헌심판사건 참고인 의견서", 330면.

5. 정 리

　　대체복무제 도입을 반대하는 주요 논거들에 대해서는 이미 해당 부분에서 그 문제점을 지적하였다. 간단히 정리하자면 이와 같다. 종래 대법원과 헌법재판소의 다수의견이 병역법 제88조에 따라 양심적 병역거부자를 형사처벌하는 것은 헌법에 위반되지 않으며, 헌법상 양심의 자유를 이유로 병역거부가 정당화되지 않는다는 일관된 입장을 취하여 왔다고 하더라도, 이는 현행 법률의 테두리 내에서 그렇다는 것일 뿐, 법률을 개정하거나 제정해서 대체복무제를 도입하는 것 자체가 잘못되었다는 입장은 아니라는 점에서 적절한 반대 논거가 되지 못한다. 일반적으로 승인된 국제규범이나 국제연합 인권위원회를 비롯한 다양한 국제기구에서 대한민국에 대하여 대체복무제 도입을 촉구하고 있다고 하더라도, 그러한 국제규범이나 결의가 국내법적으로 직접적 효력을 갖지 않는다는 점 역시 병역거부 위헌론에 대한 반론의 논거가 되는 것은 별론으로 하고, 대체복무제 도입을 반대하는 논거는 될 수 없다. 대한민국의 특수한 안보상황을 우려하는 논리는 우리와 유사한 안보상황에 놓여 있는 이스라엘이나 대만에서 대체복무제를 도입하여 시행하고 있다는 점에서 적절한 반론이 될 수 없다. 양심적 병역거부자가 우리 병력자원에서 차지하는 비중이 극히 미미하다는 점에서 대체복무제의 도입이 병력 자원의 손실을 초래할 것이라는 우려 역시 적절한 우려라고 보기 어렵다. 정보화·과학화되는 현대전의 양상을 고려할 때, 인적 병력자원의 확보를 우리 안보의 미래적 대책으로 내세우는 위와 같은 논리는 수긍하기 어렵다. 군의 정보화·과학화는 지속적으로 추진하여야 하는 정책목표라는 점에서 도달하여야 할 일정한 수준을 사전에 결정할 수 없으므로 일정 수준의 정보화·과학화 수준에 도달하기 전까지는 대체복무제를 도입할 수 없다는 논리도 납득할 수 없는 주장이다. 양심에 대한 판단이 곤란하다는 사정은 양심이 인성적 표지인 동시에 법적 표지라는 점을 도외시한 반론이어서 적절하지 않다. 대체복무 신청 이전의 활동경력 등 정황자료나 대체복무 신청인의 진술 등을 토대로 충분히 심사가 가능하다는 것이 대체복무제를 시행하고 있는 외국의 사례가 주는 경험적 결론이다. 국민개병제와 징병제 하에서 대체복무제 도입이 사회통합을 저해할 우려가 있다는 반론도 헌법상 국민이 부담하는 의무는 국방의 의무이지 병역의 의무가 아니라는 점에서 타당하지 않다는 점은 마찬가지이다. 법률에서는 이미 여러 가지 형태로 병역의무를 대체하는 수단을 마련하고 있다. 대체복무제는 그러한 대체수단 중의 하나에 불과하다.

　　결국 대체복무제 도입 여부는 법리적인 문제가 아니라 정책적 결단의 문제라고 할 수 있다. 여기서 국민적 여론의 향배가 어떠한지는 정책을 결정함에 있어서 중요한 변수가 되는 것임에 틀림없다. 국가적으로 중요한 정책을 결정함에 있어서 국민의 여론을 수렴하고 그 여론을 반영할 필요가 있다는 요구는 정책 결정의 민주적 정당성을 담보하기 위한 당연한 요구라고 할 것이기 때문이다. 그럼에도 불구하고 사회적으로 소수자의 인권을 보호하고 신장시키기 위한 정책을 시행함에 있어서까지 민주적 의사결정 방식을 고수하여야 하는 것인지는 재고가 필요하다. 앞에서도 언급한 바와 같이 민주적으로 다수가 지지하는 인권정책이라면 이미 그 인권정책은 '소수'를 위한 인권정책은 아닌 것이 되기 때문이다. 여론의 높은 반대에도 불구하고 양심적 병역거부를 합법화한 이후 그에 대하여 유의미한 개정논의가 제기되지 않은 채 양심적 병역거부 인정 체제를 안정적으로 유지하고 있는 독일의 사례를 참고할 필요가 있다.

　　이상과 같이 지금까지 제시된 대체복무제 도입 반대론의 논거는 논리적으로 타당하지 않거나, 이미 그러한 우려 속에서도 대체복무제를 도입하여 별다른 혼란 없이 잘 시행하고 있는 외국의 사례들에 비추어 경험적으로 수긍하기 어렵다. 193개 국제연합 회원국 중 징병제를 실시하면서 병역거부권을 인정하지 않는 국가는 대한민국을 포함하여 36개국이며, 2000년대 이후 매년 수백명의 병역거부자를 감옥으로 보내고 있는 국가는 대한민국이 유일하다.[52] 현재의 양심적 병역거부자 처벌 실무는 무의미한 1년 6개월 정찰제 실형선고를 통해 전과자만 배출하고 있을 뿐, 범죄자의 개선과 교화라는 형벌의 본질적 기능을 전혀 수행하지 못하고 있다. 헌법이 부여한 의무를 이행하고자 하는 진지한 의사와 성실한 태도를 갖고 있음에도 불구하고 헌법의 위임에 따라 제정된 법률이 어느 하나의 방식으로만 해당 의무의 이행을 강요함으로써, 그러한 방식의 의무 이행을 따를 수 없다는 진지한 양심적 결단을 내린 이들을 고의적으로 의무를 회피하려는 자들과 아무런 차등을 두지 않고 처우하는 현재의 상황은 조속히 개선될 필요가 있다.

---

52 국제앰네스티 한국지부 홈페이지 게시물에서 인용. https://amnesty.or.kr/10835/ (2017. 12. 25. 최종방문).

대체복무제 도입 모델

제1절 개 관

이 장에서는 대체복무제를 도입하는 경우에 구체적으로 결정해야
할 쟁점들을 살펴보면서 한국의 현실에 적합한 대체복무제는 어떤 요
소들로 구성되어야 할 것인지 모색해 보고자 한다.

대체복무제 도입 시 결정하여야 할 주요한 요소들로는 ① 대체복무
신청 적격, 즉 대체복무 신청권자를 어느 범위까지 할 것인지, ② 판정
기구의 성격, 즉 행정형 조직으로 할 것인지 아니면 사법형 조직 ― 실
질적으로는 법원의 판단을 받도록 하는 형식 ― 으로 할 것인지, ③ 판
정기구의 소속, 즉 행정형 판정기구 방식을 채택할 경우 그 소속을 병
무청으로 할 것인지, 국무총리 등 다른 부서 소속으로 할 것인지, 아니
면 국가인권위원회처럼 대통령 소속 하의 독립기관으로 할 것인지, ④
판정기구의 구성, 즉 구성 방식을 하위 법령에 포괄적으로 위임하는
방식의 당부 및 위원의 자격조건과 공무원과 민간위원의 비율, 여성위
원의 비율 등을 어떻게 규정할 것인지, ⑤ 불복방식, 즉 행정형 판정기

구에 심급제를 둘 것인지 및 행정소송의 소송물을 어떤 처분으로 할
것인지와 피고적격을 명시할 것인지, ⑥ 대체복무의 내용, 즉 병역의
무 이행의 경우와 비교하여 형평성을 갖춘 복무내용으로 어떤 업무를
도입할 것인지, ⑦ 대체복무의 기간, 즉 현역복무와 비교하여 복무 기
간을 어느 정도로 할 것인지, ⑧ 대체복무의 형태와 처우, 즉 합숙형
복무방식으로 할 것인지, 출퇴근 복무방식으로 할 것인지와 대체복무
자에 대한 급여 등은 어떤 조건으로 할 것인지, ⑨ 대체복무의 관리와
감독 주체, 즉 대체복무기관의 관리감독에 맡길 것인지 아니면 일정
부분 병무청의 관리 감독을 허용할 것인지, ⑩ 대체복무 해태의 효과,
즉 대체복무 중 복무를 이탈하는 경우 대체복무 편입을 취소할 것인
지, ⑪ 대체복무의 효과, 즉 대체복무 후 예비군 편입은 어떻게 할 것
인지 및 전시근로역 등 비상 상황에서의 복무 형태 등을 어떻게 할 것
인지 등을 생각해 볼 수 있다.

　　이하에서는 위에서 제시한 요소들을 차례대로 살펴보면서 바람직
한 대체복무 제도의 요소를 모색하고자 한다. 그리고 마지막으로 입법
형식에 관한 문제를 다루게 될 것이다. 참고로, 선행연구 중에는 대체
복무 신청 사유에서 종교적 사유만을 허용할 것인지, 비종교적 사유도
허용할 것인지를 논의한 경우도 있으나, 대한민국 헌법상 양심의 자유
와 종교의 자유가 동등하게 보장되어 있을 뿐만 아니라, 종교의 자유
보다 양심의 자유가 광범위한 개념표지이고 대체복무제는 종교의 자
유가 아닌 양심의 자유에 포섭되어야 한다는 관점에 대하여 별다른 이
론(異論)이 없는 지금에 이르러서는 위와 같은 논의는 더 이상 의미가
없다고 할 것이다. 이와 같은 이유에서 이 연구에서는 대체복무 신청
사유를 종교적 사유로 제한할 것인지, 비종교적 사유도 포함할 것인지
여부는 별도로 논하지 않고 당연히 양자를 모두 포함하는 입장을 취하
고자 한다.

제 2 절 대체복무 신청 적격

1. 입영대상자

　병역판정을 거친 입영대상자가 대체복무를 신청할 수 있음은 당연하다. 아직 병역판정을 받기 전 단계에서는 어떤 종류의 병역에 복무할 것인지 또는 병역 면제 대상이 될 것인지 여부가 결정되지 않은 상황이므로 대체복무 신청 적격을 인정할 필요성이 그다지 크지 않다.

　이미 형사처벌을 받은 경우에도 예비군 복무 등과 관련하여 대체복무가 문제되고 있는바, 이 부분은 별도의 항목으로 살펴보아야 할 것이다.

　일단 이 연구에서는 대체복무제 도입 이전에 이미 양심적 병역거부를 이유로 형사처벌을 받은 이들에 대한 구제조치나 현재 예비군으로 복무하고 있는 사람들을 대상으로 예비군에 준하는 대체복무 제도의 모델까지는 고려하고 있지 않다는 점은 앞에서 이미 설명하였다.

2. 복무 중인 자

　오히려 고려하여야 할 논점은 대체복무 제도를 도입하여 시행하게 되는 경우 그 시행 당시 군 복무 중에 있는 이들에게도 양심상의 결정을 이유로 하는 대체복무를 허용할 것인지 여부라고 할 것이다.

　종래의 법률안 중에서 노회찬의원안, 이정희의원안, 전해철의원안, 박주민의원안, 이용주의원안의 경우에는 현역병이나 보충역으로 복무 중에 있는 사람의 경우에도 복무 중에는 언제든지 대체복무 신청을 할 수 있는 것으로 규정을 두어 이들에 대해서도 입영처분을 받은 사람과 동일한 판정절차를 거쳐 대체복무에 편입될 수 있는 길을 열어

두고, 현역병이나 보충역으로 복무 중 대체복무 대상으로 편입된 경우에는 대체복무 기간에서 현역이나 보충역으로 복무한 기간을 차감하는 방식을 채택하고 있다. 이에 반하여 임종인의원안, 김부겸의원안, 이철희의원안, 김중로의원안, 이종명의원안, 김학용의원안에서는 이미 현역이나 보충역 등 어떤 형태로든 복무 중에 있는 사람에 대해서는 대체복무 신청을 허용하지 않는 입장을 취하고 있다. 한편 현역병이나 보충역 복무 중인 자에 대해서도 대체복무 편입신청권을 부여하고 있는 법률안 중 다른 법률안들과 달리 박주민의원안에서는 현역병 또는 보충역으로 복무 중인 기간이 1년 이상 경과한 대체복무신청인의 경우에 신청인의 의사에 반하지 않는 한, 집총이 수반되지 않는 업무에 복무할 수 있도록 하는 이른바 비집총복무결정(현역병의 경우)이나 교육소 집면제결정(보충역의 경우)을 제안하고 있는 반면에, 이용주의원안의 경우에는 잔여 복무 기간과 관계없이 대체복무에 편입되도록 하고 있는 점에서 차이를 보이고 있기도 하다.

    집총을 거부하는 것이 진지한 고민을 통해 내려진 양심상의 결정일 경우에 이를 존중하고자 하는 것이 대체복무제의 도입 취지라는 점을 고려한다면, 이미 집총을 수반하는 복무를 받아들인 이들의 경우 집총에 대한 진지한 양심상의 결정을 내린 것으로 볼 수 있으므로, 이들에 대해서 다시 대체복무를 허용하는 것은 대체복무제 도입의 취지에 부합하지 않는다는 주장이 가능할 수 있다. 그러나 다른 한편으로는 양심상의 결정을 수호하기 위해서 교도소에 가는 것 외에는 다른 대안이 없는 상황에서 교도소에 가는 것을 선택하는 것만이 진지한 양심상의 결정이고 그렇지 않은 경우에는 진지한 양심상의 결정이 아니라고 판단하는 것은 대단히 형식적인 논리이고, 양심상의 결정을 따르고자 하는 이들에게 사회통념상 적정한 수준 이상의 과도한 희생을 무릅쓰도록 강요하는 결과를 가져오는 것이므로 부적절하다는 반론도

가능할 것이다.

　논리적으로만 생각한다면, 대체복무제 도입의 취지를 고려하더라도 교도소에 가는 것 이외에 다른 대체수단이 없는 상황에서 부득이 집총을 수반하는 병역복무를 선택하였다는 사정만으로 병역을 거부하고자 하는 그의 양심상의 결정이 비난받아야 할 이유는 없다고 할 수 있다.

　한편 진지한 숙고 과정을 거친 양심상의 결정이라고 하더라도 그 결정이 번복 불가능한 것은 아니라고 할 것이므로, 병역복무를 선택한 이후에 양심상의 결정을 변경하는 것도 허용될 수 있어야 한다고 할 수 있다. 실제로 군 복무 중에 여호와의 증인으로 개종하게 되어 복무 중이던 병역을 거부하고 항명죄로 복역한 사례도 존재한다. 이들은 현역 복무 만기를 불과 3, 4개월 정도 남겨 놓은 경우였음에도 복무를 거부하여 4~6개월의 실형을 선고받았다.

　이러한 관점에 기초해서 생각한다면, 현역병이나 보충역으로 복무 중에 있는 자에 대해서 대체복무를 신청할 수 있는 길을 막아야 할 논리 필연적 이유는 별로 없다고 생각한다. 다만, 병역복무를 선택한 이후에 양심상의 결정을 변경하고자 하는 경우에는 진지한 양심상의 결정 이외의 다른 사정 — 예를 들어 현역 복무의 어려움 등 — 을 모면하기 위한 방편으로 대체복무를 신청할 가능성을 전혀 배제할 수 없으므로 이에 대한 더욱 엄격한 심사가 필요하다고 할 수 있을 것이다.

　이상은 논리적인 측면에서만 생각한 결론이다. 이와 관련하여 이와 같은 논리를 현실에 적용할 경우에는 병역복무 선택과 대체복무 선택을 반복하는 상황 또는 극단적으로 병역복무와 대체복무 사이를 반복적으로 오락가락하는 상황이 벌어질 가능성을 배제할 수 없다는 우려가 생긴다. 만일 병역 복무 중에 있는 이들에 대해서도 대체복무 전환신청을 허용한다면, 마찬가지 논리로 대체복무를 신청하였다가 이를 번의하여 병역복무를 하고자 하는 이들에 대해서도 병역복무로 전환할 수 있는 길을 열어주어야 한다는 주장이 가능하게 될 것이다. 그런데 이를 허용하게 되면 결국 병역복무와 대체복무 사이를 오가며 복무하게 되는 복잡한 상황이 초래될 가능성이 있는 것이다. 현재 복무 중인 상황을 중지시켜야 하는지 여부도 문제가 된다.

외국 입법례 부분에서 살펴본 바와 같이 현재 대체복무제가 실질적으로 운용되고 있거나 최근까지 운용됐던 나라들의 경우를 보면, 그리스, 대만, 오스트리아, 에스토니아에서는 군 복무 중 대체복무 신청을 불허하고 있으나, 스위스, 핀란드, 독일, 노르웨이, 덴마크의 경우 군 복무 중인 자에게도 대체복무 신청권을 인정하고 있다.

이상의 검토 내용을 종합한다면, 대체복무를 신청할 수 있는 적격에는 병역 판정을 받고 입영하기 전인 자와 현재 복무 중인 자를 모두 포섭하는 것으로 하되, 복무 중인 자에 대해서는 법 시행 후 일정 기간까지 한시적으로 대체복무 신청을 받아 심사를 거치도록 하는 방안을 고려하는 것이 적절하다고 생각한다. 지금까지는 대체복무 제도가 도입되지 않은 상황에서 교도소 아니면 양심에 반하는 병역 복무 두 가지 선택 가능성 밖에 없었으므로, 이와 같이 선택 가능성이 제한된 상황에서 현역 복무를 선택했던 사람들에게는 대체복무 선택의 기회를 제공하는 것이 당연하다. 그러나 대체복무 제도가 도입되어 시행된 이후 새로 병역처분을 받는 경우에는 이미 대체복무를 선택할 수 있는 기회가 주어진 상황에서 그 기회에 병역 복무라는 양심상의 결정을 내린 것이므로 이들에게 다시 대체복무 편입 신청의 길을 열어주어야 할 필요성은 그다지 크지 않다고 할 수 있다. 현역 복무 중인 자에 대해서 한시적으로만 신청을 허용한다면 현역 복무와 대체복무 사이를 여러 차례 왔다 갔다 하는 상황은 벌어지지 않을 것이다.

물론 이와 같은 입장을 취하는 경우에는 앞에서 든 사례와 같이 병역에 복무하던 도중에 개종 등의 사유로 새로운 양심상의 결정을 내리고 이에 따라 병역을 거부하는 결정을 내리는 이들을 제대로 보호할 수 없는 문제점이 있는 것은 사실이다. 만일 현역으로 복무하고 있는 사람에 대해서도 한시적이 아닌 대체복무 편입 신청의 길을 열어주는 방향을 결정한다면 그에 따른 심사를 통상적인 대체복무 심사의 경우보다 더 엄격하게 하는 방안이 필요할 것이나, 이는 심사의 자율성을 침해하는 방안이므로 문제가 전혀 없는 것은 아니다. 현역으로 복무 중인 사람에 대해서는 대체복무 편입 신청 횟수를 1회로 제한하는 방안도 고려해 볼 수 있을 것이다. 그러나 이 방안 역시 양심상 결정의 자유를 횟수로 제한하는 것은 논리적으로 타당하지 않다는 문제점에 부딪히게 된다.

결국 이 문제는 정책적 결단의 문제에 속한다고 할 수 있다. 복무 중인 자에 대해서 대체복무 제도를 도입하는 법률의 시행 후 일정 기간까지 한시적으로 대체복무 신청을 받아 심사를 거치도록 하는 방안을 채택한다고 가정할 경우 신청기간은 대체복무 제도 시행 시점 이전에 현역병으로 입영된 자가 만기전역하게 되는 시점까지로 설정할 수 있을 것이나, 현실적으로 대체복무를 신청하더라도 심사에 소요되는 시간을 고려한다면, 심사 이전에 만기전역하게 되는 경우에는 대체복무 편입을 신청할 이익이 없게 될 것이다. 이 문제에 관한 한, 실제 심사에 어느 정도의 기간이 소요될 것인지 현재로서는 예측하기 곤란한 사정이 있으므로 사전에 미리 법률에서 특정한 기간을 명시적으로 규정하지 않는 편이 바람직하다고 생각한다. 법 시행 이후에 심사에 따른 결정이 내려지기 전에 만기 전역하는 경우에는 신청인의 의사에 따라 예비군 편입 등에 따른 대체복무 신청으로 전환하여 심사하도록 하거나, 각하 결정을 하도록 하면 될 것이다.

3. 잔여복무 기간이 단기간인 자

　　한편, 종래의 법률안 중에서 박주민의원안이 현역이나 보충역으로 복무 중인 사람들에 대해서 대체복무 신청을 허용하면서도 복무 기간이 1년 이상 경과한 사람에 대해서는 대체복무를 허용하지 않고 비집총 복무나 교육소집면제를 받도록 하는 정도에 그치고 있는 것에 대해서는 별도의 검토가 필요하다.

　　제2장 제2절 외국의 대체복무 제도에 관한 부분에서 이미 살펴본 바와 같이, 러시아나 리투아니아와 같은 경우에는 이와 같이 비집총 복무 방식의 대체복무를 실시하고 있다.[1] 그리스의 경우에는 사회복무 형태의 대체복무는 육군 현역(12개월)을 기준으로 할 때 거의 2배에 달하는 23개월인 반면, 부대 내 비집총 복무는 18개월로 정하고 있다.[2] 스위스의 경우에도 부대 내 비집총 복무는 현역과 같은 기간(260일)을 복무하는 반면, 사회 내 민간시설에서의 대체복무는 50%가 할증된 기간(390일)을 복무하도록 하고 있다.[3]

　　대한민국의 경우에도 부대 내에서 이와 같은 비집총 복무가 가능한지 현실적인 검토가 필요하다. 만일 별다른 문제없이 부대 내에서 비집총 복무가 가능하다고 한다면, 구태여 대체복무라는 특별한 제도를 도입할 필요 없이 비집총 복무를 허용하는 것만으로도 대체복무 수요의 거의 대부분 — 전쟁 자체를 반대하는 경우 등 일부의 극단적인 예외를 제외한 나머지 병역거부의 경우 — 을 해결할 수 있을 것이기 때문이다. 그러나 집총복무를 하고 있는 병력 사이에 섞여서 극히 소수의 일부 병력이 비집총 복무를 정상적으로 수행할 수 있을 것인지는

---

1 진용석, 전게 보고서, 125면.
2 이재승, "그리스의 병역거부와 대체복무", 「일감법학」 제15호(2009), 건국대학교 법학연구소, 231면.
3 진석용, 전게 보고서, 126면.

대단히 의문이다. 이미 그와 같은 비집총 복무형 대체복무를 실시하고
있는 외국에서 벌어지고 있는 비집총 복무요원에 대한 인권침해 실태
를 고려한다면 부대 내에서 비집총 복무형태의 대체복무를 허용하는
것은 오히려 양심적 병역거부자의 인권을 현재보다 더 열악한 상황으
로 떨어뜨리는 조치가 될 가능성이 있다. 리투아니아의 경우 대부분의
병역거부자들이 비집총 복무형 대체복무를 거부하고 징역형을 선택하
고 있다는 현실과, 비집총 복무형 대체복무와 민간복무형 대체복무를
병행 실시하고 있는 스위스나 그리스의 경우 대부분 또는 예외 없이
민간복무형 대체복무를 선택하고 있다는 경험적 결과[4]의 원인이 어디
에 있는지를 신중하게 검토할 필요가 있다. 이와 더불어, 논리적으로
검토해보더라도 전시 등 비상상황까지 고려하여야 하는 병역복무에
있어서 과연 완전한 비집총 복무를 허용할 수 있을 것인지는 의문이
다. 전시 등의 상황에서 집총은 상대방에 대한 공격행위의 의미를 갖
는 동시에 자신에 대한 방어의 의미를 가지며, 자신에 대한 방어는 곧
자신이 속한 부대 전체의 방어와 직결된다는 점에서 비집총 복무자와
함께 복무를 하는 것은 부대 전체의 방어를 대단히 위태롭게 할 우려
가 있기 때문에, 완전한 형태의 비집총 복무는 현실적으로 불가능하다
고 볼 여지가 있다.

　이와 같은 문제점들을 생각한다면 비록 잔여 복무 기간이 1년 미
만의 단기간에 불과하다고 하더라도 이들에게 대체복무를 허용하지
않고 비집총 복무로의 전환만을 허용하는 조치는 대단히 문제가 많은
조치라고 할 수 있다. 현역 복무자나 보충역 복무자에게도 대체복무
신청 적격을 허용하고자 한다면, 이들의 복무 기간이 얼마나 경과했는
지를 따져서 차등을 두는 조치는 적절하지 않다고 할 것이다.

　결국 현역 복무 중에 있는 사람이 대체복무 편입을 신청하고자 하

4 진석용, 전게면.

는 경우에 그 사람의 잔여 복무 기간이 단기간이라는 이유만으로 대체
복무 편입 신청 적격에서 차등을 두는 것은 적절한 태도가 아니라고
할 것이다. 현역 복무 중인 사람에게도 대체복무 편입 신청의 길을 열
어주든지 아니면 이를 제한하든지 두 가지 중의 하나를 선택하는 것이
논리적이고 일관성 있는 방향이 될 것이다.

4. 예비군 편입 중인 자

　　현재 이미 예비군에 편입되어 있는 양심적 병역거부자의 경우 집
총훈련을 거부하기 때문에 예비군법 위반으로 벌금형을 계속 반복하
여 받고 있는 실정이다. 다만 거의 대부분의 양심적 예비군 훈련 거부
로 인한 예비군법 위반 사건의 경우 벌금형의 액수가 이를 다투기 위
하여 지출하여야 하는 법률비용에 비하여 저렴하다는 생각 때문에 법
적 문제로 비화되지 않고 있을 뿐이다. 대체복무제를 도입하는 마당에
이들에 대해서도 집총을 제외한 비전투적 성격의 예비군과 유사한 복
무형태를 창설할 수 있다면 불필요한 예비군법 위반 전과자의 양산을
줄일 수 있는 방편이 될 것이다. 그러나 이 부분은 현재 예비군으로
편성되어 있는 사람들 중에서 양심상의 결정을 이유로 병역을 거부한
이들을 가려내야 하는 과정이 필요한데, 그 과정이 단기간 내에 마쳐
지지 못한다면, 실제로 대체복무를 선택할 수 있는 예비군 편입자의
수는 줄어드는 반면 오히려 병무행정에 혼란을 초래할 가능성이 더 커
지게 되는 문제점이 있다.

　　이 경우도 앞에서 살펴본 현역으로 복무 중인 자에 대한 대체복무
신청의 경우와 마찬가지로 대체복무법 시행 후 일정 기간까지만 대체
복무 신청을 허용하도록 하는 방안이 적절할 것이라고 생각한다.

　　한편 양심적 병역거부자를 위한 대체복무를 마친 경우에는 종래
의 예비역이 아닌 별도의 병역에 편입되어 전투적 업무가 배제된 업무

에 복무하도록 별도의 규율이 필요하다. 이에 관하여는 아래에서 별도
의 항으로 살펴보게 될 것이다.

5. 보충역 편입자

　대체복무 제도의 도입을 위한 지금까지의 법률안은 보충역 판정
을 받는 사람도 양심적 이유에 따른 대체복무 편입을 신청할 수 있도
록 보장하고 있다. 당연한 태도라고 할 것이다. 문제는 아직 대체복무
제도가 도입되지 않은 현재 및 장래의 일정한 시점까지 현행 병역법에
따라 이미 보충역에 편입되어 있게 되는 경우라고 할 수 있다.

　현행 병역법상 보충역에는 사회복무요원, 예술·체육요원, 공중보
건의사·병역판정검사전담의사·공익법무관·공중방역수의사(이하 '공중
보건의사등'이라고 함), 전문연구요원, 산업기능요원 등이 해당한다. 사회
복무요원은 국가기관·지방자치단체·공공단체 및 사회복지시설의 공
익목적에 필요한 사회복지, 보건·의료, 교육·문화, 환경·안전 등 사
회서비스업무의 지원업무 또는 국가기관·지방자치단체·공공단체의
공익목적에 필요한 행정업무 등의 지원업무를 수행한다. 예술·체육요
원은 문화체육관광부장관의 지휘·감독 하에 사회적 취약계층의 권익
증진을 위한 문화예술 및 체육 활동 또는 미취학 아동 및 청소년을 대
상으로 하는 문화예술 및 체육 지도·교육 활동이나 그밖에 문화체육
관광부장관이 병무청장과 협의하여 인정하는 공연, 강습, 교육 및 공
익 캠페인 등 특기활용 봉사활동을 수행한다. 공중보건의사등 및 전문
연구요원과 산업기능요원은 각 해당 분야에서 복무한다. 사회복무요원
과 예술·체육요원은 그 복무 내용에 전투적 성격의 복무는 포함되어
있지 않다. 복무 형태의 측면에서도 전투적 성격의 복무와는 관련성이
없을 것으로 보인다. 그러나 공중보건의사등 및 전문연구요원과 산업
기능요원은 복무 형태의 측면에서 군부대 또는 전투무기와 관련된 업

무를 수행할 가능성이 있다. 한편 이들 보충역 역시 모두 군사소집훈
련을 반드시 이수하여야 한다(병역법 제29조 제3항, 제33조의8, 제34조, 제
34조의6, 제34조의7, 제39조, 제55조). 따라서 보충역 편입 판정을 받은 자
의 경우에도 양심상의 결정을 이유로 위와 같은 군사적 업무에 복무하
는 것을 받아들일 수 없다면, 이들에게 대체복무 신청을 허용하는 것
은 논리적으로 당연하다고 할 수 있다.

　　현재 이미 보충역에 편입되어 복무 중인 사람의 경우가 문제될 수
있는데 비록 소집 당시의 군사훈련은 이미 종료되었고, 복무 내용에는
전투적 복무가 포함되어 있지는 않다고 하더라도 전시 등 비상상황이
발생하게 되면 다시 전투적 복무에 동원될 가능성이 있는 이상, 현역
에 복무 중인 사람의 경우와 마찬가지로 대체복무 제도 시행 후 일정
기간까지 한시적인 대체복무 편입신청을 허용하는 방안을 고려할 필
요가 있다.

6. 상근예비역과 승선근무예비역

　　현행 병역법상 현역병과 마찬가지로 복무하나, 그 복무의 내용이
특수한 경우로 상근예비역과 승선근무예비역을 들 수 있다. '상근예비
역'이란 징집에 의하여 현역병으로 입영한 사람이 일정기간을 현역병
으로 복무하고 예비역에 편입된 후 향토방위 및 이와 관련된 업무를
지원하기 위하여 소집되어 복무하는 사람을 가리키고(병역법 제2조 제1
항 제8호), '승선근무예비역'이란 「선박직원법」 제4조 제2항 제1호 및
제2호에 따른 항해사 또는 기관사로서 「비상대비자원 관리법」 또는
「국제선박등록법」에 따라 전시·사변 또는 이에 준하는 비상시에 국민
경제에 긴요한 물자와 군수물자를 수송하기 위한 업무 또는 이와 관련
된 업무의 지원을 위하여 소집되어 승선근무하는 사람을 말한다(병역
법 제2조 제1항 제9호).

지금까지는 양심적 병역거부 대상자가 상근예비역에 편입된 경우가 알려진 바 없으므로 일반적으로는 대체복무 신청 적격 여부를 문제 삼지 않아도 좋을 것으로 생각된다. 그러나 현재 상근예비역으로 편입되어 있는 사람 중에서 새로운 양심적 결정의 발현으로 상근예비역의 복무를 거부하는 경우가 생길 가능성을 배제할 수는 없다. 병역과 관련한 양심상의 결정이 오랜 시간을 경과하여야 비로소 형성되는 것은 아니므로, 논리적으로는 상근예비역의 경우에도 대체복무를 신청할 수 있는 길을 열어주는 것이 온당하다고 볼 여지가 있는 것은 사실이다. 그러나 상근예비역은 이미 현역병으로 복무를 마친 사람들이라는 점에서 실제로는 대체복무 신청 적격을 논할 실익은 별로 없다고 할 것이다.

반면에 승선근무예비역의 경우에는 전시·사변 또는 이에 준하는 비상시에 군수물자를 수송하기 위한 업무 및 그와 관련된 업무를 수행하여야 할 가능성이 있기 때문에 양심적 병역거부 신청 적격을 검토할 필요성이 매우 크다. 만일 평상시에 대체복무 신청을 하지 않고 있다가 전시·사변 또는 이에 준하는 비상시에 당하여 돌연 대체복무를 신청하면서 군수물자를 수송하기 위한 업무 및 그와 관련된 업무의 수행을 거부하는 경우에는 국가공동체에 심각한 위기상황을 초래할 가능성이 있기 때문이다. 승선근무예비역의 경우에도 보충역의 경우와 마찬가지로 법 시행 후 일정 기간까지 대체복무 편입신청을 허용하는 방안을 시행하는 것이 적절할 것이다.

7. 전시근로역 편입자

병역판정검사 또는 신체검사 결과 현역 또는 보충역 복무는 할 수 없으나 전시근로소집에 의한 군사지원 업무는 감당할 수 있다고 결정된 사람이나, 가사사정(병역법 제62조 제1항), 1년 6개월 이상의 징역이나 금고의 실형을 선고받은 사람 등은 전시근로역으로 편입된다(병역법 제65조 제1항). 전시근로역 판정을 받은 경우에는 현역병으로 입영하지 않는다. 전시근로역에 대해서도 필요한 군사교육을 실시하는 것이 가능하며(병역법 제55조 제1항 단서), 전시·사변 또는 이에 준하는 국가비상사태에 군사업무를 지원하기 위한 업무를 수행하게 된다(병역법 제53조 제1항).

이와 같은 사정을 고려한다면 전시근로역으로 편입된 경우에도 대체복무 신청을 허용하는 방안이 적절할 것이다. 다만 이미 현역병 등의 입영처분을 받은 후, 양심상의 이유로 이를 거부하고 대체복무 신청을 하였으나 받아들여지지 않고 정당한 이유가 인정되지 않아 병역거부죄로 1년 6개월의 실형을 복역한 경우에는 비록 전시근로역으로 편입되더라도 다시 대체복무 신청을 할 수 없는 것으로 취급하는 것이 원활하고 신속한 병무행정을 도모하기 위해서는 불가피하다고 할 것이다.

8. 정 리

대체복무 제도의 도입이 시행된 이후에 병역처분을 받은 자의 경우 당연히 대체복무 신청 적격을 인정할 수 있을 것이다. 대체복무 제도 도입 시행 이전에 이미 병역처분을 받아 여러 가지 유형의 병역에 복무하고 있는 이들에 대해서도 대체복무 신청 적격을 인정할 것인지 여부가 쟁점이라고 할 것인데, 일반적으로 살펴보면 대체로 다음과 같이 정리할 수 있을 것이다.

먼저, 양심적 병역거부자로서 형사처벌까지 받았음에도 과거의 병역법에 따라 예비군에 편입되어 있는 경우에는 예비군의 업무 내용 중 전투적 성격을 배제시킨 업무만을 수행하는 수준에서 대체복무 신청 적격을 인정하는 것이 적절할 것이다. 보충역이나 전시근로역으로 편

입되어 있는 경우(다만 전시근로역 편입자 중에서 양심적 병역거부로 실형을
선고받아 복역하고 난 후 편입된 사람은 제외)에도 적격 인정을 적극적으로
검토하는 것이 대체복무 제도 도입의 취지에 부합한다고 할 수 있다.
다만, 해당 병역에 편입되어 있을 수 있는 양심적 병역거부자가 극히
예외적일 것이라고 볼 수 있는바, 단기적으로는 이들에게까지 대체복
무 신청적격을 인정하는 것이 용이하지는 않을 것으로 생각된다. 대체
복무 편입을 위한 심사에 초래되는 부담이나 사회적 비용, 대체복무
허용의 실익 등을 고려한다면 중장기적인 정책으로 고려할 수는 있을
것이다.

제 3 절 판정기구의 성격

　양심적 병역거부의 판정을 위해 종래의 병무청이 아닌 별도의 독
립적인 판정기구를 두어야 한다는 요청에 대해서는 이론(異論)의 여지
가 별로 없다고 할 수 있다.
　다만 병무청의 영향으로부터 독립성과 공정한 판정을 담보할 수
있는 판정기구의 성격이 문제인데, 행정형 위원회로 구성할 수도 있
고, 사법심사에 맡기는 방식을 모색할 수도 있을 것이다.
　행정형 위원회의 특징으로는 사법심사에 비하여 저렴한 비용으로
신속한 판단을 도모할 수 있고, 전문성과 민주적 정당성을 함께 도모
할 수 있다는 점을 들 수 있다. 반면에 임명권자의 의사를 충실하게
반영할 우려가 있어서 오히려 관료적 행정을 도와주는 들러리 역할에
불과하게 될 수 있다는 우려도 있다. 다양한 계층의 이해관계를 반영
해서 위원회를 구성하다 보면 각 계층의 이해관계가 첨예하게 대립해
서 위원회가 교착상태에 빠지게 되고 오히려 신속한 판단이 어렵게 될

가능성도 배제할 수 없다.

이에 반하여, 사법심사에 맡기는 방식의 장단점은 행정형 위원회의 경우와 반대이다. 사법절차를 거치기 위하여 행정형 위원회의 경우보다 상대적으로 많은 비용이 발생하고, 심급제로 인하여 신속한 판단을 도모하기 어렵다는 문제점이 있는 반면, 관료적 병무행정의 영향으로부터 자유로운 공정한 판정을 기대할 수 있다는 점과, 행정형 위원회 방식을 채택하더라도 어차피 위원회의 판정에 불복하는 경우에는 최종적인 판단은 사법부가 하게 된다는 점에서 절차가 반드시 지연되는 것은 아니라는 장점이 있다.

이에 관하여 살펴보자면 병무행정의 원활을 도모할 필요성이 있는 점, 대체복무 편입 여부의 결정이 대상자 본인에게는 일생을 좌우할 수 있는 중대한 사안이라는 점에서 가능한 한 신속한 판단을 도모할 필요성 ― 대체복무 신청이 받아들여지지 않았을 경우에 어떤 형태로 병역의무를 이행할 것인지 선택할 수 있는 시간적 여유를 보장해 줄 필요성 ― 이 있는 점, 판단의 결과에 불복하는 경우에는 종국적으로 재판절차로 이행하여 신중한 사안 검토가 가능하다는 점 등을 고려할 때, 대체복무 편입 여부를 1차적으로 판정하는 기구는 행정형 위원회로 조직하는 것이 적절하다고 할 것이다. 물론 해당 행정형 위원회의 판정에 대하여 행정소송으로 불복할 수 있는 길을 열어두어야 한다는 것은 당연하다.

제 4 절 판정기구의 소속

양심적 병역거부 여부를 판정하기 위한 기구를 행정형 위원회로 한다고 하더라도 그 소속을 어디에 둘 것인지 여부는 위원회의 위상과

판정의 공정성 담보를 위하여 중요한 요소라고 할 수 있다. 앞에서도
살펴본 것처럼 20대 국회 이전에 발의된 법안에서는 판정위원회의 소
속을 대체로 병무청 소속으로 상정하고 있었으나, 20대 국회에 들어서
면서 국무총리 소속 또는 이원화된 위원회 중 일부를 국가인권위원회
소속으로 상정하는 법률안이 발의되고 있다.

　판정기구의 소속을 어디에 둘 것인지의 문제는 판정기구를 구성
하는 위원의 임명권한을 누가 갖느냐의 문제와 직결되는 중요한 문제
일 뿐만 아니라 양심적 병역거부자의 절대 다수를 차지하고 있는 특정
종교 — 여호와의 증인 — 와의 관계에서도 중요한 의미를 갖는 문제이
다. 해당 종교에서는 병무청이나 국방부가 주관하는 형태라면 어떠한
형태의 대체복무 제도도 받아들이지 않을 것임을 천명하고 있기 때문
이다.[5] 실제 아르메니아에서는 이러한 점을 들어 병무청이 주관하는
대체복무 제도를 부적절한 것으로 판단한 사례가 있기도 하다.

　제2장 제2절 외국의 대체복무 제도 부분에서 살펴본 바와 같이,
현재 대체복무제가 실질적으로 운용되고 있거나 최근까지 운용됐던
나라들의 태도도 통일적이지는 않다. 스위스, 오스트리아는 민사복무
청이라는 독립된 정부기구에서 신청을 받아 심사를 하고 있으며, 그리
스는 병무국 산하에 독립성과 전문성을 가진 특별심사위원회를 두어
관리하고 있고, 핀란드는 고용경제부, 대만은 내정부(한국의 행정안전
부), 노르웨이는 법무부, 덴마크는 양심적 병역거부자 관리국, 에스토
니아는 방위지원청에서 판정기구를 관리하고 있다.

　이론적으로 생각할 때, 위원회의 소속에 대해서는 대체로 세 가지
방식을 고려할 수 있다. 첫째는 병무청 소속으로 하는 방식이고, 둘째
는 국무총리 소속 또는 국방부와 대등하거나 그 이상의 지위에 있는
행정부서 소속으로 하는 방식이며, 셋째는 국가인권위원회의 경우와

---

5 해당 종교단체가 발간한 "민간대체복무란 무엇입니까?"(2017), 제3면 참조.

같이 대통령 소속의 별도 독립기구로 두는 방식이다.

이 중 병무청 소속으로 하는 방식은 고려대상에서 우선적으로 제외하는 것이 적절하다. 병무행정을 담당하는 병무청은 기관의 속성상 본질적으로 양심적 병역거부와 대체복무제에 소극적일 수밖에 없다는 한계를 고려할 때, 양심적 병역거부 여부를 판별하는 중립적이고 객관적인 기구를 그와 같은 병무청 소속으로 두는 것은 이질적인 성격의 조직을 하나의 체제 하에 두는 결과가 되어 바람직하다고 볼 수 없기 때문이다.

다음으로, 행정형 위원회를 병무청 소속이 아닌 국가인권위원회와 같은 별도의 독립적인 기구로 설치하는 방안의 경우 공정성이나 객관성의 측면에서는 가장 전향적인 방안이라고 할 수 있을 것이다. 그러나 연간 담당해야 할 양심적 병역거부 판정건수가 얼마나 될 것인지를 고려할 필요가 있다. 독립적인 기구로 설치하는 방안은 국정 전반에 걸쳐서 발생하는 사안이 아닌 병무행정이라는 특정한 영역에서 제한적으로 발생하는 문제를 판단하기 위하여 별도의 독립적 국가기구를 설치하는 것은 과잉행정이라는 비판에 직면할 가능성이 있다.

결국 양심적 병역거부 여부를 판정하기 위한 기구는 담당하는 업무의 양을 고려한 적정한 규모로 조직하여 그 소속을 국무총리 소속으로 하거나 또는 병무행정으로부터 독립한 다른 행정부서 — 예를 들어 법무부 — 소속으로 하는 것이 바람직하다고 할 것이다. 국가인권위원회와 같은 위상의 독립적인 기구를 염두에 두는 것이 아니라면 대통령 직속으로 하는 방안도 고려대상에서 제외할 이유는 없을 것이나, 기구의 업무를 보조하기 위한 행정조직의 뒷받침이 필요하다는 점을 생각한다면 행정각부의 업무를 조정하는 권한을 갖는 국무총리 소속으로 두는 방안이 무난하다고 할 수 있다. 국가인권위원회가 이를 담당하는 방안도 고려할 수 있을 것이나, 국가인권위원회법에 따라 일반적으로 국가인권위원회가 처리하는 사안에 대한 국가인권위원회의 권능이 '권고'로 제한되어 있는 상황에서 양심적 병역거부 판정권한을 부여하는 것은 다른 사안과의 형평에 맞지 않는 문제점이 있다.

제 5 절　판정기구의 구성

1. 위원회의 구성 방식

　위원회가 관료적 행정의 들러리 역할에 그치지 않기 위해서는 위원회의 전문성과 함께 위원회의 구성 자체에서 민주적 정당성이 보다 강하게 담보될 수 있는 구성 방식을 도모할 필요가 있다.

　지금까지 제시된 법률안에서는 위원회 위원의 자격에 관한 일반적인 기준만 제시하고 있을 뿐 구체적인 자격 요건을 명확하게 규정하고 있지 않은 경우가 대부분이다. 위원회의 구성 방식에 관한 실질적인 내용은 모두 대통령령에 위임되어 있는 형편이다. 이와 같이 구체적인 위원회 구성 방식을 법률로 규정하지 않고 대통령령에 위임하는 태도는 위원회의 구성 방식에 관한 민주적 통제 가능성을 스스로 포기하는 입법 방식이라는 점에서 매우 부적절하다. 이와 같은 체제 하에서는 극단적으로 정권 담당자의 주관적인 의사를 반영하여 단순히 통과의례적 역할만 담당하는 위원들로만 위원회를 구성하는 상황도 배제하기 어렵게 된다는 문제가 있다.

　위원회 구성의 민주적 정당성을 담보하기 위해서는 적어도 위원의 추천권자나 자격 요건을 법률에서 명확하게 규정하도록 하여야 한다. 위원의 추천권자나 자격 요건을 법률에 명기하는 방식은 특정 계파의 이해관계에 따라 위원회의 의사결정이 좌우되지 않도록 도모할 수 있는 방편이 된다. 이미 시행하고 있는 상당수의 다른 법률에서도 이와 같이 민주적 정당성을 조금이라도 담보하기 위한 목적에서 위원회 위원을 추천하는 기관이나 단체를 명기하는 방식을 취하고 있다.

2. 위원장 선정 방식

한편 위원장은 임명권자의 임명방식보다 위원회가 호선하는 방식이 민주적 정당성에 더 부합한다.

3. 위원의 자격조건

지금까지의 법률안 중에는 위원의 자격요건을 규정하면서 법조인 자격을 명시하지 않는 — 즉 위원 중에 법조인 자격자가 전혀 포함되지 않는 구성을 가능하게 하는 — 방식을 규정하고 있는 예외적인 법률안이 없는 것은 아니지만, 대부분의 법률안에는 일정 기간 이상 판사·검사 또는 변호사의 직에 있는 사람을 위원의 자격조건 중 하나로 규정하고 있다.

양심적 병역거부와 대체복무의 문제가 법률문제라는 점에서 법조인은 위원 중에 반드시 포함시키는 것이 바람직하다고 할 수 있다. 이러한 관점에서 법조인을 위원의 자격으로 명시하는 방식이 더 적절하다고 할 것이다.

한편, 거의 대부분의 법률안에서 공통적으로 위원의 자격조건으로 규정하고 있는 것이 종교단체의 추천요건이다. 그 이유가 양심적 병역거부자의 거의 대부분이 특정 종교를 신봉하는 사람들이라는 이유 때문인지 분명하지는 않다. 그런데 종교단체 그 중에서도 특히 개신교의 경우에는 모든 개신교인이나 개신교 단체가 그런 것은 아니지만, 양심적 병역거부자들의 거의 대부분이 속할 것으로 보이는 특정 종교단체 — 여호와의 증인 — 와는 상당히 껄끄러운 관계에 있다고 볼 수 있다. 이와 같이 껄끄러운 관계는 자칫 양심적 병역거부자의 대체복무 편입 여부 결정에 불공정한 요소로 작용할 가능성이 있다.

　　종교단체 추천과 관련하여 추가적으로 고려할 사항은, 다양한 계층의 이해관계를 대변하는 위원들로 위원회가 구성되는 경우에는 위원 사이에 타협할 수 없는 의견대립이 형성되어 위원회가 교착상태에 빠지게 될 우려가 있다는 점이다. 이를 해소하기 위해서는 시행령 등을 마련할 때 위원회의 의사결정 절차를 투명하고 공개적으로 규범화하는 방안을 마련하여야 할 것이다.

　　종교단체라는 범주를 민간단체라는 더 넓은 범주 속에 충분히 포섭시킬 수 있는 이상 종교단체를 추천권자 중의 하나로 명기하거나, 종교단체의 활동 경력을 자격요건 중의 하나로 명기하는 입법방식은 적절하지 않다고 할 것이다. 민간단체의 범주를 '「비영리민간단체 지원법」에 따른 비영리민간단체'로 명기하는 방식도, 다양하고 광범위한 스펙트럼을 가지는 민간단체를 제대로 포섭하지 못하고 오히려 정부의 지원을 받는 단체에서 추천받은 인사를 위원으로 위촉하여 정부의 의사를 위원회 의사결정에 반영시키려 할 우려를 키운다는 점에서 바람직하지 않은 것으로 판단된다. 정신과 전문의 경력자를 위원의 자격조건으로 규정하는 방식도 수긍할 수 없다. 양심적 병역거부는 성적 자기정체성의 문제와는 전혀 별개의 문제이기 때문이다.

　　결국 법조인을 제외한 그 밖의 민간위원 부분은 다른 법률에서 통상적으로 민간위원의 자격에 관하여 규정하는 예를 좇아서 학식과 경험이 풍부한 자 또는 4년제 대학에서 정교수나 부교수로 5년 이상 재직한 자 등과 같은 방식으로 규정하는 것이 적절할 것이다.

4. 민간위원의 비율과 성비(性比)의 규정

　　지금까지 제시된 법률안에서는 위원회 위원의 자격에 관해서만

규정할 뿐, 위원 중 민간위원의 비율에 관해서는 아무런 규정도 두고
있지 않다. 물론 해당 법률안들이 전체 위원의 수와 민간위원의 자격
조건에 관해서만 규정하고 있고 공무원 중에서 위원으로 임명할 수 있
는지 여부조차 명문으로 규정하고 있지 않은 이상, 위원들을 모두 민
간위원으로 구성하는 것 자체를 염두에 두고 있다고 볼 여지가 전혀
없는 것은 아니다. 그러나 앞에서도 지적한 바와 같이 구체적인 위원
회 구성 방식을 법률로 규정하지 않고 대통령령에 위임하는 태도는 위
원회의 구성 방식에 관한 민주적 통제 가능성을 스스로 포기하는 입법
방식이라는 점에서 매우 부적절하다. 이와 같은 체제 하에서는 극단적
으로 행정공무원이 위원 과반을 점하는 상황도 배제하기 어렵게 되는
문제가 있다.

그러므로 위원회 구성의 민주적 정당성을 담보하기 위하여 민간
위원이 위원회 과반이 되어야 한다는 점을 명문으로 규정하여야 한다.
민간위원이 과반수가 되도록 법률에 명기하는 것은 위원회의 관료화
또는 병무행정기관의 들러리 역할로 전락하는 것을 방지하기 위한 최
소한의 안전장치이다. 행정심판법이 대표적인 예가 될 수 있다.[6] 한편
남녀평등의 이념을 반영하고 어떤 형태로 병역의무를 이행하도록 할
것인가의 문제가 반드시 남성에 의해서만 결정되어야 할 문제는 아니
라는 점에서 위원 중 여성을 일정 비율 또는 일정 수 이상 위촉하도록
명문으로 규정할 필요도 있다.

---

6 행정심판법 제7조 참조.

제 6 절   불복 방식

1. 위원회의 심급제 문제

　일부 법률안에서 행정형 위원회의 판정절차를 심급화하여 2심제를 취하고 있는 경우를 볼 수 있다. 현재 이와 같은 권리구제방식을 시행하고 있는 대표적인 법제로는 부당노동행위에 대한 구제절차를 규율하는 노동위원회법을 예로 들 수 있을 것이다. 행정형 권리구제방식을 채택한 이상 단심제로 절차를 규율하는 것보다는 심급제로 절차를 규율하는 편이 더 충실한 권리구제를 도모할 수 있다고 볼 여지가 전혀 없는 것은 아니다.

　그러나 이와 같은 태도에 대해서는 의문이 있다. 어차피 중앙위원회의 판정 이후에 사법적 심사를 허용하여야 하는 이상, 행정형 위원회 방식을 시행하면서 지방위원회와 현실적으로 위와 같이 행정형 권리구제절차에 심급제를 도입하게 되는 경우에는 불필요한 전심절차의 반복을 강요하는 결과를 초래하고 이로 말미암아 오히려 신속한 권리구제에 역행하는 결과를 초래하고 있다는 비판이 매우 유력하게 제기되고 있다는 점을 고려할 필요가 있다. 즉, 앞에서 든 노동위원회법의 경우 비록 지방위원회와 중앙위원회를 거치는 과정에서 많은 수의 사건이 조정으로 원만하게 종결되고 있고 사법적 구제조치로는 도모하기 어려운 임시적 처분을 가능하게 한다는 장점이 있다고 하더라도, 중앙위원회의 판정 이후에 다시 사법절차로 이행하여 3심제를 거치게 되면 결과적으로 5심제가 된다는 비판이 제기되고 있음을 경청할 필요가 있는 것이다.

　이와 같은 관점을 반영한다면, 지방위원회를 거치는 전심절차는 필수적인 것으로 하되, 중앙위원회까지 거칠 것인지 아니면 곧바로 행정소송을 제기할 것인지 여부는 당사자가 선택할 수 있도록 중앙위원회 재심사 절차를 임의적인 것으로 규율하는 방안을 도모할 필요가 있다고 할 것이다. 중앙위원회의 재심사 절차를 임의적인 것으로 하게 되면, 당사자가 스스로 판단하기에 행정형 권리구제절차가 자신의 권리를 구제받기에 더 적절하다고 판단한다면 중앙위원회에 재심사를 신청할 것이고, 만일 그렇지 않고 보다 신속하게 종국적인 권리구제를 받기를 선호한다면 지방위원회의 판정을 받은 후 중앙위원회를 거치지 않고 곧바로 행정법원에 소송을 제기할 수 있을 것이다.

2. 행정소송의 소송물

중앙위원회 재심사 절차를 임의적인 것으로 규율하든 필수적인 것으로 규율하든, 위원회의 심사결정에 불복하여 행정소송을 제기하는 경우에 그 소송의 대상이 되는 행정처분과 상대방에 대해서는 법률에서 명확하게 규정하는 것이 바람직하다고 할 수 있다.

위원회에 심급제를 도입하지 않는 경우 행정소송은 위원회가 내린 대체복무 편입 거부결정(불편입결정)을 취소하라는 소송이 될 것이지만, 위원회에 심급제를 도입하는 경우에는 제1심 위원회의 처분과 재심사 위원회의 처분 중 어느 것이 행정소송의 소송물이 되는 것인지 의문이 생길 여지가 있다. 행정소송의 소송물 결정은 매우 중요한 문제여서 만일 소송물의 결정을 그르친 경우에는 각하판결을 받게 되는 것은 물론이고, 권리구제의 시기를 놓쳐서 다시는 권리구제를 받지 못하게 될 수 있는 위험을 안고 있다. 행정소송의 소송물을 법률에 명확하게 규정하여 두는 것은 불필요한 보정(補正)을 피할 수 있게 함으로써 신속한 소송의 진행을 가능하게 하여 소송경제에 부합할 뿐만 아니라 위와 같이 당사자의 권리구제가 불가능하게 될 수도 있는 불측의

사태를 방지하여 권리구제에 충실하게 되는 효과를 거둘 수 있는 방편
이 된다.

앞에서 취한 입장과 같이 위원회에 의한 재심사를 선택적인 것으
로 규율하는 입장을 취하는 경우에는 제소권자의 선택에 따라 제1심
위원회의 대체복무 편입 거부결정(불편입결정)에 대해서 바로 행정소송
을 제기하거나 아니면 재심사 위원회의 이의신청 기각결정에 대해서
그 취소를 구하는 행정소송을 제기할 수 있게 될 것이다. 만일 행정소
송에 의무이행소송이 도입된다면, 대체복무 편입 거부결정의 취소뿐만
아니라 대체복무 편입의 결정을 곧바로 소구할 수 있어 대체복무 편입
여부를 둘러싼 부동적(浮動的) 권리관계를 보다 신속하게 확정지을 수
도 있게 될 것이다.

3. 행정소송의 피고적격

실무상의 혼란을 피하기 위해서는 행정소송의 피고가 누구인지도
명문으로 규정하는 방식이 바람직하다. 행정소송법 제13조에 따라 피
고적격이 있는 '그 처분등을 행한 행정청'이, 대체복무에 관한 결정에
있어서 지방병무청 또는 병무청 — 심사위원회를 병무청 소속으로 하
는 종래의 법률안을 기준으로 하는 경우, 만일 국무총리 소속으로 하
는 경우에는 국무총리 — 이 되는 것인지 아니면 위원회가 되는 것인
지를 명확하게 규정하여야 피고를 잘못 지정함으로 말미암는 실무상
의 혼란을 줄이는 방편이 될 것이다.

위원회를 국무총리 소속으로 하는 경우에는 국무총리를 피고로
행정소송을 제기하도록 하는 것보다는 해당 위원회에 피고적격을 인
정하여 위원회를 상대로 대체복무 허가신청에 대한 각하나 기각결정
의 취소를 구하는 행정소송을 제기할 수 있도록 명문의 규정을 두는
것이 바람직할 것으로 생각된다.

　　종래의 법률안에서 위원회의 결정을 거쳐 지방병무청장이 입영에 관한 처분을 하는 것으로 규율하고 있는 경우에는 위원회가 아닌 지방병무청장이 처분의 주체가 되는 것으로 보아야 할 것이다. 그러나 대체복무 편입 신청은 병무청에서 받더라도 이를 위원회에 전달하여 위원회가 결정하는 방식을 취하는 경우에 있어서 병무청은 일반적인 병무행정처분 및 병무행정 권한 전반이 병무청에 속하여 있음을 전제로 하는 형식적 지위에 있는 것에 불과하므로, 이와 같은 경우에 대체복무 허가신청에 대한 각하결정이나 기각결정에 대한 취소소송의 피고는 병무청이 아니라 해당 결정을 발한 위원회로 하는 것이 옳다.[7]

　　결국 위원회를 어느 기관 소속으로 하거나 또는 독립형으로 하거나 여부에 상관없이 행정소송의 피고적격은 해당 위원회에 있다는 점을 법률에 명확하게 규정하는 방안이 바람직하다고 할 수 있다.

제 7 절　 대체복무의 내용

1. 개　요

　　대체복무의 내용에 있어서는 두 가지 사항을 고려할 필요가 있다. 하나는 대체복무의 내용에 포함되어서는 아니 되는 복무 내용(소극적 복무 내용)이고, 다른 하나는 대체복무의 내용 속에 포함될 수 있거나 포함되어야 하는 복무 내용(적극적 복무 내용)이다. 이 중 대체복무의 내용에 절대로 포함되어서는 아니 되는 소극적 복무 내용이란 대체복무

　7　참고로, 변호사에 대한 징계처분의 경우 대한변협 내에 변호사징계위원회를 두고, 법무부에 법무부 변호사징계위원회를 두어 징계에 관한 심의와 결정을 하도록 하고 있는바, 이 경우 불복 소송의 피고는 법무부 변호사징계위원회이지 법무부장관이 아니다.

제도의 본질적 성격상 포함될 수 없는 복무를 가리킨다. 반면에 대체
복무의 내용 속에 포함될 수 있는 적극적 복무 내용은 대체복무로 고
려할 수 있는 업무의 양태를 가리키는 것으로서 대체복무 제도의 도입
에 있어서 복무 기간의 문제와 함께 가장 핵심적인 사항에 해당하는
내용이라고 할 것이다.

2. 소극적 복무 내용(금지되는 복무 내용)

대체복무에 포섭될 수 있는 복무 내용을 결정함에 있어서는 여러
가지 요소들을 다양하게 고려하여야 하겠지만, 어떠한 경우에도 대체
복무 내용에 포함시켜서는 아니 되는 요소가 있다. 그것은 바로 군(軍)
이 관련되는 복무방식이어서는 아니 된다는 것이다.

"여호와의 증인은 이웃을 자신과 같이 사랑하고, 나아가 원수까지
도 사랑하라는 성경 구절을, 전쟁을 배우고 익히지 않으라는 것으로
해석한다. 여호와의 증인으로서 전쟁에 참여 또는 기여하거나 전쟁을
연습하고 훈련한다는 것은, 사람에 대한 사랑이 완전하지 않은, 거짓
되고 위선적인 행위라는 것이다. 여호와의 증인에게는 전쟁에서 남을
죽이는 것뿐만 아니라 어떤 방식으로든 전쟁에 관여하는 것 자체가 옳
은 것이 아니다. 이에 현역병 입영은 물론 기초군사교육이 포함된 군
복무, 그밖에 국방부에서 관리하는 등으로 전쟁과 직간접적으로 관련
되어 있는 기관에서의 병역은 모두 성경에 비추어 여호와의 증인이 하
기에 합당하지 않은 행위로 여겨진다"라는 우리 하급심 판결이나,[8] 아
르메니아 대체복무법의 경우 대체복무의 내용 자체는 고아원, 정신건
강시설, 장애인 시설, 병원 등과 같은 민간시설에서 청소 등 민간업무
를 수행하도록 되어 있지만, 군 당국이 감독권한을 보유하고 있다는
점 때문에 위계적으로나 기관적으로 군 체계로부터 충분히 분리되어

----

8 인천지방법원 2017. 2. 6. 선고 2016고단5794 판결.

있지 않다는 이유로 유럽인권협약을 위반하였다는 유럽인권재판소의
판결[9]은 이러한 요소가 대체복무 설계에 있어서 매우 핵심적인 요소
중의 하나가 되어야 함을 여실히 보여주고 있다.

앞에서 살펴본 대체복무 법률안들이 이 부분에 관하여 규정하고
있는 방식을 보면 특정한 개별 법률을 적시하여 규정하는 방식과 업무
의 성격을 적시하여 규정하는 방식의 두 가지로 나뉘고 있다. 노회찬
의원안, 이정희의원안, 전해철의원안, 박주민의원안, 이용주의원안은
전자의 방식을 따르고 있고, 이철희의원안, 김중로의원안, 이종명의원
안, 김학용의원안은 후자의 방식을 따르고 있다. 임종인의원안과 김부
겸의원안은 이 부분에 관하여 별다른 입장을 취하고 있지 않다.

전자의 방식을 따른 법률안에서 제시하는 금지업무의 내용을 보
면 「국군조직법」 제2조에 따른 국군의 업무, 「교정시설경비교도대설
치법」 제1조에 따른 경비교도대의 업무, 「전투경찰대설치법」 제1조에
따른 전투경찰대의 업무 등이다. 이 중 「교정시설경비교도대설치법」은
2015년 7월 24일 「의무경찰대 설치 및 운영에 관한 법률」로 변경되면
서 2016년 5월 29일 폐지되었다. 근래에 발의된 이용주의원안에서 이
두 법률을 적시하지 않은 것은 그 때문이다. 의무경찰대 역시 간첩(武
裝共匪를 포함한다)의 침투거부(浸透拒否), 포착(捕捉), 섬멸(殲滅), 그 밖의
대(對)간첩작전을 수행하고 치안업무를 보조하는 업무를 수행하므로
(「의무경찰대 설치 및 운영에 관한 법률」 제1조 제1항 참조), 대체복무의 내
용에 포함시키기에 적절한 업무는 아니라고 할 것이다.

후자의 방식을 따른 법률안에서 규정하는 금지업무의 양태는 개
인화기(個人火器)·공용화기, 도검 등 일체의 무기·흉기를 사용하거나
관리·단속하는 행위, 인명살상 또는 시설파괴가 수반되거나 그러한

---

9 유럽인권재판소 2017. 10. 12. 선고 Adyan and others *v.* Armenia, no.75604/11
판결.

능력을 향상시키는 것을 목적으로 시행하는 일체의 훈련 또는 보조 행
위, 그밖에 대체복무요원에게 적합하지 아니하다고 인정하는 사항으로
서 대통령령으로 정하는 행위 등이다. 김학용의원안은 여기에 '군사적
목적으로 사용되는 각종 시설의 복구 및 지원 업무'를 추가하고 있다.
그러나 전자의 방식을 따르는 경우에도 일반조항으로 '적시된 법률에
따른 업무에 준하는 업무로서 대인용 무기를 소지한 상태에서 수행하
여야 하는 업무'를 금지하는 규정을 두고 있으므로, 두 방식 사이에 실
질적인 차이가 있는 것은 아니라고 볼 수 있다.

  어느 방식을 따르더라도 대체로 군(軍)이 관여되거나 전투적 성격
의 업무가 대체복무에서 배제되어야 하는 복무에 해당한다고 할 수 있
다. 이러한 복무는 양심적 병역거부자에게 부과할 업무로는 부적절한
업무이므로 이러한 업무를 복무 내용으로 하는 것은 금지되어야 한다.

3. 적극적 복무 내용(적절한 대체복무 내용)

  위와 같이 대체복무의 내용 속에 포함되어서는 아니 되는 복무내
용을 규정하는 외에도, 법률안에 따라서는 대체복무의 내용을 적극적
으로 규정하는 방식을 취하기도 한다. 아동·노인·장애인·여성 등의
보호·치료·요양·훈련·자활·상담 등의 '사회복지 관련 업무' 또는 소
방·재난·구호 등의 '재난 구조 관련 업무'를 규정하는 방식이 일반적
이지만, 이른바 '평화증진업무'와 같은 범주 하에 「지뢰 등 특정 재래
식 무기 사용 및 이전의 규제에 관한 법률」 제2조 제1호에 따른 지뢰
의 제거 등 업무나 「6·25 전사자 유해의 발굴 등에 관한 법률」 제2조
제3호에 따른 전사자 유해 등의 조사·발굴 업무 또는 「한국보훈복지
의료공단법」 제7조 제1항에 따른 보훈병원 및 「국가유공자 등 예우 및
지원에 관한 법률」·「보훈보상대상자 지원에 관한 법률」에 따른 국가
유공자 및 보훈·보상대상자에 대한 사업의 지원 및 「제대군인지원에

관한 법률」에 따른 제대군인에 대한 사업에의 지원 업무를 구체적으로 거시한 법률안도 있다.[10] 대체복무 제도의 요건으로 '신체적·정신적으로 난이도가 높은 업무'일 것을 요구하기도 한다. 반면에 김부겸의원안에서는 포함되어야 하는 대체복무의 내용에 관하여 구체적인 규정 방식을 취하고 있지 않기도 하다.

대체복무의 내용으로 규정하는 업무라고 위에서 적시하고 있는 업무 중 가장 문제가 되는 업무는 '지뢰제거 업무'라고 할 수 있지만 '전사자 유해 발굴업무' 역시 군(軍)이나 국방부의 지휘감독을 받아야 하는 업무라는 점에서 지뢰제거 업무와 마찬가지로 문제가 될 가능성이 있다.

지뢰제거 업무의 경우 전문적인 군사훈련을 받지 않고서는 수행하기 불가능한 업무라는 점에서 양심적 병역거부자들을 대상으로 하는 대체복무의 내용으로 삼는 것은 대단히 부적절하다는 비판이 제기되고 있다. 대체복무제 도입에 있어서 중요한 고려요소 중 하나는 대체복무는 양심적 병역거부자에 대하여 부과하는 형벌 대체적 제재가 아니어야 한다는 점이다. 비록 형벌이 아니라고 하더라도 제재를 부과하는 것은 여전히 양심적 병역거부를 헌법상 양심의 자유의 발현으로 보지 않는 태도이기 때문이다. 대체복무란 양심상의 이유로 병역의무를 받아들일 수 없는 국민에게 헌법이 부과하는 국방의 의무를 이행할 수 있도록 병역의무의 대체수단으로 마련되는 것이다. 형벌 대체적 제재를 부과하는 것은 '대체복무(代替服務)' 부과가 아니라 '대체복역(代替服役)' 부과에 다름 아니다. 양심적 병역거부자에 대한 대체복역부과는 2018년 6월 28일 헌법재판소 결정의 취지에 반하는 것이다. 그러므로 위 헌법재판소 결정의 취지에 따라 대체복무 제도를 도입한다면 형벌 대체적 제재라고 볼 수 있는 지뢰제거업무는 배제되어야 할 것이다.

군(軍)의 지휘 감독을 받아야 하는 업무 역시 마찬가지로 배제되

---

10 이종명의원안과 김학용의원안이 그와 같은 방식을 취한 예이다.

어야 하는 업무라고 할 것이다. 전사자 유해 등의 조사·발굴 업무 또
는 보훈·보상대상자에 대한 사업의 지원 및 제대군인에 대한 사업에
의 지원 업무와 같은 경우에는 군(軍)과의 관련성을 절연(絕緣)시킬 수
있는 대체복무인지 여부가 관건이 될 것이다. 특히 전사자 유해 등이
매몰되어 있을 것으로 추정되는 지역의 거의 대부분이 주로 접경지역
등 군부대가 직접적으로 관리하는 지역이라는 점에서 전사자 유해 등
의 조사·발굴 업무는 대체복무의 한 유형으로 고려하기에 적절하지
않은 업무에 해당한다고 할 수 있다. 이상의 업무들은 적극적 대체복
무의 내용이 아니라 오히려 금지되어야 할 소극적 복무내용 중의 하나
로 규정되어야 할 업무들이다.

　　대체복무 업무를 고려함에 있어서 위와 같이 고도의 위험이 수반
되는 업무가 고려 대상이 되는 이유는 바로 현역으로 복무하는 경우와
비교하여 복무의 난이도 측면에서 형평성을 도모할 필요성이 있다는
점 때문이다. 즉, 만일 대체복무 업무가 현역병의 복무에 비하여 생명
이나 신체의 위협이 상대적으로 적은 업무로 편성된다면, 자칫 대체복
무가 병역의무를 기피하기 위한 도피처로 작동하게 될 우려가 있기 때
문에 이와 같은 우려를 불식시킬 필요가 있다는 것이다. 이러한 요소
를 반영할 때 가장 보편적인 대체복무 내용으로 고려할 수 있는 분야
는 소방을 비롯한 재난구조 보조업무, 교도소 계호 보조업무, 치매 환
자 등의 요양 보조업무 등이다. 아래에서 소개하는 진석용의 조사 결
과에 따르면 10여 년 전에도 소방분야 합숙복무 요원의 수요는 788명
에 달하는 것으로 나타났는데, 현재의 양심적 병역거부자 추세가 급격
하게 늘어나지만 않는다면 소방 등 재난구조 보조업무만으로도 대체
복무 수요를 충족시킬 수 있을 것으로 보인다. 해당 업무들을 규율하
는 적절한 법령이 시행되고 있지 않거나 폐지되어버린 경우에는 대체
복무의 성격을 반영한 새로운 규범을 마련하여야 할 것이다.

4. 신체 등급에 따른 복무 내용의 다양화

현행 병역법은 병역판정에 있어서 신체등급판정과 병역판정으로 이원화된 체제로 되어 있다. 신체등급의 판정 권한은 신체검사를 한 병역판정검사전담의사, 병역판정검사전문의사 또는 병역법 제12조의2에 따른 군의관에게 귀속되어 있는데, 신체검사의 결과에 따라 모두 7개의 등급으로 나뉜다. 신체등급판정 결과에 따라 다시 지방병무청장이 행하는 병역처분이 이루어지게 되는데, 신체 및 심리상태가 건강하여 현역 또는 보충역 복무를 할 수 있는 사람은 그 신체 및 심리상태의 정도에 따라 1급·2급·3급 또는 4급으로 판정하며, 이들은 지방병무청장이 학력·연령 등 자질을 고려하여 현역병입영 대상자, 보충역 또는 전시근로역으로 각 처분한다(병역법 제12조 제1항, 제14조 제1항). 현역 또는 보충역 복무를 할 수 없으나 전시근로역 복무를 할 수 있는 사람은 5급, 질병이나 심신장애로 병역을 감당할 수 없는 사람은 6급으로 각 신체등급을 판정하며(병역법 제12조 제1항), 지방병무청장은 5급은 전시근로역으로, 6급은 병역면제로 각 병역처분을 한다. 질병이나 심신장애로 인하여 어느 등급에 해당할지 판정이 어려운 사람의 경우 7급으로 판정하여 다시 신체검사를 받도록 하는데(병역법 제12조 제3항), 다시 실시하는 신체검사에서도 여전히 질병이나 심신장애로 인하여 어느 등급에 해당할지 판정이 어려워 7급으로 판정된 경우에는 다시 신체검사를 하지 아니하고 전시근로역에 편입할 수 있다(병역법 제14조 제2항).

지금까지 나온 대체복무 제도 관련 법률안들은 대체복무 편입 여부를 결정함에 있어서 신체등급 판정은 고려하지 않고 양심적 병역거부 해당 여부만을 판별하여 대체복무 편입 여부를 결정하도록 하고 있을 뿐, 신체등급에 따른 대체복무의 다양성은 고려하고 있지 않다. 물론 대체복무의 복무분야·형태 및 대체복무 기관 등을 구체적으로 지

정함에 있어서는 대체복무요원의 희망·자질·학력 및 적성 등을 고려
하도록 하고 있으나, 병무청장(지방병무청장 포함)이나 대체복무위원회
에 폭넓은 재량권을 부여할 뿐, 병역법과 같이 신체등급에 따른 세부
적인 편입기준을 마련하고 있지 않은 것이다.

　대체복무 편입 대상자가 수백 명 정도에 불과하고 그 복무의 강도
가 현행 사회복무요원의 그것과 유사한 수준에서 결정된다면 이와 같
은 방식을 취하더라도 크게 문제가 되지는 않을 것이다. 그러나 만일
현역병에 준하는 수준의 복무강도를 필요로 하는 대체복무 제도가 시
행된다면, 양심적 병역거부자의 신체등급에 따라서는 이와 같은 강도
의 대체복무를 감당해 내는 것이 불가능한 경우가 있을 수 있다.

　이와 같은 사정을 고려한다면 대체복무 제도의 내용을 설계함에
있어서 적어도 상대적으로 복무 강도가 높은 복무유형과 그렇지 않은
복무유형 두 가지 이상의 복무 형태를 마련하고 대체복무 대상자의 신
체적·정신적 능력이나 그 밖의 요소를 고려하여 보다 적절한 업무에
복무하도록 도모할 필요성이 있다고 할 것이다. 물론 현실적으로 대체
복무의 대상이 될 수 있는 업무가 상당히 제한적일 수 있다는 사정을
고려한다면 위와 같이 신체 등급에 따른 대체복무의 차등화는 당장 구
현하기에는 어려운 과제가 될 수도 있다. 그러나 대체복무에 대하여
현역에 상응하는 수준의 강도를 요구하는 태도가 계속 유지된다고 가
정한다면, 중·장기적으로라도 대체복무 편입 대상자의 신체 능력 등
에 따라 복무할 수 있는 대체복무의 유형을 달리하는 세분화 작업이
요청된다고 할 것이다.

제8절 대체복무의 기간

대체복무의 기간과 관련해서는 1.5배 또는 2배 등 현역 복무 기간을 기준으로 일정 배수만큼 복무하도록 하는 방안과, 복무시설의 유형이나 복무종류에 따라 복무 기간을 탄력적으로 적용하는 방안 두 가지 방안을 고려할 필요가 있다.

종래의 법률안 중 2018년 6월 28일 헌법재판소 결정 이전까지 발의된 법률안에서는 이철희의원안만 현역의 2배 복무 기간을 규정하고 있을 뿐 나머지 법률안들은 대체로 현역 복무 기간의 1.5배라는 배수 복무 기간 방식을 채택하고 있었는데, 위 헌법재판소 결정 이후에 발의된 법률안들은 오히려 현역의 2배 복무 기간을 규정하는 경우가 다수라는 점에서 이채를 띠고 있다. 김학용의원안은 배수복무 기간방식이 아닌 3년 8개월이라는 정기복무 기간 방식을 채택하고 있기도 하다. 물론 3년 8개월이라는 기간은 현역병의 복무 기간인 22개월의 2배에 해당하는 기간이기는 하다. 그러나 현역병의 복무 기간이 점차 줄어드는 추세와 무관하게 대체복무 기간을 독립적으로 고정하여 규정한다는 점에서 배수복무 기간 방식을 채택하고 있는 다른 법률안들과 다른 특징을 보여주고 있는 것이다.

한편 탄력복무제와 관련하여 살펴보자면, 우리나라에서 발의된 법률안 중에는 아직 탄력적 복무 기간 방식을 규정한 법률안은 존재하지 않는다. 그러나 해외 입법례를 보면 복무시설의 형태나 복무종류에 따라 복무 기간을 달리하는 탄력적 복무 기간제를 시행하고 있는 사례를 볼 수 있다. 앞에서도 살펴보았지만, 러시아, 리투아니아, 그리스 등이 그와 같은 사례에 해당한다. 실제 운용 결과만 놓고 본다면 복무 형태에 따른 탄력적 복무 기간제는 그다지 효용성이 높은 제도라고 보기는 어려울 것이다.

　현행법상 공중보건의 등 최장기 대체복무의 기간이 36개월인 점을 감안하여, 양심적 병역거부자들에 대한 대체복무제 도입 시 36개월 전후로 도입하고 운용을 하되, 제도가 큰 문제없이 정착될 경우 현역 복무 기간에 비례하여 1.5배 수준으로 줄여가는 것이 적절할 것이라는 견해도 제시되고 있으나, 국제인권기준에 따르면 대체복무 기간은 군복무 기간의 1.5배를 넘지 않는 수준으로 권고하고 있고, 2018년 6월 28일 헌법재판소 결정에서도 대체복무 기간은 현역 복무 기간의 1.5배를 고려하고 있다. 헌법재판소 결정 이후 국가인권위원회가 제시한 기준도 역시 현역의 1.5배이다.

　이러한 사정들을 종합적으로 고려한다면 대체복무제의 도입 초기에는 일단 현역 복무 기간의 1.5배를 복무 기간으로 설정하되, 대체복무제의 시행 성과를 평가하여 복무 기간을 단축할 여지가 있다고 판단되는 경우에는 현역 복무 기간에 근접하는 수준으로 단축하는 개정 과정을 거치는 점진적 방안이 적절할 것으로 생각된다.

　한편 육군 현역병의 복무 기간이 점진적으로 단축되고 있는 현재의 추세를 고려할 때, 대체복무 기간을 정기로 고정하는 방식은 지나치게 경직된 입법이어서 그다지 적절한 방안이라고 보기 어렵다.

　결론적으로 신체적·정신적 또는 그 밖의 다른 능력을 고려하지 않은 기본적인 대체복무의 복무 기간은 육군 현역 복무 기간의 1.5배 이내에서 대통령령으로 규정하도록 하는 방식이 무난한 입법 방식이라고 할 수 있을 것이다.

제 9 절 대체복무자의 처우

1. 대체복무의 형태

대체복무 형태를 규정하는 방식과 관련하여 대체복무를 하게 될 대상 시설의 종류 등에 관하여는 병무청이나 지방병무청 및 위원회에 만 맡겨두는 것보다는 법률에서 일반적으로라도 그 기준과 범위를 정 하는 규정을 두고 대통령령에 위임하는 등의 방식을 취하는 방식이 적 절할 것으로 생각된다. 물론 대통령령에서 세부적으로 규정할 수 없는 사항 — 구체적으로 대체복무가 가능한 시설의 명칭 등 — 은 대체복무 제도를 관할하게 될 위원회에 위임하는 입법방식을 채택하는 것이 적 절할 것이다. 그러나 법률 단계에서부터 지나치게 포괄적인 사항을 하 위규범으로 위임하는 형식을 취하는 것은 포괄위임입법을 금지하는 일반원칙에 비추어 보더라도 적절한 입법 방식이라고 보기 어려울 뿐 만 아니라, 대체복무 관련 규범에 대한 민주적 통제 가능성을 약화시 키는 방식이라는 점에서 바람직하지 않은 입법 방식이라고 할 것이다.

한편 대체복무 형태와 관련하여 가장 중요한 쟁점은 합숙형, 출퇴 근형 중 어떤 복무형태를 시행할 것인지 여부이다.

복무형태에 있어서 도입 초기에는 합숙형 복무형태를 취하는 것 이 상당하다고 할 수 있다. 대체복무 기간 중에 필요한 경우에는 교육 을 위한 소집훈련을 실시하는 것도 용인할 수 있다. 다만 어떤 형태의 훈련이나 교육에 있어서도 가장 중요한 전제는 '집총' 등 군사적 훈련 이 제외된 형태여야 한다는 점이다. 이는 대체복무제 도입의 취지상 당연한 요청이라고 할 수 있겠으나, 병역법상 다른 복무 제도와의 혼 동을 피하기 위해서라도 양심적 병역거부자를 위한 대체복무에 있어서는 이러한 점을 명확하게 명문으로 규정하여 두는 것이 필요하다.

　문제는 현실적으로 대체복무시설에서 대체복무요원의 합숙이 가능한 시설을 구비하고 있느냐의 문제라고 할 수 있는데, 앞에서 대체복무의 내용으로 고려할 수 있다고 본 소방업무나 교정보조업무 등의 경우에는 합숙시설의 구비에 크게 어려움이 없을 것으로 생각된다.

　어려움이 예상될 수 있는 업무 분야는 사회복지시설 등에 복무하게 하는 경우로서 이 경우에 과연 어떤 방식으로 합숙을 시킬 것인지 문제가 될 수 있다. 대체복무제가 예정하고 있는 사회복지시설에는 대체로 합숙복무를 위한 시설이 갖추어져 있지 않은 경우가 거의 대부분일 것이고, 합숙복무를 위한 시설을 해당 사회복지시설의 부담으로 갖추도록 하는 것도 적절하다고 보기 어렵기 때문이다.

　선행 연구 중에서 이 부분에 관하여 구체적인 검토를 한 연구는 진석용을 들 수 있다.[11] 비록 10여 년 전에 이루어진 연구이기 때문에 그 이후의 상황 변화가 제대로 반영되지 못한 측면이 있기는 하지만, 이후에 이와 같은 내용으로 연구가 이루어진 바가 없고, 국방부에서 진행하고 있는 대체복무 제도 모델이 당초의 발표와 달리 2018년 9월 30일 시점까지 구체적인 윤곽을 드러내고 있지 아니한 현재의 상황으로는 위 진석용의 연구결과를 토대로 가늠해볼 수밖에 없다. 2018년 8월 현재 국방부·병무청·법무부 합동으로 대체복무제 도입을 위한 실무추진단과 국가인권위원회, 학계 및 시민단체 민간전문가 등을 주축으로 양심적 병역거부자의 대체복무제 도입을 위한 자문위원회를 발족하여 활동 중인 것으로 알려졌으나, 2018년 8월 말까지 대체복무안을 마련하겠다는 공표와 달리 2018년 8월 2일 제1차 자문위원회가 열렸다는 사실과 교도소와 소방서 등을 우선적 대체복무기관으로 검토하고 있다는 소식만 알려졌을 뿐, 아직 구체적인 대체복무기관의 윤곽

---

　11 진석용, 전게 보고서, 115면 이하.

324 대체복무 제도의 모델에 관한 연구

이 드러나지는 않고 있는 실정이기 때문이다.

위 진석용의 연구에서는 병무청, 당시의 보건복지가족부, 광역시·도, 그리고 관련 사회복지시설협회의 협조를 통해 조사대상시설의 목록을 확보하고 2,130개소의 시설을 대상으로 선정하여 조사를 실시하였고, 525개 시설에서 응답을 받았다고 한다. 응답 내역은 다음과 같다.

[표 12] 조사대상 시설

종류	시설의 수	응답 시설의 수
노인복지시설	1,264	97
장애인복지시설	305	128
아동복지시설	282	133
정신요양시설	58	35
사회복귀시설	92	30
여성복지시설	70	50
부랑인복지시설	38	36
소방서	16	12
보훈병원	5	4
합계	2,130	525

조사결과 사회복지시설에서의 합숙복무 사회복무요원[12] 수요는 807명이었으며, 시·도 소방서에서의 합숙복무 사회복무요원 수요는 788명, 보훈병원에서의 합숙복무 사회복무요원 수요는 10명으로 조사되었다. 한편 사회복지시설에서 수행하기를 희망하는 복무분야는 수발지원이 198명으로 가장 많았으며, 경비 및 시설관리, 프로그램지원이 각각 179명, 80명 순이었다. 복무분야별 희망인원의 수를 도표로 정리하면 다음과 같다.

---

12 진석용의 연구에서는 대체복무라는 용어 대신 사회복무라는 용어를 사용하였다.

[표 13] 분야별 복무희망 인원

복무분야	합숙복무 희망인원
경비 및 시설관리	179
감시 및 보건지원	21
환자지원	48
차량운전	64
수발지원	198
장애학생 및 아동지원	26
프로그램지원	80
행정지원	43
취사지원	77
일과 중 순환 근무	71
합계	807

　야간 18:00~22:00(4시간)의 필요 복무인원은 수발지원이 86명으로 가장 많고, 경비 및 시설관리 64명, 프로그램지원 46명 순으로 조사되었다. 또한 야간 8시간 이상의 필요복무인원은 경비 및 시설관리가 128명으로 가장 수요가 많았고, 수발지원 120명, 환자지원 34명 순으로 나타났다. 그러나 합숙복무자를 희망하고 있는 시설 중 76% 이상이 합숙여건을 갖추고 있지 못한 것으로 나타났다. 합숙형 대체복무제를 도입함에 있어서 가장 시급하게 해결해야 할 문제가 바로 이 문제라고 할 수 있다.

　대체복무 역시 국가에 대한 국민의 의무이행이라는 점에서는 의무부과의 주체인 국가가 시설비용을 부담하는 것이 상당하다고 볼 수 있다. 그러나 대체복무 제도 도입 자체에 대해서도 아직까지 부정적 여론이 상당한 상황에서 대체복무 제도 도입에 따른 합숙시설의 비용까지 국가가 부담하도록 하면 자칫 대체복무 제도 도입에 거부감이 확산되거나, 재정적 부담을 이유로 대체복무기관으로 지정되는 것을 회피하는 상황이 초래될 우려를 배제할 수 없다. 대체복무기관을 선정함에 있어서는 해당 기관에서 복무하게 될 업무의 내용도 고려해야 하겠지만, 복무 형태도 고려할 필요가 있는 것은 이 때문이다.

결국 대체복무의 형태는 합숙형을 원칙으로 하고 합숙에 필요한 시설은 국가에서 부담하는 것을 원칙적인 형태로 하되, 대체복무의 내용이나 그밖에 다른 사정을 고려하여 대체복무가 적합한 업무이기는 하지만 합숙 복무가 매우 곤란한 사정이 있는 경우라면 예외적으로 출퇴근 복무를 허용하는 등 다소 탄력적인 규율이 가능하도록 원칙과 예외의 형식으로 기준을 마련하는 방안이 적절할 것이다.

2. 급여 등의 수준

대체복무자에 대해서도 현역병과 마찬가지 수준의 급여가 지급되어야 한다. 급여는 물론 그밖에 다른 처우에 있어서도 현역병과 대체복무자 사이에 차등을 두는 것은 올바른 대체복무 제도가 될 수 없다. 국제연합 자유권규약위원회는 등록된 주소지가 아닌 곳에서 복무하도록 요구하거나, 사회 기관에서 복무하는 사람이 기본생계를 유지하는 것조차 힘들 정도로 급여를 적게 지급하거나, 관련된 당사자들의 이동의 자유를 제한하는 것은 제재적 성격의 처분이라는 점을 확인했다.[13]

---

13 CCPR/C/RUS/CO/6 and Corr.1, 23항. 전게 www.withoutwar.org/?p=13678&download=13679에서 인용.

제10절   대체복무의 관리와 감독 주체

종래의 법률안들은 대체복무의 관리와 감독의 주체를 거의 대부분 병무청(지방병무청 포함)으로 설정하고 있다. 그러나 국방부나 병무청에서 대체복무를 관리하고 감독하도록 하는 것은 행정적 편의만을 고려한 방안일 뿐, 양심적 병역거부의 특성을 제대로 반영하지 못한 문제점이 있다고 볼 수 있다. 양심적 병역거부자의 절대 다수를 차지하고 있는 여호와의 증인 신도들은 군이나 국방부가 관여하는 형태의 대체복무제는 받아들일 수 없다는 입장을 분명하게 천명하고 있기 때문이다. 국제재판 등에서도 양심적 병역거부자들의 이와 같은 입장을 수용하여 군이 관여하지 않는 형태로 대체복무제를 시행할 필요가 있다는 태도를 취하고 있음은 제2장 제2절에서 이미 살펴본 바와 같다. 앞에서 양심적 병역거부 여부를 판별하기 위한 기구를 독립적인 위원회로 구성하되 국방부나 병무청 소속이 아닌 국무총리 소속이나 별도의 독립된 기구로 두어야 한다는 입장을 제시한 것도 이와 같은 상황을 고려하였기 때문이다.

적절한 대체복무 제도가 시행되기 위해서는 국방부나 병무청으로부터 직제상 독립된 위원회가 대체복무의 관리와 감독을 담당하도록 하되, 필요한 사항에 관하여 병무청이나 국방부와 협의하고 협조할 수 있도록 규율하는 방안이 무난할 것으로 생각된다.

제11절   대체복무 해태의 효과

2018년 6월 28일 헌법재판소 결정 이후에 발의된 법률안들 중 이용주의원안을 제외한 나머지 법률안들은 비록 대체복무의 내용이나 기간 등의 측면에서는 대체복무 제도 본래의 취지에서 벗어나 제재적 성격을 갖는 복무 제도를 도입하려 한다는 비판을 받으면서도, 대체복무 요원의 복무이탈의 효과에 관해서는 복무 기간의 연장 등을 규정할 뿐 대체복무 편입 자체를 취소하는 규정은 두고 있지 않다. 다만, 이용주의원안 제33조의33은 대체복무요원의 일정한 복무이탈이 있는 경우에 대체복무요원 소집을 취소한다고 규정하면서도 그 취소의 효과에 있어서 '편입되기 전의 신분으로 복귀하여 현역병·사회복무요원 또는 대체복무요원으로 입영하여야 한다'라고 규정함으로써 대체복무요원 소집을 취소당하더라도 다시 대체복무요원으로 입영하도록 길을 열어 놓고 있는 것처럼 보이는 문언을 규정하고 있다. 그런데 이와 같이 대체복무 소집을 취소당하더라도 다시 대체복무요원으로 입영하도록 한다면 구태여 종전의 대체복무 소집을 취소할 실익이 어디에 있는 것인지 의문이다.

한편 2018년 6월 28일 헌법재판소 결정 이전에 발의되었던 종래의 법률안들은 이철희의원안을 제외하고는 모두 대체복무를 이탈하여 병역법 제89조 소정의 복무이탈죄로 처벌받은 경우 등에는 대체복무 소집을 취소하고 현역병 또는 사회복무요원으로 소집할 수 있도록 하는 조항을 규정하고 있다.[14]

그러나 이와 같은 대체복무 편입 취소 조치가 적절한 것인지에 대해서는 대단히 의문이다. 이와 같은 대체복무 편입 취소조치는 사회복무요원의 경우와 비교하여 대체복무요원을 합리적 이유 없이 차별대우하는 것이어서 부당하다. 물론 예술·체육요원이나 전문연구요원의

---

14 박주민의원안 제33조의28, 전해철의원안 제33조의28, 이정희의원안 제33조의20, 김부겸의원안 제43조의16, 노회찬의원안 제33조의25, 임종인의원안 제43조의14 등 참조.

경우에는 복무이탈 등의 사유가 있는 경우에는 해당 요원 편입을 취소하고 현역으로 복무하도록 규율하고 있기는 하다. 그러나 양심적 병역거부로 인한 대체복무의 경우에는 일반 예술·체육요원이나 전문연구요원의 복무와 성격을 달리하므로 복무이탈의 효과로 편입을 취소하는 처분을 하는 것은 적절하지 않다. 대체복무요원은 그 성격상 위 예술·체육요원이나 전문연구요원보다는 오히려 학력, 신체등급, 나이 등 자질을 고려할 때 현역으로 복무하도록 하는 것이 적절하지 않다고 병무청장이 판단하는 경우에 복무하도록 하는 사회복무요원의 경우와 유사하게 취급하는 것이 상당하다고 할 수 있다. 그런데 사회복무요원의 경우에는 복무이탈이 있더라도 그로 인하여 사회복무요원 편입을 취소하는 처분을 발하지 않는다. 현행 병역법 제30조 제1항은 사회복무요원의 경우 사회복무요원이 징역·금고 또는 구류의 형을 받거나 복무를 이탈한 경우에는 그 형의 집행 일수나 복무이탈일수는 복무 기간에 산입하지 아니하도록 규정함으로써, 사회복무요원이 형사처벌을 받는 경우에도 그 복무형태는 그대로 유지되는 것으로 규정하고 있다.[15]

　　물론 대체복무를 도입하고자 하는 법률안에서도 대체복무자의 복무이탈 등에 대하여 위와 마찬가지로 복무 기간을 연장할 수 있는 규정을 두고 있기는 하다.[16] 그런데 이에 더하여 대체복무자가 형사처벌을 받은 경우에는 현역병으로 소집할 수 있는 길을 열어주는 규정을 추가로 두고 있기 때문에 문제인 것이다.

　　형사처벌로 인한 효과의 측면에 국한해서 살펴본다면, 사회복무의 본질이 대체복무와 별반 다르지 않다는 점에서 대체복무자라고 하여 이들 사회복무요원보다 불리한 처우를 감수하여야 할 이유는 없다고

15 병역법 제33조 제4항 "사회복무요원으로서 제89조의2 제1호 또는 제89조의3에 따라 형을 선고받은 사람에 대하여는 대통령령으로 정하는 바에 따라 남은 복무 기간을 사회복무요원으로 복무하게 한다."
16 예컨대, 박주민의원안 제33조의25 제4항 참조.

할 것이다. 더구나 대체복무요원의 경우 양심상의 이유로 집총이나 전쟁을 거부하는 신념을 갖고 있는 사람인데, 비록 그가 형사처벌을 받는다고 하더라도 그 형사처벌의 효과로 자신의 양심이나 신념을 저버리도록 강요하는 것은 대단히 부적절한 조치라고 할 것이기 때문이다.

그러므로 대체복무요원으로 편입된 사람이 복무를 해태한 경우에 그에 대한 행정적 제재나 복무 기간의 연장 등 조치를 취하는 것은 별론으로 하고, 대체복무 편입을 취소하고 현역으로 편입하는 처분을 내리는 것은 허용되지 말아야 한다.

제12절   대체복무의 효과

1. 개   요

현행 병역법상 현역 복무를 마치면 예비역에 편입된다. 사회복무요원이나 예술·체육요원 및 전문연구요원 등 넓은 의미의 대체복무요원의 경우에는 그 복무를 마치고 나면 보충역에 편입된다. 한편 병역을 거부하여 1년 6월의 형을 복역한 자는 전시근로역에 편입된다(병역법 제65조 제1항 제2호, 병역법시행령 제136조 제1항 제2호). 전시근로역의 병역의무는 40세까지 부담한다(병역법 제72조 제1항). 이 기간은 전시·사변이나 동원령이 선포된 경우에는 45세까지 연장될 수 있다(병역법 제83조 제1항 제9호). 전시근로역의 경우 전시·사변 또는 이에 준하는 국가비상사태가 발생하더라도 병력동원 소집대상에서는 제외되나(병역법 제44조), 군사교육을 위한 소집의 대상이 될 수 있고(변호사법 제55조 제1항, 제2항), 전시근로소집에 따른 군사지원업무를 담당하여야 한다(병역법 제5조 제1항 제5호 가목 및 나목).

이와 같이 전시근로역이라고 하더라도 전투적 성격을 갖는 복무로부터 완전히 절연(絕緣)되는 것이 아니기 때문에, 양심적 병역거부자를 전시근로역에 편입시키는 조치는 잠재적으로 새로운 병역거부 사태를 내포하는 조치라는 점에서 문제가 있다. 이에 따라 양심적 병역거부자에 대하여 대체복무 제도를 도입함에 있어서는 대체복무를 마친 후에 어떤 병역에 편입되느냐 여부가 새로운 문제로 대두되는 것이다.

2. 예비군 편입 문제

과거 한때 양심적 병역거부로 형사처벌을 받은 후에도 보충역에 편입되어 예비군에 편성되는 경우가 있었다. 이에 따라 지금까지도 양심적 병역거부를 이유로 예비군 훈련을 거부하여 예비군법 위반으로 형사처벌을 받게 되는 문제가 발생한다. 대체로 벌금형의 처분에 그치기 때문에 이를 다투는 절차비용을 감당하는 것보다는 벌금을 납부하고 일상생활을 영위하는 경우가 훨씬 많지만, 종종 벌금형에 불복하여 재판절차가 벌어지기도 한다. 현재도 대법원에는 2018도4708호 등 양심적 예비군거부사건이 계속 중에 있다.

양심적 예비군거부의 경우 양심적 병역거부와 관련된 논점 이외에 추가적으로 더 문제되는 쟁점이 있는데 그것은 이중처벌의 문제와 일사부재리원칙 위반의 문제이다. 즉, 2018년 3월 5일 국방부훈령 제2139호로 일부 개정되어 시행 중인 「예비군 교육훈련 훈령」 제18조 제3호에서는 훈련미참자에 대하여 그 사유를 불문하고 1차 보충훈련을 실시하고 보충훈련도 불참한 경우에는 고발조치를 하며, 계속 무단 불참 시에는 불참 시마다 매회 고발을 반복하도록 규정하고 있다. 이 때문에 양심상의 이유로 전투훈련에 해당하는 예비군 훈련을 거부한 경우에는 예비군 복무 기간이 끝날 때까지 고발조치가 무한 반복되는 악순환이 발생하게 되는 것이다.

이와 같은 무한처벌의 반복은 영구불변의 양심상의 결정을 내리고 그 거부 의사를 분명하게 표명한 경우 이에 대한 추가 처벌은 이중처벌에 이를 수 있다는 독일연방헌법재판소[17] 및 국제연합 자유권규약위원회의 태도[18]에 비추어 우리 헌법상의 기본원칙이기도 한 이중처벌금지원칙 위반의 문제가 있는 것이다. 특히 이미 훈련거부로 형사처벌된 사안에 대하여 무한정 보충훈련을 부과하여 처벌할 수 있도록 한 위 국방부훈령과 이에 따라 무차별적으로 보충훈련을 부과하고, 기소하고 있는 작금의 상황은 양심적 예비군 훈련 거부자에게 매우 가혹하게 작용하는바, 실제로 양심에 따라 예비군 훈련을 거부하는 사람들은 종종 1년에 부과될 수 있는 훈련의 법령상 한도인 20일 혹은 160시간이 넘는 훈련을 통지받아 각 훈련의 거부에 대해 고발당하고 형사재판을 받아 처벌받는 경우도 있는 것으로 알려지고 있다.

설사 훈련거부가 처벌의 대상이 된다고 보더라도 그 처벌은 적어도 법령상 연간 훈련의 한도와 비례 관계를 이루어야 할 것인바, 양심적 예비군 훈련 거부에 대한 이와 같은 처벌 실태는 통상적으로 연간 예비군 훈련이 최대 3회 36시간(동원훈련 24시간, 전/후반기 향방작계훈련 12시간) 정도 이루어지고 있는 현실과 비교할 때 더더욱 비례성을 일탈하는 처분이라고 볼 여지가 있는 것이다.

물론 우리 헌법재판소는 이 쟁점에 관하여 종래 "구 향토예비군설치법(1999. 1. 29. 법률 제5704호로 개정되고, 2010. 1. 25. 법률 제9945호로 개정되기 전의 것) 제15조 제8항 중 '같은 법 제6조 제1항의 규정에 의한 훈련을 정당한 사유 없이 받지 아니한 자'에 관한 부분에 따라 처벌되

---

17 BVerfGE 23, 191(203).
18 국제연합 자유권규약위원회 일반논평 제32호: "양심적 병역거부자에게 군 복무 영장이 재차 발급되었고 양심에 따른 동일하고 지속적인 결심에 따라 이 영장에 대해 불응하였다면, 이에 대해 처벌하는 것은 같은 범죄에 대한 반복 처벌에 이를 수 있다."

는 범죄행위는 '예비군 복무 전체 기간 동안의 훈련 불응행위'가 아니
라 '정당한 사유 없이 소집통지서를 받은 당해 예비군 훈련에 불응한
행위'라 할 것이므로, 양심적 예비군 훈련 거부자에 대하여 유죄의 판
결이 확정되었더라도 이는 소집통지서를 교부받은 예비군 훈련을 불
응한 행위에 대한 것으로 새로이 부과된 예비군 훈련을 또다시 거부하
는 경우 그에 대한 형사처벌은 가능하다고 보아야 한다. 따라서 이 사
건 법률조항이 이중처벌금지원칙에 위반된다고 할 수는 없다"라고 결
정한 바 있다.[19] 헌법재판소는 위 판시에서 "위 처벌조항이 국방의 의
무 중 하나인 예비군 훈련의무를 강제함으로써 예비군 전력을 유지하
고, 병역의무 부담의 형평성을 기하며 궁극적으로 국가의 안전보장이
라는 헌법적 법익을 실현하고자 하는 것으로 그 입법목적이 정당하고,
예비군 훈련에 불응한 자들에 대하여 형벌을 부과함으로써 예비군 훈
련의무의 이행을 강제하고 있으므로, 이 같은 입법목적을 달성하기 위
한 적절한 수단"이라고 하면서, "예비군 훈련의무와 관련하여 대체복
무제를 도입할 것인지의 문제는 결국 '대체복무제를 허용하더라도 국
가안보라는 중대한 공익의 달성에 아무런 지장이 없는지 여부'에 대한
판단의 문제로 귀결되는바, 대체복무제 도입은 현역 및 예비역을 포함
한 전체 국방력 차원에서 국가안보라는 공익과 결부하여 검토되어야
할 분야인데, 남북이 대치하고 있는 우리나라의 특유한 안보상황, 대
체복무제 도입 시 발생할 병력자원의 손실 문제, 예비군 훈련거부가
진정한 양심에 의한 것인지 여부에 대한 심사의 곤란성, 사회적 여론
이 비판적인 상태에서 대체복무제를 도입하는 경우 사회 통합을 저해
하여 국가 전체의 역량에 심각한 손상을 가할 우려가 있는 점 및 종전
헌법재판소의 결정에서 제시한 선행조건들이 아직도 충족되지 않고
있는 점 등을 고려할 때 대체복무제를 허용하더라도 국가안보와 병역

---

19 헌재 2011. 8. 30. 2007헌가12 등.

의무의 형평성이라는 중대한 공익의 달성에 아무런 지장이 없다는 판단을 쉽사리 내릴 수 없으므로, 양심적 예비군 훈련 거부자에 대하여 대체복무제를 도입하지 않은 채 형사처벌 규정만을 두고 있다고 하더라도 이 사건 법률조항이 최소침해의 원칙에 반한다고 할 수 없"으며, "양심적 예비군 훈련 거부자는 이 사건 법률조항에 따라 형사처벌을 받게 되나, 이 사건 법률조항이 추구하는 공익은 국가의 존립과 모든 자유의 전제조건인 '국가안보' 및 '병역의무의 공평한 부담'이라는 대단히 중요한 공익이고, 예비군 훈련의무의 이행을 거부함으로써 양심을 실현하고자 하는 경우는 누구에게나 부과되는 예비군 훈련의무에 대한 예외를 요구하는 것이므로 병역의무의 공평한 부담의 관점에서 볼 때 타인과 사회공동체 전반에 미치는 파급효과가 대단히 큰 점 등을 고려해 볼 때 이 사건 법률조항이 법익균형성을 상실하였다고 볼 수는 없다"라는 이유를 내세웠다.

　　이와 같은 이유는 헌법재판소 2018년 6월 28일 결정 이전까지 헌법재판소에서 양심적 병역거부자를 병역거부죄로 처벌하는 현행 병역법 제88조 제1항이 헌법에 위반하지 않는다는 입장을 표명할 때 내세웠던 논리와 동일한 내용이다. 따라서 헌법재판소 2018년 6월 28일 결정으로 양심적 병역거부자 형사처벌에 관한 헌법재판소의 태도가 변경된 이후에도 헌법재판소에서 위와 같은 태도를 그대로 유지할 것인지는 대단히 의문이다. "병역법 조항은 국가안전보장이라는 헌법적 법익을 실현하고자 하는 목적의 정당성과 수단의 적합성이 인정되나, 양심적 병역거부자로 하여금 비군사적 성격의 공익적 업무에 종사하게 함으로써 병역의무의 이행에 갈음하도록 하는 대체복무제는 군사훈련을 수반하는 병역의무를 일률적으로 부과하는 것에 비하여 양심의 자유를 덜 제한하는 수단임이 명백하고 이와 같은 대체복무제는 국방의 의무와 양심의 자유의 보장 사이에 발생하는 헌법적 가치의 충돌 문제를 해결하는 유력한 수단으로 오래전부터 제시되어 왔음에도 불구하고, 병역종류조항에 대체복무제를 도입하지 않음으로 인하여 양심적 병역거부자들에게 심대한 불이익을 주고 있다는 점에서 기본권 제한의 한계를 초과하여 법익의 균형성 요건을 충족하지 못하며 과잉금지원칙에 위배한다"는 위 2018년 6월 28일 헌법재판소 결정의 논리를 예비군법 제15조 제9항 제1호 전단에 적용한다면, 예비군 훈련의 종류에 비군사적 대체복무제를 도입하지 않음으로 인하여 양심적 예비군 훈련 거부자들에게 심대한 불이익을 주고 있다는 점에서 기본권 제한의 한계를 초과하여 법익의 균형성 요건을 충족하지 못하며 과잉금지원칙에 위배한다고 보아야 할 것이기 때문이다.

이와 같은 이유에서 병역법에 대체복무 제도의 도입을 추진하는 것과 별개로 예비군법에서도 양심적 예비군 거부자를 위한 대체복무 제도를 도입하는 등의 조치에 나아갈 필요가 있다고 할 것이다.

이미 국제연합 인권이사회는 재입영통지를 거부하는 양심적 병역거부자를 거듭 처벌하는 것은 동일 범죄에 대한 처벌로서 이중처벌금지원칙에 위배된다고 판단한 바 있다.[20] '재입영통지의 거부행위'나 '훈련소집통지의 반복적인 거부행위'나 그 행위 양태는 동일하다고 할 것이다. 국제연합 자유권규약위원회도 2015년과 2016년에 다섯 건의 개인청원에 대해 채택한 견해에서 병역 의무를 거부하거나 군 복무 이행을 거부했다는 이유로 터키 형법의 동일한 조항에 따라 청원인들을 두 번이나 재판에 회부하고 처벌한 것은 사상, 양심 및 종교의 자유와 일사부재리원칙를 위반한 것이라고 결정했다.[21]

---

20 인권이사회 결의 제24/17호.
21 Abdullayev *v.* Turkmenistan, Nasyrlayev *v.* Turkmenistan, Aminov *v.* Turkmenistan, Matyakubov *v.* Turkmenistan and Nurjanov *v.* Turkmenistan. 전게 www.withoutwar.org/?p = 13678&download = 13679 에서 인용(2018. 9. 25. 최종방문).

3. 전시근로역 편입 문제

대체복무를 마친 후 또는 대체복무 도중 일정한 징역이나 금고의 복역으로 인한 효과로 전시근로역에 편입되는 경우에 있어서 평상시에는 별다른 문제가 없을 수 있으나, 전시근로역의 경우 군사교육을 위한 소집의 대상이 될 수 있고(병역법 제55조 제1항, 제2항), 전시근로소집에 따른 군사지원업무를 담당하여야 하므로(병역법 제5조 제1항 제5호 가목 및 나목) 마찬가지로 병역거부의 대상이 될 수 있다는 문제점이 있음은 앞에서 이미 살펴보았다.

그러므로 대체복무 제도를 설계함에 있어서 현역에 해당하는 대체복무를 마친 후에는 종래의 예비역은 물론 현재의 전시근로역에도 그대로 편입되지 않도록 도모할 필요가 있다. 이 부분은 종래의 병역 종류만으로는 양심적 병역거부에 따른 대체복무의 취지를 제대로 관철시키기 어려운 문제가 있으므로 대체복무예비역이라는 새로운 병역을 신설할 필요가 있다고 생각한다. 이에 관하여는 항을 바꾸어 다시 살펴보도록 한다.

4. 대체복무예비역의 창설 검토

현행 병역법에 따르면 현역 복무를 마친 후에는 예비역으로 편입되며, 예비군법 제3조 제1항에 따라 예비군의 편성 대상이 된다. 그러나 예비군은 그 복무 기간 동안 동원훈련 등 군사적 복무를 전제로 하고 있으므로, 양심적 병역거부를 이유로 대체복무를 마친 사람이 현재의 예비군으로 편성된다면 예비군 훈련거부라는 새로운 병역거부 양태를 양산하는 결과를 초래하게 된다.

이러한 상황을 방지하기 위해서는 양심적 병역거부를 이유로 대체복무를 마친 사람에 대해서는 현재와 같이 예비역에 편성되도록 할 것이 아니라 새로운 병역에 편입시킴으로써 군사적 복무를 전제로 하는 예비군에 편성되지 않도록 도모할 필요가 있게 된다.

종래의 법률안들에서는 예비군 편성 부분에 대해 아무런 배려를 하지 않거나, 예비군법의 개정까지 함께 제시하여 군사적 훈련에 동원되지 않도록 도모하는 두 가지 방안이 고려되어 왔으며, 아예 병역법 자체에서 대체복무를 마친 후 전시근로역에 편성시키면서 군사훈련을 배제하는 방안도 제시되었다.

그러나 전시근로역의 경우에도 군사교육을 위한 소집이 가능하도록 되어 있고 전시·사변 또는 이에 준하는 국가비상사태에 처한 경우에는 군사업무 지원업무에 동원될 수 있는 등 군사적 업무에서 완전히 단절되는 것은 아니기 때문에 여전히 병역거부 재발의 위험성이 상존하고 있다는 문제점도 앞에서 이미 살펴보았다.

전시·사변 또는 이에 준하는 국가비상사태가 발생한 경우에 닥쳐서 전시근로역에 편입된 사람이 군사업무 지원업무 동원을 거부하는 경우에 우리 사회에 겪게 될 혼란은 평상시의 그것보다 훨씬 심각한 영향을 미치게 될 것이다. 그러한 심각한 영향의 가능성으로 말미암아 그만큼 전시근로역의 동원 거부에 대하여 엄중한 태도를 취할 우려가 있다. 이러한 우려를 불식시키기 위해서는 양심적 병역거부로 인한 대체복무를 이행한 경우에 전시근로역으로 편입시키는 방안은 적절하지 않다고 할 것이다.

비록 최근에 발의된 법률안의 경우에서 볼 수 있듯이 전시근로역으로 편입시키면서도 군사교육 대상에서 배제시키거나, 전시근로소집 대상에서 배제시키는 단서를 신설하는 방안도 제시되고 있으나, 그와 같은 방안보다는 차라리 대체복무를 마친 사람에 대해서는 대체복무 예비역(가칭)이라는 새로운 병역을 신설하여 사회기반시설의 유지나 관리 또는 종래 종사하였던 대체복무 중 일부 업무에 연간 일정 시간 이상 복무하는 것으로 규율하는 편이 적절할 것이다. 종래 법률안의 위와 같은 단서 신설 방안은 마치 현역으로 복무하되 전투적 업무에 복무하는 것만 면제시키는 방안과 유사하게 운용될 우려가 있기 때문이다. 이와 같은 복무 형태는 대체복무 제도의 취지에 부합하지 않으며 현실적으로 양심적 병역거부자들이 받아들일 수도 없는 복무형태라는 점은 앞에서 이미 살펴본 바와 같다.

'대체복무예비역'의 경우에 있어서 복무 기간은 특별히 예비군보다 장기간으로 규정할 필요는 없다고 할 것이므로, 예비군 복무 기간과 동일한 기간을 적용하더라도 무방하다. 대체복무예비역을 마친 후에는 전시근로소집이나 군사교육훈련이 배제된 별도의 병역(가칭 대체복무근로역)에 편입되도록 규정을 마련하면 전시근로역으로 편입하는 경우에 발생할 것으로 우려되는 문제점을 해결할 수 있을 것으로 생각된다.

제13절　입법 형식

대체복무 제도를 규율하는 규범은 병역법을 일부 개정하는 형태보다는 대체복무 제도만을 규율하는 독립한 법률의 제정이 적절하다. 대체복무의 내용 자체가 현행 병역법상 특수한 복무형태인 사회복무요원이나 예술·체육요원 등의 그것과 현저하게 차이가 나기 때문에, 이들을 하나의 법률 속에 묶어서 규율하는 것은 병역에 관한 기본법이 되어야 할 병역법을 지나치게 난삽하게 만드는 문제점이 있다. 대체복무를 마친 후의 효과에 있어서도 다른 복무의 경우와 다른 취급을 해야 하는 이상 병역법의 일반조항의 적용을 받지 않는 별도의 법률로 규율하는 것이 대체복무의 내용과 효과를 체계적으로 규율하기에 더 적합한 방안이 될 것이다.

만일 병역법에 규정을 두게 된다면, 대체복무에 관한 별도의 장을 신설하여 해당 장에서 규율하는 사항이 병역법의 다른 조항에 우선하도록 규율하는 방안을 고려하는 것이 새로운 제도의 도입에 있어서 자칫 초래될 수도 있는 기존 제도와의 충돌을 조금이라도 줄일 수 있는 방편이 될 수 있을 것이다.

한편, 현행 병역법 제2조 제7호를 비롯하여 제4장 제3절 등 '전환복무'에 관한 현행 병역법의 규정들은 모두 대체복무 제도에 맞추어 개정할 필요가 있다. 현행 병역법상 전환복무는 현역병으로 복무 중인 사람이 의무경찰대원 또는 의무소방원으로 복무를 전환하는 것을 의미한다(병역법 제2조 제7호). 그러나 대체복무 제도의 방편 중 하나로 의무소방원으로 복무하는 방안을 채택하게 된다면 병역의무의 전환을 전제로 규정하고 있는 현행 병역법의 전환복무에 관한 규정들을 대체복무 제도와 충돌하지 않도록 수정할 필요가 있는 것이다.

제14절 결 론

이상과 같이 한국에서 대체복부 제도를 도입하는 경우에 결정되어야 할 여러 가지 요소들에 관하여 살펴보았다. 대체복무 제도의 구체적 모델에 관한 우리 사회의 논의가 2018년 6월 28일 헌법재판소의 헌법불합치 결정 이후에 오히려 더 완고한 입장으로 돌아서고 있는 것이 아닌지 우려되는 상황에서 국제적 추세와 그동안 제시된 국가인권위원회 및 헌법재판소 결정의 취지 등을 반영하여 나름의 기준과 구체적 모델을 제시하고자 하였다.

분명한 것은 대체복무 제도는 '병역'의무를 대체하는 제도이지 병역거부에 따른 '형벌'을 대체하는 제도가 아니라는 점이다. 복무의 내용이나 강도, 복무 기간 등 모든 면에서 이와 같은 기본적 원칙이 관철될 필요가 있다.

다른 한편으로는 처음부터 완비된 대체복무 제도를 갖추어 시행할 수 있다면 좋겠지만, 아직 한 번도 가보지 않은 길을 가게 되는 우리의 현실을 고려할 때 초기에는 탄력적이고 융통성 있는 제도를 설계하고 해당 제도의 시행 결과를 지켜보면서 점진적으로 우리의 현실에 적합한 대체복무 제도를 구체화시켜 나가는 과정이 뒤따르는 것이 바람직할 것이다.

이러한 기본적인 관점에서 이 연구의 결과를 요약하면 이와 같다. 입영대상자는 물론 현역병이나 예비군에 편입된 이들에게도 대체복무 편입 신청의 기회가 주어져야 한다. 다만 현역병이나 예비군의 경우 대체복무 편입 신청과 번복의 잦은 반복이 없도록 일정한 제한이 필요하다. 잔여복무 기간이 단기간이라 하더라도 복무가 종료되기 전에 심사가 이루어질 수 있는 한 기회가 주어져야 한다. 전시근로역 등 아직 가시화되지 않은 비상사태의 경우까지 염두에 둔 전체적인 대체복무 제도의 설계가 필요하다.

양심적 병역거부에 해당하는지 여부는 외부의 심사로 얼마든지 판단할 수 있는 문제이다. 심사기구는 행정형 위원회로 하되 단심제 또는 선택적 복심제로 구성하고 그 소속은 병무청이나 국방부가 아닌 국무총리 등의 소속으로 하는 편이 바람직하다. 위원의 과반수는 민간 위원으로 구성하여야 하고, 위원장은 호선하도록 하여야 한다. 위원의 구성에 있어서 법조인은 반드시 포함시키되 특정 종교에 거부감을 가질 수 있는 종교계 인사는 가급적 배제하는 편이 적절하다. 성비(性比)도 고려할 필요가 있다. 행정소송의 피고적격과 소송물도 명확히 규정할 필요가 있다.

대체복무의 내용은 병역의무를 이행하는 것과 유사한 정도의 강

참고자료

연구논문(국내)

강승식, "양심의 자유의 제한과 그 한계", 「원광법학」 제29권 제3호(2013), 원광대학교 법학연구소.

김명재, "양심의 자유와 병역의무", 「공법학연구」 제8권 제3호(2007. 8), 한국비교공법학회.

김문현, "양심의 자유", 「고시연구」(2000. 10), 고시연구사.

김민서, "한국에서의 자유권규약 이행 현황에 대한 논고", 「법학논고」 제30집(2009), 경북대학교 법학연구원.

김병록, "양심적 병역거부의 헌법이론적 검토", 「헌법학연구」 제9권 제1호(2003), 한국헌법학회.

김성민, "양심적 병역거부", 여성이론 통권 제24호(2011. 6).

김신숙·박형준, "병역 대체복무제도의 변동과정고찰과 변화 요인분석", 「국정관리연구」 제11권 제3호(2016. 12), 성균관대학교 국정관리대학원.

김영미, "독일에 있어서 자원봉사를 통한 사회참여와 국가적 지원 — 연방자원봉사와 명예직 활동을 중심으로 — ", 「사회법연구」 제27호(2015. 12), 한국사회법학회.

김효전, "양심의 자유와 병역의 거부", 「고시계」(1975. 2), 고시계사.

나달숙, "양심적 병역거부와 대체복무 — 헌법재판소 2004. 8. 26. 2002헌가1 결정을 중심으로 — ", 「인권과 정의」 제359호(2006. 7), 대한변호사협회.

나달숙, "양심적 병역거부 해결방향", 「법학연구」 제24집(2006. 11), 한국법학회.

나달숙, "양심적 병역거부의 국제적 논의와 현황", 「토지공법연구」 제41집(2008. 8), 한국토지공법학회.

류기환, "양심적 병역거부에 대한 비범죄화 가능성", 「법학연구」 제52집(2013. 12), 한국법학회.

류지영, "양심의 자유로서의 병역거부의 불법성", 「법학논문집」 제40집 제2호(2016), 중앙대학교 법학연구원.

문수현, "전후 서독의 양심적 병역거부에 대한 논의", 「역사와 문화」 제17호(2009. 3), 문화사학회.

문제태, "양심적 병역거부에 관한 법적 검토 — 대체복무제도의 도입 방안을 중심으로 — ", 「법이론실무연구」 제5권 제1호(2017), 한국법이론실무학회.

박찬걸, "양심적 병역거부자에 대한 형사처벌의 타당성 여부", 「한양법학」 제23권 제20집(통권 제38집)(2012. 5), 한양법학회.

박찬운, "양심적 병역거부 — 국제인권법적 현황과 한국의 선택", 「저스티스」 통권 제141호(2014. 4), 한국법학원.

박현조, "국방의 의무에 관한 소고", 「경성법학」 제14집 제1호(2005. 7), 경성대학교 법학연구소.

세르게이 포노마료프(Sergey Ponomariov), "대체복무, 제도의 시작을 넘어", 「당대비평」(2004. 9), 생각의나무.

손동권, "사상범과 관련된 현행법규의 검토", 「비교형사법연구」 제5권 제1호(2003), 한국비교형사법학회.

신규하, "헌법상 양심적 병역거부권 논의", 「법학연구」 제24권 제3호(2016. 7), 경상대학교 법학연구소.

신운환, "'양심적 병역거부'라는 용어의 적절성 여부 검토와 대체 용어의 모색에 관한 소고 — 행정법학의 차원에서 — 국방인력의 확보에 미칠 영향을 고려하여", 「행정법연구」 제46집(2016), 행정법이론실무학회.

양 건, "국가와 종교의 관계에 대한 법적 고찰", 「현대공법학의 제문제: 윤세창박사정년기념논문집」(1983), 박영사.

오승철, "부작위에 의한 양심실현의 자유 — 양심적 부작위는 거의 절대적으로 보호되어야 한다 — ", 「헌법학연구」 제15권 제2호(2009. 6), 한국헌법학회.

윤영철, "양심적 병역거부에 대한 형사처벌의 형법적 문제점", 「형사정책」 제

16권 제2호(2004. 12), 한국형사정책학회.

윤진숙, "종교의 자유의 의미와 한계에 대한 고찰", 「연세법학」 제20권 제2호 (2010), 연세대학교 법학연구원.

이기철·노희범, "양심의 자유와 국방의 의무가 충돌하는 경우 국가는 Leviathan 이어야 하는가", 「한양법학」 제17집(2005. 6), 한양법학회.

이재승, "양심적 병역거부권과 대체복무제", 「민주사회와 정책연구」 통권 제7호(2005. 7), 민주사회정책연구원.

이재승, "그리스의 병역거부와 대체복무", 「일감법학」 제15호(2009), 건국대학교 법학연구소.

이재승, "독일의 대체복무제", FES – Information – Series(2007. 1), 프리드리히 에베르트 재단 주한 협력 사무소.

이재승, "독일에서 병역거부와 민간봉사", 「민주법학」 제20호(2001), 민주주의 법학연구회.

이재승, "양심적 병역거부를 처벌하는 병역법의 위헌심판사건 참고인 의견서", 「민주법학」 제45권(2011), 민주주의법학연구회.

이정환, "양심의 자유와 과잉금지원칙의 적용여부", 「중앙법학」 제18집 제1호(2016), 중앙법학회.

임재성, "징병제 형성 과정을 통해서 본 양심적 병역거부의 역사", 「사회와 역사」(구 한국사회사학회논문집) 88권(2010. 12), 한국사회사학회.

임재성, "평화운동으로서의 한국 양심적 병역거부운동 연구", 「민주주의와 인권」 제10권 제3호(2010. 12), 전남대학교 5·18연구소.

장복희, "양심적 병역거부자의 인권 보호", 「공법연구」 제35집 제2호(2006. 12), 한국공법학회.

장복희, "양심적 병역거부에 관한 국제사례와 양심의 자유", 「헌법학연구」 제12권 제5호(2006. 12), 한국헌법학회.

장영수, "양심적 병역거부와 병역법 제88조 제1항 등의 합헌성 여부에 대한 검토", 「헌법학연구」 제21권 제3호(2015. 9), 한국헌법학회.

전영평·박원수·김선희, "소수자로서 "양심적 병역거부자"와 옹호집단간 정책

갈등 분석", 「한국행정논점」 제20권 제4호(2008), 한국정부학회.

정연주, "양심적 병역거부", 「헌법학연구」 제19권 제3호(2012. 9), 한국헌법학회.

정인섭, "「시민적 및 정치적 권리에 관한 국제규약」과 군장병 인권", 「법학」 제48권 제4호(2007), 서울대학교 법학연구소.

정인섭, "우리 법원에서의 국제법 관련 판결", 「서울국제법연구」 제21권 제2호(2014), 서울국제법연구원.

조 국, "양심적 집총거부권 — 병역기피의 빌미인가 양심의 자유의 구성요소인가? — ", 「민주법학」 제20호(2001), 민주주주의법학연구회.

채형복, "양심적 병역거부: 권리인가 도피인가 — 유럽의 사례를 중심으로", 「법학논고」 제40집(2012. 10.), 경북대학교 법학연구원.

최용기, "양심의 자유와 병역거부", 「고시연구」(1990. 10), 고시연구사.

페레즈 키드론(Peretz Kidron), "왜 '전면적'이 아닌 '선택적' 병역거부인가", 「당대비평」(2004. 6), 생각의나무.

표명환, "양심적 병역거부와 대체복무제도", 「법과 정책」 제12집 제1호(2006. 2. 28), 제주대학교 사회과학연구소.

한인섭, "양심적 병역거부: 헌법적·형사법적 검토", 「양심적 병역거부」(2002), 사람생각.

한인섭, "양심적 병역거부 — 그 처벌의 위헌성", 「법과 정책」 제21집 제3호(2015. 12), 제주대학교 법과정책연구원.

한홍구, "인권과 사회복지, 그리고 군정예화의 묘수 — 타이완의 대체복무제", 「황해문화」 제32호(2001), 새얼문화재단.

저서/용역보고서/자료집 (국내)

계희열, 『헌법학(중)』, 박영사, 2000.

권영성, 『헌법학원론』, 박영사, 2002.

김철수, 『헌법학개론』, 박영사, 2002.

법제처, 『헌법주석서 I 』, 2007. 12.

오만규,『초기 기독교와 로마군대』, 한국신학연구소, 1999.

허 영,『한국헌법론』, 박영사, 2002.

홍성방,『헌법학』, 현암사, 2002.

군의문사진상규명위원회,「3년 활동보고서」(2009).

김선택, 용역보고서「한국내 양심적 병역거부자에 대한 대체복무 인정여부에
    관한 이론적·실증적 연구」, 국가인권위원회(2002).

대한변협 인권위원회·법원 국제인권법연구회 공동토론회,「양심적 병역거부
    의 문제점과 대체복무제도의 필요성」자료집(2014. 12. 20).

대한변호사협회,「인권보고서」(2018).

대한변호사협회 토론회 자료집,「양심적 병역거부와 대체복무제도 도입의 필
    요성」(2014. 12).

병무청,「입영 및 집총거부자 국민여론조사결과 보고서」(2014. 11).

전해철 의원 주최,「양심적 병역거부자에게 대체복무를 許하라」, 정책토론회
    자료집(2015. 11).

진석용, 용역보고서,「종교적 사유 등에 의한 입영거부자 사회복무체계 편입
    방안 연구」(2008), 병무청.

화우공익재단,「양심적 병역거부에 관한 쟁점토론」자료집(2016. 12. 7).

웹사이트

- http://h21.hani.co.kr/arti/society/society_general/3042.html.
- http://h21.hani.co.kr/arti/special/special_general/19297.html.
- http://www.gallup.co.kr/gallupdb/reportContent.asp?seqNo=493.
- http://www.yonhapnews.co.kr/bulletin/2017/09/29/0200000000AKR20170
    929206000061.HTML?from=search.
- http://www.yonhapnews.co.kr/bulletin/2017/09/29/0200000000AKR20170
    929206000061.HTML?from=search.

- https://amnesty.or.kr/12873/.
- https://m.lawtimes.co.kr/Content/Case−Curation?serial=119151.
- https://www.jw.org/ko/jehovahs−witnesses/faq/why−dont−you−go−to−war/#?insight[search_id]=3348215a−b3d9−4c1f−89b1−388bac10f427&insight[search_result_index]=20.
- www.realmeter.net/2016/10/양심적−병역거부−대체복무제−찬성−29−4−vs−반대−53−6/.

저서(해외)

G. Harries−Jenkins, "Britain: From Individual Conscience to Social Movement", The New Conscientious Objection: From Sacred to Secular Resistance, Oxford University Press (1993).

J. N. Pellechia & J. Chu, "From Marginalization to Martyrdom: The Nazi Persecution of Jehovah's Witnesses", in J.−K. Roth & E. Maxwell eds., Remembering for the Future: The Holocaust in an Age of Genocide Volume 1 History, Antony Rowe Ltd. (2001).

책임연구위원 약력

이광수(李光洙)
서울대학교 법과대학 법학과 졸업
제27회 사법시험 합격 / 사법연수원(제17기) 수료
대법원 양형위원회 위원 / 법무부 형사법개정분과특별위원회 위원
서울지방변호사회 법제이사
(현)서울지방변호사회 법제연구원 원장

서울지방변호사회 법제연구원 연구총서 11
대체복무 제도의 모델에 관한 연구

초판발행	2018년 11월 30일
연구위원	서울지방변호사회 이광수
펴낸이	안종만
편 집	이승현
기획/마케팅	조성호
표지디자인	조아라
제 작	우인도·고철민
펴낸곳	(주)**박영사**
	서울특별시 종로구 새문안로3길 36, 1601
	등록 1959. 3. 11. 제300-1959-1호(倫)
전 화	02)733-6771
f a x	02)736-4818
e-mail	pys@pybook.co.kr
homepage	www.pybook.co.kr
ISBN	979-11-303-3307-6 93360

정 가   30,000원